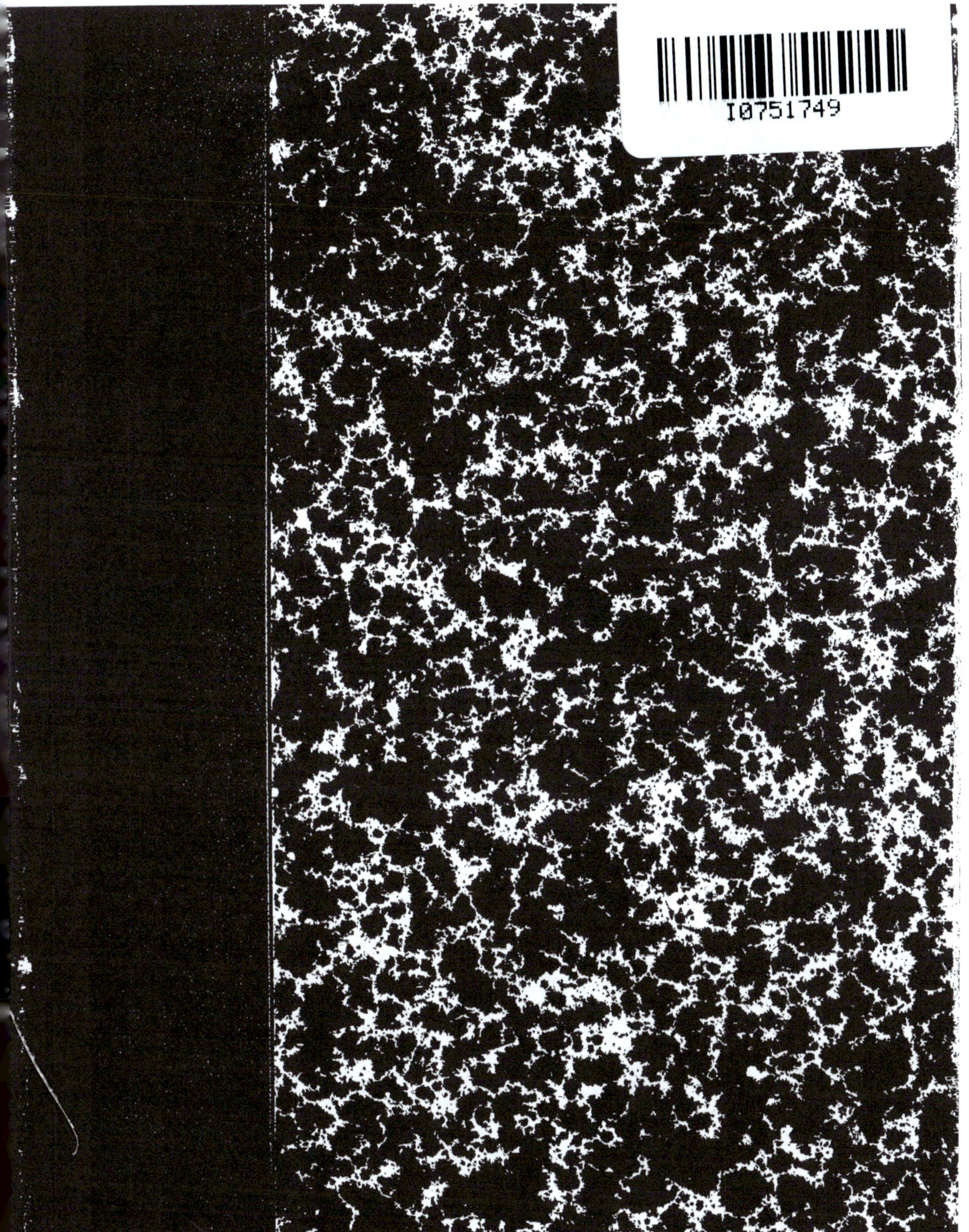
I0751749

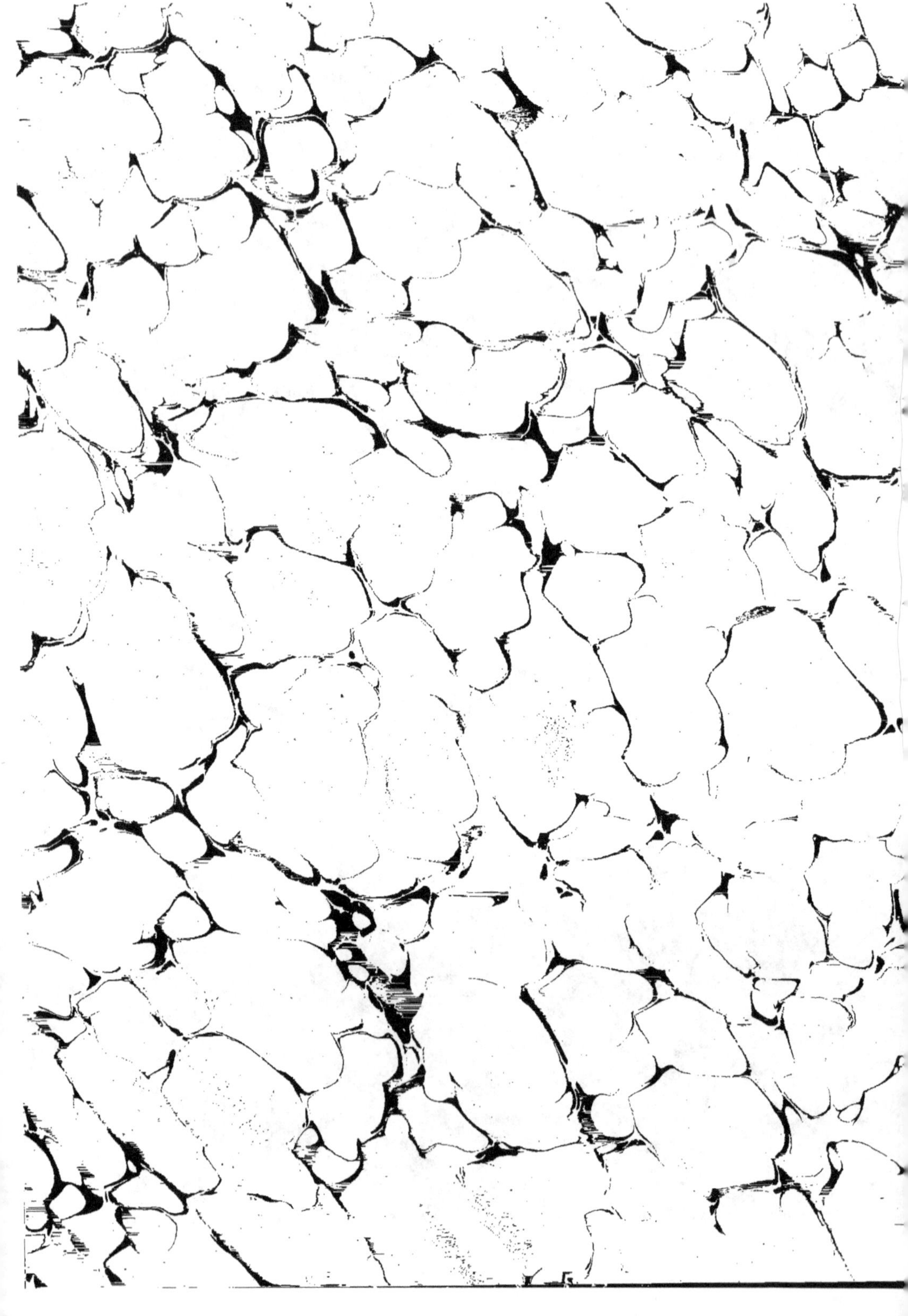

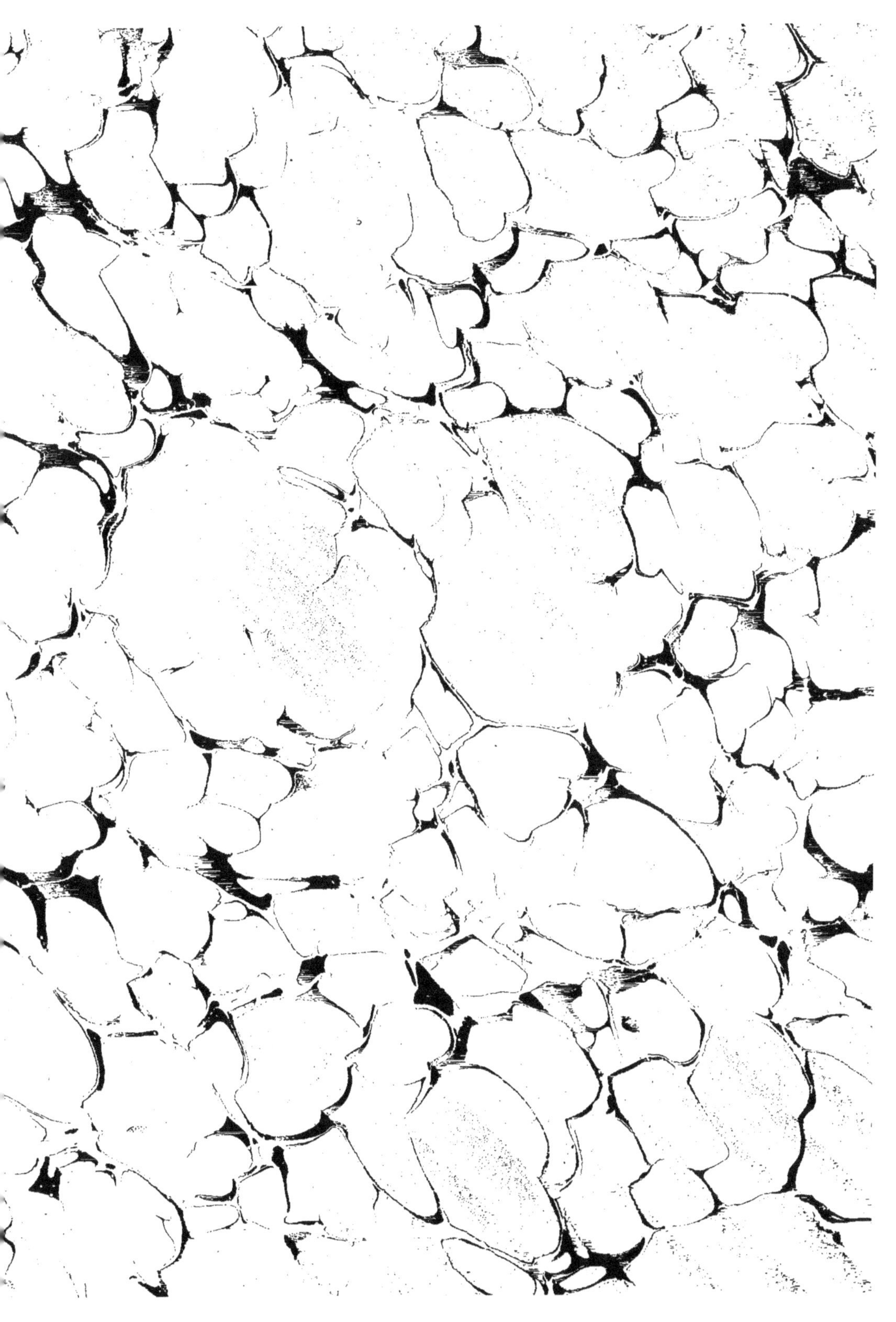

LE MUSEUM DE FLORENCE,

Ou Collection des Pierres gravées, Médailles, Statues & Peintures du Cabinet du Grand Duc de Toscane, avec leurs explications françoises,

DÉDIÉ ET PRÉSENTÉ A MONSIEUR, FRERE DU ROI.

Gravée par F. A. DAVID, Graveur de la Chambre & du Cabinet de MONSIEUR, Membre de l'Académie Royale des Beaux-Arts de Berlin, &c. &c.

TOM premier

Nº 1.

Composé de huit Planches, imprimées sur papier vélin & Explications, Prix . . . . 6 livres.
Et *au bistre sanguin Anglois*, Prix . . . 9 livres.

A PARIS,

Chez L'AUTEUR, M. DAVID, rue des Cordeliers, au coin de celle de l'Observance.

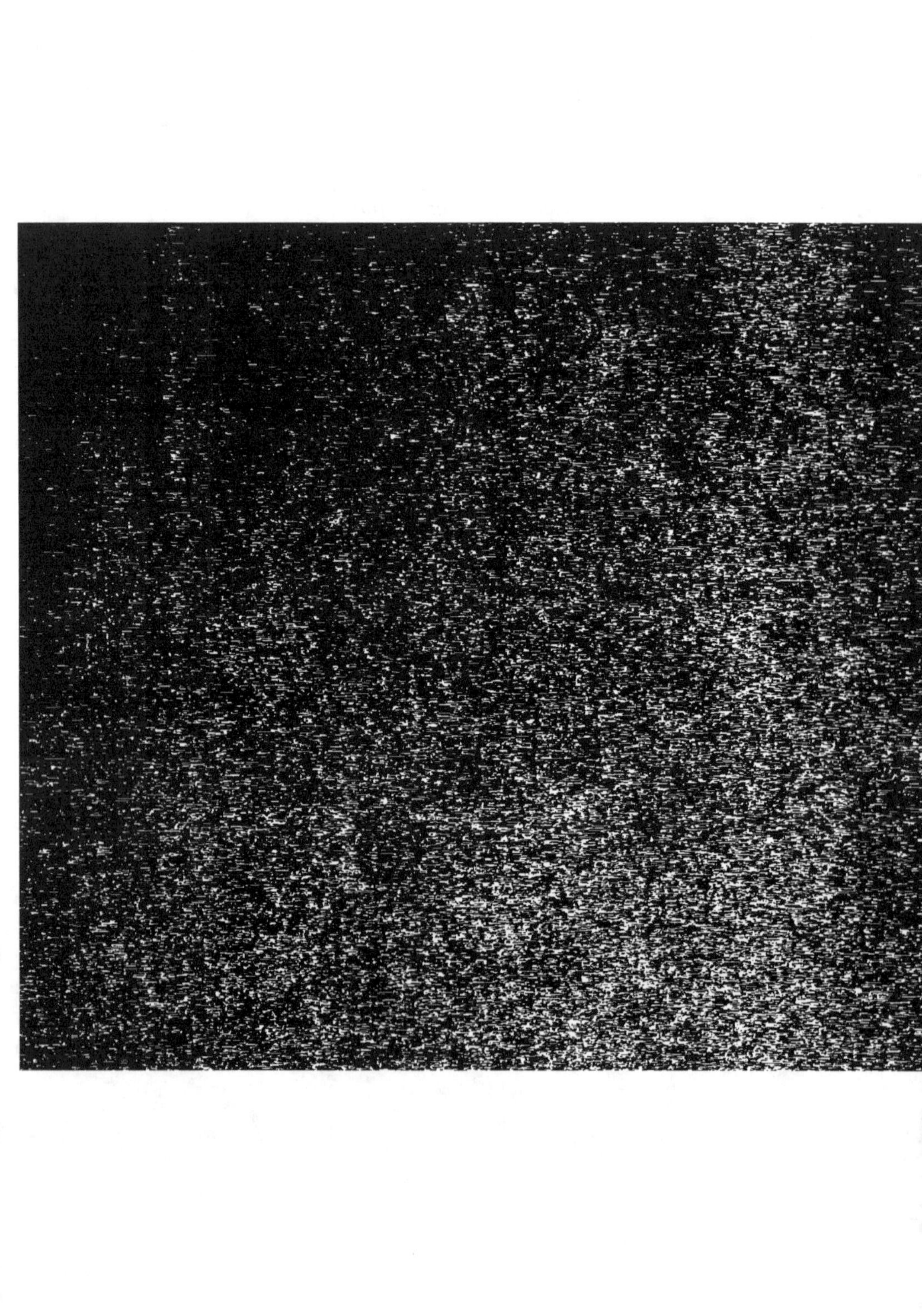

LE MUSEUM

AVIS

A MM. LES SOUSCRIPTEURS

DU

MUSEUM DE FLORENCE.

LA distinction flatteuse que le Public a daigné faire aux premiers N^{os} qui ont déjà paru de cet Ouvrage, & le succès de cette vaste entreprise étant établi de la manière la plus assurée, M. David, pour se rendre aux desirs de plusieurs de ses Souscripteurs, & pour les faire jouir plus promptement des chefs d'œuvres dans tous les genres qui composent cette Collection, annonce, que les Cahiers qu'il mettra dorénavant au jour, seront composés de Statues, de Peintures, ou de Pierres gravées, ce qui satisfaisant différemment les yeux, variera les plaisirs en entremêlant les divers genres de richesses qui se trouvent renfermées dans la Gallerie & le Cabinet du Grand Duc de Toscane.

Nota. Comme les parties se trouveront variées dans chaque livraison, on aura soin de les numéroter selon leur genre, afin de pouvoir les placer avec leurs explications, selon l'ordre de la Table que l'on donnera à la fin de chaque Volume.

A MONSIEUR,

FRÈRE DU ROI.

MONSEIGNEUR,

La bonté avec laquelle il vous a plû de prendre sous votre Protection l'Histoire d'Angleterre, m'inspire la hardiesse de vous présenter aujourd'hui l'assemblage des Pierres, des Camées, des Statues, des Médailles & des Peintures que renferme le Muséum de Florence. Je pense qu'une Collection d'un genre qui faisoit l'amusement de César a le droit de vous plaire. Heureux si

MONSIEUR daigne m'accorder la grace de recevoir cet humble hommage, & plus heureux encore s'il peut ſervir à lui marquer la vénération, le zèle & le profond reſpect avec leſquels je ſuis,

MONSEIGNEUR,

DE MONSIEUR,

Le très-humble & très-obeïſſant Serviteur,

DAVID.

PRÉFACE.

DANS les anciens monumens des Arts, qui, vainqueurs du tems ont duré jusqu'à nos jours, les Sçavans trouvent les moyens sûrs de réformer les erreurs de l'Histoire, d'en éclaircir les doutes, ou d'en consolider les vérités ; les Artistes y puisent les caractères du vrai Beau & les loix du Goût : on les voit tous les jours épurer leurs principes, perfectionner leurs talens par l'étude de ces antiques modèles, au Génie des Anciens échauffer leur imagination, & tirer tout leur feu des marbres froids & de l'airain rouillé qu'ils consultent ; le riche même, en amassant ces vénérables débris de l'Antiquité, s'est créé une jouissance que ne peut goûter le commun des hommes, & ne fut-il susceptible que d'en faire un trophée du luxe, il participe en quelque sorte au plaisir qu'il procure à l'homme instruit qui vient avec enthousiasme les baiser dans ses mains : c'est une distraction de plus que lui fournissent ses trésors. A l'aide de ces monumens on rapproche les distances des âges, &, sans avancer le terme de sa vie, on se vieillit de plusieurs milliers d'années. On assiste, pour ainsi dire, à la formation des Empires, on admire leur splendeur, on considère leur décadence & leur chûte ; on se trouve au milieu des Souverains qui ont fait le bonheur ou le tourment de l'Univers ; il semble, qu'exprès pour nous, ils revivent dans leurs images, où, sous leurs véritables traits, se peint leur caractère ; on croit commercer avec les peuples dont on touche les monnoies : on converse avec les Héros, & l'on contemple avec plaisir les grands Hommes & les Personnages célèbres de tous les pays. Leurs Divinités elles-mêmes viennent se placer sous nos yeux : nous voyons les traits dont l'Homme les a revêtues, leurs attributs & leurs symboles : le secret de leurs Ministres ne s'oppose plus à nos desirs, les voiles qui cachoient leurs mystères sont déchirés, & nous devenons témoins de leurs cérémonies ; rien donc n'est plus naturel que cet amour & ce respect pour les Antiquités, & rien de moins surprenant que de voir chez presque toutes les Nations amies des Lettres & des Sciences de ces Cabinets curieux où comme dans des Temples se recueillent & se conservent avec vénération ces précieuses dépouilles échappées au naufrage des siècles, & des Sçavans qui, secondés par des Artistes habiles, se communiquent mutuellement ces possessions, qu'ils ne peuvent déplacer, par de doctes explications & des imitations fidèles.

Entre toutes les productions de ce genre, il n'en est pas sans doute de plus précieuse, de plus intéressante & de plus considérable que la publication des richesses qui se trouvent à Florence, principalement dans le Cabinet du grand Duc de Toscane. On sçait que ce Cabinet est le fruit de l'Amour qu'a toujours eu pour les Arts la Maison des Médicis que Spanheim appelle énergiquement, *l'immortelle Hôtesse & la Nourrice des Muses.* Ses plus illustres Héros, qui, comme Alexandre & César, se faisoient un noble délassement de l'étude de l'Antiquité, n'épargnèrent ni les soins ni l'or pour se procurer ce qu'ils pouvoient découvrir de plus rare, & recueillirent un si grand nombre de ces objets précieux, que leur collection ne cède qu'à celle de nos Rois (1).

Tant pour faire connoître aux autres Nations ce que ce dépôt renfermoit, que par zèle pour le progrès des Arts & par gloire pour leur pays, de nobles Florentins formèrent le projet d'en faire graver toutes les Antiquités, & avec elles ce que conservoient encore quelques particuliers de Florence. Cette entreprise étoit vaste, mais elle ne rebuta point; le célèbre *Gori* prit la plume, & sous le titre de *Museum Florentinum* parurent en 1731 deux Volumes qui renferment sous différentes classes habilement divisées, les Pierres gravées & les Camées. Plusieurs années après, les Médailles & les Statues furent aussi publiées: puis une société nouvelle de Sçavans termina cet Ouvrage, par les portraits des Peintres les plus célèbres qui s'étoient peints eux-mêmes.

Ces Volumes, exécutés avec soin, répondent bien sans doute aux vues de leurs Auteurs, qui ont avec honneur rempli la tâche pénible qu'ils s'étoient imposée. Les richesses de leurs pays sont devenues communes à toutes les Nations; mais, pour l'intérêt général, leur

---

(1) *Spanheim de usu numism.* 1. *p. diss.* 32.

ouvrage, tout précieux qu'il eſt, n'eſt pas aſſez répandu ; le prix auquel on ſe le procure eſt tel que peu de perſonnes peuvent l'acquérir, &, par une ſuite néceſſaire, les Sçavans & les Artiſtes ſont encore forcés de ſolliciter la complaiſance des Riches qui le poſsèdent, ou d'aller, pendant quelques heures bien fugitives, le conſulter dans nos Bibliothèqees publiques.

Pour l'avantage des Sciences & des Arts, ainſi que de ceux qui les cultivent, nous avons donc cru pouvoir tenter de reproduire cet utile Ouvrage: en changeant ſon format, en diminuant le faſte de l'édition, il nous ſera facile d'en faire baiſſer le prix. Le ſoin que nous mettons à reproduire exactement les Gravures publiées par *Gori* nous fait affirmer que l'on pourra recourir à notre Ouvrage comme à l'original même dont nous nous efforçons de conſerver le beau ſtyle qui le caractériſe. Alors on étudiera dans l'un ainſi que dans l'autre ces formes ſévères & belles que l'on ſemble négliger de nos jours, pour s'attacher à un fini qui trop ſouvent ſert de maſque à l'ignorance. Si l'œil eſt flatté par la vue des objets que nous lui offrons au moyen de la Gravure, l'imagination avoit beſoin d'être fixée par des explications inſtructives : *Gori* nous les offroit ; mais, ayant écrit en Latin, & notre intention étant principalement de nous rendre utiles à notre Patrie dont la Langue, d'ailleurs eſt devenue univerſelle, nous avons préféré de donner nos explications en François, & nous avons chargé de cette Partie un Homme de Lettres déjà connu par des ouvrages intéreſſans. Il ne s'aſtreint point à une traduction littérale & ſervile ; il ne ſe ſert, pour ainſi dire, de l'Ouvrage original que comme d'un but d'où il part pour courir d'une autre manière la même carrière que *Gori*. Toujours remontant aux ſources & liſant avec ſoin les meilleurs Ouvrages écrits ſur les Antiquités, il retranche, il ajoute, il relève les erreurs de l'Auteur même qu'il reproduit & celles qu'il peut découvrir dans les autres écrits qu'il conſulte ; mais, quand il ſe permet de le faire, il ne le fait qu'appuyé ſur les autorités les plus graves & ſans manquer aux égards dûs aux Sçavans qu'il croit devoir contredire. Enfin on peut dire qu'autant nous ſommes ſerviles à rendre traits pour traits les

Gravures du *Museum de Florence*, autant il s'éloigne facilement de ſon modèle pour l'avantage de nos Lecteurs.

Le premier Volume de ce grand Ouvrage que nous publions en ce moment contient quatre-vingt-ſeize Planches tant de Pierres gravées que de Camées & de buſtes, nous les avons ainſi que *Gori* diviſées en pluſieurs Claſſes. La première, contient en XXIX Plan. les portraits des Empereurs, des Céſars, des Perſonnages auguſtes, de leurs femmes & des plus illuſtres Romains. La ſeconde, en XXIX Plan. renferme des portraits de Rois, de Reines & de Héros. La troiſième, eſt compoſée de portraits de Philoſophes, d'Orateurs, de Poëtes & de quelques figures des Muſes : elle eſt partagée en XXIII Planch. Comme la quatrième eut été trop nombreuſe pour entrer entièrement dans ce Volume, nous nous ſommes déterminés à n'en publier que XV Plan. qui repréſentent des images de Dieux, de Déeſſes & de leurs ſymboles. A chaque explication, nous avons eu ſoin d'indiquer en italique le nom de chacune des Pierres, ſur leſquelles les ſujets ſont gravés.

Il ne nous reſte plus qu'à ſouhaiter que nos travaux ne déplaiſent point au Public, au jugement du quel nous les ſoumettons. L'hommage que nous en avons fait à un Prince, ami des Lettres & des Arts, qui n'a pas dédaigné l'accueillir, devient la baſe de nos eſpérances, & ſi nos Lecteurs les réaliſent, en applaudiſſant à nos efforts, nous aurons reçu la plus douce récompenſe de nos peines.

MUSEUM DE FLORENCE.

LE MUSEUM DE FLORENCE.

PIERRES GRAVÉES, PREMIÈRE CLASSE.

PLANCHE I.

NUMA POMPILIUS.

CES deux *Cornalines* artistement gravées nous offrent la figure de Numa Pompilius Roi des Romains. On voudroit envain le méconnaître, parce qu'il n'a point la tête ceinte du diadême Royal, & parce que son nom ne se trouve point écrit au bas ainsi que dans certaines médailles : le voici, tête voilée comme les Sacrificateurs, & tel que Tite-Live, Plutarque & d'autres Auteurs le représentent au moment de son inauguration, lorsque d'un suffrage unanime les Romains le désignèrent successeur de Romulus. Léonard Augustinius & Paul Alexandre Maffei donnent des raisons de ce costume, que le Lecteur pourra péser dans leurs écrits. N°. I & II.

LUCRÈCE.

Nous pouvons admirer sur cette *Prime* le portrait de Lucrèce cette Romaine si célèbre moins par sa beauté que par la sévérité de ses mœurs. Ses cheveux négligemment attachés sont arrangés sans art, & la tristesse que l'Artiste a sçu si bien répandre sur son visage annonce la douleur que son ame pure ressentît de l'attentat de Tarquin & de la violence que lui fit ce Prince. On doit distinguer cette figure de celles que Maffei désigne pour être les images de cette femme vertueuse, & dont l'une est une Nymphe, qui, après s'être donné la mort, a été métamorphosée en oiseau, tandis que l'autre est une Reine que l'on peut facilement reconnaître au diadême qui ceint son front. N°. III.

L. JUNIUS BRUTUS.

Cette *Cornaline* porte l'empreinte de L. Junius Brutus. On ne peut nier la ressemblance de cette figure avec celle que Fulvius Ursinus nous trace d'après les médailles de la famille *Junia*, & qui diffère, ainsi que notre Pierre, de la N°. IV.

Cornaline citée par Maffei où l'on reconnoîtroit plutôt le portrait de Brutus meurtrier de César. L. Junius Brutus eut pour père M. Junius, & sa mère s'appelloit Tarquinie. Né avec de l'esprit & le germe des talens, dans la crainte d'exciter la jalousie de Tarquin qui avoit fait périr son père & son frère, il contrefit si parfaitement le stupide & l'insensé, qu'on lui donna le surnom de Brutus qu'il honora tant par la suite. Ce fut lui, qui, tirant du sein de Lucrèce expirante le poignard dont elle s'étoit frappée, jura le premier sur lui de la venger; & son serment ne fut pas vain. Il chassa les Tarquins de Rome & les dépouilla de la royauté. La liberté du peuple fut assurée par ses soins, & la République Romaine qui lui doit sa naissance, s'honore de le compter pour le premier de ses Consuls.

C. SULPICIUS.

N°. V. Le portrait de C. Sulpicius est gravé sur cette *Prime*. Il fut Consul vers l'an de la fondation de Rome CCLIV, avec M. Tullius. Au rapport de Tite-Live, il ne se passa rien de mémorable sous leur Consulat. Près de la tête on voit gravées ces Lettres C. SVLP. qui tiennent des anciens caractères des Latins. Plusieurs Auteurs donnent à ce Consul le nom de *Sergius*; mais c'est par erreur : ce seroit plutôt *Servius* qu'il faudroit le nommer, avec les Écrivains qui ont traité des médailles de la famille *Sulpicia*.

SEXT. POMPÉE.

N°. VI. Si l'on compare le portrait habilement gravé sur cette *Cornaline* avec la médaille d'or de Sext. Pompée conservée dans le Muséum des Médicis, on ne peut point douter qu'elle ne nous offre aussi les traits du fils du grand Pompée. Ce Romain célèbre plus par le nom de son père que par ses qualités personnelles joua néanmoins l'un des plus grands rôles de son siècle. Après avoir joint son frère dans la fuite de Pharsale, il accompagna Cornélie. Brigand dans les montagnes de la Celtibérie où il s'étoit retiré lorsqu'il eut appris la mort de Cnéïus son frère, défait à Munda, il y vécut long-tems de Pyrateries. Mais, du consentement d'Antoine, quand César n'exista plus, il rentra dans tous ses droits suivant le desir du Sénat qui lui fit compter plus de quatre-vingt sept millions pour le dédommager de la perte de ses biens patrimoniaux, & lui confia le commandement des Mers. Jamais la fortune ne fut constante pour lui. Tantôt il en recevoit des caresses, tantôt il en éprouvoit des revers. Compris dans la condamnation des assassins de César, sans avoir eu part à la conspiration, il devient ensuite l'asyle & le défenseur des Proscripts. Seul ennemi du parti de César, il fait avec ses défenseurs une paix qui l'honore, la rompt ensuite; enfin, après avoir vaincu Octavien dans plusieurs combats sur Mer, vaincu lui-même, & mis entre les mains de ses ennemis, lorsqu'il fuyoit en Asie, il fut tué à Milet par les ordres d'Antoine, qu'on voudroit envain disculper de cette cruauté. Suivant Paterculе *Sext. Pompée joignoit à une ignorance grossière des lettres & à un langage barbare une bravoure fougueuse, une humeur colère & emportée, un esprit vif & ardent & une foi bien différente de celle de son père : lâchement asservi à ses affranchis & jusqu'à ses esclaves, jaloux de tout mérite éclatant, il se soumettoit à des hommes vils & méprisables.*

PLANCHE II.

C. JULIUS CÉSAR.

Ce beau *Jaspe bleu* & la *Cornaline* qui l'accompagne, nous représentent le buste de C. Julius César. Ses tempes sont ceintes du laurier que le peuple & le Sénat lui permirent de porter toujours, ornement bien flatteur pour son orgueil & bien agréable pour son amour-propre qui souffroit avec peine de voir son front dépouillé de sa chevelure. On voit derrière sa tête le bâton augural qui désigne le souverain Pontificat qu'il avoit, au rapport de Suétone, acheté par ses immenses libéralités, au grand regret de ses illustres & vénérables rivaux. L'étoile placée devant le buste fait allusion à la fameuse comète qui parut pendant sept jours, tandis qu'à ses funérailles Octavien faisoit célébrer des jeux en l'honneur de Vénus mère. Cette comète fut regardée par le vulgaire ignorant & superstitieux comme le siége de l'ame de César. On l'avoit mis au rang des Dieux pendant sa vie, & l'on aimoit à le revoir dans l'astre de Vénus de qui l'on prétendoit qu'il avoit tiré son origine. Suétone donne à César une belle figure, contre laquelle reclament presque toutes les médailles antiques qui, cependant, comme le remarquent fort bien les sçavans Auteurs de la description des Pierres gravées du Cabinet de M. le Duc d'Orléans, doivent, suivant les années où elles ont été frappées, nous prouver seulement l'altération que la fatigue & la vieillesse peuvent causer aux formes les plus belles. Nos deux Pierres & la Cornaline du Cabinet d'Orléans suffisent pour appuyer le témoignage de Suétone (1). N°. I & II.

(1) Les Auteurs des Pierres gravées d'Orléans disent au même endroit, que le droit de faire graver son portrait sur la monnoie étoit un honneur qui flattoit beaucoup César, honneur qui d'ailleurs, avant lui, n'avoit été accordé à aucun des Romains, ce qui contredit Charles Patin qui attribue cette prérogative à Pompée. *Nulli Romanorum concessum fuit effigiem suam monetæ imprimere ante Pompeïum.* Note sur Suétone, *cæs. vit.* p. 2.

M. JUNIUS BRUTUS.

N°. III. Ce *Jaſpe* mêlé de *Calcédoine*, dont un habile Graveur a fait un ſuperbe Camée, nous rend parfaitement la figure inquiète & penſive que Porcia reconnut dans Brutus ſon époux, lorſqu'il méditoit la fameuſe Conjuration dont il fut Chef. Défenſeur de la liberté publique, Brutus en fit graver l'emblême ſur la monnoie frappée par ſes ordres. Il avoit une telle réputation de vertus, qu'il fut regardé par les amis de Caſſius comme le ſeul qui put légitimer aux yeux du peuple leur attentat à la vie de Céſar. L'un des meurtriers de ce Dictateur, il le frappa lui-même d'un poignard en plein Sénat avec les autres Conjurés. Ce Romain, n'ayant encore que trente-ſept ans, ſe donna la mort, à ſon tour, en ſe perçant le cœur de ſon épée que Strabon d'Égée tenoit ferme entre ſes mains, ſervice bien déplorable d'un ami qui ne voulut pas dans cet inſtant fatal que Brutus, ſur ſon refus, eut recours à un eſclave. Antoine lui fit rendre les derniers honneurs. Ses cendres furent recueillies dans une urne & portées à Servilie ſa mère. Sa tête, qu'Octavien, moins généreux qu'Antoine, deſtinoit à être placée à Rome au bas de la ſtatue de Céſar, périt, dit-on, dans le trajet de Dyrrachium en Italie.

AUGUSTE.

Nous réuniſſons ſous le même titre d'Auguſte cinq de nos Pierres, parce elles repréſentent cet Empereur.

N°. IV. La première, qui eſt une *Hyachinte*, nous offre la tête de ce Prince dépouillée de tout ornement, ce qui n'eſt pas ſans exemple : la ſuperbe Agathe noire du Cabinet d'Orléans, beaucoup d'autres Pierres gravées & de médailles en ſont la preuve.

N°. V. Sur le *ſaphir* qui ſuit, la tête d'Auguſte porte la couronne Radiale. Quoique cet ornement ne ſoit conſacré qu'aux Déités, d'après l'air de jeuneſſe de la tête, il paroît vraiſemblable que ce Prince en fut décoré pendant ſa vie, ce qui contrediroit les Auteurs du Dictionnaire de Trévoux qui penſent qu'aucun Empereur vivant ne l'a portée avant Néron : ou bien il faut ſuppoſer que l'Artiſte en choiſiſſant cette figure d'Auguſte & lui donnant cette couronne, a voulu faire alluſion à la perpétuelle jeuneſſe des immortels. Les Romains empruntèrent l'uſage de la couronne Radiale des Etruſques qui la donnoient à leurs Rois, comme le prouvent leurs plus anciens monumens.

N°. VI. Le Graveur du *Jaſpe* mêlé de *Calcédoine* que nous voyons enſuite a ſçu rendre habilement les traits du même Prince & de la manière la plus conforme à ce qu'en décrit Suétone ; on y remarque une beauté pleine de graces, qui distingua sa figure dans tous les âges de sa vie : ces sourcils qui se rejoignent : ces yeux clairs & brillans aux regards desquels ce Prince aimoit à voir baisser ceux des personnes qui le fixoient, comme à l'aspect du soleil. Ses oreilles sont d'une grandeur médiocre : son nez un peu élevé dans la partie supérieure est courbé par le bas, & ses cheveux, qui étoient d'un chatain blond, sont à demi bouclés.

PLANCHE III.

La *Calcédoine* suivante dont le travail est exquis, nous présente ce même Auguste le front ceint d'une couronne de laurier qu'attachent des rubans qui retombent. Il n'est point d'Empereur à qui cet attribut convienne plus qu'à ce Prince. Le Sénat, après la victoire qu'il remporta sur Sext. Pompée dans un combat naval, lui accorda l'honneur de porter toujours cette couronne, &, par la suite quand il fut tranquille possesseur de l'Empire, fit planter devant son Palais des lauriers que l'on surmonta d'une couronne de chêne. Ce fut à l'occasion de cette même victoire navale qu'on lui éleva une statue, un arc de triomphe, & que l'on institua une fête annuelle. Au rapport de Dion, il lui fut permis de faire au jour de cette solemnité un festin avec sa femme & ses enfans dans le temple de Jupiter Capitolin. N°. I.

Enfin la *Cornaline* qui nous présente encore le portrait d'Auguste, ouvrage digne de la main sçavante de Dioscorides, ne cède en rien à la beauté des Pierres précédentes. Ce Prince y porte la chlamyde vêtement militaire des Patriciens, qu'une agraphe retient sur l'épaule. La figure est embellie de la fleur de la jeunesse & porte ce caractère de sérénité que chante si bien Horace. N°. II.

Auguste mourut le 14 des Calendes de Septembre, âgé de soixante-seize ans, après en avoir régné quarante-cinq. Sa mort fut douce, ainsi qu'il l'avoit toujours desiré, & il expira en embrassant sa chère Livie.

LIVIE.

Cette *Cornaline*, assez élégamment gravée, offre l'image de Livie qui fut aussi nommé Julie après la mort d'Auguste son époux. Les caractères LIB. AUG. (1) paroissent gravés postérieurement par une main moins habile que celle qui a tracé la figure dont les traits d'ailleurs sont trop frappans pour qu'on puisse méconnoître cette Princesse. N°. III.

---

(1) Les Planches étant gravées du même sens de l'*in-folio*, les caractères se trouvent écrits à gauche dans notre Gravure. C'est un léger inconvénient, qui cesse même d'en être un, dès que l'on est prévenu.

N°. IV. Rien de plus beau que le Camée qui accompagne cette Pierre. Gravé finement ſur un *Jaſpe* mêlé de *Calcédoine*, il nous repréſente cette même Livie fille de Livius Druſus, de l'illuſtre famille des Claudes, l'une des Romaines les plus célèbres par ſa beauté qui ſubjugua le Vainqueur du monde. Cette Princeſſe pleine de génie & dont l'eſprit étoit embelli par l'étude des Lettres & par beaucoup de connoiſſances dans les Arts, mariée d'abord à Tibère-Claude-Néron, devint enſuite l'épouſe d'Octavien Auguſte, qui, pour elle, répudia Scribonia, & la prit quoiqu'enceinte de ſix mois. Je n'oſerois la donner pour auſſi vertueuſe que *Gori*; & ſi Tacite nous la repréſente comme amie de la Décence, du conſentement du Sénat placée au théâtre parmi les Veſtales, Suétone l'accuſe d'avoir été complaiſante à l'égard d'Auguſte juſqu'à favoriſer ſes débauches ſecrètes. Ce qu'il y a de certain, c'eſt que, pleine d'ambition & plus artificieuſe qu'Ulyſſe dont Caïus lui donna le nom, elle commit froidement tous les crimes qu'elle crut néceſſaires pour conduire Tibère à l'Empire, & fut ſoupçonnée d'avoir empoiſonné ſon époux qui l'aimoit, & qui lui rappelloit d'une manière ſi tendre en expirant, de ſe ſouvenir de leur union. Après la mort d'Auguſte que l'on avoit mis au rang des Dieux, elle fut conſacrée Prêtreſſe de Junon; c'eſt ſous le vêtement analogue aux fonctions de cette dignité qu'elle eſt ici repréſentée. Le voile de conſécration couvre ſa tête, & ſon front porte le diadême, ornement que nous pouvons croire emprunté des Étruſques. Elle reçut de Claude les honneurs divins, auxquels l'ingrat Tibère s'étoit oppoſé. On plaça ſon image dans le temple d'Auguſte, les Veſtales lui offrirent un ſacrifice, & il fut enjoint aux femmes de jurer par ſon nom.

M. CLAUDIUS MARCELLUS.

N°. V. De ſçavans Antiquaires croyent retrouver dans cette Pierre habilement gravée le portrait du jeune M. C. Marcellus, fils du Conſul C. Marcellus & d'Octavie ſœur d'Auguſte. Certaine reſſemblance avec ce Prince, l'art avec lequel les cheveux ſont rendus, (caractère qui diſtingue les Artiſtes de ſon tems): cet air de triſteſſe répandu ſur toute la figure ſans en voiler la beauté: tout cet enſemble, ſi bien & ſi adroitement décrit par Virgile, nous porte à adopter leur opinion. Tacite nous apprend que ce jeune homme fut élevé aux plus hautes dignités de l'Empire par Auguſte ſon oncle qui l'avoit adopté & qui eut la douleur de le perdre lorſqu'il étoit à peine à la vingtième année de ſon âge. Il avoit accompagné ſon oncle dans un de ſes triomphes monté ſur le cheval qui étoit à la droite de ſon char. On ſoupçonna Livie d'avoir hâté ſes jours.

Il mourut à Baïes, ville de Campanie, célèbre par ses bains. Auguste lui fit rendre les honneurs funèbres. Son corps fut porté dans le champ de Mars. Solemnellement on prononça ses louanges, & un tombeau que l'on terminoit en ce moment reçut ses dépouilles. Auguste ordonna que son buste en or, décoré d'une couronne de même métal, fut placé au milieu des jeux publics, &, pour rendre plus durable sa mémoire, il donna son nom au théâtre commencé par César. Pline fait mention d'une Collection de Pierres précieuses que Marcellus consacra à Apollon dans son temple du Mont-Palatin.

PLANCHE IV.

M. AGRIPPA.

Le Camée que nous offre la *Chalcédoine* N°. VI de la Planche III, & le *Jaspe* mêlé de *Chalcédoine* N°. I de la Planche IV se rapportent parfaitement à des médailles & à une figure de marbre que conserve le trésor des Médicis, & qui représentent la tête de M. Agrippa ceinte de la couronne Rostrale. Ce grand homme passe pour être le premier qui fut décoré de cette marque de distinction, si l'on en croit Paterculе; mais, au rapport de Pline, le Docte Varron obtint cet honneur dans la guerre des Pirates. Ce fut Octave Auguste qui lui donna cette décoration après sa victoire sur Sext. Pompée. Commendant la flotte à la bataille d'Actium, il prouva par son sçavoir, son courage, la défaite d'Antoine & la fuite de Cléopâtre, qu'il étoit bien digne de la porter. Après un Consulat honorable, il ne dédaigna pas la charge inférieure de l'Édilité qui étoit tombée dans une espèce d'avilissement. Déja, par la jonction des Lacs Lucrin & Averne, il avoit formé le Port *Jule* qu'Horace qualifie d'ouvrage Royal, & que Virgile a vanté. Sa nouvelle Place, dont les fonctions se rapportoient aux embellissemens & aux commodités de la Ville, convenoit singulièrement à son goût. Il seroit trop long de donner le détail de tout ce qu'il fit, & nous nous contenterons de dire qu'entre les différens édifices qu'il construisit, on doit distinguer le Panthéon fameux & les bains qui portent son nom. Les fêtes qu'il dirigea ne furent jamais égalées pour la somptuosité. Ami de Mécène, il contribua ainsi que cet homme célèbre à la grandeur & à la gloire d'Auguste.

N°. VI.
N°. I.

CAIUS CÉSAR.

Ce superbe *Jaspe-Héliotrope* nous représente la figure de Caïus César artistement gravée. Né d'Agrippa & de Julie fille d'Auguste, il fut adopté par son N°. II.

ayeul qui le combla d'honneurs. Il n'avoit point encore quitté la robe Prétexte, que le peuple & le Sénat le désignèrent Consul pour entrer en charge cinq ans après, & les Chevaliers Romains, en lui offrant des lances d'argent, lui conférèrent le titre inconnu jusqu'alors de *Prince de la jeunesse*, distinctions qu'Auguste feignoit de trouver prématurées; mais qui secondoient ses desirs. Ce fut même pour donner plus d'éclat à la cérémonie qu'il préparoit au Capitole, où, suivant l'usage, le jeune Caïus alloit prendre la robe Virile, qu'Auguste voulut, après dix-sept ans d'intervalle, être pour la douzième fois Consul. A l'âge de quatorze ans, on créa Caïus Pontife, honneur dont on retrouve des traces dans les Pierres & les anciennes médailles, & il obtint le droit d'assister au Sénat & de prendre rang parmi les Sénateurs, soit au spectacle, soit dans les repas publics. N'ayant encore que dix-neuf ans, il fut envoyé comme Proconsul en Arménie : il marcha contre les Parthes en traversant la lisière de l'Arabie, eut avec Phraates leur Roi une entrevue qui se termina par la paix: enfin, entrant hostilement en Arménie, il y eut d'abord d'assez heureux succès; mais, dans une conférence qu'il engagea témérairement avec des ennemis perfides, il reçut une blessure des suites de laquelle il mourut à Limyre en Lycie, lorsqu'il revenoit à Rome, où le rappelloit Auguste, pour s'y faire soigner.

LUCIUS CÉSAR.

N°. III. Ce fut sous le Consulat de C. Furnius & de C. Junius Silanus que naquit Lucius César, & sa naissance fut l'époque de l'adoption que fit Auguste de lui & de son frère Caïus. Cette adoption se fit avec les formalités les plus solemnelles du droit Romain. A l'âge où il dut prendre la robe Virile, Auguste se fit revêtir pour la treizième fois du Consulat, & le jeune Lucius reçut comme son frère le titre de *Prince de la jeunesse*. Désigné Consul, mis au Collége des Augures, on l'envoya avec le titre de Proconsul en Espagne, pour y visiter ces Colonies de soldats vétérans que Jules-César & depuis Auguste y avoient conduites; mais, surpris par une maladie subite, il mourut à Marseille, dix-huit mois avant Caïus, son frère. L'habileté du Graveur le dispute à la beauté de la Pierre, qui est un *Jaspe* mêlé de *Calcédoine*.

N°. IV. & V. Caïus & Lucius nous sont encore offerts en regard sur la *Cornaline* N°. IV, ils portent tous les deux la Chlamyde. Sur le revers N°. V, on voit Remus & Romulus allaités par la louve sous le figuier Ruminal. (1) On voulut donner

(1) C'est le nom que l'on donnoit au figuier sous lequel la louve allaitoit Remus & Romulus, par la même étymologie que *Rumia*.

par

par cette Gravure une idée de l'efpérance que l'on avoit de la paix & de la durée éternelle de l'Empire. Près d'eux affis le Berger *Fauftule* veille à leur confervation appuyé fur fon bâton Paftoral. Il porte une tunique avec un capuchon, habit dont les Pafteurs fe fervoient pour fe garantir du froid, de la pluie, des injures de l'air & des ardeurs du foleil. C'eft cet habit qui a fervi de modèle à celui que les Moines ont pris par la fuite.

PLANCHE V.

TIBÈRE CÉSAR.

Ce beau *Jafpe-bleu* offre aux yeux des Sçavans le portrait de Tibère Céfar. Le travail de cette figure eft exquis. On peut y remarquer tous les traits que Suétone a donnés à ce Prince dans le tableau qu'il en a tracé. Son air eft honnête, fes yeux font grands : ils avoient, dit-on, la faculté de voir au milieu des ténèbres de la nuit. Son menton eft faillant & fa tête tout à la fois roide & penchée. Son extérieur eft rêveur & penfant : il le compofoit avec adreffe & lui donnoit à fon gré le caractère de toute efpèce de vertus, ce qu'exprime parfaitement l'ouvrage qui nous occupe. Il eft étonnant que quelques Sçavans, dans la defcription de leurs voyages, l'ayent indiqué fous le nom de Jules-Céfar; la reffemblance de Tibère eft frappante. Le voilà tel que les Auteurs nous le peignent à la fleur de l'âge, embelli des graces de cette modeftie à l'aide de laquelle il vouloit plaire à Augufte. Ce font d'ailleurs les mêmes traits que nous préfente une médaille en bronze de ce Prince que l'on conferve dans le Mufeum des Médicis.

Après la mort de Caïus & de Lucius Céfar, Augufte adopta Tibère, Sextus Ælius & Caïus Sentius étant Confuls. Le commencement de fon Empire annonçoit des vertus qui rendirent encore plus affreux les crimes dont par la fuite il fe fouilla. On retrouve des veftiges de fon libertinage fur les médailles & fur les Pierres *Spintriennes* (1).

---

(1) Les Doctes Auteurs de la defcription des Pierres gravées du Cabinet d'Orléans ont donné à l'article de Tibère une note affez étendue fur les médailles *Spintriennes.* Charles Patin, dans fon édition de Suétone, cite des Peintures de ce genre, & des lampes de terre outre les médailles & même des Pierres précieufes. Quant aux Peintures il paroît certain, d'après Suétone, que Tibère en avoit orné les lieux qu'il avoit conftruits à Caprée pour fervir de théâtres à fes fales plaifirs, comme nos riches libertins en couvrent les murs de leurs boudoirs lafcifs; mais ces Peintures ont péri. Pour les vafes de terre en forme de lampes, Charles Patin

PLANCHE VI.

N°. I. Dans ce beau *Camée* l'on peut admirer la valeur de la Pierre, qui est un *Jaspe* mêlé de *Calcédoine* de deux couleurs & l'habileté de l'Artiste. Tous les Sçavans Antiquaires conviennent que de ces deux têtes accouplées, la première est celle de Tibère; mais on est incertain si l'autre qui représente une femme offre le portrait de Livie, mère de Tibère, ou celui de Julie, fille d'Auguste, d'abord épouse de Marcellus, puis d'Agrippa, puis de Tibère. La forme élégante de sa parure & ses traits qui s'accordent assez avec quelques médailles où l'on voit son empreinte, quoique sous le nom de Vénus, sembloient indiquer cette dernière Princesse; mais nous ne pouvons donner cette explication que comme une conjecture.

PLANCHE VII.

N°. I. Dans la *Cornaline*, N°. II, & dans le *Camée* N°. III de la Planche précédente ainsi que dans le *Jaspe* mêlé de *Calcédoine* N°. I de celle-ci l'on voit encore le portrait de Tibère. Les deux dernières têtes sont ceintes de laurier. Ce Prince pouvoit le porter comme César & comme Triomphateur, & il ne manquoit jamais d'en ceindre son front lorsque les orages s'annonçoient, pour chasser le tonnerre qu'il redoutoit, propriété que, d'après l'opinion, il regardoit comme particulière au laurier.

NÉRON CLAUDE DRUSUS.

N°. II. On voit sur cette *Calcédoine* la tête parfaitement gravée de Néron Claude Drusus, frère de Tibère César, dont les Historiens & les Poëtes même les plus célèbres se sont accordés à chanter les louanges. Au rapport de Patercule, *c'étoit un jeune homme qui avoit toutes les vertus que donne la Nature & que perfectionne l'éducation. Il eut été difficile de décider à quoi il étoit plus propre des travaux de la guerre ou de la conduite des affaires. Ce qui est*

---

en avoit vu ainsi que des médailles de différens modules, & il nous apprend enfin que le fameux Peirèsc, ce grand Amateur de l'Antiquité, avoit ramassé quelques Pierres de ce genre dont, par héritage, devint propriétaire ainsi que d'un assez grand nombre de médailles antiques & d'inscriptions, une dame entre les mains de laquelle le tout a péri par les conseils d'un homme pieux, vraisemblablement d'une conscience scrupuleusement timide, ou peut être même jaloux d'une réputation extraordinaire de pudeur. Charles Patin les eut conservées, tant à cause de la Nature des Pierres, que de la beauté de la Sculpture de ces tems, & il les regrette beaucoup. Ce même Sçavant avoit encore vu dans un riche Cabinet un rond d'yvoire en forme de médaille sur laquelle étoit gravée une scène des plus infâmes plaisirs de Tibère que Suétone peint si vivement dans son Chap. XLIV & il ajoute que l'Auteur, crainte qu'on ne reconnut pas le sujet qu'il avoit traité, l'avoit indiqué sur le revers. *Charles Patin, ed. de Suétone, page* 175, 176.

certain, c'est qu'outre les agrémens de la figure presqu'aussi distinguée que celle de son frère, il étoit d'une douceur de mœurs sans égale, & s'attachoit à tous ses amis qu'il regardoit comme ses égaux. Il avoit dompté par des victoires sanglantes & multipliées plusieurs peuples de la Germanie, lorsqu'à l'âge de trente ans & pendant son Consulat il mourut. Dion attribue sa mort simplement à une maladie, l'Épitôme de Tite-Live à une chûte de cheval, & Suétone au poison. Le sentiment de Tite-Live paroît préférable, & l'on peut regarder comme une histoire controuvée l'empoisonnement de Drusus. A ses funérailles rien ne fut omis de ce que la magnificence & une juste douleur peuvent mettre en usage pour honorer un Héros. Deux éloges funèbres furent prononcés, l'un par Tibère dans la place publique, l'autre par Auguste, hors de la Ville, dans le Cirque Flaminien. Ses cendres furent recueillies & placées dans les tombeaux des Jules. Le Sénat honora la mémoire de Drusus par les décrets les plus glorieux. Il le décora, lui, ses enfans & ses descendans, du surnom de Germanicus : ordonna qu'on lui éléveroit des statues, un arc de triomphe en marbre avec des trophées sur la voie Appienne & un cénotaphe près du Rhin illustré par ses exploits. Tacite fait mention d'un autel qui lui fut érigé dans le pays où il avoit signalé sa valeur.

Nous n'avons dans cette explication suivi que celle de *Gori*; mais s'il nous est permis de harsarder notre sentiment, nous croyons avec fondement que cette tête est celle du fils & non pas du frère de Tibère. Qu'on la compare en effet avec celle de cet Empereur qui se trouve sur la même ligne dans notre Planche & l'on reconnoîtra certain air général de ressemblance que n'a point avec son frère Néron Claude Drusus. Que l'on rapproche ensuite notre Pierre des médailles de moyen bronze & de la belle agathe-onyx du Cabinet d'Orléans, & l'on n'aura plus de doute sur notre conjecture. *Gori* semble lui-même avoir hésité, puisque dans sa table qui est à la tête du Volume de ses Explications, il indique cette Pierre sous ce titre : *Drusus Tiberii filius non vero Claudius Drusus.*

Ce Drusus étoit né de Vipsanie Agrippine avant que Tibère qui l'aimoit l'eut répudiée par l'ordre exprès d'Auguste qui lui fit épouser Julie. On lui accorda lorsqu'il étoit tout jeune encore le droit de séance dans le Sénat, quoiqu'il ne fut pas Sénateur, & le rang avant tous les anciens Préteurs dès qu'il auroit exercé la questure. Il fut questeur cinq ans avant l'âge prescrit par les Loix; Auguste le fit ensuite désigner Consul pour entrer en charge trois ans après sans passer par les degrés intermédiaires de l'Édilité & de la Préture. Envoyé dans la Pannonie pour appaiser des troubles, il sçut habilement profiter d'une éclipse de Lune qui jetta l'effroi parmi les soldats séditieux pour arrêter leurs entreprises, &, joignant la ruse à l'adresse, il fit égorger dans sa tente les principaux moteurs des troubles qu'il y avoit fait venir sous des prétextes étrangers. Il obtint les honneurs de l'ovation avec Germanicus son frère adoptif qu'il aima toujours tendrement malgré les sentimens contraires de l'Empereur & la division des partis dans Rome. Deux fois il fut Consul, & la seconde il eut son père pour Collègue. Le Sénat lui conféra l'année suivante la puissance tribunicienne qu'avoit demandée pour lui Tibère; mais il ne jouit pas long-tems de ces titres, &, succombant au poison que lui présenta Lygdus & que sa femme Liville, Séjan son séducteur & le Médecin Eudémus avoient préparé, il mourut sous le Consulat de C. Asinius Pollio & de C. Antistius Vétus.

Son amour pour le vin & ses autres débauches firent d'abord croire à Tibère qu'il en étoit victime; mais ce Prince découvrit ensuite & fit punir tous ceux qui avoient eu part à sa mort. Le Sénat accorda à la mémoire de Drusus les mêmes honneurs qui avoient été décernés à Germanicus, & la flatterie même sçut y en ajouter encore.

ANTONIE AUGUSTE.

No. III. Antonie Auguste, fille de M. Antoine Triumvir & d'Octavie, sœur d'Auguste, femme de Drusus César, & mère de l'Empereur Tibère Claude, est rendue avec tout l'art possible sur cette précieuse *Cornaline*. Son visage est plein de charmes: elle est à la fleur de l'âge, & ses cheveux ne semblent être arrangés sans art que pour faire briller davantage les belles formes de la nature. Elle a obtenu tous les éloges que l'Antiquité donnoit aux femmes célèbres par leurs mœurs, & Valère Maxime atteste qu'elle a répandu le plus beau lustre sur sa famille par l'éclat de ses vertus & son amour conjugal. Caïus César s'est fait gloire de l'avoir eue pour aïeule. D'abord il lui avoit fait accorder tous les privilèges des Vestales, & il avoit amassé sur sa tête tous les honneurs & toutes les dignités que l'on avoit conférées à Livie Auguste, ainsi que le prouvent les médailles & les marbres antiques; mais ce Prince, devenu capable des plus affreux excès, eut ensuite pour elle les plus mauvais procédés: il lui fit souffrir mille affronts, &, par ses indignes traitemens, hâta sa mort, si toutesfois même il n'employa pas le poison pour l'accélérer.

GERMANICUS CÉSAR.

No. IV. & V. Sur cette *Cornaline* & ce *Jaspe* mêlé de *Calcédoine* on est flatté de retrouver la ressemblance parfaite de Germanicus César. Toutes les vertus que l'on peut souhaiter dans un bon Prince, il les posséda. Les qualités de l'ame, les perfections du corps lui avoient été pleinement accordées par l'Auteur de la Nature.

Son éloquence & sa science le rendirent recommandable, & ce ne fut pas sans succès qu'il cultiva la Poésie. Doux avec ses amis : modéré avec ses ennemis : ne trouvant de charmes aux plaisirs que dans les bras d'une épouse chérie, plus grand qu'Alexandre qu'il avoit surpassé par sa clémence, sa tempérance & ses autres vertus, il eut, dit Tacite, égalé sa gloire s'il eut été revêtu de l'autorité Royale. L'éclat de ses vertus avoit frappé tellement Auguste, qu'après avoir hésité long-tems s'il se le donneroit pour successeur, il le recommanda à Tibère pour qu'il en fut adopté.

Cette adoption eut coûté cher à cet Empereur, si Germanicus eut eu l'ame moins grande; mais celui ci, qui, bien facilement, l'eut dépouillé de l'Empire, regarda comme un outrage l'offre qu'on lui en fit, & dit fièrement qu'il mourroit plutôt que de fausser un serment & de violer la fidélité promise à Tibère. Plusieurs fois il donna des preuves de ses talens militaires. Vainqueur des Germains, il triompha sous le Consulat de C. Cælius Rufus & de L. Pomponius Flaccus. Les Arméniens reçurent un Roi de ses mains, & le Sénat lui décerna les honneurs de l'Ovation. Il réduisit en forme de Provinces la Cappadoce & la Commagêne. Enfin, après deux Consulats glorieux, dans la trente-quatrième année de son âge, il mourut à Antioche regretté de Rome & des Nations étrangères. Il a soupçonné lui-même qu'il succomboit victime du poison que lui avoient préparé Pison & Plancine. D'autres attribuent sa mort à Tibère ; mais on n'a rien de certain sur ces faits.

La nouvelle de la mort de Germanicus causa la plus grande sensation dans Rome. Sans attendre l'ordre des Magistrats, ni l'arrêt du Sénat, on ferma les maisons, on abandonna les tribunaux; profond silence par-tout, profonds soupirs, rien d'étudié, rien d'affecté, & quoique dans les habits on portât les marques d'un grand deuil on en portoit encore un plus grand dans le cœur.

Le Sénat ensuite décerna à sa mémoire toutes sortes d'honneurs; il fut ordonné que son nom seroit chanté par les Prêtres Saliens; que dans les cérémonies des Prêtres d'Auguste on lui poseroit le siége d'yvoire & la couronne de chêne par-dessus; que dans les jeux du Cirque, son effigie faite d'yvoire seroit portée la première; que nul ne succéderoit à sa dignité d'augure, qui ne fut de la maison des Césars; qu'à Rome, en Allemagne, sur le bord du Rhin & en Syrie, sur le Mont-Amanus, on lui érigeroit des arcs de triomphe avec des inscriptions, qui feroient mention de ses exploits & de sa mort; qu'on lui élèveroit un tombeau à Antioche où son corps avoit été brûlé, & un tribunal à Epydafné, fauxbourg d'Antioche, où il étoit mort. Il seroit difficile de compter toutes les ſtatues & les autels qui lui furent dédiés. Son buſte & un bouclier furent placés parmi ceux des Pères de l'éloquence.

CAIUS CÉSAR CALIGULA.

No. VI. Le fils de Germanicus Caïus Céſar devint le fléau de l'Empire dont ſon père avoit fait les délices. Bien digne de l'adoption que fit de lui Tibère, il parvint à le ſurpaſſer encore par ſes crimes, & fit regretter ſon règne. Du nom de la chauſſure qu'il avoit coutume de porter au camp dans ſon enfance, les ſoldats lui avoient donné celui de Caligula, ſous lequel il eſt plus connu parmi nous. D'abord, par honneur pour la mémoire de ſon père, il pratiqua quelques vertus, & les commencemens de ſon règne ſembloient devoir donner de douces eſpérances; mais il ſe livra bientôt à tous les vices. On peut juger de la corruption de ſes mœurs privées par ſon commerce inceſtueux avec ſes trois ſœurs Agrippine, Druſille & Julie. Son mépris pour les mœurs publiques éclatte dans ſa conduite à l'égard de ces femmes criminelles auxquelles il fit accorder les priviléges des Veſtales, & ſur-tout dans les honneurs divins qu'il fit rendre à Druſille. Sa cruauté perçoit juſqu'au ſein des plaiſirs de l'amour, & ſouvent il interrompit ſes careſſes pour dire à Céſonie ou à quelqu'autre amie: *Cette belle tête ſera pourtant coupée dès que j'en aurai donné l'ordre.* On voit ſon orgueil dans les déguiſemens habituels à l'aide deſquels il vouloit ſe faire honnorer ſucceſſivement comme les Divinités dont il uſurpoit les dehors & les attributs: dans le titre de *Dieu*, qu'il oſa prendre: dans ſes rivalités avec Jupiter dont il bravoit quelquefois le foudre: dans le temple qu'il ſe fit bâtir: dans les autels qu'il ſe fit élever: dans le Collége des Prêtres qu'il ſe conſacra, & dans ſon audace à vouloir faire placer au milieu du ſanctuaire du temple de Jéruſalem ſa propre image, ſacrilége dont la prudente Lenteur de Petronius, les requêtes des Juifs, les ſollicitations d'Agrippa leur Roi, & plus encore ſa mort empêchèrent l'exécution. On connoît, entre ſes folies, le choix qu'il fit pour l'un de ſes Prêtres de ſon cheval *Incitatus*: les ſermens qu'il faiſoit par ſon ſalut & par ſa fortune, & le projet conçu de le déſigner Conſul. A vingt-neuf ans, après en avoir régné trois, une mort forcée fut le ſalaire de ſes crimes; il périt par le fer de pluſieurs Conjurés, ainſi que Céſonie ſon épouſe, & ſa fille fut broyée contre un mur. Sur la *Chryſolite* que nous examinons, la tête de cet Empereur eſt ceinte de laurier. Au rapport de Suétone, il le prit même avant ſon expédition Germanique. C'eſt avec le plus grand Art que cette Pierre eſt gravée. La main ſçavante de l'Artiste a exprimé sur la figure de ce Prince le caractère de cruauté qu'il aimoit à se donner & qu'il s'étudioit devant une glace à rendre plus formidable.

PLANCHE VIII.

TIB. CLAUDE CÉSAR.

Tandis que les Sénateurs assemblés au Capitole vouloient éteindre le nom des Césars & faire renaître la liberté de Rome, des soldats de la Garde Prétorienne tirèrent, d'un des coins obscurs du Palais, Tib. Claude César pour l'élever au faîte de l'Empire, quoiqu'il n'eut d'autres titres pour y parvenir que le Consulat; quoiqu'il fut à peine capable de gouverner sa maison : & le Sénat se vit forcé de le reconnoître. Sur *l'Améthiste* du N°. I, sa tête habilement gravée est ceinte d'une couronne triomphale. On sçait qu'après la victoire qu'il prétendoit avoir remporté sur l'Angleterre, il s'est fait rendre dans le plus grand appareil les honneurs du triomphe ; ce fut en cette occasion qu'on lui éleva ce bel arc triomphal que l'on décora de sa statue équestre. On peut dire beaucoup de bien de ce Prince : on en peut dire encore plus de mal. Il avoit reçu de la Nature avec une santé foible, un esprit plus foible encore. Son cœur naturellement bon s'il eut été bien conduit, eut pu l'en dédommager un peu ; mais outragé par sa mère, mis entre les mains d'un ancien cocher qu'on lui donna pour précepteur, méprisé par Tibère, forcé de se retirer dans ses jardins près de Rome ou dans sa maison de plaisance en Campanie, le vin, le jeu & les femmes le rendirent encore plus méprisable qu'il ne l'étoit par sa stupidité. Élevé à l'Empire par une faction tumultueuse, il fit des actions dignes des meilleurs Princes, & l'on sçait qu'en supprimant les remercimens qu'avoient coutume de faire aux Empereurs, dans le Sénat, les Lieutenans qu'ils envoyoient gouverner les Provinces & commander les armées, il proféra cette sentence admirable : « Ils ne doivent pas m'avoir obligation comme si je satisfaisois » leur desir de se voir en place : c'est moi qui leur suis obligé de ce qu'ils » m'aident à porter le fardeau du Gouvernement : & s'ils s'acquittent bien de » leur charge, je leur donnerai beaucoup de louanges ». Mille traits de modération, la suppression de l'action de lèze Majesté, son respect pour le Sénat, sa déférence pour les Magistrats, sa modestie personnelle, une conduite toute opposée à celle de Caïus, lui attirèrent l'amour du peuple dans les commencemens de son règne ; mais les meilleurs inclinations dans un esprit foible ne tiennent pas long-tems contre les piéges des méchans qui les environnent & les obsèdent. Claude qui toujours avoit été gouverné, le fut encore étant N°. I. & II.

Empereur, & malheureusement son règne, devenu par ce moyen celui de Messaline, d'Aggripine & des plus misérables affranchis, lui attira la haine publique, & il est au nombre des Princes odieux qui ont dèshonoré le trône.

Malgré la foiblesse de son esprit il aimoit les lettres: au fond il ne manquoit pas d'intelligence: il s'étoit rendu passablement habile dans les lettres Grecque & Latine. Par le conseil de Tite-Live il écrivit l'Histoire de son tems d'un style qui ne manquoit d'élégance, & la diction de ses discours étoit pure & correcte. Quant à son amour pour les Arts; les Auteurs de la description des Pierres d'Orléans rapportent, pour en faire juger, l'espèce de sacrilége dont il s'est rendu coupable en faisant mettre la tête d'Auguste à la place de celle d'Alexandre sur deux tableaux d'Appelle; mais on peut citer beaucoup de monumens qui servirent d'ornemens à la Ville & dont l'objet principal étoit l'utilité publique, ainsi qu'il le remarquent eux-mêmes. On peut rappeller le fameux Port qu'il bâtit à l'embouchure du Tibre pour recevoir le grain qui venoit de l'Étranger, afin d'en prévenir ainsi dans Rome la disette & de ne point exposer le peuple à la famine. Les travaux nécessaires pour cette entreprise ne l'effrayèrent point, &, à sa gloire, se termina cet ouvrage que Dion regarde comme digne du courage & de la grandeur de Rome. Pline vante beaucoup encore celui que le même Prince entreprit pour faire écouler les eaux du Lac Fucin, & auquel trente mille hommes travaillèrent pendant onze ans. Le même Auteur cite comme le plus beau de tous les acqueducs construits pour l'usage de la Ville, celui que Claude termina & que Caïus avoit commencé. La dépense en monta à plus de six millions deux cents cinquante mille livres de notre monnoie.

N°. II. Le *Jaspe* mêlé de *Calcédoine* que nous indiquons par le N°. II, représente bien habilement ce même Prince; à la seule inspection de ce portrait qui s'accorde parfaitement avec les médailles de cet Empereur, on reconnoît ce que disoit de lui sa mère Antonie, qu'il n'étoit qu'une ébauche que la Nature avoit dédaigné de terminer, & en effet quoiqu'il eut un certain air de dignité, son extérieur avoit empêché Auguste de l'élever aux mêmes honneurs que Germanicus son frère. Il se tenoit mal: ne marchoit qu'en chancellant indécemment: la tête & les mains lui trembloient: il avoit un ris niais, la bouche écumante dès qu'il se mettoit en colère, la voix sourde & la parole mal articulée.

N°. III. La *Cornaline* qui suit nous représente les têtes accouplées de Tib. Claude César & de Val. Messaline Auguste sa troisième épouse, fille de Valerius Messala Barbatus, son cousin-germain. Il n'est personne qui ne connoisse cette Princesse horriblement décriée par ses désordres affreux. On n'auroit pas cependant une idée

idée complette de cette femme odieuse si à l'impudicité l'on ne joignoit la cruauté qui lui fit verser le sang le plus illustre pour satisfaire ses jalousies & ses vengeances. Au milieu de la pompe triomphale de Claude, Messaline montée sur une voiture superbe suivoit le char de son époux; mais peu après elle reçut, pour prix de ses débauches, la mort qu'elle eut peut-être évitée si Narcisse l'affranchi n'eut pas été au-devant d'une réconciliation en la faisant égorger entre les bras de sa mère. Le motif de sa mort fut son mariage avec C. Silius.

Tib. Claude César mourut le trois des Ides d'Octobre pendant le Consulat d'Asinius Marcellus & d'Acilius Aviola, âgé de soixante quatre ans, dans la quatorzième année de son règne, d'un champignon qu'avoit empoisonné, dit-on, Agrippine qu'il avoit épousée après la mort de Messaline.

CL. BRITANNICUS CÉSAR.

Ce beau Camée de *Jaspe* mêlé de *Calcédoine*, ouvrage précieux d'un excellent Graveur, nous présente l'image de Claude Britannicus César avec toute la finesse des traits du jeune âge. Il naquit de Messaline le vingt-huitième jour de l'Empire de Claude & pendant son second Consulat. La prétendue conquête de son père sur la Grande-Bretagne, fit donner à l'un & à l'autre par le Sénat le nom de Britannicus. Quelques personnes pourroient confondre la figure répréfentée sur ce Camée avec celle de Néron César encore jeune; mais l'accord de ses traits avec ceux de Britannicus gravés sur des médailles du Museum des Médicis ne nous permet sur ce point aucune erreur. C'est ce Britannicus que Claude prenoit entre ses bras dans la première enfance pour le présenter aux soldats, & que tout le monde suivoit avec des acclamations & des souhaits ardens de prospérités, parce qu'on le regardoit comme un rejetton digne de soutenir un jour l'Empire, & que son heureux caractère sembloit annoncer un digne appui de la maison Impériale; mais il mourut, avant quatorze ans, victime des fureurs imprudentes d'Agrippine, de la crainte & de la haine injuste de Néron, empoisonné par les mains de Jul. Pollion avec un breuvage qu'avoit préparé Locuste, au milieu d'un repas où Néron lui-même, âgé seulement de dix-huit ans, vit sans pâlir se consommer son crime. En lui s'éteignit la maison des Claudes, qui, après avoir brillé dans la République avec un très-grand éclat, avoit donné trois Empereurs à Rome. Rien ne fut plus simple que ses funérailles; mais par la suite l'Empereur Tite, en mémoire de ses naissantes vertus dont il avoit été le témoin & l'admirateur, lui fit élever dans le Palais une statue d'or & lui en fit faire une équestre d'yvoire qui fut portée aux jeux & aux solemnités du Cirque. Sur notre Pierre Britannicus porte la chlamyde, & ce n'est pas sans raison que l'Artiste N°. IV.

lui a donné cet ornement par lequel il a voulu désigner le rôle que ce jeune Prince avoit joué dans la course Troyenne qu'il avoit exécutée pendant les jeux séculaires avec L. Domitius & les enfans de la première Noblesse de Rome.

JULIE AGRIPPINE.

N°. V. Sur cette *Cornaline* on voit artistement gravé le portrait d'Agrippine, fille de Germanicus & de Julie Agrippine. Cette femme que son ambition & ses vices rendirent si fameuse, eut plusieurs époux, Passiénus Crispus deux fois Consul qu'elle empoisonna, Cn. Domitius Ahénobardus qui la rendit mère de Claud. Domitius Néron, & Claude César son oncle. Fille, sœur, femme & mère d'Empereurs, elle obtint le privilége d'entrer au Capitole sur un char semblable à ceux dont se servoient les Prêtres, & sur lesquels on plaçoit les choses Saintes: elle partagea depuis avec Claude les honneurs de la puissance Impériale. On regarde comme un trait précieux de la prudence de Sénèque, d'avoir, par une apparence de respect, sauvé l'acte indécent d'Agrippine qui vouloit siéger sur le trône dans l'assemblée du Sénat que l'on tenoit exprès pour elle dans une des salles du Palais. Pour faire Néron Empereur, elle eut recours à la fameuse Locuste, utile instrument de la tyrannie. Cette empoisonneuse célèbre remit à Halotus Eunuque de Claude la préparation mortelle qu'elle lui destinoit & que receloient des champignons, mets chéri du Prince; mais ce poison fut trop lent au gré de la scélérate Princesse, & le Médecin Xénophon, employé plus heureusement, sous prétexte d'aider Claude à vomir, lui enfonça dans la gorge une plume frottée du poison le plus violent, sçachant bien, dit Tacite, que les grands crimes ne s'exécutent pas sans danger; mais qu'achevés un fois, ils sont couronnés par la récompense. L'ingrat Néron possesseur de l'Empire voulut bientôt faire périr sa mère à laquelle il le devoit. Envain il lui fait ménager un naufrage, elle échappe à ce danger. Ce n'étoit, il est vrai, que pour être victime d'un coup plus funeste. Par les ordres de son fils, Aniclet, Héraclius & Oléarius la mettent à mort; mais, l'esprit toujours présent, même en cette circonstance fatale, elle dit à ce dernier qui le perce, en se découvrant, « frappe ce sein qui a porté Néron ».

Ses funérailles se firent sans aucune pompe: on ne lui donna pas même un lit funèbre. Néron, suivant plusieurs Auteurs, avoit voulu voir son corps nud, & tant que ce Prince vécut, Agrippine n'eut pas de tombeau.

Cette Princesse si criminelle aimoit cependant les lettres qu'elle avoit cultivées. Tacite & Pline l'ancien citent les mémoires de sa vie qu'elle-même elle avoit écrits.

NÉRON CLAUDE CÉSAR.

Si l'on doit pardonner à des Artiſtes le talent avec lequel ils ſçavent rendre les monſtres, on peut excuſer, à raiſon de leur habileté, ceux qui ont gravé cette *Cornaline* qui repréſente Néron & les *Calcédoines* dont nous allons parler. N°. VI.

PLANCHE IX.

Ces Pierres nous offrent l'image de Néron Claude Céſar, le front ceint d'une couronne de laurier; mais c'eſt particulièrement dans la figure annoncée ſous le N°. II que l'on peut remarquer les traits que Suétone donne à ce Prince plus beau qu'agréable, dont les yeux bleux étoient foibles & dont les cheveux blonds rouſſâtres étoient bouclés. A l'âge de dix-ſept ans porté ſur le trône de l'Empire par les artifices d'Agrippine, élève de Sénèque, il ſe diſtingua tellement pendant les cinq premières années de ſon règne, qu'il parut, au rapport de Trajan même, ſurpaſſer tous les Princes par ſa libéralité, ſa clémence, ſa douceur & ſa bienveillance. Admis comme ſurnuméraire dans le Collége des Prêtres par un décret du Sénat, après avoir été quatre fois Conſul, il eſt inſenſiblement devenu le plus exécrable des hommes : ſon cœur s'eſt ouvert à tous les vices : il n'a ſemblé vivre que pour la perte de la République & ſon nom eſt devenu l'injure des tyrans. N°. I. & II.

Dans ſon cœur pervers habitoit pourtant le remord ; mais gardons-nous de le regarder comme un reſte de vertu ; le ſouvenir toujours préſent de ſes crimes, des meurtres de ſa mère, de ſa tante, de ſes femmes, de ſes parens, des plus nobles citoyens & des hommes les plus illuſtres qui lui enlevoit le ſommeil, n'étoit qu'un tourment vengeur.

Si nous le jugions entièrement d'après Suétone, nous croirions qu'il avoit du goût pour les lettres & les Arts ; mais c'eſt un fait trop connu que les Muſes fuyent les hommes cruels & ſanguinaires. Croyons avec les Auteurs de la deſcription des Pierres gravées d'Orléans, qu'il avoit plutôt des goûts que du goût : que ſa paſſion pour la muſique ne faiſoit qu'ajouter un ridicule à ſes vices : que ſa Poéſie, comme le peint Juvénal, n'étoit qu'un amas de métaphores enchaînées par les règles de l'hémiſtiche & dépourvues de toute harmonie : que ſes travaux en Sculpture étoient vraiſemblablement des eſpèces de groteſques vantées par des flatteurs. Son amour paſſionné pour les ſpectacles décèle toute la baſſeſſe de ſon cœur, & les couronnes théâtrales qu'il remporta montrent combien il étoit indigne de porter celle d'Empereur.

Ce monſtre périt enfin de ſes propres mains : la vue de ceux qui venoient l'immoler au juſtes reſſentimens de la République, le détermina; mais, aux yeux des payens même, cet acte ne fut point une preuve de ſon courage, & ſon ſecrétaire Épaphrodite fut obligé d'enfoncer le poignard, ſa main ayant été trop molle en ſe frappant. En lui s'éteignit la famille d'Auguſte qui méritoit ſi peu d'avoir de pareils ſucceſſeurs. Que doit-on penſer de l'eſprit humain, quand on réfléchit qu'en plein Sénat, de ſon vivant, on oſa propoſer d'élever un temple au Dieu Néron; & qu'après ſa mort, dont la nouvelle avoit fait arborer, en ſigne de joie, par tous les bons citoyens le bonnet emblême de la liberté, il eut encore des partiſans zélés pour honorer ſa mémoire?

OCTAVIE AUGUSTE.

N°. III. Cette ſuperbe *Cornaline*, gravée avec art, nous préſente la tête d'Octavie, ſœur de Britannicus, fille de Claude & de Val. Meſſaline. Cette Princeſſe fut célèbre par ſes malheurs. Elle ſortoit à peine du berceau qu'on la promit à L. Silanus preſque auſſi jeune qu'elle. Iſſu du ſang d'Auguſte, & fêté du peuple à cauſe de ſa magnificence & des ſpectacles de Gladiateurs qu'il lui donnoit, ce jeune homme avoit été décoré des ornemens du triomphe dans celui de Claude après ſa prétendue conquête de la Grande-Bretagne, & l'Empereur lui avoit accordé le privilége de demander les charges cinq ans avant l'âge preſcrit par les Loix; mais par les conſeils & les artifices d'Agrippine, Silanus n'eut pas l'avantage de conſommer ſon union avec cette Princeſſe. Claude la fit épouſer à Néron ſous le conſulat de D. Junius & de Q. Hatérius. Néron n'avoit alors que ſeize ans, &, afin qu'il ne parut pas avoir ſa ſœur en mariage, on prit la précaution de faire paſſer Octavie dans une autre famille par l'adoption. Agrippine avoit été ſecondée dans cette entrepriſe par Vitellius qui couvrit ſes ruſes ſerviles du voile reſpectable des fonctions de la cenſure qu'il exerçoit. La ſœur de Silanus n'étoit pas auſſi ſage qu'elle étoit belle : le Cenſeur rendit ſuſpecte l'amitié de ſon frère pour elle, & déja fort de la tendreſſe de Claude pour Octavie ſa fille, il fit naître des ſoupçons dans l'eſprit trop foible du père : puis il publia contre l'innocent Silanus une ordonnance qui l'exclut du Sénat, le força d'abdiquer la Préture dont il étoit revêtu, & fournit à Claude un moyen de rompre l'alliance qui lui étoit deſtinée. Silanus ne put ſoutenir ce double coup, &, le jour même des nôces de Claude & d'Agrippine, il ſe donna la mort. Peut-être y fut-il forcé, comme le laiſſe croire Suétone; mais peut-être auſſi, comme le croit Tacite, choiſit-il librement ce jour, fut-ce pour rendre plus odieuſe l'injuſtice de l'Empereur à ſon égard. Octavie étoit jeune & vertueuſe; mais ſoit par une malheureuse fatalité, dit Tacite : soit que ce qui est illicite ait plus d'attraits, l'affranchie Acté fit naître dans le cœur de Néron une flamme qui bannit de lui tout amour pour son estimable épouse. Plus d'amour, plus de plaisirs : Octavie perdit ses charmes aux yeux de son infidèle : bientôt suivit le dégoût : le dégoût amène la haine : il tenta de l'étrangler ; mais enfin il la répudia, & comme le crime cherche toujours des excuses, la prétendue stérilité de cette Princesse fut le prétexe dont on colora celui-ci. Burrhus, quoique très-tolérant à l'égard des amours illicites de Néron, s'étoit cependant opposé fortement à la répudiation d'Octavie. « Si vous la renvoyez, lui avoit-il dit, rendez-» lui donc sa dot, rendez-lui donc l'Empire qu'elle vous a apportés ». Mais que peut la raison contre des passions effrenées? Douze jours après qu'il eut répudié son épouse, Néron prit pour femme la fameuse Sabina Poppéa. Peu s'en fallut qu'elle n'eut été prévenue par Acté; car le Prince avoit eu le dessein de l'épouser, afin même de préparer les voies à ce mariage, il avoit entrepris de la faire passer pour issue d'un sang Royal, & avoit trouvé des Consulaires disposés à se parjurer pour certifier vraie cette fausse généalogie. Poppéa ne pouvoit pas être épouse de Néron & voir sous ses yeux Octavie : elle obtint facilement qu'elle seroit exilée en Campanie : une accusation d'adultère attestée par quelques esclaves au milieu des tourmens, rejettée par d'autres, & reconnue pour frivole par Rome entière, servit de motif à cette cruauté. Un traitement aussi injuste excita l'indignation publique. Les Grands murmurèrent, le peuple qui n'a rien à perdre éclata : Néron tremblant révoqua ses ordres & fit rappeller Octavie. Sur la première nouvelle qui s'en répandit, la joie s'empara de tous les cœurs : on courut au Capitole rendre aux Dieux des actions de graces : les uns renversèrent les statues de Poppéa : les autres portèrent en triomphe celles d'Octavie que l'on couronna de fleurs & qu'on plaça avec honneur dans les temples & dans la place publique : tous rendoient témoignage à sa probité, à sa modestie & à sa chasteté conjugale. Les soldats, l'épée à la main, tempérèrent cette fougueuse allégresse, & l'infortunée Octavie ne jouit de ces honneurs momentanés que pour se voir peu après plus malheureuse encore. A la vue de ces transports, la jalousie de Poppéa s'allume : elle se jette aux pieds de Néron : elle se plaint avec toute l'éloquence de la colère de l'injure que le peuple lui fait, & sçait adroitement insinuer à l'Empereur que si *les factieux désespèrent qu'Octavie redevienne l'épouse de Néron, ils donneront un mari à Octavie.* La terreur, l'amour, tout agit sur le cœur de ce Prince : à l'instant la mort d'Octavie est résolue : il ne s'agit plus que de lui trouver un crime. L'adultère prétendu avec le Muficien Eucérus qui avoit fervi de motif à l'exil, étoit publiquement regardé comme une invention de la haine : il falloit un homme affez lâche & affez vil pour fe laiffer extérieurement convaincre d'avoir été le complice de la Princeffe; mais quand un Prince defire de ces hommes, il ne s'en trouve que trop prêts de lui obéir. Le meurtrier d'Agrippine fut choifi, & ce fcélérat accepta. Il fit une déclaration par laquelle il avouoit le crime d'adultère commis avec Octavie. Son aveu fut pour lui fuivi d'un exil, qui, loin d'être une peine, améliora fon fort; mais la malheureufe Princeffe, d'après cet infâme aveu, fut accufée par Néron & d'adultère & de crime d'État : oubliant même l'imputation de ftérilité qui avoit fervi de motif à fon premier exil, il lui reprocha d'avoir fait périr fon fruit pour cacher fes défordres, & en conféquence il la fit enfermer dans l'Ifle *Pandataria* (1).

Les Romains pleurèrent fon exil comme ils euffent pleuré fa mort, & fa mort le fuivit de bien près. Il ne s'étoit écoulé que quelques jours lorfqu'elle fe vit entourée de fes meurtriers. Envain elle protefta qu'elle ne prétendoit plus au titre d'époufe de l'Empereur, qu'elle n'étoit plus que fa fœur : envain elle invoqua les Mânes des Germanicus, leurs communs ancêtres : elle parloit à des barbares : on la lie : on lui ouvre les veines, & comme le fang arrêté par le faififfement & la peur couloit trop lentement, on la porte dans un bain très-chaud, dont la vapeur l'étouffe. Octavie n'avoit pas encore parcouru fa vingtième année lorfque fon cruel époux trancha le fil de fes jours. Poppéa ne fut pas fatisfaite qu'elle n'eut vû la tête de fa rivale. On la lui préfenta, digne fpectacle d'une ufurpatrice adultère.

SABINA POPPÉA AUGUSTE.

N°. IV. Entre les femmes qui cauferent le plus de maux à l'Empire Romain, on peut compter la fameufe Poppéa, fille de T. Ollius : elle eut dû fe nommer Ollia; mais le nom de fon ayeul maternel, Poppéus Sabinus, qui avoit été décoré du Confulat & des ornemens du triomphe lui plût davantage. Cette femme étoit amplement pourvue des dons de la Nature; mais elle méconnut la vertu. Héritière de la beauté de fa mère & d'une grande fortune, elle avoit un efprit agréable, un langage doux, & fur-tout une apparente modeftie qui rendoit plus piquante la licence de fes mœurs. Sortant peu, toujours un voile couvroit fon vifage, rufe adroite pour ne pas raffaffier la vue, pour exciter les regards curieux & pour ajouter à fes graces naturelles. Faut-il qu'elle ait ainfi caché

(1) Petite Ifle déferte entre les Ifles de *Ponza* & d'*Ifchia*.

ses traits pour plaire, sans penser à voiler ses défauts? Jamais, dit Tacite, de qui nous tenons tous ces détails, jamais elle ne ménagea sa réputation, ne mit de différence entre ses maris & ses amans, &, n'écoutant ni sa passion ni celle des autres, l'intérêt seul décidoit de ses inclinations.

Elle étoit mariée à Rufus Crispinus, Chevalier Romain, dont elle avoit eu un enfant, lorsqu'Othon lia connoissance avec elle, & la conduisit, sans peine, de l'adultère au mariage. La jeunesse, le luxe d'Othon & sa faveur auprès de Néron l'avoient facilement séduite. Othon orgueilleux de la posséder & trop indiscret, vantoit son bonheur devant Néron, que quelques Historiens & Tacite même avoient cru d'abord, mais faussement, l'auteur de ce mariage. Néron s'enflamma bientôt & Poppéa, femme consommée, par une passion feinte, sçut aiguiser encore celle de l'Empereur. L'amour & la jalousie se touchent de près: Néron jaloux rélégua son rival dans la Lusitanie où celui-ci prouva de combien de vertus étoit susceptible un cœur débarrassé des chaînes de l'amour & délivré de l'oisiveté. Agrippine & Octavie arrêtoient cependant les projets de Poppéa. La mort de l'une & l'exil de l'autre furent résolus & consommés par cette femme ambitieuse. Enfin triomphante elle monta comme épouse sur la couche Impériale qu'elle souilloit depuis long-tems. Cette Princesse rendit père l'Empereur qui put à peine mettre des bornes à sa joie. Il donna à la mère & à la fille qu'elle avoit mise au jour le titre *d'Augustes*. Rome guidée par la flatterie rendit de solemnelles actions de graces aux Dieux: on consacra un temple à la fécondité: on institua des jeux sur le modèle de ceux *d'Antium* Patrie de Néron & de sa fille. La Fortune, Déesse tutélaire de cette Ville, reçut aussi des honneurs: on lui décerna des statues que l'on plaça sur le trône de Jupiter Capitolin; enfin l'on ordonna l'établissement annuel des courses du Cirque pour les maisons Claudia & Domitia, semblables à celles que l'on célébroit à Bovilles pour la maison des Jules. Toutes ces fêtes ne purent empêcher l'enfant de mourir quelques mois après sa naissance; mais on en fit une Déesse sous le nom de Vénus: on lui éleva des autels votifs, un temple, & elle reçut les mêmes honneurs que les Divinités du premier ordre. Ainsi que Tigellin, conseil intime de Néron dans ses fureurs, Poppéa en fut par la suite la victime: elle mourut, étant grosse, d'un coup de pied que l'Empereur lui donna, dans un mouvement de colère, à son retour des jeux publics. Le corps de cette Princesse ne fut pas brûlé suivant l'usage des Romains, &, comme si l'on eut voulut le traiter, après son trépas, avec autant de prédilection qu'elle le traîtoit elle-même pendant sa vie (1), on l'embauma à la manière des Orientaux, & il fut porté dans le tombeau des Jules. Ses obsèques furent célébrés par tous les ordres de l'État. L'Empereur prononça lui-même publiquement son éloge, exaltant sur-tout sa beauté, l'honneur d'avoir été la mère d'une Déesse, & les autres dons de la fortune qui remplaçoient en elle toute espèce de vertus, & Pline nous rapporte qu'il consuma dans la pompe de ses funérailles plus de parfums que l'Arabie, suivant le témoignage des gens les plus instruits, n'en produit en toute une année.

Après la mort de Néron les statues de Poppéa furent renversées & même brisées ; mais Othon, par un retour inconcevable de tendresse, les fit, par la suite, rétablir.

Le Graveur a rendu avec succès sur cette *Cornaline* la beauté de cette Princesse.

SER. SULPICIUS GALBA.

No. V. Sur cette *Cornaline* est gravée avec beaucoup d'art la figure de l'Empereur Galba, que l'on reconnoît facilement aux rides de son front chauve, à son nez recourbé, à son air aussi mâle que sévère. Né sous le Consulat de M. Valerius Messala & de Cn. Lentulus, parent de l'Impératrice Livie femme d'Auguste, il dût à cette Princesse les premiers honneurs qu'il reçut avant l'âge prescrit par les Loix. Chargé d'abord de la Préture, Gouverneur ensuite de l'Aquitaine, puis Consul par une Élection ordinaire, sa conduite à la tête des armées de Germanie, dont Caligula lui avoit confié le Commandement, lui attira tellement l'estime des Troupes, qu'à la mort de cet Empereur elles voulurent l'élire pour lui succéder ; mais il préféra son repos à l'Empire. Son désintéressement plut à Claude qui le nomma Proconsul d'Afrique, où il l'envoya pour appaiser le tumulte des barbares & les dissentions intestines qui désoloient cette Province. Ses hauts faits en Germanie & en Afrique lui méritèrent les ornemens du triomphe & un triple Sacerdoce. Chargé par Néron du Gouvernement de l'Espagne Tarragonnoise, il remplissoit depuis huit ans les fonctions de cet important emploi, quand Vindex, Gouverneur de la Gaule Celtique, le pressa de s'unir à lui pour purger l'empire du monstre qui le gouvernoit : la nouvelle seule que Néron le vouloit faire périr put le déterminer à s'élever contre son Prince, &, tandis que les soldats le proclamoient *Empereur* il

(1) On tiroit tous les jours le lait de cinq cens ânesses pour en faire un bain qui entretint la fraîcheur & la blancheur de sa peau..... *Dio. Lib. XII. Hist. Rom. p.* 714.

prit

prit modestement le titre de *Lieutenant du Sénat & du peuple Romain.* Le Sénat peu de tems après, malgré les efforts de Néron, contre lequel il prononça la peine de mort, lui décerna le titre d'Auguste qu'il ne prit cependant qu'après la mort de Néron. A son avènement à l'Empire on vit les plus douces espérances renaître dans tous les cœurs. On le regardoit comme le Libérateur de la République & le Vengeur de sa liberté; mais Galba ne sçut pas profiter de ces heureuses circonstances. Sa cruauté éloigna les esprits, l'injustice de ses Ministres acheva de le rendre odieux, & le choix qu'il fit du noble Pison pour l'adopter, en aigrissant Othon dont il détruisoit les espérances, excita la révolte de ce dernier, qui, secondé par les Prétoriens, parvint enfin à faire égorger son Prince. *Au jugement de tous digne de l'Empire s'il n'eut pas été Empereur,* Galba avoit soixante treize ans & n'avoit régné que sept mois lorsqu'il fut la victime de ce malheureux sort. On croiroit à peine aux outrages que les soldats firent à son corps après son trépas, si des Historiens fidèles ne nous en avoient pas conservé les détails. Vitellius, par la suite, punit ses assassins & les complices de tant d'horreurs. On vit alors porter dans les temples les images de ce Prince ornées de fleurs, & on lui fit avec des branches & des couronnes de laurier une espèce de tombeau près du lac Curtius, à l'endroit où il avoit été massacré.

Dans la *Cornaline* qui suit & qui est d'une grande beauté, se voit encore le N°. VI.
portrait du même Prince; il est dans la force de l'âge & décoré des ornemens triomphaux.

PLANCHE X.

M. S. OTHON CÉSAR.

Othon, dont ce rare *Grenat* nous offre la tête, s'ouvrit lui-même la route du N°. I.
trône. Les traits que sa figure nous offre sur cette Pierre sont entièrement semblables à ceux que l'on retrouve sur le petit nombre de médailles d'or & d'argent qui nous restent de ce Prince. Né sous le Consulat de Camillus Arruntius & de Domitius Ænobardus, il eut une jeunesse fougueuse qu'il seconda loin de la réprimer. Complice des débauches de Néron, confident de ses plaisirs, il en devint le rival, & l'amour du Prince pour Poppéa, femme d'Othon, fit envoyer celui-ci par Néron en Lusitanie. Sa conduite dans ce pays est le beau côté de sa vie; mais la gloire qu'il y moissonna ne fait qu'obscurcir le reste de ses actions. Aigrie par l'adoption que fit Galba de Pison, son ambition, qui se vit trompée, ne connut plus de frein. N'espérant plus hériter de la

couronne, Othon l'enleva lui-même à l'aide des Prétoriens. Monté sur le trône par un assassinat, il agréa, il prit même quelquefois le surnom de Néron, bien digne de lui. Dans le court espace de son règne il fit quelque bien & autant de mal. Le souvenir du meurtre de Galba suffisoit seul pour le rendre malheureux; mais la Providence voulut qu'il eut à combattre un rébelle. Obligé de prendre les armes contre Vitellius qu'avoit nommé Empereur l'armée de Germanie, trois fois il fut Vainqueur des Troupes ennemies; mais enfin vaincu lui-même il ne put survivre à sa défaite, & ne mit entre elle & sa mort que le tems nécessaire pour écrire quelques lettres, en brûler d'autres, & l'intervalle d'une nuit qu'il vouloit, disoit-il, *ajouter à sa vie.* A son réveil il se poignarda de sa propre main acte héroïque aux yeux de Tacite étonné, sans doute, de ce courage dans un Prince aussi efféminé qu'Othon. On peut juger de sa mollesse par ce que nous rapporte Suétone qu'il prenoit soin d'arracher les poils de sa barbe, de se couvrir le front d'une espèce de perruque qui l'empêchât de paroître chauve, & de s'appliquer tous les jours sur le visage de la mie de pain détrempée avec du lait d'annesse pour se conserver le teint frais & la peau lisse. Avant de mourir, craignant qu'on ne le traitât comme il avoit traité Galba, Othon avoit demandé qu'on l'ensevelit aussi-tôt. Suivant son desir on célébra promptement ses funérailles. Des soldats Prétoriens portèrent son corps en le comblant d'éloges & versant des larmes sur lui. On en vit même qui se tuèrent près du bûcher par tendresse & pour honorer son genre de mort. Près de Brixellum on lui éleva un petit monument dont la simplicité assuroit la durée, & que Plutarque vit plusieurs années après ne portant d'autre inscription que le nom d'Othon. Cet Empereur termina sa carrière dans la trente-huitième année de son âge, n'ayant régné que trois mois.

A. VITELLIUS GERMANICUS, EMPEREUR.

N°. II & III. La main d'un habile Graveur a tracé sur la *Cornaline* & l'*Onyx* qui suivent le portrait de Vitellius. Dès que ce Prince eut appris la mort d'Othon, il revint aussi-tôt de la Germanie où l'armée l'avoit nommé Empereur, & fit à Rome une entrée triomphante. Il avoit eu l'envie d'y entrer comme dans une Ville prise, suivant ce qu'il avoit pratiqué dans toutes les Villes qu'il avoit trouvées sur son passage; mais il fut heureusement détourné par ses amis d'une démarche aussi folle & aussi odieuse. La marche fut pompeuse; elle s'ouvroit par les aigles des quatre Légions accompagnées de plusieurs drapeaux & de divers étendarts. L'Infanterie, la Cavalerie Romaine & trente-quatre cohortes auxiliaires distinguées par leurs armures venoient ensuite; spectacle admirable, dit Tacite, armée magnifique;

mais digne d'un autre chef que Vitellius. Le Sénat, auſſi-tôt qu'il avoit ſçu que les Troupes lui avoient prêté le ſerment de fidélité, lui avoit déféré par un ſeul décret tous les honneurs que les Empereurs précédens avoient ſucceſſivement acquis dans un règne de pluſieurs années. Trop ſemblable à Néron, dont il avoit pris le goût pour la débauche à Caprée où il avoit paſſé ſa jeuneſſe, il l'imita auſſi par ſa cruauté, & l'on ne peut ſe rappeller, ſans frémir, ce qu'il dit en contemplant les cadavres qui couvroient les plaines de Bédriac, & dont pluſieurs ſouffroient avec peine la mauvaiſe odeur, *qu'un ennemi tué eſt un parfum pour l'odorat & encore plus un citoyen*. Dans l'adminiſtration de l'Empire il ne prenoit conſeil que d'Hiſtrions, de Conducteurs de chars, & d'affranchis entre leſquels on doit diſtinguer Aſiaticus qui, tiré de la baſſeſſe, abuſa de ſon crédit, & fut un des principaux inſtrumens de la miſère publique. De tous les vices de ce vil Empereur le plus marqué fut la gourmandiſe. C'étoit ſa paſſion favorite qu'il portoit juſqu'aux excès les plus honteux. Toute l'Italie étoit tributaire de ſa bouche & lui fourniſſoit les mets les plus exquis : il mettoit à contribution pour ſa table la terre & les mers : les Chefs des Villes & les Villes elles-mêmes étoient ruinés pour la ſervir, & Dion porte à cent douze millions cinq cents mille livres de notre monnoie la dépenſe de ſa nourriture pour les huit mois de ſon règne. Sa faim, qu'il ſçavoit renouveller en ſe faiſant vomir, renaiſſoit ſans ceſſe, & chez lui la gloutonnerie ſe montroit autant que la ſenſualité : ſouvent il enlevoit ſur les charbons les parties des animaux que l'on brûloit dans les ſacrifices, &, dans les rues, il prenoit & mangeoit en marchant des reſtes de viandes qu'il trouvoit expoſées en vente. De pareilles paſſions, jointes à l'indolence & à la pareſſe, ne pouvoient pas pour long-tems lui aſſurer l'Empire; auſſi dès le huitième mois de ſon règne, il vit s'élever contre lui toutes les Légions d'Orient qui proclamèrent Veſpaſien Empereur & qui furent bientôt imitées par celles de l'Illyrie. Envain, & toujours lentement, met-il en campagne les Légions Germaniques, il eſt trahi par Cécina, & voit la plus grande partie de l'Italie & toutes les Provinces de l'Occident reconnoître ſon rival. La guerre s'échauffe alors de plus en plus. Dans une extrême détreſſe, Vitellius, ce lâche Empereur en habit de deuil, veut publiquement abdiquer l'Empire; mais ſes ſoldats s'y oppoſent. Peu digne d'avoir de pareils Défenſeurs, il remporte ſur ſes ennemis quelques avantages; mais enfin le camp des Prétoriens eſt forcé, & tantôt fuyant le Palais ſuivi d'un Boulanger & d'un Cuiſinier fidèles, tantôt y retournant accompagné de la peur, il ſe cache enfin dans l'étroite retraite de celui qui gardoit la porte; mais, tiré de ce honteux asyle, il s'abaisse jusqu'aux prières & aux larmes pour demander la vie. Il avoit été trop cruel pour l'obtenir. Ses larmes furent méprisées, ses prières rejettées : par l'ordre du Tribun Junius Placidus, on lui lia les mains derrière le dos, on lui mit une corde au col, on lui déchira ses habits & on le traîna vers la place publique comme un criminel condamné : triste & affreux spectacle, dit Tacite, qui n'attiroit pourtant que des insultes & non des larmes, tant sa lâcheté & sa bassesse étouffoient la compassion. Le peuple jettoit sur lui des ordures & de la boue : on l'appelloit incendiaire à cause de l'incendie du Capitole qu'il avoit occasionné dans sa défense : on lui reprochoit sa gourmandise : on lui reprochoit même ses défauts corporels, sa taille épaisse, la rougeur de son visage enluminé par le vin, son ventre énorme & la foiblesse de ses cuisses froissées autrefois par un char de Caligula. Ainsi mené le long de la rue sacrée, un soldat lui tenoit une épée sous le menton pour qu'il ne put pas cacher sa confusion, & pour lui faire voir & ses statues renversées & le lieu du meurtre de Galba. Enfin on le conduisit aux Gémonies, où les soldats qui l'avoient pris, se firent un plaisir de le découper, pour ainsi dire, avec leurs épées, pour qu'il sentit les douleurs d'une mort lente; son corps fut traîné avec un croc dans le Tibre, & la multitude, ajoute Tacite, l'accabla d'autant d'outrages après sa mort qu'elle lui avoit prodigué de flatteries pendant son règne. Ce Prince, par les soins de Galeria, son épouse, reçut néanmoins les honneurs de la sépulture. Il n'avoit que cinquante-cinq ans lorsqu'il périt, & il n'en avoit pas régné un entier.

FL. VESPASIEN, EMPEREUR.

N°. IV. On ne sçauroit trop admirer le beau *Camée* que nous offre cette *Calcédoine*. Au jugement des hommes les plus instruits, c'est un chef-d'œuvre de l'Art, & l'habile Graveur qui l'a fait ne pouvoit pas exprimer d'une manière plus parfaite la tête de l'Empereur Vespasien. Ce n'est point un simple profil, elle est de face. Ce Prince se montre tout entier à nos yeux, & semble développer, à dessein, l'embonpoint brillant de sa figure. Son front, chauve sur le devant, est ridé : il a les yeux enfoncés : les sourcils se rejoignent : son nez aquilin domine des joues quarrément dessinées : le menton saillant s'avance au-dessus d'un col fort gras : sa tête est très-forte, &, pour en faire voir la largeur, l'Artiste a eu grand soin de ne pas la ceindre d'une couronne de laurier. Né dans une petite bourgade près de Riéti, d'une famille qui ne comptoit pas ses ayeux; mais élevé par un père, qui, dans les fonctions délicates de Receveur d'un droit de péage, ſçut par ſon intégrité, par ſa douceur obtenir une ſtatue avec cette inſcription, *au Publicain honnête homme*; (inſcription d'autant plus flatteuſe que les qualités qu'elle exprime furent toujours très-rares dans cet emploi), Vepaſien par lui-même devint digne de l'Empire. Son ambition ne l'y portoit pas, & naturellement il n'aimoit pas les dignités; mais ſa mère l'aiguillonna par des reproches & par l'exemple de Sabinus ſon frère qui s'étoit ouvert lui-même la route des honneurs. Édile d'abord, avec beaucoup de peine, il parvint enſuite à la Préture. Attribuons quelques traits de flatterie baſſe qu'il ſe permit ſous Caligula, à cette néceſſité malheureuſe d'être preſque toujours rampant à la Cour pour parvenir. Par les nœuds du mariage il s'aſſocia Domitia, libre d'origine, quoique ſoupçonnée alors de n'être que ſimple affranchie; mais plus aſſortie à ſa naiſſance qu'au rang où il étoit parvenu. Domitia le rendit père de Tite, de Domitien & de Domitille. Veſpaſien perdit ſon épouſe & ſa fille avant d'être Empereur, & demeurant veuf le reſte de ſa vie, il ne vécut plus qu'avec l'affranchie Cénis & quelques autres concubines qui lui ſuccédèrent. Sous Claude, fait Commandant d'une Légion, d'abord en Germanie, puis dans la Grande-Bretagne, ſa conduite lui mérita les ornemens du triomphe, un double Sacerdoce & enfin le Conſulat. Sous Néron, devenu Proconſul d'Afrique, Veſpaſien acquit une réputation bien incertaine, & Suétone, contredit par Tacite, malgré l'éloge qu'il fait de lui, ne laiſſe pas d'avouer que, dans une ſédition qui s'éleva à Adrumète, la multitude lui jetta des raves à la tête, inſulte à l'abri de laquelle doit ſe trouver tout Chef irréprochable. Il accompagna Néron dans ſon voyage de Grèce: ſon indifférence pour la voix & les chants de ce Prince penſa lui coûter la vie. Banni de la préſence de l'Empereur, retiré dans une petite Ville écartée, il y reçut cependant les proviſions de Lieutenant pour la guerre contre les Juifs, & cette guerre devenue conſidérable, conduite par Veſpaſien avec honneur, fut le ſigne, pour ainſi dire, de ſon élévation future: ſigne bien plus certain que ces préſages merveilleux rapportés par Suétone, & ſur leſquels Tacite avoue avec franchiſe que l'évènement ſeul l'a rendu bien ſçavant. Après la mort de Néron, de Galba en l'honneur duquel il avoit fait faire le ſerment de ſes Troupes, & celle d'Othon, ce furent cependant ces préſages, les prédictions d'un Prêtre de Paphos, les prophéties de Baſilide au Carmel, & la profanation des Oracles divins concernant le Meſſie, appliqués à ce Prince par l'aveugle Joſephe, qui le déterminèrent à conſentir aux vues de Mucien & à profiter des diſpoſitions favorables des Troupes pour attaquer Vitellius & s'emparer de l'Empire. Ce fut d'abord en Mœſie que les

Légions proclamèrent Vespasien Empereur & écrivirent son nom sur les enseignes. A Alexandrie, Tibère Alexandre lui prêta le serment à la tête de ses Légions le premier de Juillet, que ce Prince regarda toujours par la suite comme le premier jour de son règne. Le onze du même mois il fut salué Empereur par ses propres Légions qui accumulèrent sur sa tête tous les titres de la souveraine puissance; Mucien le fit reconnoître par les Troupes qu'il commandoit, &, avant le quinze, il le fut par toute la Syrie. Cet exemple fut bientôt suivi de tout l'Orient. Le zèle d'Antonius Primus & de Cornélius Fuscus lui assurèrent les armées d'Illyrie. Enfin reconnu par tout l'Occident, & Vitellius massacré malgré la magnifique défense de sa Garde, il devint le possesseur tranquille du trône. Après cinquante-six ans de tyrannie, le peuple Romain commença à goûter les douceurs d'une bonne & sage administration. Sachant le métier de la guerre, Vespasien aimoit la paix; laborieux, sobre, zélateur de la simplicité, respectant les Loix & les mettant en vigueur, porté à la clémence & ne connoissant point ces défiances ombrageuses sources ordinaires des injustices & des cruautés; c'est le seul Prince, dit Tacite, qui sous le dais soit devenu meilleur. La République lui dût un nouveau lustre & une nouvelle splendeur. Ami des mœurs publiques il renouvella le Senatus-Consulte rendu sous Claude contre les femmes libres qui se prostitueroient à des esclaves. Il remit en vigueur les anciens réglemens contre les usuriers qui prêtoient aux fils de famille, & les priva du droit d'exiger jamais leur payement, même après que le débiteur par la mort de son père seroit devenu maître de sa personne & de ses biens. Il répara les ruines de Rome, l'embellit par de nouveaux édifices; on lui dût le temple de la paix, celui de Claude, & ce fut lui qui commença le superbe amphithéâtre connu sous le nom de *Colisée* dont les débris nous étonnent encore. Il protégeoit les Lettres & les Arts. Il est le premier qui sur le fisc ait assigné des honoraires aux Professeurs d'éloquence Grecque & Latine: les Poëtes reçurent aussi des récompenses: & Suétone publia celles que ce Prince donna à des Architèctes, à des Méchaniciens & à des Musiciens. Les hommes les meilleurs ont des défauts, autrement ils ne seroient pas hommes: celui de Vespasien étoit l'amour de l'argent: Tacite l'excuse: l'Empereur tâchoit de le couvrir lui-même par des railleries souvent assez heureuses, &, lorsqu'on se rappelle que les prodigalités de ses prédécesseurs avoient épuisé les finances publiques; que pour pouvoir subsister la République avoit besoin de cinq mille millions de livres de notre monnoie; lorsqu'on pense à la splendeur de ses dépenses publiques, à ses grandes libéralités, au bien qu'il faifoit des Confulaires pauvres, aux dédommagemens envoyés à des Villes que des tremblemens de terre ou des incendies avoient endommagées, aux frais confidérables des grands chemins qu'il faifoit conftruire fans vexer les habitans des pays par lefquels ils paffoient, on eft porté naturellement à trouver moins méprifable fa paffion pour l'argent. L'orgueil philofophique lui pardonnera peut-être moins encore la févérité avec laquelle il bannit, ou punit même corporellement quelques Stoïques effrontés qui, fous le nom de Philofophes qu'ils fouilloient, frondoient le pouvoir du Prince; mais cet exemple eft une preuve qu'il eft permis d'être quelquefois intolérant à l'égard de ces hommes fauffement fages qui prêchent l'indépendance & déclament contre les Souverains qu'ils ne toléreroient pas eux-mêmes s'ils étoient affez puiffans. Enfin couvert d'honneur, eftimé de tous, vainqueur des Juifs dont il avoit triomphé folemnellement, pendant fon neuvième Confulat, après un Gouvernement glorieux, il vit tranquillement venir la mort, &, fe fentant défaillir, il dit avec cette gaité naturelle qu'il avoit : *je penfe que je deviens Dieu*, fine allufion à l'apothéofe accoutumée des Empereurs, & il expira en voulant fe lever pour accomplir fa maxime, *qu'un Empereur devoit mourir debout*; ce Prince avoit foixante-neuf ans un mois & fept jours, & finiffoit la dixième année de fon règne.

La figure de Vefpafien fur le beau *Camée* dont nous venons de nous occuper, reffemble parfaitement à un autre portrait de marbre où cet Empereur femble refpirer & que l'on conferve avec vénération dans le Mufeum des Médicis.

JULIE AUGUSTE, FILLE DE TITE CÉSAR.

Sur ce *Jafpe bleu*, fe voit la tête bien rendue de Julie Augufte, fille de Tite Céfar, dont nous allons parler article fuivant, & de Marcia Furnilla. Domitien, fon oncle, eut beaucoup de paffion pour elle. D'abord il avoit refufé de l'époufer, à caufe de l'ardent amour dont il brûloit pour Domitia; mais, depuis que Julie fut mariée à Flavius Sabinus, il parvint à la corrompre du vivant même de Tite. Enfin, lorfqu'elle fut reftée fans père & fans époux, il ne cacha plus fa paffion inceftueufe pour elle; & cependant, il lui caufa la mort, en la forçant de fe procurer un avortement. Elle fut mife au rang des Dieux par les foins de fon corrupteur; & Charles Patin, dans une de fes notes fur Suétone, a fait graver une médaille de grand bronze, où l'on voit le char que l'Empereur fon Amant lui confacra. N°. V.

La figure de Julie étoit décente & gracieuse ; on en peut juger, tant par notre pierre, que par celles que cite Maffei. Martial parle avec plaisir de sa Statue, dont il vante l'Ouvrage. Suivant l'usage de son tems, Julie porte ici les cheveux élevés sur le front, & formant un cercle soigneusement fait, orné de petites boucles. C'étoit sa coëffure ordinaire, comme on peut le conjecturer d'après ses médailles, les pierres qui la représente, & le beau buste de marbre conservé dans le Muséum des Médicis dont la ressemblance avec cette Pierre est frappante.

TITE CÉSAR VESPASIEN AUGUSTE.

N°. VI. Cette *Calcédoine* nous offre la tête de Tite, fils de Vespasien, ceinte de laurier, & rendue avec toutes les graces que la main de la nature avoit données à ses traits.

PLANCHE XI.

N°. I. Le même Empereur, qui, pour parler le langage de ses Historiens, fut l'amour & les délices du genre humain, reparoît encore dans ce buste d'*Agathe-Sardoine ;* & le travail avec lequel il est fait, honorable pour l'Artiste, est digne du Prince qu'il a représenté. Nous pourrions nous occuper ici de tout ce que Tite fit avant d'être Empereur ; mais comme, malgré ses bonnes qualités naturelles, il ne fut pas exempt de cruauté, nous nous contenterons de citer son habileté dans la guerre qu'il prouva si bien par la prise de Jérusalem, de son Temple, & la défaite des Juifs dont on voit encore les dépouilles sur le magnifique arc triomphal que le Sénat lui fit élever : son amour & son aptitude pour les Sciences, les Lettres & les Arts, qu'il cultivoit avec succès : & mille talens divers, que nous recherchons tant de nos jours : Orateur, Poëte, même Improvisateur ; Musicien profond, chantant avec goût, il écrivoit encore aussi vîte que la parole.

Devenu Empereur, il sembla faire divorce avec les moindres passions. Le grand Pontificat dont il fut revêtu, ne fut à ses yeux qu'un état saint qui le forçoit de garder ses mains pures du sang de tout Citoyen ; les charmes de Bérénice furent sacrifiées au bon exemple qu'il devoit ; & l'Empereur immola, pour ainsi dire, son cœur à l'État, en renvoyant cette Reine qu'il chérissoit. Plein de douceur, populaire par inclination, il étoit familier sans rien perdre de sa dignité ; & un commerce doux lui mérita le bonheur, si rare pour un Souverain, d'avoir des amis. Clément, il supporta les rébellions de Domitien son frère, & pardonna à des Patriciens qui avoient conjuré contre lui. Généreux, il fit oublier les exactions de son

ſon père. L'éruption du Mont Véſuve, l'enſeveliſſement d'Herculanum, l'incendie de Rome, causèrent à ſon ame tendre des douleurs bien aigues, & manifestèrent ſes ſoins paternels. Enfin, après deux ans & deux mois d'un règne qui peut ſervir de modèle à tous les Rois, dans la quarante-deuxième année de ſon âge, mourut au même lieu que ſon Père, ce Prince univerſellement regretté, & qui méritoit à tant de titres de l'être.

(1) L'EMPEREUR NERVA CÉSAR AUGUSTE.

Après la mort de Domitien, Nerva Coccéius déjà vieux, Sénateur diſtingué, honoré même des ornemens du triomphe & d'une Statue, reçut les rênes de l'Empire des mains des conjurés qui firent périr ſon prédéceſſeur. Son règne, qui ne dura qu'un an & quelques mois, fut vertueux & pacifique. Il ne fit aucune guerre; & c'eſt pour cette raiſon, que dans ce buſte d'*Agathe blanche*, le Sculpteur a décoré ſa tête d'une couronne de Chêne. Entre ſes vertus, on vante ſur-tout ſa libéralité, ſon équité, ſa prudence & ſa bonté qui, quelquefois cependant, tint un peu de la foibleſſe. Attentif à combler d'honneurs les premiers de Rome, il ne ſouffrit pas qu'on lui élevât des ſtatues d'or ou d'argent. No. II.

L'Artiſte habile qui a fait ce portrait de Nerva, l'a pris à l'âge de ſoixante-ſix ans, auquel il monta ſur le Trône; & a rendu avec habileté, ſa face oblongue, ſes ſourcils froncés, ſes yeux creux, ſon nez aquilin, & ſon col qui, par ſa longueur, annonce une grande taille. Trajan lui fit rendre les honneurs divins.

L'EMPEREUR TRAJAN AUGUSTE.

On ne peut voir ſans une certaine volupté, ce beau portrait de l'Empereur Trajan. L'Artiſte a ſçu rendre, avec l'*Agathe-Sardoine*, qu'il a employée, cette ſévérité tempérée par la douceur qui caractériſoit la belle figure de ce Prince. Sa vue nous rappelle agréablement ſes grandes actions, ſes triomphes remportés ſur les Barbares, qui furent ſuvis des ſurnoms glorieux, ſignes de ſes conquêtes, & ſes vertus, qui lui méritèrent celui d'*Optimus*, que perſonne avant lui n'avoit obtenu. Né dans la Bétique, il appartenoit à l'Italie par ſes ancêtres: ſon père étoit cependant le premier de ſa famille qui fût parvenu aux honneurs dans Rome. Adopté par Nerva, pour le ſeul bien de l'Empire, il ignoroit ce qui ſe paſſoit à Rome, tandis qu'on l'aſſocioit à la ſouveraine Puiſſance; ſes vertus ſeules l'avoient fait préférer aux proches & aux amis de l'Em- No. III.

(1) Domitien devroit naturellement ſuivre ſon frère; mais à raiſon de la diſpoſition des Planches, nous n'en parlerons qu'après Nerva & Trajan.

pereur. Son règne lui a valu des éloges qui se répètent encore de nos jours. Les détails de sa vie sont trop connus pour que nous les rappellions ici. Ce Prince n'avoit aucun des vices qui nuisent directement à la Société : même il posséda les vertus contraires, la modestie, la clémence, une noble familiarité, l'amour de la justice & la libéralité que secondoient sa frugalité, son éloignement pour le faste, & la plus sage économie. La reconnoissance du genre humain pour lui, se perpétue d'âge en âge. Laissons proposer ses vertus à l'imitation des Souverains, & sa gloire couvrir ses vices particuliers. N'allons pas, Censeurs sévères, lui reprocher ses excès pour le vin, dont il affoiblit la honte par les précautions qu'il prit pour n'être pas obéi après ses repas : ensevelissons sa persécution contre les Chrétiens, qu'il ne vouloit pas néanmoins que l'on fît mourir sur des dépositions anonymes, & ses amours pervers dans les ombres de son tombeau. Toujours amis de l'impartialité, admirons ses bonnes qualités, taisons ses défauts; rions du Dominicain Ciaconius, qui rêve que les prières de saint Grégoire Pape obtiennent de notre Dieu, pour cet Empereur, une éternelle possession des Cieux; mais croyons franchement, contre l'avis de Montesquieu, que pour avoir été l'un des meilleurs Empereurs de Rome, Trajan n'a pas été cependant l'homme *le plus propre à honorer la nature humaine, & à représenter la Divine.*

Cet Empereur étoit à Sélinontes, quand une réunion de maladies termina ses jours. Ses funérailles furent dignes de ses exploits, & de ses vertus publiques. Adrien, qu'il adopta sur la fin de sa vie, lui fit de magnifiques obsèques dans la Ville où il mourut, & qui, de son nom fut nommé Trajanople. Ses cendres, enfermées dans une urne d'or, furent portées à Rome, où elles furent reçues en pompe sur un char triomphal, & placées ensuite sous la fameuse colonne qu'il avoit élevée dans le *Forum* construit par ses soins. On le mit au rang des Dieux, & les jeux Parthiques furent institués en son honneur. Trajan a vécu près de soixante-quatre ans, & en a régné dix-neuf, six mois & quelques jours.

PLANCHE XII.

DOMITIEN.

No. I & II. Cette *Agathe* & ce *Jaspe* mêlé *de Calcédoine*, nous présentent la tête de Domitien, Empereur. Sur la première de ces pierres, ce Prince est déjà dans l'âge mûr, son air est fâcheux & cruel; son front est ceint d'une couronne de laurier que noue simplement un fil, à la manière des Etrusques. Sur la seconde, ce même Empereur est jeune encore, & l'on peut y reconnoître les traits que lui donne Suétone; un visage modeste, que coloroit d'abord une espèce de pudeur, mais qui, par la suite, haut en couleur, sembloit le dispenser de rougir;

des yeux grands, mais foibles; un air décent; un front paré de ses cheveux, dont la perte, dans un tems postérieur, fut si sensible à ce Prince vain.

Fils de Vespasien, successeur & frère de Tite, il n'eut pas leurs vertus. Par Nature semblable à Caligula, & à Néron par étude, il approcha plus de Tibère. Dans sa conduite, il réunit tout ce qui peut rendre odieux ou méprisable un Souverain. Insatiable de titres, il se fit appeller Maître, Seigneur, Dieu, & traitoit de lit sacré, de Temple même, la couche impure où il rappelloit l'adultère Domitia, après l'avoir répudiée. Curieux de toute espèce de monumens & d'éloges flatteurs, il remplit encore le monde entier de ses Statues, suivant l'expression de Dion; & il ne souffroit pas qu'on lui en élevât dans la Capitale, qui ne fussent d'argent ou même d'or, & d'un certain poids. Pline assure que l'on versoit autant de sang des animaux, pour honorer l'image de cet atroce Dominateur, qu'il versoit lui-même de sang humain pour assouvir sa cruauté. Cette cruauté prenoit, chez Domitien, sa source dans plusieurs autres passions; jaloux de quiconque se distinguoit, tout mérite étoit un crime auprès de lui; sombre de caractère, il se défioit de tous ceux qui l'approchoient, le moindre soupçon excitoit sa colère; ombrageux & lâche, il immoloit à ses craintes & à ses défiances injustes, les têtes les plus illustres. La fourberie & l'artifice accompagnoient ses violences tyranniques; & souvent il combloit de caresses l'infortuné qu'il alloit faire périr. Cruel de sang froid, il vouloit être témoin du supplice qu'il commandoit. On l'a vu tremper son bras dans le sang, & c'étoit un bain digne d'un tyran. Tout-à-la-fois superbe & craintif, il vouloit des adulateurs, & s'offensoit de l'adulation. L'indolence faisoit un de ses plaisirs, &, sans rougir, il employoit des heures entières à chasser aux mouches. Sa molesse étoit si grande, qu'il se faisoit toujours porter en litière; &, s'il voyageoit par eau, redoutant le bruit des rames, il ordonnoit que la manœuvre se fît dans d'autres batteaux auxquels on attachoit le sien. Dans la guerre, ce Prince n'avoit ni courage, ni capacité; &, s'il obtint des triomphes, des arcs, des statues, il les dut à la seule flatterie & à son orgueil; ces triomphes même, au rapport de Pline, sont autant de preuves de ses défaites. Une jeunesse corrompue ne fit pas éclore en lui la sagesse dans un âge plus avancé, ses adultères & ses incestes sont ses moindres crimes. Ennemi de toute vertu, les Chrétiens ne pouvoient que lui déplaire, il les persécuta, & cette persécution est une des plus terribles qu'ils ayent essuyées. Les leçons des sages étoient à ses oreilles des cris séditieux: les Philosophes ne furent donc pas à l'abri de ses coups: & si Vespasien peut être loué d'avoir puni ceux qui, par leurs déclamations, troubloient le repos de l'Empire, on ne peut que blâmer Domitien d'avoir, par un Senatus-Consulte banni tous les Professeurs de sagesse de Rome & de l'Italie. Ses yeux, dit Tacite, ne pouvoient supporter l'éclat de la vertu, & il suffit, pour apprécier ce forfait, de penser que Dion Chysostôme, Epictète & Artémidore étoient du nombre des bannis, eux qui étoient sages autant que le Paganisme pouvoit le permettre. Tandis qu'il vouloit effacer par ces exils injustes jusqu'aux moindres traces de l'honneur, il étouffoit jusqu'au germe des Arts. La mort qu'il redoutoit vint enfin mettre un terme à tous ses crimes, & digne ouvrage de Domitia qu'il vouloit faire périr, il la reçut d'Etienne & de plusieurs autres Conjurés, n'ayant pas encore quarante-cinq ans & dans la seixième année de son règne. Son corps ne reçut aucuns honneurs: peut-être eut-il été traité avec ignominie, sans les soins de Phyllis, nourrice de ce Prince, qui, dans sa maison de campagne, lui célébra des funérailles, & porta furtivement ensuite ses cendres dans le temple de la maison Flavia, où elle les mêla avec celles de Julie fille de Tite, de l'enfance de laquelle elle avoit aussi été chargée. Dès que le massacre de Domitien fut connu du Sénat, on témoigna publiquement la joie la plus grande. La haine prit ensuite son essor: les Sénateurs s'élevèrent contre sa mémoire par les acclamations les plus infamantes: ils firent arracher ses boucliers & ses images, renverser & briser ses statues, effacer son nom des fastes & des monumens publics. Tandis qu'ils le dévouoient ainsi à l'exécration de la postérité, le peuple étoit assez indifférent, & les soldats en eussent fait un Dieu s'ils en eussent été les maîtres. Tout occupés de ses crimes, n'oublions cependant pas que, sans aimer les lettres, il travailla pour elles en réparant les bibliothèques consumées par différens incendies, en rassemblant des exemplaires de toutes parts, & en envoyant à Alexandrie des copistes habiles pour transcrire les ouvrages qu'il desiroit, ou pour rendre plus corrects ceux qu'il possédoit. Domitien avoit institué trois prix qui devoient se distribuer de cinq ans en cinq ans en l'honneur de Jupiter Capitolin, l'un de Musique, l'autre d'exercice à cheval, & le dernier de course & de lutte. Au Capitole qu'il avoit fait rebâtir, on avoit aussi élevé par ses ordres un temple à Jupiter Conservateur.

PLOTINE AUGUSTE.

Nos. III, IV & V. A la suite de deux têtes de Trajan que nous offrent le *Saphir* & le *Jaspe* mêlé de *Calcédoine* Nos. III & IV de cette Planche, se voit, sur une *Cornaline* le portrait fort rare de Plotine, son épouse, cette femme si célèbre par sa modestie, sa sagesse & sa prudence. En faisant son entrée dans le Palais

Impérial, elle se tourna vers la multitude & lui adressa ces paroles mémorables, *telle j'entre ici, telle je veux en sortir*, & sa promesse ne fut pas vaine. Réservée dans sa conduite, sa fortune ne changea point ses mœurs: elle voulut épargner aussi la moindre tache à la gloire de Trajan. Ne se mêlant jamais de l'administration de l'Empire que pour contribuer à son bonheur, elle avertit son auguste époux des rapines que ses Intendans exerçoient dans les Provinces, & bientôt elle les vit reprimées. Pline fait l'éloge le plus étendu de cette Princesse. Crevier croit qu'il est susceptible de quelques restrictions, les Auteurs de la description des Pierres gravées d'Orléans voyent avec peine que Dion l'affoiblisse. Nous ne prononcerons pas entre ces Sçavans; mais jaloux d'être toujours les échos de la vérité, si nous ne disons pas avec Dion, qu'un amour criminel a porté Plotine à user de supercheries pour conduire Adrien au trône, quoique cet Auteur paroisse bien instruit (1); d'accord avec Eutrope (2), nous conviendrons que c'est Plotine, elle seule, qui a fait Adrien Empereur; elle seule a signé la lettre écrite au Sénat pour lui faire part de la prétendue adoption de ce Prince, &, suivant une opinion reçue du tems d'Ælius Spartien, Trajan étoit mort lorsqu'elle conduisit cette intrigue (3). Pourquoi n'avouerions-nous pas une foiblesse dans une Princesse en qui l'on trouve tant à louer? Mise au rang des Dieux après sa mort, elle eut à Nîmes un temple que lui fit élever Adrien, & dans les inscriptions conservées par Grutter on fait mention des Prêtresses consacrées à cette Divinité.

---

(1) Voici la traduction latine du passage de Dion.

Hadrianus à Trajano adoptatus non est.... sed cum defuncto Trajano sine liberis, attianus, qui municeps ejus erat, curatorque fuerat, & Plotina quæ amore ipsius capta erat, Imperatorem designaverunt, quod non procul abesset, quod que magnas copias haberet. Apronianus enim pater meus, qui Ciliciæ præfuit, qui que res ejus omnes certo cognovit, mihi singula recensuit, atque illud imprimis, mortem Trajani per aliquot dies in occulto fuisse, ut adoptio procederet: id que ex litteris ejus ad senatum cognitum fuisse, quibus litteris non ipse sed Plotina suscripsit, quod in alio factum fuerat nunquam. Dio. Hist. Rom. Lib. 69. *In principio.*

(2) *Defuncto Trajano, Ælius Adrianus creatus est princeps, sine aliquâ quidem Trajani voluntate; sed operam dante Plotinâ Trajani uxore. Nam eum Trajanus, quamquam consobrinæ filium, vivens noluerat adoptare.* Eutrop. Hist. Rom. Lib. 8.

(3) *Nec desunt qui factione Plotinæ, mortuo jam Trajano, Adrianum in adoptionem adscitum esse prodiderint, supposito qui pro Trajano fessâ voce loqueretur.* Æli. Spar. in Adr. C. 4.

MARCIANE AUGUSTE.

N°. VI. Sur cette *Cornaline*, Marciane, sœur de Trajan porte un collier de perles que l'on pouvoit regarder comme un symbole de ses vertus. Cette Princesse avoit perdu son époux avant que son frère montât sur le trône, & son élévation ne la fit pas renoncer à la viduité. Retirée dans le Palais elle y passa ses jours avec Plotine. Vivant avec elle dans l'union & la concorde la plus parfaite, elle obtint aussi de Pline des éloges. Le Sénat lui décerna le titre d'Auguste & la mit après sa mort au nombre des Divinités.

PLANCHE XIII.

MATIDIE AUGUSTE.

N°. I. L'Histoire ne fournit aucune lumière sur la vie de Matidie, nièce de Trajan. Elle porta à Rome les cendres de son oncle qu'Adrien lui confia ainsi qu'à Plotine & à Tatien ; elle est est mère de Sabine, épouse d'Adrien & de Matidie, qui devint tante maternelle d'Antonin. Revêtue par le Sénat du titre d'Auguste, elle fut aussi déifiée après sa mort. Son portrait est gravé sur cette *Cornaline*.

MATIDIE AUGUSTE, FILLE DE MATIDIE.

N°. II. Une autre *Cornaline* nous offre le portrait bien plus rare de la Matidie, fille de celle dont nous venons de parler, nièce de Marciane & sœur de Sabine épouse d'Adrien. Les anciennes inscriptions nous apprennent qu'elle eut le titre d'Auguste. Comme on ne connoît aucune médaille de cette Princesse, plusieurs Sçavans ont pensé que notre Pierre pouvoit fort bien ne représenter que Matidie sa mère, & ils croyent même avoir le droit d'appuyer leur opinion sur la ressemblance des traits, sur l'arrangement des cheveux & l'ornement de la tête qui dans les deux se trouvent être, pour ainsi dire, les mêmes ; mais plus on examine ces deux ouvrages, plus on les compare avec les médailles de la mère, moins il nous semble que l'on doive confondre ces deux Princesses : nous laissons nos Lecteurs juges de notre conjecture.

ANTINOÜS.

N°. V & VI. La disposition des gravures de nos Pierres nous force de parler de l'objet des plaisirs honteux & criminels d'Adrien avant de parler de cet Empereur lui-même. Faut-il que des monumens précieux nous rappellent de semblables horreurs? Antinoüs qui éternise ainsi la honte d'Adrien, se voit sur ce *Jaspe rouge* & la *Calcédoine* qui l'accompagne. On assure qu'il ne trouva de son tems aucun rival de sa beauté. La révolution qu'Adrien opéra dans les Arts, a produit le beau travail que nous admirons dans ces Pierres. Sur la *Calcédoine* la figure se développe davantage ; le *Jaspe* a cependant paru toujours aux yeux des Amateurs offrir une tête élégante. Les plus célèbres Villes de la Grèce, de l'Asie & de l'Égypte, pour flatter l'Empereur, rendirent à ce jeune homme un culte solemnel, comme au Dieu de la Patrie, & lui consacrèrent toutes sortes de monumens. Antinoüs, né dans la Bithynie, mourut en Égypte vers la sixième année du règne d'Adrien, & fut victime de la superstition barbare de celui dont il avoit fait les criminelles délices. Envain Adrien fit-il courir le bruit qu'il s'étoit noyé dans le Nil, on ne doute plus qu'il n'ait été une hostie pacifique & volontaire immolée pour le bonheur de ce Prince dévoué malheureusement à toutes les espèces de Divination & à la Magie. Suivant le langage d'un Historien, Adrien pleura comme une femme la mort de son favori : & n'appaisa la douleur qu'il en ressentit que par des folies moins pardonnables encore. A Besa, lieu de la mort d'Antinoüs, il fit une Ville plus considérable qu'il nomma Antinople : il y construisit un Temple, y consacra des Prêtres, voulut qu'il s'y rendit des Oracles, institua des jeux & des fêtes à son honneur. Il profita de la découverte d'un astre pour en faire la résidence de son ame. Enfin on vit l'Univers rempli des statues de ce jeune débauché exposées à la vénération des peuples.

L'EMPEREUR CÉSAR ADRIEN AUGUSTE.

Nous réunissons ce *Jaspe rouge*, qui représente l'Empereur Adrien, au buste que nous offre la Planche suivante, & nous ferons ensuite la même chose à l'égard de la *Cornaline* N°. IV, où se voit le portrait de Sabine, épouse de cet Empereur. N°. III. N°. IV.

PLANCHE XIV.

N°. I. Ce buste superbe de *Calcédoine* nous rappelle tous les traits que les médailles & les Pierres gravées donnent à l'Empereur Adrien : cette douceur mêlée de gravité, cette sévérité que tempère un air de bonté : ces cheveux, suivant l'usage de ce Prince, peignés avec soin, & qui, bouclés par l'extrémité, forment un cercle agréable sur son front. On remarque de plus sur le *Jaspe* de la Planche précédente une barbe assez épaisse & crépue dont il aimoit à ombrager son menton. Les Empereurs qui l'ont suivi portèrent la leur à ſon exemple. Heureux les Princes qui conſacrent une partie de leurs jours au bien public ! Leurs défauts s'éclipſent, pour ainſi dire, aux yeux de la poſtérité qui ſe livre volontiers aux ſentimens qu'inſpire la reconnoiſſance; il ſemble que les hommes jaloux de n'obéir qu'à des maîtres qui les aiment, s'efforcent de ne conſerver que les traits de bontés des anciens Souverains, pour les offrir, comme autant de modèles & d'aiguillons, à ceux qui les gouvernent. Adrien en eſt la preuve. Mélange inconcevable de vertus & de vices, nous nous plaiſons à l'arracher au mépris que ces derniers lui méritent, pour n'admirer que ſes belles qualités. Et certes ! ſi nous ne lui reprochons pas ſon ambition, ſa vanité, ſa diſſimulation, ſa ſuperſtition, ſes honteuſes débauches & ſes baſſes rivalités à l'égard des grands Hommes, des Sçavans & des Artiſtes les plus célèbres : ſi, nous taiſant ſur ſes défauts, nous célébrons ſa douceur, ſa clémence & ſon équité : ſi nous vantons les réformes qu'il fit des abus, les traits multipliés de ſa ſageſſe, les Loix dictées par ſa bienfaiſance, ſon amour pour la paix que ne lui conſeilla jamais de rompre ſon courage naturel & ſes connoiſſances profondes de l'art militaire, ſa protection accordée aux Sciences qu'il aimoit, aux Lettres qu'il cultivoit, aux Arts qu'il exerçoit, & ſes épargnes énormes que ſa libéralité diſperſoit enſuite dans le ſein de ſes Sujets, comme ces nuages nombreux que la main de la Providence raſſemble pour les faire retomber en pluie ſur les champs qu'elle veut féconder; ſi nous faiſons admirer enfin les voyages utiles que fit Adrien dans toutes ſes Provinces où ſa préſence ſembloit amener le bonheur, & ces monumens de ſa magnificence dont il enrichit Rome & tout l'Empire : n'eſt-ce pas pour former de tout cet enſemble ces leçons puiſſantes que les morts ſeuls, ou des amis bien rares, peuvent donner aux Rois. Ne ſemble-t-on pas leur dire « : Fuyez ces paſſions qui cherchent à vous ſéduire, & qui, ſi vous y » livrez entièrement vos cœurs, vous rendront odieux comme Tibère, Claude » ou Néron : ou que vous ſerez trop heureux que l'on oublie ſi vous les » balancés par de belles actions. Ne faites rien qui ne doive compter pour » votre gloire : & que toute votre conduite vous rende un jour le modèle & » l'exemple de tous les Souverains ». Originaire d'Italie, fils d'Ælius Adrianus Afer & de Domitia Paulina, né à Rome ſous le ſeptième Conſulat de Veſpaſien & ſous le cinquième de Tite, l'an 827, Adrien mourut à Baies en 889, âgé de ſoixante-deux ans, & dans la vingt-unième année de ſon règne. Antonin obtint du Sénat qu'il fut mis au rang des Dieux. *Gori* attribue, comme nous l'avons fait, l'adoption de ce Prince aux intrigues de Plotine; mais

mais il fixe cette adoption deux ans avant la mort de Trajan, ce qui n'est pas juste; ce qu'il y a de plus extraordinaire, c'est que, pour étayer son sentiment, il s'appuie dans sa note de l'autorité de Dion & d'Eutrope, qui précisément disent le contraire. On peut consulter le texte de ces Auteurs dans nos notes sur Plotine.

SABINE AUGUSTE.

Sur la *Cornaline* N°. IV de la Planche précédente & dans les bustes de *Cristal* N°. II & d'*Agathe* mêlée de *Sardoine* N°. III de celle-ci, se voit le portrait de Sabine Auguste, petite nièce de Trajan, fille d'une Matidie, sœur de l'autre & l'épouse d'Adrien. Sabine, quoique belle, n'étoit point aimée de l'Empereur. Un caractère dur, une humeur fâcheuse éloignoient d'elle le cœur de son époux, dont les duretés, à son égard, étoient extrêmes. Sabine payoit de retour l'Empereur, & sa haine pour lui étoit si grande, que, par des artifices criminels elle le priva de Successeurs; c'étoit, disoit-elle, pour ne point produire un nouveau monstre, qu'elle ne vouloit pas devenir mère. Adrien eut répudié Sabine, s'il n'eut été que particulier; mais Empereur, des raisons politiques ne lui permirent pas de le faire. Les chagrins domestiques qu'il lui causa, les mortifications qu'elle reçut des courtisans, par ses ordres, firent enfin prendre à cette Princesse le parti violent d'une mort volontaire. Adrien, toujours fidèle aux principes d'une politique raffinée, fit mettre au rang des Dieux cette femme qu'il méprisoit. On trouve dans le buste N°. III des vestiges de ces honneurs divins : le voile qui recouvre la tête de cette Princesse est un signe de cette consécration sur laquelle se taisent les anciens Historiens; mais dont ne laissent aucun doute plusieurs médailles connues. Vaillant pense que l'autel qu'il retrouve sur les médailles de cette Princesse lui a été consacré en reconnoissance de sa libéralité qui lui fit laisser des fonds pour nourrir de jeunes filles & de jeunes garçons : cette conjecture ne seroit-elle pas détruite par l'autorité de Spartien, qui dans la vie d'Adrien attribue à cet Empereur ce trait de bienfaisance (1)? N°. II & III.

PLANCHE XV.

L. ÆLIUS VÉRUS CÉSAR.

Cette *Cornaline* gravée avec beaucoup d'art offre à nos yeux la tête d'Ælius Vérus César. On y reconnoît la beauté de son visage & le soin qu'il prenoit No. I.

(1) *Pueris ac puellis, quibus étiam Trajanus alimenta detulerat, incrementum liberalitatis adjecit.* Spart. in Adr. C, 7.

de ſa figure. Ce Prince ajouta à la ſplendeur de ſa naiſſance celle que procure l'amour pour les Arts, le goût des Lettres & le talent eſtimable de l'éloquence. Il s'appelloit L. Ceionius Verus ; adopté par Adrien il joignit à ces noms ceux d'Ælius Céſar. D'une ſanté fragile & du caractère le plus frivole, il ne paroiſſoit pas devoir être deſtiné à l'Empire ; mais on croit que les charmes de ſa figure avoient aveuglé l'Empereur. Plus efféminé que les femmes les plus adonnées à la molleſſe, il ſe couchoit, environné de concubines, ſur un lit à quatre chevets jonché des feuilles choiſies & les plus douces de la roſe, le corps parfumé d'aromates les plus précieux & couvert d'un vêtement tiſſu de lys. Le licentieux Ovide, le ſale Martial faiſoient ſes Lectures chéries. Il adaptoit des aîles à ſes coureurs & leur donnoit les ſurnoms de Borée & de Zéphir. Les plaiſirs de la table étoient au nombre de ſes délices, & il a eu le mépriſable honneur de perfectionner ou d'inventer un mets ſenſuel. Adrien ſe repentit de l'avoir adopté : ſur-tout il regretta les cinquante millions qu'il avoit à cette occaſion diſtribués au peuple & aux ſoldats. La foibleſſe du tempérament uſé de ce fils adoptif lui faiſoit dire qu'il s'étoit appuyé ſur un mûr prêt à s'écrouler, & qu'il avoit ajouté un nouveau Dieu à l'Olympe plutôt qu'il ne s'étoit donné un fils. Vérus, au moment où il préparoit un diſcours pour rendre graces à Adrien dans le Sénat, mourut ſubitement d'un vomiſſement de ſang qu'un breuvage deſtiné à lui procurer la ſanté, avoit peut-être excité ; tant étoit débile ſa complexion. L'Empereur afin de ne point troubler la fête que l'on célébroit alors pour ſa proſpérité & celle de l'Empire, défendit que l'on portât le deuil de Vérus ; mais il fit rendre à ſa mémoire tous les honneurs que l'on avoit coutume de rendre aux Empereurs. Il le mit au rang des Dieux, & voulut qu'on lui érigeât des ſtatues coloſſales dans tout l'Empire, & des temples même en pluſieurs Villes. Vérus avoit été revêtu par Adrien de la Préture, du Conſulat, & comblé de faveurs extraordinaires.

L'EMPEREUR ANTONIN.

No. II & III. La mort de Vérus fut un évènement heureux pour l'Empire : elle procura l'adoption d'Antonin. Ce Prince, l'un des meilleurs que l'on ait vu ſur le trône, naquit à Lanuvium, ſous le Conſulat de Domitien & de Cornelius Doſabella, d'une famille Noble & vénérable. Titus Aurelius Fulvius, ſon ayeul paternel, & le ſage Arrius Antoninus, ſon ayeul maternel, lui donnèrent une éducation vertueuſe & ſimple la meilleure que puiſſe recevoir tout homme, celui ſur-tout qui doit un jour gouverner les autres ; & il goûta, pour prélude de l'amour de l'Univers, l'amitié tendre de ses moindres parens, de ses cousins, de ses alliés, qui ne crurent pouvoir mieux faire que de l'instituer héritier de leurs biens. Bientôt Antonin fut forcé de quitter la retraite qu'il chérissoit pour rendre ses vertus utiles à sa Patrie. Chargé de la Questure, il prouva sa libéralité : Préteur, il fit paroître une noble magnificence : enfin il fut revêtu du Consulat. Une plus haute destinée l'attendoit encore : & ce fut après son adoption que ses excellentes qualités brillèrent de tout leur éclat. Son obéissance respectueuse pour Adrien : sa vigilance soigneuse qui empêcha cet Empereur d'exécuter les conseils d'un désespoir occasionné par la maladie : sa bonté qui lui fit négliger des ordres de mort donnés par ce père adoptif que le mal avoit aigri : & son zèle à lui faire rendre après sa mort les honneurs divins, lui ont fait donner le surnom glorieux de *Pius*. Devenu maître de l'Empire, il commença son règne par des traits de clémence rares parmi les meilleurs Souverains, il fit grace à des Conjurés, & par cette noble vengeance épargna pour jamais à ses Sujets tout crime de cette nature. Ami de la paix, il la sçut maintenir dans tout l'Empire, & les légères expéditions qu'il eut à faire, soit contre les Juifs, soit en Achaïe & en Égypte : soit contre les Maures, les Daces & quelques peuples Germains : soit enfin contre les Alaïns du côté de la haute Asie, & dans la Grande-Bretagne contre les Brigantes, n'ont pas empêché qu'on ne regardât son règne comme pacifique. Eh ! la paix ne devoit-elle pas, en effet, être la compagne fidelle d'un Souverain qui *aimoit mieux*, disoit-il, d'après Scipion, *conserver un citoyen que tuer mille ennemis.* Occupé tout entier du bonheur de ses peuples, il disoit à Faustine son épouse, *que du moment où il étoit parvenu à l'Empire il avoit perdu tout ce qu'il possédoit*, & son patrimoine se confondoit avec les revenus de l'Empereur pour le bien public. Toute exaction étoit sévèrement punie : les Intendans des Provinces ne les fouloient pas impunément, & c'étoit dans l'esprit d'Antonin une cruauté de laisser paisiblement dans leurs emplois des gens oisifs qui ne faisoient qu'en recevoir le salaire. Son économie, la vraie richesse des Rois, sembloit, pour ainsi dire, doubler ses ressources, & facilitoit de justes libéralités : c'étoit dans ce fond inépuisable qu'il prenoit les gages & les honoraires dont il gratifioit les maîtres d'éloquence & de Philosophie dans toutes les Provinces de l'Empire : les distributions qu'il faisoit aux Troupes : les sommes nécessaires pour fonder l'éducation gratuite d'un certain nombre de jeunes filles nommées Faustiniennes, en l'honneur de son épouse, & des pensions pour les Sénateurs pauvres ; c'étoit à l'aide de cette économie qu'il avoit pu exempter l'Italie entièrement & les Provinces, pour la moitié, d'une redevance qui lui étoit due, lors de son avènement à la suprême puissance, & refuser les successions testamentaires de ceux qui laissoient après eux des enfans. Cette même économie lui fournissoit encore les moyens de remédier aux calamités publiques, soit dans Rome, soit dans plusieurs autres Villes de l'Empire : de donner des fêtes & des jeux au peuple, sensible à ce genre de plaisirs : & de construire, pour l'embellissement de Rome, de superbes édifices. Ennemi de l'orgueil, s'il permet les jeux du Cirque au jour de sa naissance, il refuse tous les autres honneurs qu'on veut lui rendre & que l'usage avoit consacrés : veut-on lui donner le surnom si cher de Père de la Patrie ? Il ne veut le recevoir qu'après l'avoir mérité. Affable & populaire, il honore sa dignité en se rapprochant de ses Sujets. Prudent, il n'agit jamais sans conseil, &, les motifs de ses actions étant toujours purs, il aime à les dévoiler publiquement. Bon, sans être foible, il souffre en punissant; mais il punit, & sa clémence tempère sa sévérité. Naturellement doux, il ferme les oreilles aux injures & pardonne même les railleries. Enfin, aussi sage que beau, aussi remarquable par son esprit que par sa simplicité, singulièrement éloquent, Littérateur brillant, il rehaussoit ses vertus & ses talens par son humilité. On le compara plus d'une fois à Numa Pompilius, & après sa mort, qui causa la plus grande douleur au peuple Romain dont il fut autant regretté que s'il eut été moissonné à la fleur de l'âge, on lui déféra tous les honneurs imaginables. Ce ne fut qu'un cri dans le Sénat pour le mettre au rang des Dieux ; on lui consacra, Temples, Statues, Prêtres, Collége d'Antoniniens dévoués à son culte, fêtes anniversaires pour célébrer sa mémoire, &, il faut l'avouer, malgré quelques taches (1) que Marc-Aurèle (2) & Capitolin nous font découvrir dans ses mœurs, les siècles de superstition

---

(1) Nous nous garderons bien de faire d'Antonin un défenseur du suicide, comme l'ont imprudemment écrit des Littérateurs, d'ailleurs estimables ; nous ne perdrons pas même cette occasion de venger cet Empereur d'une pareille inculpation, & d'ôter aux Apologistes de ce crime, malheureusement trop commun, l'autorité de ce grand homme ; pour ne pas cependant redire ce que d'autres ont dit avant nous, nous nous contenterons de renvoyer au Discours Préliminaire que le docte M. le Febvre de Villeprune a mis à la tête de sa Traduction du Manuel d'*Epictète*, *p.* 25 & *suiv.*

(2) Capitolin parle d'une concubine qui passoit pour avoir quelque empire sur Antonin. *Repentinus famosâ voce percussus est, quod per concubinam Principis ad præfecturam venisset* (*C.* 9), &, Marc-Aurèle en disant que ce Prince se retira promptement d'un genre de désordre plus criminel encore, atteste qu'il s'en rendit coupable.

où l'homme ſacrilége ſe faiſoit des Dieux de ſes ſemblables, n'ont pas déifié de Prince qui ait, autant qu'Antonin, mérité cette prérogative. Le monument le plus durable élevé à ſa mémoire eſt la célèbre colonne Antonine qui fait encore un des ornemens de la Capitale du monde Chrétien : l'amour des Arts la fit relever par des Souverains Pontifes qui ſçavoient les chérir, la reconnoiſſance eut pu le conſeiller : les Chrétiens devoient de la gratitude à un Prince qui, dans un tems où ils étoient perſécutés, avoit fait pluſieurs reſcripts en leur faveur.

Antonin eſt mort âgé de ſoixante-treize ans, cinq mois & dix-ſept jours, après vingt-deux années du règne le plus heureux. Marc-Aurèle & L. Vérus prononcèrent tous les deux ſon éloge funèbre, à la tribune aux harangues. On peut admirer ſur le beau *Jaſpe* & ſur l'*Agathe* qui nous font retracer l'abrégé de ſa vie, ſes traits qui inſpirent de la vénération.

FAUSTINE AUGUSTE.

Falloit-il que le Prince le plus fait pour honorer le trône eut pour compagne une épouſe qui le dèshonnorât? Tel fut cependant ſon ſort & le motif trop juſte d'une douleur ſecrette qu'il ſçut diſſimuler. Fille d'Annius Vérus, ſœur d'Ælius Céſar, Fauſtine unit à la ſplendeur de ſon origine & la beauté du corps & les charmes de l'eſprit; la *Calcèdoine* & le *Jaſpe rouge* que nous avons ſous les yeux nous conſervent parfaitement ſes traits. Son tempéramment bouillant & voluptueux la plongea dans la débauche, & ſes excès furent ſi violens que l'amour des Romains pour leur Prince ne put arrêter les railleries qu'attiroit ſur elle ſon impudique épouſe. On peut reprocher à Antonin trop de modération à ſon égard. Ce qu'il devoit à l'exemple public, ce qu'il devoit à ſa fille auroit du le forcer de réprimer ces ſcandales; mais ce qui ſurprend bien davantage, c'eſt que la troiſième année de ſon règne, la mort ſeule ayant mis fin aux déréglemens de Fauſtine, il ait permis que le Sénat la plaçât parmi les Dieux, qu'on lui conſacrât des Prêtreſſes, qu'on lui élevât un temple, des ſtatues & qu'on portât ſon image dans les jeux du Cirque. Sans ſe rendre coupable, peut-on décerner au vice & des autels & des honneurs que peut ſeule réclamer la vertu? Fauſtine n'avoit que vingt-ſept ans lorſqu'elle mourut. N°. IV & V.

MARC-AURÈLE.

Platon a dit, *heureuſes les Cités ſi les Philoſophes régnoient, ou ſi les Souverains étoient Philoſophes*? Marc-Aurèle répétoit fréquemment cette N°. VI.

ſentence & s'appliquoit à la prouver. Né vertueux, ce Prince ne connut jamais le trouble des grandes paſſions, & dès ſon enfance la joie ni la triſteſſe n'altérèrent la ſérénité de ſon viſage. Adopté par Antonin d'après l'ordre d'Adrien, les honneurs n'enflèrent point ſon cœur. Toujours modeſte, toujours ſimple, il regardoit comme importunes les marques de ſa dignité & ne s'en revêtoit que dans les occaſions où publiquement il devoit accompagner l'Empereur. Parvenu à l'Empire, il s'aſſocia Vérus; trait ſingulier, qui, s'il annonce ſa généroſité, montre auſſi peut-être ſon imprudence, & l'expérience lui prouva que ſon Collégue avoit aumoins nui plus d'une fois au bien de la République. Quoiqu'il en ſoit, leur règne commun eut des commencemens heureux & tranquilles, qui permirent à Marc-Aurèle de ſuivre ſon goût pour l'étude de la Philoſophie. Un évènement naturellement flatteur vint même exciter la joie publique: Fauſtine donna deux fils jumeaux à ſon époux, Commode & Antoninus Géminus. Britannicus juſqu'alors étoit le ſeul qui fut né l'héritier d'un Empereur vivant. Ne diſons pas avec quelques Cyniques que la naiſſance des Princes ne doit pas être une ſource de joie: toujours un bon Sujet doit partager celle de ſon Souverain; mais avouons que très-ſouvent ces joies paſſagères ſont démenties par la ſuite; témoin celle-ci, puiſque la mort enleva Antoninus Géminus encore enfant, & que Commode ne vécut plus long-tems que pour être le fléau du genre-humain. Marc-Aurèle ne reſpiroit que pour le bonheur de ſes peuples, qui jouirent ſous lui de leur liberté, & il ne les gênoit que pour les empêcher de mal faire: encore employoit-il pour réuſſir les invitations plutôt que les menaces & les récompenſes plus volontiers que les châtimens. Plein de déférence pour le Sénat, il exaltoit ſon autorité & s'y ſoumettoit lui-même; jaloux d'en entretenir la ſplendeur, il n'y faiſoit entrer que des hommes éprouvés & connus par une bonne réputation: auſſi, dans les affaires prenoit-il toujours leur avis; *il eſt plus juſte*, diſoit cet Empereur, *que je ſuive le ſentiment de ces illuſtres amis, que de prétendre leur faire ſuivre aveuglément ma ſeule volonté*. L'économie fut ſa reſſource pour ne pas fouler ſes Sujets. Dans une criſe violente où ſe trouvoient ſes finances, loin de charger ſes Provinces de nouveaux impôts, il fit vendre publiquement les meubles les plus précieux de ſon Palais: il étoit beau, ſans doute, de voir les ſtatues, les tableaux, la vaiſſelle d'or & d'argent d'un Empereur, & juſqu'aux étoffes d'or & aux vêtemens ſplendides de ſon épouſe, vendus pour épargner les ſueurs de leurs peuples. Avec un pareil Prince on ne craignoit pas les concuſſionnaires, les Intendans infidèles, les exacteurs. Reſſerré dans les plus justes bornes, son économie ne se rapprochoit point de l'avarice, &, quoiqu'elle ne lui permit aucune largesse inconsidérée, quoiqu'elle lui ait fait, même après une victoire, refuser aux soldats une gratification qu'ils demandoient impérieusement, il ne regardoit pas les plaisirs du peuple comme une dépense superflue. Ennemi des spectacles & des jeux dont il sentoit la frivolité, il sçavoit en procurer à la multitude qui en étoit avide; mais il en employoit le tems à des choses utiles, & purifioit ainsi sa complaisance aux yeux de la Philosophie. La bonté étoit, pour ainsi dire, l'essence du caractère de ce Prince, & il la chérissoit tant, qu'il en fit une Divinité à laquelle il construisit un temple dans le Capitole. Peut-être poussa-t-il à l'excès cette aimable vertu; mais s'il fut trop enclin à pardonner, même à de coupables imposteurs, (ce qui est un vice dans un Souverain): s'il fut trop facile à se laisser tromper par les dehors de la Philosophie que l'on empruntoit pour le séduire: si sa conduite fut si molle à l'égard de son épouse scandaleuse: n'est-il pas beau de n'avoir aux yeux d'un peuple qui adore son Souverain d'autre crime qu'une trop grande bienfaisance? Et de combien de malheurs publics sa douceur fut-elle le remède! *Il étoit né*, dit Aurélius Victor, *pour le bonheur de l'Empire, qui se fut écroulé s'il n'eut été soutenu par ses mains. Les Troupes n'avoient point de repos, le feu de la guerre embrâsoit l'Orient, l'Illyrie, l'Italie, la Gaule: des tremblemens de terre renversérent des Villes, les Fleuves débordés en inondèrent d'autres, les pestes furent fréquentes, des nuées de sauterelles enlevoient aux Laboureurs le fruit de leurs travaux, & à l'État, sa plus solide nourriture: ce ne pouvoit être que par un bienfait des Dieux que le Souverain sage & bon, qui gouvernoit le genre-humain, lui avoit été donné pour tempérer ces fléaux.* Cependant Marc-Aurèle eut une révolte à essuyer: Avidius Cassius voulut usurper l'Empire; mais il eut le sort que méritoit sa témérité. Déclaré par le Sénat ennemi public, ses biens furent confisqués, & il fut tué par deux de ses Officiers. L'Empereur ne put pas même alors se venger: il rendit aux enfans de Cassius la moitié de la confiscation, & fit porter l'autre au trésor de l'État; il brûla, sans les avoir lûs, les papiers de l'Usurpateur, pour ne pas trouver de complices, & il pardonna aux Villes & aux peuples qui avoient suivi son parti. Enfin après avoir fait mettre Antonin son prédécesseur, Vérus son Collègue, & Faustine son épouse au rang des Dieux, il y fut mis lui-même. Cette apothéose annonce sa mort, arrivée le 17 Mai de l'an de Rome 931, à Vindobona en Pannonie; elle causa la douleur la plus vive dans l'Empire, & l'on ne put s'en consoler qu'en pensant à l'accueil qu'il devoit avoir reçu dans l'Olympe. Les éloges succédèrent aux larmes, & sans flatterie on lui décerna tous les honneurs divins, arc de triomphe, statues d'or dans le Sénat, temples, autels, Prêtres. Ce bon Empereur avoit vécu près de cinquante-neuf ans dont il en avoit régné dix-neuf & quelques jours. Faut-il que nécessairement véridiques nous révélions quelques-uns de ses défauts? Les circonstances l'exigent. Prince Philosophe, nos Philosophes le déifieroient peut-être comme les idolâtres qu'il gouverna; nous devons donc leur prouver que, s'il mérite nos hommages comme homme célèbre & comme l'un des plus vertueux Souverains, la Philosophie seule n'a pu le rendre parfait. Nous ne nous arrêterons pas aux soupçons qu'il fit naître d'avoir suivi les règles de la vertu plus par affectation que par goût; la réfutation de cette injure s'appuye sur une égalité de conduite pendant vingt ans, &, quoique cette affectation soit le vice ordinaire des Philosophes, nous aimons à voir dans les écrits de Dion cette tache disparoître du cœur de Marc-Aurèle. Mais nous ne pouvons pas de même excuser son défaut de franchise, qui pourtant est une vertu des Souverains; comment concilier ce qu'il dit dans ses écrits de Vérus son Collègue, & ce qu'il en dit au Sénat? La contradiction est frappante. Remercier les Dieux de lui avoir donné un frère qui par ses mœurs devenoit pour lui un aiguillon de vigilance & une source de consolation, & dire à des Sénateurs que le jour de la mort de ce même frère est le commencement de son empire: que la négligence de ce frère avoit nui plus d'une fois aux affaires de la République qui n'étoit redevable de ses succès qu'à ses propres conseils; où est la sincérité? Sa foiblesse pour les affranchis *Géminas* & *Agaclytus* n'est pas plus excusable. Sa complaisance pour Faustine tant qu'elle vécut: le choix d'une concubine après sa mort: & ce respect humain qui, crainte de passer pour trop austère, lui fit permettre le spectacle des Pantomimes ennemi des bonnes mœurs & proscrit par quelques-uns de ses prédécesseurs, moins vertueux que lui; trouveront-ils des défenseurs? Soyons justes, c'est le devoir de l'Historien. Admirons ses vertus, soyons pleins de vénération pour elles; mais ne nous aveuglons pas sur ses défauts.

Sur le *Jaspe* que nous examinons, Marc-Aurèle est encore à la fleur de l'âge.

PLANCHE XVI.

PLANCHE XVI.

La *Cornaline*, qui la première se présente sur cette Planche, offre aussi le portrait de Marc-Aurèle; mais dans un âge plus avancé. Sa barbe est longue & épaisse, ses yeux sont grands & son visage sévère. N°. I.

On reconnoît encore ce Prince sous les mêmes mêmes traits & au même âge dans le Camée de *Jaspe* mêlé de *Calcédoine* N°. IV, où il se trouve en regard avec Faustine son épouse dont nous allons parler.

FAUSTINE AUGUSTE, FILLE D'ANTONIN.

Les deux *Cornalines* qui suivent nous offrent la tête de Faustine fille d'Antonin, épouse de Marc-Aurèle. Elle avoit apporté l'Empire pour dot à son époux. Il n'y a qu'une voix sur la dépravation de ses mœurs, & plus d'une fois elle fut comparée à Messaline dont elle ne suivit que trop les exemples. On peut voir dans Capitolin tous les excès auxquels se livroit cette Princesse avec de vils Gladiateurs, & les horreurs qui ont accompagné la naissance de Commode, son fils, dont on ne soupçonna pas sans fondement l'illégitimité. N°. II & III.

Les désordres de Faustine, comme nous l'avons déja dit, n'étoient point inconnus de son trop complaisant époux, qui les toléroit avec une patience inexcusable, trop heureux que sa vertu le mit à l'abri de partager le déshonneur de son épouse. Cependant cet Empereur dissimuloit sur ce point & combloit sans cesse de nouveaux honneurs sa criminelle compagne. Il inventa pour elle un titre jusqu'alors inusité, & la nomma *Mère des Armées & des Camps*. Après la mort de Faustine il ne s'écarta point du même plan de dissimulation. Par ses soins & sur ses demandes, le Sénat décerna sans pudeur à cette impure Princesse les honneurs divins. On lui consacra un temple. Digne d'être associée à la mère de l'impudicité, on lui érigea, dans celui de Vénus, des statues d'argent devant lesquelles toutes les filles qui se marioient devoient, avec leurs futurs époux, offrir un sacrifice. Une image d'or de la même Princesse se portoit au théâtre toutes les fois que l'Empereur y assistoit, & les premières Dames Romaines prenoient séance autour d'elle pour lui faire cortége. En son honneur Marc-Aurèle augmenta le nombre des filles Faustiniennes, &, comme si cet Empereur eut été curieux d'immortaliser un nom trop digne de l'oubli, il établit une Colonie au Bourg où Faustine étoit morte, & il en fit une Ville qui fut appellée *Faustinopolis*.

Le Camée de *Jaſpe* mêlé de *Calcédoine*, dont nous avons déja parlé au ſujet de Marc-Aurèle, préſente, en regard de cet Empereur, la tête de Fauſtine. *Gori* penſe qu'il fut gravé en témoignage de leur union, & de la concorde qui régnoit entre eux. Cette conjecture, qui paroîtroit d'abord incroyable en ne conſidérant que la vie libertine de l'Impératrice, ceſſe de l'être quand on voit l'Empereur, dans ſes écrits, ſe féliciter & remercier les Dieux de ce qu'ils lui ont donné une épouſe pleine de douceur & tendrement attachée à ſon mari: & ſur-tout lorſque l'on peut rapprocher de ce Camée des médailles dont le ſujet eſt le même. *Gori* d'après *Vaillant* en cite une dont il donne la deſcription, & qui, frappée en mémoire de l'étonnante concorde de ces deux époux, portoit pour inſcription, *Veneri felici*, à *Vénus heureuſe*, Divinité qu'a toujours ſingulièrement honorée Fauſtine.

PLANCHE XVII.

L. VERUS CÉSAR.

No. I. On a vu Marc-Aurèle aſſocier Vérus à l'Empire, & ce dernier Prince, heureuſement pour ſon indulgent Collègue & pour le bien de la République, mourir encore jeune. Il avoit tous les vices que l'on peut redouter dans un Souverain, l'amour exceſſif des plaiſirs & de la dépenſe, la paſſion pour la table & les ſpectacles, & ſi l'on juge des diſpoſitions de ſon cœur par la ſatisfaction que lui cauſoient les combats de Gladiateurs, il n'étoit pas exempt de cruauté. Proclamé *Empereur* par les Troupes, après avoir reçu d'elles les ſurnoms d'Arméniaque, de Parthique & de Médique; après un triomphe ſolemnel où il communiqua tous ſes titres à Marc-Aurèle, & où il reçut avec lui celui de Père de la Patrie, ne croiroit-on pas qu'au moins il ſe ſeroit diſtingué dans les combats, qu'il auroit rendu des ſervices éclatans à la République, & conſommé, par lui-même, une paix honorable avec les Parthes? L'Hiſtoire cependant nous apprend qu'il n'eut aucune part, ni à la guerre, ni aux victoires, ni aux traités. Deux fois ſeulement il s'approcha des bords de l'Euphrate vivement ſollicité par ceux que Marc-Aurèle lui avoit donnés pour miniſtres & pour conſeils. Mais tout le reſte du tems il le paſſa, changeant à chaque ſaiſon, ſoit à Laodicée de Syrie, ſoit à Daphné, fauxbourg d'Antioche, l'un des endroits le plus décrié de l'Univers, ſoit même à Antioche: & les ſpectacles, la chaſſe & les débauches les plus exceſſives occupoient tous ſes momens. De retour à Rome, ſous les yeux d'un Collègue dont les beaux exemples auroient dû le toucher, sa conduite ne fut pas plus régulière, accoutumé même à passer les nuits en plaisirs, il imitoit les passe-tems criminels de Néron, &, favorisé par des déguisemens qui voiloient ses traits, il couroit tous les mauvais lieux, entroit dans les tavernes, se querelloit avec les hommes les plus vils qu'il y rencontroit & remportoit fort souvent au Palais les marques ou les cicatrices honteuses qu'il avoit reçues dans ces combats indécens. Enfin une apoplexie termina sa vie déréglée qui n'empêcha point cependant qu'on ne le mit au rang des Dieux.

On peut reconnoître sur cette *Cornaline*, assez bien gravée, les traits que Capitolin donne à ce Prince & qui se rapportent parfaitement à ceux de la *Cornaline* du Cabinet d'Orléans qui représente ce même Empereur.

LUCILLE AUGUSTE.

On voit sur cette *Cornaline*, sçavamment gravée, la tête de Lucille fille de Marc-Aurèle & de Faustine la jeune, d'abord épouse de L. Vérus César, ensuite, Vérus étant mort, avant la fin même de son deuil, mariée par son père à Claude Pompéien qui fut deux fois Consul. Lucille n'avoit pas les mœurs beaucoup plus réglées que sa mère. Par une concession expresse de son père, elle avoit conservé tous les honneurs de la dignité Impériale ; mais, forcée par le mariage de Commode de céder le pas à Crispine, Impératrice régnante, la jalousie s'empara de son cœur & fut la cause de sa mort. Cette Princesse aigrie contre Crispine, voulut, pour se venger d'elle, lui enlever son époux, &, secondée par le mécontentement général, elle n'eut pas de peine à trouver des mains prêtes à consommer le crime qu'elle méditoit. Les Historiens, d'accord sur cette conspiration, varient sur le nom des principaux complices ; mais il n'est que trop certain qu'ils furent, ainsi que Lucille, victimes de leur attentât. Cette Princesse releguée à Caprée, y fut peu après mise à mort. Crevier, dans son Histoire des Empereurs, dit qu'il ne paroît point que Vérus ait eu d'enfans de sa femme Lucille ; mais cette assertion de Crevier est détruite par Vaillant dans l'explication d'une médaille où cette Princesse est représentée, sous les dehors de la Fécondité, accompagnée de ses enfans (1). N°. II.

M. AUREL. COMMODE CÉSAR.

La force du naturel est si puissante, où la méthode d'élever les Princes tellement imparfaite, dit Lampride, que les meilleurs instituteurs, malgré N°. III & IV.

(1) Vaillant, *Numismata Imperatorum Romanorum præstantiora*, in-4o. T. II. *Romæ* 1743, p. 180.

tous leurs ſoins, ne purent ployer le caractère de Commode, redreſſer ſes penchans honteux & le porter à l'amour de la juſtice & du devoir. Son enfance annonça tous les vices dont il devoit un jour ſouiller le trône. Ses goûts les moins criminels étoient indignes du rang où le deſtin l'appelloit. Il n'avoit pas encore douze ans quand, pour prélude de ſes cruautés futures, il donna l'ordre de jetter dans une fournaiſe ardente un de ſes eſclaves qui n'avoit pas aſſez chauffé ſon bain : ordre barbare qu'un adroit Précepteur ne put éluder qu'en faiſant brûler dans cette même fournaiſe une peau de mouton dont l'odeur, trompant ſes ſens, ſatisfit l'ame du jeune tyran.

Revêtu du ſouverain pouvoir il développa toutes ſes inclinations affreuſes & le ſage Marc-Aurèle fut remplacé par un monſtre. Ennemi de la guerre par lâcheté, s'il a la paix avec les ennemis de la République, il l'achete baſſement : ami des plaiſirs, il ſe livre à tous ceux que ſon rang où la nature lui défend : Gladiateur : inceſtueux : pervers dans ſes amours, il méconnoît encore, juſqu'aux ſexe des victimes de ſes débauches, dont, ſans rougir, on ne peut fixer le tableau qu'en a tracé ſon Hiſtorien. La volupté ne put pas amollir ſon ame féroce : le ſang le plus noble fut répandu par ſes ordres : de tous côtés on vit périr par le fer ou par le poiſon les perſonnages les plus illuſtres, ou les plus riches dont les biens devenoient néceſſaires à ſes énormes & folles dépenſes, & ſouvent lui-même il mit ſon amuſement à tuer & à mutiler des hommes. Orgueilleux autant que bas, il prit des ſurnoms ſans nombre : oſa nommer Rome, qu'il dépeuploit par ſes meurtres, *la Colonie Commodienne*, &, ne pouvant borner ſes titres à ceux qui peuvent décorer les humains, il ſe fit appeller l'*Hercule Romain*, ſe qualifia de *fils de Jupiter*, ſe déſigna des Prêtres & reçut des ſacrifices. Jaloux de tout pouvoir capable de lui réſiſter, il porta au Sénat, & conſéquemment à la conſtitution même de la République, des coups dont elle ne put jamais ſe relever, &, donnant aux ſoldats, pour en être ſoutenu, toute licence, il prouva combien, pour les Sujets, eſt pernicieux un Gouvernement dont la bâſe eſt l'épée plutôt que la Loi. Enfin la mort vint mettre des bornes à ſes cruautés, & dans le moment même où il ſe préparoit à faire perir le Sénat tout entier, en brûlant toute la Ville, il fut étranglé de la main du Gladiateur dont il prenoit des leçons; le poiſon que Quintus Ælius Lætus, ſon Préfet du Prétoire, & Marcia ſa concubine favorite lui avoient donné, ne produiſant pas, à leurs yeux, aſſez promptement ſon effet. Chargé de l'exécration & de la haine publique, le Sénat fit contre lui les acclamations les plus horribles, &

ſon corps ſeroit demeuré ſans ſépulture, ſi Pertinax, furtivement pendant la nuit, ne l'eut pas fait enſevelir dans le tombeau d'Adrien. Il n'avoit quand il mourut que trente-un ans, dont il en avoit régné douze & quelques mois.

L'*Hyacinthe* N°. III repréſente parfaitement les traits que Lampride donne à ſa figure mâle & belle tout à la fois. Ses cheveux étoient roux & crépus, & il les couvroit de poudre d'or pour les rendre plus brillans.

Dans la *Prime* N°. IV on voit cet Empereur couvert d'une peau de lion à la manière d'Hercule dont il avoit uſurpé le nom.

CRISPINE AUGUSTE.

La *Cornaline* qui ſuit repréſente Criſpine Auguſte, épouſe de Commode, N°. V. fille de Bruttius Præſens, perſonnage Conſulaire. Commode l'avoit reçue des mains de Marc-Aurèle, lors de ſon départ pour la guerre contre les Marcomans; mais enſuite, pour cauſe d'adultère, il la relégua à Caprée, où bientôt après il la fit mourir.

L'EMPER. M. DIDIUS SEVER. JULI.

Cette ſuperbe *Cornaline* nous offre le portrait de l'Empereur Didius, per- N°. VI. ſonnage très-Noble & qui avoit rempli les premières places de la République. Sa tête eſt nue : il porte la chlamyde militaire : & ſa figure annonce un âge avancé. Cet Empereur avoit acheté l'Empire des ſoldats Prétoriens; reconnu par le Sénat il avoit oſé prendre le titre de *Gouverneur de l'Univers*; mais bientôt il fut dépouillé de ce ſurnom faſtueux & de l'Empire. Son règne ne fut que de ſoixante-ſix jours, & tandis que le Sénat lui enlevoit la ſouveraine Puiſſance, un ſimple ſoldat lui enleva la vie dans ſon propre Palais où il ſe cachoit. On lui reproche beaucoup de vices & de crimes, d'autant plus repréhenſibles en lui, dit Spartien, qu'il ne s'en étoit point ſouillé pendant ſa jeuneſſe. Cette figure tracée ſur la Pierre que nous examinons, reſſemble parfaitement à un buſte de marbre du même Empereur conſervé dans le Muſéum des Médicis.

PLANCHE XVIII.

MANLIA SCANTILLA AUG.

Didius avoit pris le nom de *Gouverneur & de Maître de l'Univers* qui N°. I. n'appartenoit qu'à Jupiter : épouſe de Didius, Manlia Scantilla prit celui de Junon, comme le prouve une médaille que Vaillant a fait graver. Le Sénat en confirmant l'élection que les Troupes avoient faite de son époux pour Empereur, lui conféra le titre d'Auguste ainsi qu'à sa fille Didia Clara. On prétend que ce fut elle qui conseilla à Didius de s'emparer du trône. Sévère lui remit le corps de son époux pour qu'elle le déposat dans le tombeau de son bisayeul. Cette Princesse n'étoit point belle, & cette *Cornaline* la représente parfaitement.

PESCENNIUS NIGER, EMPEREUR.

No. II. Les Histoires parlent peu, dit Spartien, des hommes qui ne furent pas au rang des Princes, que le Sénat n'a point nommé Empereurs, ou qui, morts trop promptement, n'ont pu forcer la Renommée de s'occuper d'eux, & telle est l'excuse dont se sert cet Historien, en offrant à Dioclétien une vie bien succincte de Pescennius Niger. On ignore si cet Empereur est né de parens Nobles ou d'une famille médiocre. Il s'étoit fait connoître de bonne heure par sa bravoure; ce fut lui qui délivra Commode des dangers dont il étoit menacé par Maternus, chef de brigands, & qui combattit les Sarrazins lorsqu'il commandoit en Orient. Appellé à l'Empire par-tout le peuple, après avoir été Consul par la voie la plus honorable, (sur la recommandation des Officiers qui servoient sous ses ordres, & tandis qu'il étoit chargé du Gouvernement de la Syrie), il fut un Empereur malheureux. Cependant ce n'étoit pas sans raison que le peuple l'avoit desiré pour maître. Jamais la discipline militaire n'avoit été maintenue plus soigneusement que par lui. Il préservoit les citoyens du moindre pillage de la part des soldats, & bannissoit le luxe & la mollesse de ses armées. Sévère à l'égard du soldat, il ne souffroit pas non plus qu'il fut foulé par les Officiers, & donnoit lui-même l'exemple du désintéressement le plus parfait en ce genre. Quant à ses mœurs, nous ne sçavons quel endroit de Spartien choisir, ou celui qui le représente comme livré à toutes sortes de passions, ou celui qui nous le montre présidant à des mystères réservés par la Loi & par l'usage à ceux dont la vie étoit exempte de souillures. Le témoignage de Sévère est celui d'un ennemi, & nous ne sçaurions conséquemment nous en servir pour appuyer notre jugement. Pescennius préparoit d'utiles réformes dans le Gouvernement, & Spartien rapporte quelques-uns de ses plans judicieusement combinés. Tels étoient ses vues en acceptant l'Empire. Mais, quoique salué Empereur par ses soldats & par les citoyens nombreux d'Antioche, après avoir remercié les Dieux de son élévation, une fausse sécurité le perdit; attaqué & vaincu par Sévère il se vit arracher & la vie & l'Empire. Pescennius, suivant le temoignage de Spartien, fut bon soldat, excellent Officier & grand Général. Plein de respect pour les Grands & bons Empereurs, Auguste, Vespasien, Trajan, Antonin, Marc-Aurèle, & regardant les autres comme efféminés & pernicieux, il eut sans doute été avantageux pour la République que la victoire se décidât en sa faveur. Eloigné de la flatterie, juste par goût, on lui reproche cependant un trait de dureté qui ne peut pas trouver d'excuse; c'est la réponse qu'il fit aux habitans de la Palestine qui se plaignoient du poids des impôts: *Vous voudriez*, leur dit-il, *que l'on diminuât les impositions dont vos terres sont chargées, & moi je souhaiterois pouvoir y soumettre l'air même que vous respirez.*

Cet Empereur est très-bien représenté sur cette précieuse *Cornaline.*

L. SEPTIM. SÉVÊRE, EMP.

L. Septim. Sévère, dont ce *Saphir* nous offre la tête ceinte de laurier, No. III.
naquit dans la ville de Neptis en Afrique. Son père se nommoit M. Septimius Geta, Chevalier Romain: ses deux oncles Paternels, M. Agrippa & Septim. Sèvère furent Consuls. Son éducation fut soignée. Il avoit beaucoup d'amour pour les Belles-Lettres; mais les goûts changent avec l'âge, & bientôt l'amour des Lettres céda dans son cœur la place à celui du plaisir & à l'ambition. Sa jeunesse fut licentieuse, & dans une accusation d'adultère il eut succombé sans les soins de Didius Julianus, auquel dans la suite il arracha l'Empire & la vie. Successivement Questeur, Tribun du peuple & Préteur, son activité lui fit facilement & avec distinction remplir les devoirs de ces places. Lieutenant du Proconsul d'Afrique après sa Questure, il fut après sa Préture envoyé en Espagne & chargé de commander une Légion. Enfin après avoir été Gouverneur de la Lyonoise, il parvint au Consulat, puis par le crédit du Préfet Lætus, il obtint un des plus beaux Commandemens de l'Empire. A la mort de Commode il reconnut Pertinax; mais, jaloux de posséder le trône, il commença bientôt à manifester ses desirs. L'horoscope de la fameuse Julie promettoit à cette femme le rang suprême; veuf de Mania qu'il avoit épousée d'abord, Sévère alla jusques dans la Syrie s'unir à Julie. Plein d'espérances il se dévoile alors, avec quelques précautions cependant; &, sous le prétexte de venger la mort de Pertinax & de punir l'usurpateur Didius, il gagne son armée qui le fait Empereur. Les Troupes des Provinces voisines jusques au Rhin imitent celles de l'Illyrie. Aussi-tôt il part pour Rome & il n'étoit encore qu'à *Intéramna* lorsque les Députés du Sénat lui apportèrent le décret

de ſon élection à l'Empire : enfin il arrive à Rome, caſſe les Prétoriens, fait au Sénat des promeſſes flatteuſes, &, pour donner à ſon prétendu zèle de venger Pertinax, toute l'apparence de la ſincérité, il prend ſon nom, lui fait célébrer des funérailles, & le met au rang des Dieux. Empereur, quel rang mérite Sévère parmi ceux qui, couverts de la pourpre, ſont montés ſur le trône? Ses cruautés & ſes rapines, qui furent portées à l'excès : ſes vengeances & ſes fourberies l'excluent de la liſte des bons Princes ; plus attaché à ſes intérêts qu'au bien public, ſans nobleſſe, ſans franchiſe, ſans générosité dans ſes actions, ſe ſouciant peu de ſa réputation, il n'eſt pas permis de le mettre parmi les plus grands Princes : il n'a rien fait pour être au nombre des grands Guerriers; ſi le ſuccès général de ſes guerres répondit à ſes deſirs, on ne doit l'attribuer qu'aux généraux qui combattoient en ſon nom, ou près de lui, & peut-être plus encore à la ſupériorité de ſes forces. Le conſidererons-nous comme homme? Époux trop complaiſant, il ſe laiſſa couvrir de dèshonneur par ſon épouſe : père mou, ſes enfans lui donnèrent la loi : bon ami ; mais facile à l'excès, il porta la confiance juſqu'à l'aveuglement. Amateur des Lettres & de la Philoſophie, il n'acquit d'elles que des connoiſſances médiocres, & quand Aurélius Victor loue la fidélité de ſes mémoires dont il vante encore les graces du ſtyle, il eſt moins croyable que Dion qui dit tout le contraire, ſuffrage appuyé ſur les faits connus de ſa vie, dont, comme écrivain, Sévère vouloit affoiblir la laideur. Concluons donc que, quoiqu'eſtimable par certains endroits, & ſur-tout par ſon activité, par ſa vigilance, par ſa fermeté, il ne dut les regrets que le Sénat manifeſta après ſa mort qu'à la comparaiſon, favorable pour lui, de ſon règne avec celui de ſes Succeſſeurs. On voit encore à Rome l'arc de triomphe qui lui fut décerné la onzième année de ſa puiſſance Tribunicienne. Tourmenté depuis long-tems de la goutte, les chagrins que lui cauſa ſon fils aigrirent ſon mal. Ses douleurs furent cruelles, & ſuivant l'épitôme de Victor il les voulut abréger par le poiſon ; mais, n'en étant pas le maître, il chargea ſon eſtomac de nourriture & mourut à Yorck de l'indigeſtion qu'il ſe donna. La durée de ſa vie fut de ſoixante-cinq ans, neuf mois, vingt-cinq jours, & celle de ſon règne fut de près de dix-huit ans. Ses cendres recueillies dans une urne ſur la matière de laquelle ne s'accordent pas les Écrivains, furent portées à Rome.

✕

JULIE,

JULIE, ÉPOUSE DE SÉVÈRE.

Sur ce rare *Béril* eſt fort bien gravée la tête de Julie, épouſe de Sévère, que l'on ne ſçauroit méconnoître, tant eſt grande ſa reſſemblance avec les buſtes & les médailles conſervés ſoit au Muſéum des Médicis, ſoit dans d'autres Cabinets. Cette femme, d'une origine noble & vénérable, née en Syrie, ne fut point répudiée par Sévère, malgré ſa conduite obſcène; & le ſoupçon même d'une Conjuration tramée par elle contre cet Empereur ne put le déterminer à cette aćte de ſévérité. Julie reçut pendant ſa vie les titres les plus brillants. On lui donna le ſurnom de *Pia* qu'elle avoit ſi peu mérité, celui de Mère du Sénat & de la Patrie. La naiſſance de Baſſien, plus connu ſous le nom de *Caracalla*, & celle de Septim. Géta, la firent nommer *Mère des Auguſtes*: &, pour avoir ſuivi ſon époux dans l'expédition de la Bretagne, on l'appella *Mère des Camps.* La perſécution qu'elle eſſuya de la part de Plautien, favori de Sévère, la força de ſe livrer à la Philoſophie & de s'éloigner des affaires. Elle tenoit chez elle une aſſemblée à laquelle ſe rendoient les Philoſophes & les Sçavans les plus eſtimés de ſon tems. La flatterie multiplia les emblêmes pour célébrer cette Princeſſe ; on la grava ſur les médailles ſous les dehors de Cibèle, de Junon, de Vénus, de Diane, de Cérès & de Veſta. Après la mort de Sévère, ſes enfans que l'on avoit cru nés pour la gloire, la paix & le bonheur de l'Empire, le déchirèrent par leurs diſſentions. Leur mère Julie, malgré ſes efforts, ne put jamais les accorder, & Géta fut immolé ſur le propre ſein qui lui avoit donné la vie, dans l'inſtant où ſon perfide frère feignoit une réconciliation. Cette Princeſſe, que l'on comparoit à Jocaſte, en faiſant alluſion de la haine de ſes fils à celle d'Étéocle & de Polynice, ſe fit mourir de faim à Antioche, ſoit pour obéir aux ordres de Macrin, ſoit pour ſe ſouſtraire aux douleurs d'un cancer qui la dévoroit depuis long-tems. Elle fut, à ce que l'on croit, miſe aux rang des Dieux ſous le règne d'Héliogabale. N°. IV.

M. AUREL. BASSIEN ANTON. CARACALLA.

Fions-nous à l'enfance des Princes ! Le monſtre dont la tête ſouille le beau *Jaſpe* mêlé de *Calcédoine* que nous examinons, étoit peut-être le plus fait pour donner de douces eſpérances ; affable, ingénieux, careſſant, ſenſible, il avoit concilié l'eſprit de ſes parens & de leurs amis, les cœurs du N°. V.

Sénat & du peuple. Plein de bienveillance, généreux, prompt à la clémence, il pleuroit en voyant des criminels condamnés aux bêtes, &, le premier mouvement de haine qu'éprouva ſon ame, la cruauté de Plautien le fit naître; mais il n'avoit que ſept ans.

Au ſortir de l'enfance, il devint méconnoiſſable; ſon viſage, qu'une beauté douce décoroit, prit le caractère de la cruauté de ſon cœur : le meurtre de Géta ſur le ſein de ſa mère en fut le premier trait public ; mais il fut ſuivi de bien d'autres, & Dion compte juſqu'à vingt mille perſonnes dont le ſeul prétexte de leurs liaiſons avec ce frère infortuné cauſa la mort. *Un parricide ſe commet plus facilement qu'il ne s'excuſe : accuſer un innocent mis à mort, c'eſt être parricide ſoi-même* : Papinien oſa le dire à l'Empereur, & ſa tête tomba ſous le fer des ſoldats qui accompagnoient le tyran. Une fille de Marc-Aurèle, Pompéien petit-fils de ce même Empereur, Sévère ſon propre couſin, le fils de Pertinax, Thraſéa Priſcus, Sérénus Sammonicus, furent de nobles victimes immolées par le cruel Baſſien. Ce Prince renverſa toutes les ſtatues élevées à Géta, & s'il conſentit aux honneurs divins que le Sénat lui décerna, ce ne fut que par une complaiſance intéreſſée, & en accompagnant ſon conſentement de cette phraſe barbare : *Qu'il ſoit Dieu, il ne vit plus.* Le poiſon lui étoit auſſi familier que le fer, & ſi le témoignage de Macrin, ſon meurtrier, n'étoit pas ſuſpect, nous pourrions répéter d'après lui, comme Dion, qu'à ſa mort, on en trouva, dans le Palais, pour la ſomme de trois millions ſept cents vingt-cinq mille livres de notre monnoie. Son inhumanité étoit alimentée par les délations qu'il favoriſoit. Ses extorſions & ſes rapines : ſon averſion pour les Lettres & ſon ignorance : ſes débauches affreuſes & ſon hypocriſie en ont fait un des plus mépriſables Empereurs. La préſence des bons Souverains dans les Provinces de l'Empire y portoit la joie & le bonheur, celle de *Baſſien* n'etoit que le ſignal de nouvelles cruautés. C'étoit un bourreau plutôt qu'un Empereur, & ſon paſſage ne laiſſoit par-tout que des traces de ſang. Apologiſte de Tibère & de Sylla & leur trop fidèle imitateur dans ſa conduite, il voulut imiter Antonin & Marc-Aurèle dans ſon extérieur. Sacrilége, il uſurpa leurs noms & laiſſa croître ſa barbe, comme ſi la barbe ſeule étoit la ſource de la vénération & du reſpect des peuples. C'eſt à cette folle prétention que l'on doit attribuer l'origine de cette barbe épaiſſe que l'on remarque, ſoit dans les Pierres gravées, ſoit dans les médailles qui nous repréſentent cet Empereur, & que les Graveurs avoient grand ſoin de ne pas oublier plus que les cheveux touffus que ce Prince affectoit d'avoir en grande quantité, quoiqu'au rapport d'Hérodien il en eut très-peu. Haï de tout le monde, excepté d'une partie des ſoldats qu'il combloit de largeſſes, pendant ſon ſéjour à Édeſſe, ſur le chemin de Carrhés, lorſqu'il alloit offrir un ſacrifice *au Dieu Lune*, il fut tué par Martialis que Macrin avoit porté à cet attentat. Après ſa mort, cet homme indigne de ſon rang, déteſtable par ſes mœurs & ſa cruauté, fut cependant mis au rang des Dieux; il eut un temple & des Prêtres.

Le nom de Caracalla, ſous lequel cet Empereur eſt plus connu, lui fut donné parce qu'il aimoit un vêtement Gaulois appellé *Caracalla*, & qu'il en avoit fait pluſieurs fois diſtribution aux ſoldats & aux habitans de Rome: jamais il ne le prit lui-même; mais comme il n'étoit pas juſte qu'il put être confondu avec les Princes dont il avoit dèshonoré les noms, on s'eſt toujours ſervi de ce ſurnom pour le diſtinguer ſans équivoque.

P. SEPTIM. GÉTA.

A vingt-deux ans neuf mois périt, victime de ſon frère Baſſien, P. Septim. Géta dont nous voyons le portrait ſur ce *Jaſpe* mêlé de *Calcédoine*. Le Graveur a rendu ce Prince dans ce jeune âge, où, du vivant de ſon père, il fut nommé Céſar. Baſſien, ſon aſſaſſin, conſentit, malgré ſa haine, à ce qu'il fut mis au rang des Dieux, & plus d'une fois, ſa conſcience, le vrai tourment des ſcélérats, lui reprocha vivement ſon parricide. N°. VI.

PLANCHE XIX.

M. OPEL. MACRIN ET DIADUMÈNE SON FILS.

Le *Jaſpe* mêlé de *Calcédoine* & la *Prime* qui le ſuit, nous offrent la tête de Macrin ceinte de laurier, dans un âge avancé, avec une barbe longue & des traits agréables. Macrin, quatre jours après la mort de Baſſien, obtint de ſes Troupes & de celles qui étoient cantonnées en divers endroits de la Méſopotamie le titre d'Empereur. Quoiqu'ayant ſollicité l'Empire il feignit de réſiſter à des vœux qu'il avoit fait naître: puis il accepta: puis il répandit une gratification pour payer les ſuffrages qu'il avoit obtenus. Il falloit plaire aux ſoldats: il étoit bon de ſe faire bien venir du peuple; ce Prince prit donc les noms d'Antonin & de Sévère, révoqua toutes les condamnations prononcées ſous le règne précédent pour cauſe de lèze-Majeſté, abolit pluſieurs ordonnances vexatoires, & défendit qu'on lui dreſſât aucune ſtatue qui N°. I & II.

passât le poids de cinq livres en argent, ou de trois en or. Aussi le Sénat, auquel modestement il écrivit pour avoir la confirmation de son élection, accueillit-il à l'instant sa demande & lui accorda-t-il tout ce qui pouvoit satisfaire son orgueil & son ambition. On l'aggrégea au nombre des Patriciens : on lui déféra tous les titres de la puissance Impériale : on voulut que son avènement à l'Empire fut célébré par des fêtes qu'il refusa, &, des deux surnoms de *Pius* & de *Félix* qui lui furent offerts, il ne prit que le dernier. Cependant la suite des évènemens lui prouva qu'il ne le méritoit pas plus que l'autre ; en effet, après avoir soutenu la guerre contre les Parthes & contre l'Arménie avec peu de succès ; après avoir acheté la paix, s'étant livré au luxe & aux plaisirs, il vit son armée se révolter contre lui, les Troupes, qu'il envoyoit contre Varius, devenu son rival à peine au sortir de l'enfance, se liguer pour lui enlever l'Empire ; enfin vaincu par l'armée de ce jeune Prince, qu'il avoit envain fait déclarer ennemi de l'État, ayant appris la mort de Diadumène son fils, il se précipita de sa voiture, & l'épée d'un de ses soldats termina sa vie.

Ce Diadumène, fils de Macrin, est représenté en regard avec son père sur le *Jaspe* dont nous venons de parler, & l'on ne sçauroit méconnoître en lui ce que Lampride dit de son extérieur ; *c'étoit le plus beau des enfans*, rapporte cet Écrivain ; *sa taille étoit allongée ; ses cheveux étoient blonds & ses yeux noirs ; son nez, courbé avec délicatesse, ajoutoit à ses graces : son menton ne sailloit pas trop, & sa bouche sembloit faite pour inviter au plaisir. Enfin*, continue le même Auteur, *dès qu'on le vit revêtu de la pourpre & des ornemens Impériaux, il parut comme un envoyé des Cieux aux yeux de la multitude dont sa beauté ravit le cœur* (1).

Déclaré Prince de la jeunesse & décoré du nom de César le jour même où le Sénat confirma l'élection de son père à l'Empire : il fut ensuite, par une fine politique de Macrin, surnommé Antonin ; on mit son nom sur la monnoie, & il n'avoit que dix ans lorsque les Troupes le nommèrent Auguste. Mais il ne jouit pas long-tems de ces honneurs : bientôt il fut tué par les envoyés d'Héliogabale, & il vit avec sa vie s'évanouir toutes les espérances qu'il avoit conçues & données dans le beau jour où le Sénat lui

---

(1) *Puer fuit omnium speciosissimus, statura longiuscula, crine flavo, nigris oculis, naso deducto ad omnem decorem, mento composito, ore ad oscula parato.... Hic ubi primum indumenta coccea & purpurea cætera que castrensia Imperii insignia accepit quasi sidereus & cælestis emicuit, ut amaretur ab omnibus gratiâ venustatis.*

conférant le nom sacré d'Antonin, faisoit, en sa faveur, des acclamations brillantes.

M. AUR. ANTONIN HÉLIOGABALE.

Pour l'honneur du Trône, Lampride n'eut point écrit la vie d'Héliogabale, si l'Empire, avant lui, n'eut pas eu des Chefs tels que Caligula, Néron & Vitellius : il ne s'enhardit même à prendre la plume qu'en se flattant de la compensation que le Lecteur intelligent sçauroit faire de la vie de ces monstres avec celle de Vespasien, de Trajan, d'Antonin & de Marc-Aurèle. On nous pardonnera, sans doute, de passer rapidement sur l'histoire d'un Prince qui n'offre que des crimes. Syrien d'origine, à l'âge de quatorze ans, l'élection des soldats le plaça sur le Trône des Césars. Il portoit d'abord le nom de *Varius*, que l'incertitude sur son vrai père lui avoit fait donner, tant étoit dissolue la conduite de sa mère! Devenu Prêtre du Soleil, il prit celui d'*Héliogabale* : & il se fit appeller *Antonin* en prenant les rênes de l'Empire auquel il n'avoit aucun droit que par l'adultère de Soœmias & de Caracalla dont on le croyoit fils. Sans attendre les décrets du Sénat ni l'ordonnance du peuple, il se donna tous les titres de la souveraine Puissance, & s'appropria ridiculement le Consulat de Macrin. Le Sénat étoit alors dans un tel état de servitude, que, loin de lui disputer ces titres, il osa, par flatterie, souhaiter encore à ce Prince qu'il ressemblât à celui qu'il se donnoit pour père. Mais si ses souhaits étoient feints, ils ne furent malheureusement que trop accomplis. Héliogabale surpassa tous ses prédécesseurs en infamie; il peut tenir le premier rang entre tant de Princes décriés pour leurs mœurs abominables. Enfin, réunissant en lui toute espèce de débauche, tous les excès du luxe, tout le mépris pour les Loix, toutes les extravagances de la folie, il couronna tant de vices par la cruauté qui lui fit verser le sang le plus noble, & égorger, de sa propre main, *Gannys*, son bienfaiteur. La superstition accumula sur lui les ridicules : il voulut faire des Dieux des Romains les esclaves du sien, qu'il prétendoit devoir être seul honoré dans Rome. Dans son Temple, qu'il construisit sur le Mont-Palatin, il rassembla les objets les plus sacrés de la vénération des Romains; mais il ne put voir les Juifs, les Samaritains & les Chrétiens se prêter à ses vues & prostituer leur culte & leurs cérémonies à son Dieu chéri. Marier ce Dieu, fut un projet digne de ce Prince; Pallas étoit trop sévère pour devenir son épouse: Vénus céleste, qui passoit d'ailleurs pour être la même Divinité que la Lune, faisoit beaucoup mieux l'affaire du Soleil; ce fut donc elle qu'il lui destina. Sa statue fut apportée

N°. III & IV.

de Chartage, & les richesses de son Temple servirent de dot, que, bien entendu, le grand Prêtre s'appropria ainsi que les présens de nôces qu'il força toutes les Villes de l'Empire de faire aux nouveaux mariés. Nous ne parlerons pas de l'indécence des mariages de ce Prince, ni du Sénat des femmes qu'il établit sur le Mont-Quirinal, & dont il nomma Présidente l'impure Soœmias, ni des puériles questions agitées dans ses Assemblées. Rappellons plutôt promptement à nos Lecteurs, qu'ayant enfin lassé l'Univers par ses crimes, les soldats révoltés le firent périr avec sa mère trop digne de lui avoir donné le jour : on sépara leur tête de leurs corps ; ils furent traînés par la Ville avec toute sorte d'ignominie, & le cadavre d'Héliogabale que la populace ne pût pas, suivant ses desirs, enfermer dans un égoût, fut jetté dans le Tibre ; ce qui, par une allusion insultante, fit appeller ce Prince *Tiberinus* ; le Sénat effaça son nom des fastes : & l'opprobre & le mépris sont à jamais le partage de cet abominable Souverain.

Sur la *Cornaline* & la *Prime* qui sont sous nos yeux, on voit la tête de ce Prince couronné de lauriers ; sa figure, assez habilement rendue, exprime un rire mêlé de sévérité. Il n'étoit âgé que de dix-huit ans lorsqu'il périt, & il fut le dernier qui porta le nom d'Antonin qu'il avoit si peu mérité.

AQUILIA SEVERA AUG.

N°. V. Aquilia Sévéra dont ce *Jaspe* mêlé de *Calcédoine* nous offre la tête, étoit remarquable par sa beauté. Héliogabale, qui, d'abord avoit épousé Cornélie Paule, après l'avoir répudiée, pour un motif frivole, alla lui-même arracher par force du temple de Vesta la belle Sévéra pour laquelle il conçut une passion effrénée, &, ne pouvant pas se nier à lui-même l'illégitimité & l'impiété de son action, il osa néanmoins, pour la couvrir, écrire au Sénat, *que d'un grand Prêtre tel qu'il étoit, & d'une Prêtresse la première des Vestales, naîtroient des enfans tout divins.* Ce Prince libidineux ne garda pas long-tems cette Vestale dèshonorée, il prit bientôt une troisième femme, puis une quatrième, puis une autre encore ; ensuite il revint à Sévéra. Les traits que ce *Jaspe* donne à cette Vestale se retrouvent dans les médailles & bustes que l'on conserve à Florence.

PLANCHE XX.

MAXIMIN, EMPEREUR ET JUL. VERUS MAXIME SON FILS.

Sur le beau *Camée* de *Calcédoine* N°. I de cette Planche, semble respirer Maximin César. Né dans une Bourgade de Thrace voisine des barbares, barbare lui-même, cet Empereur avoit un père de la Nation des Goths & sa mère étoit de celle des Alains. Dans sa première jeunesse il garda les troupeaux & défit plusieurs fois des bandes de voleurs. En croissant il devint d'une taille énorme : il étoit gros à proportion : sa vigueur répondoit à sa taille, & on raconte de sa force des traits qui tiennent du prodige ; enfin pour en avoir une idée il suffit de penser qu'on le comparoit à Milon de Crotone, à Hercule & à Anthée. Il buvoit beaucoup & mangeoit encore plus. Dur, altier & féroce, les avantages de son corps étoient accompagnés de la brutalité que le défaut de culture avoit laissé s'enraciner dans son ame. Des vertus, il ne connut que les Guerrieres, qui le conduisirent sous le règne de Caracalla jusqu'au Grade du Centurion : sous Héliogabale il devint Tribun : enfin il eut un des premiers emplois dans l'armée. Son ambition lui fit desirer le trône, & il ne put y monter qu'en immolant son bienfaiteur. L'armée l'élut Empereur : le Sénat, qui redoutoit ses armes, confirma cette élection. Le souvenir de la bassesse de sa naissance lui fit craindre le mépris & il fut l'ennemi déclaré de tout ce qui étoit grand dans l'État. La cruauté suivit la haine : une conspiration prétendue fit couler le sang le plus noble. Les témoins de son origine, des amis, qui dans le besoin mille fois lui avoient donné des secours, étoient suspects à son orgueil, il les fit périr : c'étoit étouffer un reproche vivant de son premier état. Enfin il excite la haine générale : on le compare aux monstres de l'antiquité fabuleuse : on lui prodigue les noms de Cyclope, de Busiris, de Phalaris : on lui donne Gordien pour rival : il lui survit ; mais, tandis qu'il se prépare à ravager l'Italie, il est massacré avec son fils, à l'entrée de la tente Impériale, par les soldats Prétoriens, dans un jour accordé aux Troupes pour leur repos. N°. I.

Sur la *Cornaline* & sur la *Hyacinthe* N°s. II & III, la tête de ce même Empereur est ceinte de lauriers. On y reconnoît, ainsi que dans le *Camée* dont nous venons de parler, les traits qui le caractérisent : la beauté des formes : des yeux grands : un nez aquilin oblong : un menton avancé & pointu. N°s. II & III.

N°. IV. Son fils Jul. Vérus Maxime, dont la tête est gravée sur la *Cornaline* N°. IV, n'avoit que vingt-un ans lorsqu'il partagea le sort de son père: on ne sçait si l'on doit regretter sa mort prématurée, & Capitolin, qui dans un endroit de sa vie l'accuse de la plus insolente fierté, dit dans un autre, d'après Ælius Sabinus, que l'on fut autant affligée de la mort du fils que l'on étoit satisfait de celle du père; mais peut-être aussi, comme semble l'insinuer cet Auteur, cité par Capitolin, la seule beauté du jeune Maxime inspira-t-elle ces regrets: sa tête meurtrie, salie, ensanglantée, étoit comme une ombre transparente de la plus belle figure. Avec tous ces avantages du corps on est moins surpris que ce Prince soit devenu très-amateur de sa personne, & que les femmes ayent été sensibles à ses attraits.

M. ANT. GORDIEN, LE PIEUX AUGUSTE.

N°. V. Petit fils & neveu d'Empereur, Gordien fut nommé César par le peuple & par les soldats. Aussi-tôt après le meurtre de Maxime & de Balbin, on lui conféra le titre d'Auguste. Les Historiens varient sur l'âge auquel ce Prince monta sur le Trône; mais il touchoit au plus à seize ans. Ce jeune Empereur recueilloit l'amour que la République avoit destiné à son ayeul & à son oncle. Tout en lui, d'ailleurs, étoit fait pour captiver les esprits; naturellement gai, d'une belle figure, d'un caractère aimable, agréable dans ses manières, du commerce le plus facile, il se distinguoit encore dans les Lettres. Sa jeunesse fut exempte des vices qu'ordinairement elle fait naître; mais, dans le Gouvernement des peuples, elle ne fut pas à l'abri des dangers dont est environné le Trône. Les Eunuques du Palais & des courtisans avides régnèrent d'abord sous son nom, &, sans s'occuper de l'honneur de leur Prince, ils vendirent les Dignités & les Places: les Gouvernemens militaires n'étoient point donnés au mérite; mais à la seule faveur: les services demeuroient sans récompense: le caprice ou l'argent décidoit des graces ou des condamnations: le trésor public étoit pillé par des imposteurs qui trompoient le trop facile Empereur; enfin, éclairé par l'estimable Mysithée, ce modèle des Ministres que doivent choisir les Rois, il chasse, d'auprès de sa personne, ceux qui abusoient de sa confiance, il abjure ses erreurs involontaires, cherche à s'instruire, veut tout connoître & se prête le premier à des réformes nécessaires. On ne peut, sans attendrissement, lire ce qu'il écrit à son Ministre sur le malheur des Princes, que leur place semble éloigner de la vérité. Tant que ce vertueux Préfet du Prétoire, qui ne la lui déguisoit pas, pût être son conseil, on vit, par-tout, régner avec Gordien

Gordien la Justice & les Loix : & la destruction des abus amena le bonheur des peuples, qui seul peut faire celui des Souverains. Secondé par les soins & la vigilance de ce véritable homme d'État, il remporta sur les Germains, les Goths, les Sarmates, & principalement sur les Perses, des victoires éclatantes dont il sçut lui attribuer modestement la gloire en plein Sénat, ce qui doubla la sienne. Peu de tems avant ces exploits, Gordien avoit épousé Furia Sabinia Tranquillina, dont on vante avec raison la pudeur, & qui étoit fille de ce même Mysithée. Heureux cet Empereur s'il eut pu posséder long-tems & la fille & le père ! Déjà, dans les commencemens de son règne, il avoit étouffé la révolte de Sabinien ; mais il ne put éviter les piéges de Philippe. Fils d'un chef de brigands, ce coupable Usurpateur fit secrettement périr le Préfet : puis, revêtu de sa place, il parvint à enlever d'abord l'amitié des soldats, & enfin la vie à son bienfaiteur Gordien.

Ce Prince mourut dans la sixième année de son règne, au plus tard dans la vingt-deuxième de son âge. La nouvelle de sa mort jetta Rome dans la tristesse : elle voyoit sa félicité s'évanouir. Philippe, fourbe adroit, affecta d'honorer la mémoire de celui dont il avoit causé la mort : il lui célébra de magnifiques obsèques, envoya ses cendres à Rome, consentit que les soldats lui dressâssent un tombeau à Zaïthe, lieu de sa mort, près de Circésium, ville bâtie au Confluent du Chaboras & de l'Euphrate. Il laissa subsister ses images, ses statues, les inscriptions faites en son honneur, & le Sénat le mit au rang des Dieux. On accorda même à sa famille des prérogatives particulières.

La figure de ce Prince que nous offre cette belle *Cornaline* (1) est singulièrement ressemblante à celle de Scipion l'Asiatique.

DIOCLÉTIEN.

Les Auteurs de la description des Pierres gravées du Cabinet d'Orléans donnent la médaille de Gordien III comme le dernier exemple qu'ils ayent à produire de l'état de la Gravure sous les Empereurs : & ils se sont arrêtés N°. VI.

---

(1) *Gori* ne se seroit-il pas trompé en donnant pour la tête de Gordien, le pieux, celle qui se trouve sur cette Pierre ? Si nous en jugeons par comparaison avec les médailles & d'autres Pierres connues, il paroîtroit que ce Sçavant seroit dans l'erreur ; en effet, sur les médailles de ce Prince que Vaillant a fait graver dans le *T.* I. *in*-4°. *p.* 160, dans le T. II. p. 307, & dans le T. III. p. 181 de ses *Numismata præstantiora*, &c. *Édit.* 1re. *Rom.* 1743 ; & sur l'*Agate-Onyx* du Cabinet d'Orléans p. 143 du T. II. de la description de ses Pierres, nous ne retrouvons pas les mêmes traits que sur notre *Cornaline*. Le nez seul offre une différence entière, puisqu'il y est extrêmement saillant.

à cette époque, parce qu'elle peut être regardée comme celle de la Barbarie & du mauvais goût. *Gori*, plus hardi, continue de nous offrir encore quelques Pierres gravées dans ces tems malheureux; mais hésitant sur les objets précis que la main moins habile des Artistes a tracés, il laisse aux Sçavans à réformer ses conjectures. C'est sous ce titre qu'il attribue à Dioclétien la tête gravée sur cet *Onyx*: il croit y reconnoître les traits qu'il a observés sur les médailles de ce Prince conservées dans le Muséum des Médicis.

PLANCHE XXI.

Nº. I. Le Camée qui suit, peu saillant sur une *Calcédoine* remarquable par sa grandeur, pourroit peut-être représenter la tête de Constantin-le-Grand, ceinte de laurier. Sa poitrine est couverte d'une cuirasse ornée d'une tête de Gorgone, & sa main droite porte un bâton surmonté d'un aigle. Ce qui engage *Gori* à attribuer ce portrait à Constantin-le-Grand, c'est la ressemblance qui se trouve entre ses traits & ceux que donnent à ce Prince ses médailles conservées au Muséum des Médicis. Il en est une sur-tout où Constantin, Vainqueur des Barbares, a la couronne de laurier & les mêmes attributs que sur cette Pierre.

Nº. II. Le Muséum des Strozi nous fournit le beau Camée que l'on voit Nº. II de cette Planche. Sa matière est une *Agathe-Sardoine*. Il n'y a point de doute qu'il ait été fait dans un tems malheureux pour les Arts: cependant l'Artiste a employé tous ses efforts pour lutter contre leur décadence, & ses peines n'ont pas été totalement infructueuses. Le contour de la figure est assez élégant & pur: il y a beaucoup d'ensemble & d'accord dans toutes les parties du visage: & l'on peut reconnoître à la manière dont les cheveux sont disposés & taillés, que celui qui les a faits s'est proposé pour modèles les ouvrages des plus célèbres Graveurs en Pierres qui ayent brillé pendant les siècles les plus florissans des Arts.

Tous les Antiquaires qui ont examiné ce Camée croyent qu'il représente Constantin le jeune, que sa victoire remportée sur les Goths rend digne d'éloges. En effet, les traits de cette figure ressemblent parfaitement à ceux de ce Prince sur les médailles de grand module conservés au Muséum des Médicis. D'ailleurs, plusieurs raisons concourent à confirmer cette conjecture: l'espèce d'Égide & la lance désigne un Empereur. C'est un des attributs que l'on retrouve sur les plus belles médailles de Caracalla & sur celles de plusieurs autres Empereurs: la couronne d'or enrichie de pierreries fut particulièrement portée par Constantin-le-Grand & par Constantin son fils. Le Graveur intelligent s'eſt bien gardé de l'omettre : le tems ne l'avoit pas reſpectée ; mais l'illuſtre Léon Strozzi, Amateur éclairé de toutes ſortes d'Antiquités, qui a enrichi ſon Muſéum de cette belle Pierre que nous examinons, l'a fait réparer avec ſoin & a fait remettre des Pierres ou diamans aux endroits où ils pouvoient manquer.

PLANCHE XXII.

Voici un Camée, fait d'un ſuperbe *Onyx*, vraiment antique, &, quoique la production d'un ſiècle où les Arts avoient perdu leur ſplendeur, digne cependant de nos regards, & honorable pour l'Artiſte qui l'a travaillé. Sa grandeur ſeule, parfaitement égale à notre Gravure, lui donneroit un grand prix ; mais ce qu'il repréſente doit le rendre encore plus précieux. Sur cette Pierre magnifique on voit un Empereur portant ſa barbe, debout, nuds pieds, n'ayant que le gras de la jambe orné, vêtu militairement, & décoré de la chlamyde. Sa tête eſt couverte d'un caſque ſurmonté d'un dragon, qui ſe termine par une queue de cheval. De ſon épaule pend une eſpèce de baudrier garni d'une épée ; ſon bras gauche eſt couvert d'un bouclier rond, ſur lequel eſt ſculptée une tête de Gorgone : ſon bras droit eſt étendu, & ſa main tient une coupe ſemblable à celle des Sacrificateurs. En face eſt une femme que nous croyons être une Déeſſe ; elle regarde avec complaiſance l'Empereur prêt à faire des libations. Elle a la tête ornée d'un diadême, des pendans d'oreille, & ſes cheveux ſe ſéparent en boucles qui retombent ſur ſon col. Sa main droite raſſemble les plis de ſa longue robe, tandis que de la gauche elle tient un ſceptre ſur lequel elle ſemble s'appuyer ; au-deſſus de ce ſceptre & détachée de lui, ſe voit une étoile. Entre ces deux perſonnages eſt un petit enfant aîlé qui, debout devant un autel, tient de la main droite une coupe avec laquelle il fait une offrande, & ſupporte de la gauche une caſſolette.

Plus on examine la tête de l'Empereur & chaque trait de ſon viſage, moins on peut douter que ce ſoit le portrait de Julien l'Apoſtat. Et comment pourroit-on héſiter, d'après la Peinture que Marcellin nous trace de ce Prince ? Tel étoit ſon portrait, nous dit-il, ſa taille étoit médiocre ; ſes cheveux mollement arrangés comme avec un peigne : ſa barbe hériſſée ſe terminoit en pointe : ſes yeux, que ſurmontoient de beaux ſourcils, brilloient d'un vif éclat ſans perdre leur agrément, c'étoit le fidèle miroir de ſon ame : ſon nez étoit droit & ſa bouche un peu fendue : ſa tête étoit forte & courbée : il avoit les épaules larges ; & ſa force ſe peignoit ſur ſes muſcles. Cette Peinture de Julien, comme l'on voit, feroit abfolument fidelle dans notre Camée fi fa barbe étoit moins ronde & qu'elle fe terminât plus en pointe.

Si l'Empereur fe trouvoit feul fur notre *Onyx* il ne feroit pas difficile de rendre raifon du motif qui auroit déterminé l'Artifte à repréfenter Julien au moment d'un facrifice. On fçait que depuis fon Apoftafie il a donné dans toutes les folies de la fuperftition ; depuis cette époque il fut très-adonné au culte des idoles ; il immoloit tant de victimes qu'on le furnommoit *Victimarius*, & les hécatombes de bœufs étoient fi fréquentes que, publiquement, on difoit que, s'il revenoit victorieux de la guerre des Perfes, il n'y auroit pas affez de troupeaux dans l'Empire pour fatisfaire fa fuperftition. On fçait de même que Julien étoit très-dévot aux Divinités d'Égypte ; fes médailles en font foi. Il avoit près de lui des Augures Étrufques qu'il confultoit fans ceffe fur les entrailles des victimes qu'il offroit & fur le vol des oifeaux. C'eft même fans doute d'après l'opinion généralement reçue par les Payens que l'on a placé près de l'Empereur le petit Génie aîlé qui facrifie fur un autel. Il repréfente le Génie du Prince. On croyoit alors, non-feulement que les Villes, les Provinces; mais que les Empereurs & chaque homme avoit fon Génie particulier. On trouve des traces d'offrandes ordonnées aux Génies des Empereurs.

Mais l'Empereur n'eft pas feul : une femme eft en face de lui. Eft-ce une mortelle ? Eft-ce une Divinité ? Font-ils enfemble un facrifice, où l'Empereur feul l'offre-t-il ? D'abord il n'eft point vraifemblable que ce foit une mortelle : ce n'eft pas fon époufe : Hélène avoit quitté la vie lorfque Julien parvint au Trône. Quelle eft donc cette Divinité qui reçoit ainfi de préférence les honneurs de ce Prince ? *Gori* balance : il croit d'abord entrevoir la repréfentation d'un facrifice fait autrefois par Julien à la Lune dans la ville de Carrhés. Cette première conjecture il l'appuie fur un paffage d'Ammien Marcellin, qui décrit à la vérité ce facrifice : & comme cet Auteur affure que Julien donna fa chlamyde à Procope, il réfute fort bien l'objection que l'on pourroit tirer, contre fon explication, de ce même vêtement dont l'Empereur eft couvert dans notre Camée. Il donne auffi des raifons fuffifantes pour faire croire, qu'effectivement c'eft la Lune ou la chafte Diane que repréfente la femme couverte d'une grande robe, comme on le voit dans plufieurs monumens. Quelqu'ingénieufe que foit fon explication, nous croyons qu'il n'eft pas facile de s'y fixer : car, fi Ammien Marcellin parle de ce facrifice fait à Carrhés par Julien, Théodoret en parle auffi, &, dans fa narration l'on remarque certain trait qui éloigne l'explication de *Gori* : on voit le ſuperſtitieux Empereur immoler une Femme, & dans ſes entrailles palpitantes tâcher de lire l'annonce de la proſpérité de ſes armes (1). Voltaire, nous ne l'ignorons pas, met ce fait au nombre des Fables. Défenſeur zélé de tous les ennemis du Chriſtianiſme, & ſpécialement de Julien, il prétend qu'on ne doit pas croire cet Empereur coupable de cette ſuperſtitieuſe inhumanité, parce que, dit-il, Théodoret eſt le ſeul qui rapporte ce conte infâme ; mais comme Théodoret, habitant plus près de Carrhés que Marcellin, fut plus à portée que lui d'être inſtruit de ce fait; comme Marcellin, de ſon propre aveu, ſupprime ce qui eſt principalement déshonorant pour ſon Héros ; comme ce même Marcellin dit que le ſacrifice de Julien fut très-ſecret ; (ce qui n'eut pas été néceſſaire ſi ce Prince n'eut fait que les libations accoutumées & les offrandes d'uſage;) comme d'ailleurs cet Hiſtorien ne dit rien qui puiſſe nuire au récit de Théodoret, & que tout homme ſuperſtitieux eſt capable, pour ſatisfaire ſa curieuſe ſuperſtition, de commettre les plus grandes cruautés (2), nous ne pouvons nous décider à nous réunir avec Voltaire pour crier à l'impoſture contre Théodoret, & conſéquemment à reconnoître dans notre Camée le ſacrifice de Julien dans le temple des Carrhés.

Des deux autres conjectures que *Gori* joint à celle que nous venons d'examiner, nous n'admettrons pas la ſeconde, ſuivant laquelle l'Auteur de notre Camée, auroit fait alluſion à un autre ſacrifice de Julien à Peſſinonte ; car dans ce ſacrifice, au rapport de Marcellin, il y eut des victimes, & ſur notre *Onyx*, on n'en voit pas le moindre veſtige.

Nous nous arrêterons donc à l'autre hypothèſe, comme à la plus vraiſemblable, & nous croirons que notre Pierre repréſente Iſis pour laquelle on

---

(1) *Cæterum poſt ejus cædem, magicæ ipſius artes ac machinationes detectæ ſunt. Carræ enim civitas impietatis ejus relliquias adhuc ſervat..... Viderunt enim mulierem capillis ſuſpenſam, manuſque extentas habentem. Cujus diſſecto ventre, ſceleratus ille victoriam Perſicam jecoris inſpectione didicerat. Et Carris quidem hujuſmodi deprehenſum eſt maleficium.* Traduction Latine du Grec de *Théodoret*, *Henri Valois. Paris* 1673, *fo.* Hiſt. Eccléſiaſt. Lib. III. C. XXVI. p. 147.

(2) Le ſacrifice humain que nous venons de citer ci-deſſus ne ſeroit pas, d'après Théodoret, le ſeul trait de cruauté auquel la ſuperſtition auroit porté Julien : cet Hiſtorien en donne d'autres preuves au troiſième Liv. de ſon Hiſt. Eccléſiaſt. Chap. XXVII. Voici ce qu'il raconte ſuivant la traduction déja citée. *Antiochiæ vero, plurimas arcas in palatio repertas eſſe ferunt, plenas capitibus humanis ; multos item puteos cadaveribus refertos. Ejuſmodi enim eſt diſciplina abominandorum Deorum.* p. 147.

connoît toute la dévotion de Julien, & que souvent l'on retrouve sur les médailles de ce Prince. L'Astre qui se voit au-dessus du sceptre convient singulièrement à cette Divinité, ainsi que le sceptre lui-même. C'est avec ces attributs qu'elle est représentée sur la table Isiaque qu'explique favorablement pour cette opinion le sçavant Laurent Pignorius.

PLANCHE XXIII.

Nous avons produit jusqu'à présent les portraits des Empereurs & des Femmes Augustes, après les avoir comparés avec leurs médailles ou leurs bustes; nous allons, dans les quatre Planches suivantes, offrir aux Amateurs d'autres Pierres remarquables, ou par la beauté de leur travail ou par leur rareté. Toutes ces Pierres sont vraiment antiques. Les portraits dont elles sont ornées sont en partie trop reconnoissables pour qu'on puisse s'y méprendre: quant à ceux qui ne sont pas assez caractérisés, nous laissons aux Sçavans la liberté de les désigner.

N°. I. La tête d'Auguste, très-ressemblante aux Pierres que nous avons déja produites & au buste de marbre conservé dans le Muséum des Médicis, est représentée sur le Camée de *Cristal* N°. I. Elle n'a pas été faite du tems d'Auguste; mais dans un siècle bien moins célèbre. L'Artiste qui l'a tracée n'est point cependant sans mérite & son ouvrage peut encore flatter les yeux difficiles des connoisseurs.

N°. II. La *Calcédoine* N°. II, fort bien travaillée, pourroit offrir la tête de Nerva ceinte de laurier.

N°. III. On reconnoît sur le Camée de *Jaspe* mêlé de *Calcédoine* N°. III le portrait de Trajan. Son front est orné de laurier.

N°. IV. Le Camée de *Calcédoine* N°. IV nous offre-t-il la tête nue du même Trajan, ou celle du père de cet Empereur? Nous laissons aux Sçavans à prononcer.

N°. V. *L'Amethyste* N°. V nous présente une tête de Femme ornée du diadême. A son inspection on est tenté de croire que c'est le portrait de Livie Auguste. La main qui a fait ce Camée étoit habile.

N°. VI. C'est encore un sçavant Artiste qui a fait du *Topaze* N°. VI un très-beau Camée qui pourroit, fort bien, représenter la tête de Faustine la jeune.

PLANCHE XXIV.

N°. I. Ce beau Camée, l'un des ornemens du Muséum des Strozzi, nous offre sur une *Agathe Orientale* un très-beau portrait. Ses traits annoncent la douceur & la gaité. Quelques personnages habiles croyent reconnoître Néron jeune encore, ou Drusus fils de Germanicus César. On peut croire que c'est un des parens d'Auguste. Le travail qui annonce le siècle de ce Prince : la manière de l'Artiste qui est la même que celle des plus habiles Sculpteurs de ce tems : l'arrangement des cheveux ne nous permettent pas d'en douter, & si les médailles frappées par les Colonies d'Espagne en l'honneur de tous ces Césars, n'étoient pas si imparfaites, nous pourrions certainement indiquer précisément quel est le portrait que nous examinons.

C'est avec beaucoup d'art que ce *Béril* N°. II est gravé. Nous croirions volontiers qu'il représente Matidie, fille de Marciane, plutôt que Faustine l'ancienne. N°. II.

On ne peut douter que cette *Agathe-Sardoine* N°. III représente la tête de Marc-Aurèle, Prince de la Jeunesse. N°. III.

Le Camée d'*Onyx* N°. IV nous offre le portrait d'Adrien. Son front est orné d'une couronne de laurier. N°. IV.

Les deux dernières Pierres de cette Planche travaillées dans un siècle de décadence, comparées aux médailles, nous semblent offrir les têtes des deux Postumes père & fils ceintes l'une & l'autre de la couronne radiale. Ce sont deux *Cornalines*. N°. V & VI.

PLANCHE XXV.

Nous avons déja parlé d'Antinoüs en donnant l'explication de la Planche XXIII N°. V & VI; cette Pierre représente encore la tête de ce favori d'Adrien. C'est une *Cornaline* dont le travail est exquis. Quelques Sçavans croyent y reconnoître Thésée plutôt qu'Antinoüs. N°. I.

On voit sur l'*Agathe* qui suit une tête faite avec le plus grand Art, sans aucun ornement. Nous ne sçavons de qui elle pourroit offrir la ressemblance. N°. II.

Une tête nue de jeune homme, dont les cheveux sont assez épais, & frisés naturellement, s'offre sur ce *Jaspe* mêlé de *Calcédoine*. On remarque beaucoup de modestie & de douceur sur son visage. Nous soupçonnerions que ce seroit le portrait d'un des neveux d'Auguste; mais nous ne l'affirmerions point. N°. III.

L'Artiste qui a travaillé ce *Jaspe* mêlé de *Calcédoine* a voulu vraisemblablement rendre les traits d'Antonin Bassien César, Prince de la Jeunesse. Les médailles de ce Prince conservées au Muséum des Médicis servent de base à notre conjecture. N°. IV.

N°. V. Sur ce *Saphir*, artistement gravé, nous croyons reconnoître la figure de Crispine. La disposition de ses cheveux & ses traits confirment notre opinion. Il y a trop de ressemblance entre cette Pierre & celles que nous avons déjà produites, Planche XVI, ainsi qu'avec les médailles de cette Princesse, pour que nous puissions hésiter.

N°. VI. Héliogabale avoit eu pour première épouse Julie Paule qu'il répudia pour un motif bien léger. Nous croirions volontiers que ce *Jaspe* mêlé de *Calcédoine* nous conserve le Portrait de cette Princesse. A la vérité sa tête n'est point ornée du diadême; mais ses cheveux sont disposés comme dans la plûpart de ses médailles.

PLANCHE XXVI.

N°. I. L'*Onyx* qui nous offre cette tête âgée, garnie de barbe, nous conserve peut être le portrait de l'Empereur Albin.

N°. II. Gordien-le-pieux pourroit avoir servi de modèle à l'Artiste qui a gravé cette *Cornaline*. La tête est jeune, ceinte de laurier & se rapproche plus des médailles de ce Prince que la Pierre que nous avons produite Planche XX, N°. V.

N°. III. Voici sur une *Cornaline* deux têtes d'Empereurs accomplies. Nous croyons reconnoître en elles le portrait d'Adrien & celui d'Ælius Vérus.

N°. IV. Le portrait de Julie fille de Tite est gravée sur ce *Topaze*.

N°. V & VI. Sur ces deux *Jaspes* mêlés de *Calcédoine* on voit deux têtes de Césars, qui nous sont inconnues. La gravure en est très-belle.

PLANCHE XXVII.

Sur le *Jaspe* mêlé de *Calcédoine*, *l'Agathe noire*, *l'Améthyste*, *la Calcédoine* & la *Cornaline* qui composent cette Planche entière, on voit les portraits de six hommes illustres & vraisemblablement Consulaires. Nous nous garderons bien de hasarder sur ces têtes des conjectures vagues, dont, peut-être, avec fondement, appelleroient les sçavans Antiquaires. Nous nous contenterons donc de faire remarquer que la Gravure de ces Pierres est belle. C'étoit anciennement un usage fort commun de porter des anneaux sur le chaton desquels on avoit la tête de quelque grand homme, pour se rappeller, à sa vue, ses belles actions & s'exciter par ses exemples à la vertu. On multiplioit souvent ces anneaux pour varier les objets, & l'on en faisoit de précieuses Collections.

PLANCHE XXVIII.

La tête de *Quirinus Romulus*, au lieu de se trouver en cet endroit, auroit du précéder celle de *Numa Pompilius*, par laquelle nous avons ouvert la première Classe des Pierres gravées que nous avons consacrée au Rois & aux Empereurs Romains, ainsi qu'à leurs épouses & aux femmes *Augustes*. Mais, après la gravure d'une grande partie des Planches, on s'est apperçu de celles que *Gori* avoit données, pour ainsi dire, comme supplément (1) à son grand ouvrage des Pierres gravées du Museum des Médicis que nous reproduisons; nous sommes donc forcés de les publier après coup; nous tâcherons cependant en divisant de nouveau ces Planches, suppléées par *Gori*, de terminer au moins chaque Classe par celles des Pierres qui leur appartiennent, si nous ne pouvons pas toutefois les mettre à leur place dans chacune de ces Classes. N°. I.

C'est une *Cornaline* qui nous présente ici Quirinus. Elle est fort bien gravée & singulièrement ressemblante à des médailles de la famille *Memmia* & à une médaille d'argent publiée par *Fulvius Ursinus*, où la tête de Quirinus est couronnée.

Quirinus, que l'on regarde comme premier Roi des Romains, a-t-il existé? Cette question n'est pas facile à résoudre, & tant de Sçavans sont d'accord pour regarder son histoire comme fabuleuse, que nous nous garderons bien de donner pour vrai tout ce que nous allons en dire.

Suivant les Auteurs les plus suivis, *Rhéa Sylvia*, que l'ambitieux *Amulius*, sous le prétexte de lui faire honneur, avoit mise au nombre des Vestales, fut la mère de *Romulus* qu'elle mit au monde avec *Remus*. Mars, dit-elle, pour couvrir son sacrilége, en étoit le père. Ce n'étoit point des faveurs indiscrettes qu'elle lui avoit accordées, la violence seule du Dieu lui avoit pu faire enfreindre les Loix sacrées des Vestales. Cette excuse, ridicule pour tout autre que pour ces premiers Romains, ne la mit pourtant pas à l'abri de la cruauté d'Amulius, qui, par usurpation & au mépris des dernières volontés de *Proca* son père, possesseur du Trône, ayant fait même périr *Egestus* son neveu, ne voyoit pas sans fureur troubler la jouissance paisible de la souveraineté par la naissance de ces deux enfans de Rhéa; on l'enferma donc chargée de chaînes dans une étroite prison, & ses enfans devoient, d'après l'ordre barbare de leur oncle, être

(1) Voyez *Museum Florentinum. gemmæ antiquæ.* Gori, Tom. II. 155.

précipités dans le Tibre. Le Tibre étoit débordé ; ils furent expofés dans leur berceau fur les eaux qui baignoient les bords de ce fleuve ; mais les eaux fe retirent, le berceau demeure à fec : attirée par les cris des enfans, une louve defcend des montagnes : plus tendre que leur oncle, elle leur donne le lait de fes mammelles, & bientôt le Berger *Fauftule*, admirateur de cette généreufe compaffion, les fait nourrir par *Larentia*, fon époufe, à laquelle il les apporte. Élevés par un Berger, ils furent eux-mêmes Pafteurs. Pourquoi tous les Monarques de l'Univers, ignorant leur naiffance, loin du Trône & des flatteurs, ne font-ils pas tous élevés à l'école de la Nature ? Ils fçauroient du moins qu'ils font hommes. Romulus & fon frère, à leurs exercices champêtres, joignirent ceux de la chaffe : puis ils devinrent le fléau des voleurs : ils les pourfuivoient, fondoient fur eux, leur enlevoient leur butin qu'ils diftribuoient aux Bergers. Leurs occupations nouvelles échauffoient l'imagination des jeunes gens de la contrée : infenfiblement la jeuneffe qui s'unit à eux, devint nombreufe : ils tinrent alors des affemblées & célébrèrent des jeux : la fête établie par *Évandre*, & connue fous le nom de Lupercales, fut folemnifée. Cependant les voleurs qu'ils dépouilloient ordinairement de leur butin cherchoient à fe venger : l'occafion de cette fête leur parut belle : ils tombent fur eux & les furprennent : Romulus leur échappe ; mais Remus eft conduit au tribunal du Souverain : Amulius le renvoie devant Numitor, fur les domaines duquel on l'accufoit d'avoir commis des brigandages. Numitor fait des recherches fur l'origine du prétendu coupable. Dans ces tems éloignés, les violens exercices étoient des fignes de grandeur : il foupçonne qu'un fang noble coule en leurs veines : la nouvelle qu'il apprend que Remus a un frère jumeau, le fouvenir des enfans de Rhéa expofés au moment de leur naiffance, les interrogations dont la folution le fatisfait, tout lui fait reconnoître en eux fon propre fang & des Princes innocens échappés à la mort qu'avoit prononcée contre eux un oncle barbare. Ah ! fi l'on pouvoit détrôner ce tyran ! Le projet en eft conçu, le projet s'en exécute. Romulus de fon côté, fecondé par fes compagnons ordinaires, Remus & tous ceux qui fervoient Numitor d'un autre, par des chemins détournés, pour n'être pas découverts, arrivent à la demeure d'Amulius, & le tyran ufurpateur eft maffacré.

Le bruit de la multitude armée caufa dans Albe le plus grand effroi : Numitor accourt, & au milieu des Albains raffemblés pour fe défendre, il annonce la mort d'Amulius, s'en dit l'auteur, juftifie fon meurtre, fait valoir fes droits à la Couronne dont fon frère l'avoit injuftement dépouillé, &

dévoile les soins miraculeux des Dieux pour ses petits-fils Remus & Romulus dont il revèle l'éducation mystérieuse. Ceux-ci s'avancent aussi-tôt près de lui, le couronnent & toute Albe le proclame Roi. Funeste passion de régner ! Quels crimes ne fais-tu pas commettre ! Fortifiée par un double exemple, cette passion devient funeste à Remus. Romulus & lui reconnus pour fils de Rois, voulurent fonder une Ville. Le lieu même où la main cruelle d'un oncle les avoit exposés, parut devoir être le siége de leur puissance : ils insultoient ainsi aux vains efforts du tyran qui les avoit voulu sacrifier, & c'étoit un hommage de reconnoissance qu'ils rendoient aux Dieux. Mais qui des deux frères portera la Couronne? Tous deux jumeaux, il n'y a pas de droits d'aînesse à réclamer. Partageront-ils l'Empire ? L'ambition ne connoît point de partage. La Ville est fondée, il lui faut un nom : les Dieux désigneront le Souverain qui la nommera, & le vol des oiseaux sera leur langage. Ah ! les hommes laisseront-ils parler les Dieux? Non, ce sera l'ambition qui parlera. Remus, du Mont Aventin voit passer dix Vautours : placé sur le Mont Palatin, Romulus, presque aussi-tôt en découvre le double : aux armes, il faut interpréter le langage des Dieux : la querelle s'échauffe : Remus est frappé, Remus expire, & Romulus règne. Moins cruelle & plus naturelle est cette manière de raconter sa mort. Il est néanmoins des Auteurs qui veulent que Romulus même, piqué d'une plaisanterie de Remus qui se mocquant de la petitesse des fossés qu'il faisoit creuser, les sautoit par mépris, ait immolé de sa propre main son rival : & c'est ainsi que Cicéron peint ce meurtre, que, Romain lui-même, il condamne avec autant de zèle que d'équité.

C'est un art usé peut-être maintenant, mais qui ne l'étoit pas alors, de paroître ne vouloir tenir que de ses Sujets une Couronne que l'on ne céderoit pas même à leurs armes. Romulus le connoissoit & en fit usage ; après avoir donné ses premiers soins à la construction des murs & des maisons de la Ville naissante, il assembla le peuple ; il vouloit, lui dit-il, prendre son avis sur la nature du Gouvernement que l'on établiroit. « Un seul commandera-t-il ? Aimez- » vous mieux que des Magistrats gouvernent ? Ou préférez-vous un Gouver- » nement purement populaire ? J'ai régné sur vous, vous m'avez comblé de » l'honneur le plus sensible en me regardant comme Chef de la Colonie, la » Ville a mon nom, je suis maintenant prêt d'obéir, si vous l'ordonnez ». On délibère à peine, & loin de lui ôter le diadême, on l'affermit sur sa tête : *Vous serez notre Roi*, lui répond-on ; *qui mieux que vous merite la Royauté*? « Mais il faut que les Dieux confirment votre choix, reprit Romulus » : & le jour est pris où ils seront consultés. Le Ciel, heureusement, fut orageux au jour assigné : comme Romulus finissoit sa prière, un éclair brillant sembla circuler autour de lui, & tout le peule le reconnut pour Roi.

Romulus, par son génie, méritoit cet honneur : & les premières Loix qu'il établit, l'ordre qu'il mit dans son État naissant, furent la base solide de toute la gloire que Rome acquit ensuite.

L'appareil du Trône en impose, & cet appareil est nécessaire : il faut que l'éclat & la pompe environnent un Roi. Chef de la Religion & revêtu de la Puissance Suprême, douze Licteurs précédoient ce nouveau Souverain, annonçoient sa présence, exécutoient ses arrêts. Tout le peuple fut classé par *Tribus* & par *Curies* : puis il distingua les Nobles des *Plébéiens*. Par-tout où sont rassemblés des hommes il faut un Conseil public, il faut des Juges. Toutes les Tribus offrirent pour ce noble emploi ce qu'elles avoient de plus prudent, de plus mûr, de plus vertueux & de plus distingué, & de cette élite fut formé le premier Sénat de Rome. La Noblesse est la compagnie naturelle du Prince : elle est sa garde & la première défense de l'État ; Romulus prit donc encore trois cens hommes choisis par les *Curies* elles-mêmes, & qui, nommés *Célères*, pour désigner leurs fonctions, composèrent une compagnie militaire, l'origine des Chevaliers Romains.

Que le peuple soit bien divisé, cela est nécessaire pour le bon ordre ; mais pour l'harmonie, il faut que toutes les classes de citoyens, quoique distinguées, soient unies par des liens peu faciles à rompre. Le nœud qui parut au sage Romulus le plus propre à former cette union, fut la mutuelle dépendance du Souverain, du Sénat & du peuple, qui, mettant l'équilibre dans toute l'autorité, conservoit le pouvoir des Grands, sans blesser la liberté du peuple. Malheur à la Nation chez laquelle le Noble est insolent & le peuple méprisé. Romulus, pour éloigner ce fléau, les rapprocha l'un de l'autre par le plus puissant des moyens, l'intérêt, non ce vil intérêt qui ne sert que trop souvent de mobile aux actions humaines ; mais cet intérêt né des besoins mutuels qu'autorise & nécessite la Nature. Sous le nom de *Patrons*, ils voulut que les Grands fussent les Protecteurs du peuple : ils devoient instruire leurs concitoyens des Loix, prendre soin de leurs affaires & les défendre comme les leurs propres, les préserver des moindres attaques injustes, veiller à la légitimité de leurs contrats & les soutenir dans leurs contestations ou dans leurs procès. Enfin le repos, la fortune, la gloire, le bonheur du peuple devenoit par cette institution l'ouvrage des Grands, qui, trop ordinairement, l'accablent & l'humilient. Sous le nom de *Cliens*, le peuple devenoit un appui néceſſaire aux Grands. Les *Cliens* ſuppléoient au défaut de fortune de leurs Patrons: ils complétoient ou donnoient la dot de leurs filles : rachetoient leurs fils enlevés par l'ennemi : les dédommageoient des frais qu'entraînoient leurs procédures quand ils ſuccomboient dans leurs conteſtations. Les Patrons & les Cliens ne pouvoient pas, s'entr'accuſer, ſervir de témoins l'un contre l'autre, & la ſévérité des punitions maintenoit ces Réglemens.

La population des États en eſt la force : Romulus fit conſéquemment des Loix pour la conſervation des enfans : & ſi ces Loix tenoient, en quelque point, à la barbarie de celles de Lycurgue, il les avoit du moins adoucies par le tems auquel il avoit permis d'expoſer les enfans : ce n'étoit que trois années ſeulement après leur naiſſance, quand la tendreſſe fortifiée par l'habitude étoit plus difficile à vaincre, & d'après une difformité conſtatée par cinq des plus proches parens, que pouvoit ſe faire un pareil outrage à la Nature : encore tous les mâles & les filles aînées n'étoient-elles pas compriſes dans cette fatale permiſſion.

Rome, par ſes ſoins, devint une ville d'aſyle, & cette reſſource, en diminuant les forces voiſines, augmenta de beaucoup & ſa population & ſa puiſſance. Son adroit Souverain ſçut mieux faire encore : des Villes ennemies que ſes armes lui faiſoient conquérir, il ſçut faire des Colonies Romaines, où la jeuneſſe conquiſe n'étoit pas miſe en captivité, mais faiſoit partie des citoyens : & toutes ces peuplades réunies formèrent bientôt un peuple redoutable.

La diſſolution eut détruit ce que la ſageſſe établiſſoit, ſans les précautions que prit Romulus pour entretenir les mœurs : il en fit le fondement du culte des Dieux ; les ames pures ſeules devoient leur plaire, & les premières offrandes qu'il leur préſenta, ſimples comme leurs ames, recevoient toute leur valeur des cœurs qui leur en faiſoient hommage. Une ſeule Loi ſur les femmes entretenoit parmi elles la modeſtie, la pudeur. Le mari étoit leur juge : il puniſſoit les coupables, & les crimes ſoumis à ſes arrêts étoient la violation de la foi conjugale, ou l'yvreſſe mère trop féconde de l'adultère. Les proches parens de la femme formoient le tribunal auquel le mari préſidoit : & par cette précaution, la jalouſie, le dégoût, l'injuſtice ne pouvoient point dicter les ſentences des époux : auſſi ne compta-t-on pas un divorce à Rome avant la première guerre Punique, & Sp. *Carvilius*, que le motif ſpécieux de ſtérilité fit le premier quitter ſon épouſe, s'attira-t-il l'indignation des Romains. Les pères avoient par les Loix plus de pouvoir encore ſur les enfans que les maris ſur leurs femmes : la Nature avoit apparemment plus d'action ſur les cœurs qu'elle n'en a de nos jours, & cela devoit être dans une Nation naiſſante, ſi éloignée encore des atteintes d'un luxe corrupteur. Ils n'euſſent pas, dans ces premiers tems, pu s'y abandonner, les heureux ſujets de Romulus. Ce Roi prudent, autant qu'habile, ne délaſſoit ſes ſoldats que par le travail des champs, & la culture honorable des terres qui enrichiſſoit l'État, qui, par l'attachement qu'elle inſpire pour un ſol que l'on arroſe de ſes ſueurs, doubloit l'amour de la Patrie & le zèle pour ſa défenſe, éloignoit encore toutes ces paſſions qui alimentent la cupidité, le libertinage, énervent les corps, abrutiſſent les eſprits, affoibliſſent les ames & détruiſent les Héros.

Nous avons ſous un même point de vue raſſemblé toute la Légiſlation de Romulus, citons maintenant quelques-uns des faits les plus remarquables de ſon régne; mais comme tant d'hiſtoires les conſervent, nous ne ferons que les indiquer rapidement. L'un des premiers traits de ce Souverain, & l'un des plus remarquables eſt ſans doute l'enlèvement des Sabines. Rome accrue en citoyens, avoit beſoin de femmes : les Villes voiſines pouvoient en fournir, & les alliances des Villes pouvoient réſulter de ces alliances particulières ; mais tous les voiſins mépriſoient Rome, à raiſon de ce nombre étonnant d'Aventuriers, auxquels elle avoit ouvert ſes portes. Que faire ? Romulus tente d'abord les voies honnêtes, il envoie des Députés à ſes voiſins pour leur demander & leur amitié & leurs filles : refus de toutes parts, & refus mêlés des railleries les plus ſanglantes. La néceſſité eſt la mère des reſſources : la ruſe jointe à la force va ſuppléer à de nouvelles demandes. On feint d'oublier l'inſulte : on prépare une fête : Romulus, qui ordonnoit tout, fait inviter ſes voiſins : ceux-ci portés par la curioſité accourent. On voyoit réunis par le ſeul attrait du plaiſir des Céniniens, des Cruſtuminiens & des Antemnates & les Sabins de Cures avec leurs femmes & leurs enfans. Les proteſtations d'amitié les plus tendres ſéduiſirent les Hôtes, &, la joie banniſſant juſqu'à la moindre inquiétude, ils ſe livrèrent à tous les amuſemens que Romulus avoit eu ſoin de leur préparer; mais le ſoir tandis que tout occupés des fêtes qu'on leur donnoit, ils s'enyvrent de plaiſir, au ſignal convenu, les Romains enlèvent toutes les filles des Étrangers, & ſe les réſervent pour épouſes. Les pères outragés ſe retirent pleins de colère, atteſtant les Dieux du crime qui les privoit de qu'ils avoient de plus cher, appellant leur vengeance ſur des coupables violateurs de l'hoſpitalité. Ce ne fut pas ſans peine que Romulus appaiſa les filles reſtées entre les mains de ſes ſujets. Raiſonnemens, promeſſes, proteſtations de tendreſſe & d'amour, & ſur-tout les careſſes de leurs raviſſeurs, tout fut employé. On vouloit obtenir leur consentement & leurs mains, leur disoit-on, &, sans l'injustice des refus de leurs pères, leurs alliances auroient été formées par la paix & par l'amitié : pour éloigner même jusqu'à l'apparence d'un rapt & d'une violence, qui n'étoient que trop réels, Romulus voulut que les mariages fussent célébrés avec les cérémonies d'usage dans les Villes d'où étoient les épouses. Dans le sein des plaisirs, adoucies par les charmes de l'Hymen, continuellement l'objet des complaisances de leurs époux, ces femmes oublièrent bientôt l'injure qu'on leur avoit faite ; mais elle étoit toujours présente à leurs pères, ils ne respiroient que guerre & que vengeance. Romulus les attendoit avec intrépidité. En vain les Céniniens viennent-ils attaquer les Romains, ils sont repoussés, ils sont vaincus, & Acron leur Souverain périt de la main même de Romulus, qui, triomphant, chargé des dépouilles du Roi, bâtit un temple sur le Capitole à Jupiter que l'on surnomma *Férétrien*, & y déposa ces dépouilles *opîmes*. Les Antemnates éprouvèrent le même sort : ils furent repoussés avec vigueur : leur Ville fut prise : & les Crustumniens partagèrent avec eux leur défaite. Nous avons dit quelle étoit la politique admirable de Romulus à l'égard des Villes subjuguées : il en fit un merveilleux usage dans ces circonstances, & l'on vit mutuellement émigrer des Romains pour habiter chez eux, & eux-mêmes venir en grand nombre demeurer chez les Romains qui les associoient à tous leurs droits. Les Sabins furent plus difficiles à vaincre, ils furent même acheter de la fille de Tarpéius une entrée dans la citadelle, ce qui seconda leurs forces. Les Romains essuyèrent quelques échecs ; mais, par un stratagème digne de Romulus qui les commanda au nom de Jupiter, rappellés à leur courage, ils mirent en déroute l'armée des Sabins qui, déjà, les insultoient en Vainqueurs : ceux-ci revinrent cependant à la charge : la mêlée fut meurtrière ; mais par les conseils d'Hersilie, les femmes Sabines portant leurs enfans, accoururent au milieu des soldats, & réconcilièrent les deux partis acharnés à un combat entrepris à cause d'elles. Romulus termina cette action par un traité digne de lui : il partagea son Trône avec Tatius, Roi des Sabins : les deux peuples n'en firent plus qu'un : le Sénat fut doublé, la Ville s'agrandit, ont éleva plusieurs temples aux Dieux, & la plus douce harmonie régna entre les deux Rois.

Leur union les rendit plus formidables à leurs voisins. Les Camériens sentirent tout le poids de leurs armes, & leur Ville ne fut bientôt qu'une Colonie Romaine. Tatius n'avoit encore régné que six ans avec Romulus, quand de mauvais traitemens faits à des Laviniens furent l'origine d'une contestation entre les deux Rois. Romulus vouloit que les auteurs de ces injures fussent renvoyés aux Laviniens, Tatius ne le voulut pas, & il enleva les coupables aux Députés de Lavinium; mais ceux-ci quelques tems après s'en vengèrent, en l'immolant avec les mêmes couteaux qui avoient égorgé les victimes d'un sacrifice auquel ils l'avoient invité avec Romulus. Ce Prince, seul possesseur du Trône, fit rendre à son Collègue les honneurs qui lui étoient dûs, & son corps apporté à Rome y fut enseveli avec la pompe la plus solennelle. Jamais jusqu'alors Romulus n'avoit, pour ainsi dire, cessé d'être en guerre : la fin de son règne ne fut pas plus paisible; mais il fut toujours victorieux. Les Camériens se révoltèrent, & furent sévèrement punis de leur rebellion. Les Fidenates & les Véïens furent soumis à ses Loix. Enfin, après avoir régné glorieusement sur une Ville qu'il avoit fondée, nommée & couverte de gloire, il mourut, & suivant l'opinion la plus commune, disparut aux yeux de ses Sujets, dont sa législation assuroit le bonheur, au milieu d'un orage affreux, pendant la revue qu'il faisoit de son armée. On dit alors qu'il avoit été enlevé aux Cieux : Proculus Julius atesta même l'avoir vu disparoître après qu'il eut annoncé aux Romains que leur Ville deviendroit un jour la Capitale de l'Univers. Une opinion moins fabuleuse attribue la mort de Romulus aux Sénateurs mécontens de n'avoir pas assez de part aux affaires. Quoiqu'il en soit, il fut mis au rang des Dieux, & nous pouvons, en supposant la réalité de son existence, le mettre au rang des grands hommes.

Court de Gebelin veut que l'histoire de Remus & de Romulus ne soit qu'une allégorie des Romains sur le double Soleil de l'année. On peut consulter la tournure ingénieuse qu'il donne à ce systême dans son *Histoire Religieuse du Calendrier.*

C'est ici le lieu, sans doute, de dire, avant de terminer, quelques mots sur le nom de *Quirinus*, qui sert à désigner Romulus, & sous lequel on lui rendoit les honneurs divins. Les étymologies que l'on donne à ce nom sont bien différentes entre elles. Quelques-uns le tirent du nom de *Cures*, principale Ville des Sabins, qui en dérivèrent eux-mêmes celui de *Quirites* que, lors de leur alliance avec Romulus, ils firent donner au peuple Romain. D'autres le font descendre de *Curis*, qui, chez les Sabins, signifioit une pique, & dès-lors on reconnoîtroit que comme vaillant Guerrier, Romulus auroit pu recevoir naturellement ce surnom, que le docte Servius remarque avoir été de même celui de Mars, dont Romulus passoit pour être le fils. *Court de Gebelin*, pour être d'accord avec lui-même, dit que le nom de

Quirinus

Quirinus ſignifie *Dieu de la Ville*, & *Quirites*, *habitans*, *citoyens* : il veut que ce nom ne ſoit qu'une traduction littérale de celui de *Malcarthe* ou de *Mélicarte*, que portoit Hercule chez les Tyriens, &c., comme ce ſurnom de *Quirinus* étoit auſſi donné à *Janus*, il conclue qu'il eſt hors de doute que Romulus ne fut le Soleil regardé comme divinité tutélaire de Rome, ainſi qu'il étoit celui de la plûpart des Villes anciennes.

L'*Agathe* mêlée de *Calcédoine* qui ſuit offre le portrait de C. Céſar Caligula, le front ceint d'une couronne de laurier. On peut voir ce que nous avons dit de ce Prince, page 14 de ce Volume. N°. II.

Sur la *Cornaline* N°. III, on voit l'Empereur Claude & Agrippine, dont nous avons déjà parlé, pag. 15 & 18. N°. III.

La *Prime d'Émeraude* du N°. IV repréſente *Claude-Céſar* & *Antonie Auguſte*, gravés avec beaucoup d'art. N°. IV.

PLANCHE XXIX.

Le *Camée* N°. I, fait d'un *Onyx* d'une grandeur remarquable préſente en regard les têtes de *Néron* & de *Poppea*. Nous avons donné l'abrégé de leur vie criminelle pag. 19, 21, 22 & 23 de ce Volume. N°. I.

On peut, pages 51, 52 & 53, conſulter ce que nous avons dit ſur l'Empereur *Commode* & *Criſpine* ſon épouſe, dont la *Cornaline* N°. II offre, en regard, les têtes précieuſement faites. N°. II.

Le portrait de *Plautille*, fille de *Plautien* Conſul, l'un des Romains les plus riches, ſe voit ſur le *Jaſpe rouge* N°. III. L'élévation de cette femme fut la cauſe de ſa perte. Quoiqu'épouſe de Caracalla, jamais elle ne partagea ſa table ni ſon lit. Sévère, qui avoit fait ce mariage, ne pouvoit ſoupçonner la haine de ſon fils pour la fille opulente de ſon favori. Les dépenſes énormes qu'il fit en cette occaſion ſont une preuve du plaiſir qu'il reſſentoit en formant cette union qu'il regardoit comme avantageuſe, & il faut avouer que les richeſſes immenſes, dont Plautille rendoit maître Caracalla, auroient dû lui mériter au moins de meilleurs traitemens de la part de ſon époux. Elles étoient ſi conſidérables, que les cadeaux ſeuls en bijoux, ornemens & équipages, nous dit ſon Hiſtorien, euſſent été ſuffiſans pour cinquante Impératrices. Les dédains de Caracalla portèrent Plautille à ſe dédommager ailleurs des privations que lui faiſoit éprouver ſon époux, & ſa conduite devint publiquement ſcandaleuſe ; mais elle en fut punie par l'exil le plus dur N°. III.

dans l'Isle de Lipari, ou enfin après la mort de Sévère, son barbare époux la fit égorger.

Cette tête ressemble parfaitement au buste de marbre que conserve le Museum des Médicis, & le diadème qui la couvre est tissu à la manière des Phrygiens.

N°. IV. Le beau siècle d'Auguste a fait éclore la gravure de cette *Cornaline*, où l'on voit la tête de ce Prince dans un âge avancé. Nous avons déjà parlé de plusieurs Pierres qui le représentoient, pages 4 & 5.

PIERRES GRAVÉES.

SECONDE CLASSE.

PLANCHE XXX.

ALEXANDRE.

EN réuniſſant, dans une même Claſſe, les portraits des Rois & des Héros, peut-on mieux faire que de mettre à leur tête celui d'*Alexandre-le-Grand*? Cet homme célèbre, dont l'Eſprit-Saint n'a pas dédaigné de tracer le caractère & d'annoncer les conquêtes dans les Prophéties de Daniel, cet homme étonnant à qui la terre a manqué, dit un Écrivain connu, plutôt que le courage & les ſuccès, Alexandre III eſt repréſenté ſur cette *Agathe* d'un travail exquis, la tête couverte d'un muffle de lion dont la peau lui deſcend ſur les épaules : c'étoit l'ornement ordinaire dont ſe décoroient les Rois de Macédoine, pour montrer qu'ils deſcendoient d'Hercule par Caranus, &, au rapport de Conſtantin Porphyrogénète, ces Princes le regardoient comme plus honorable que les diadêmes, les couronnes, les perles & les Pierres les plus précieuſes. On reconnoît ſur cette Pierre les traits que le divin Homère donne aux Rois, & qui conviennent, ſans doute, à l'intrépide & invincible Guerrier, dont on ne peut comparer les travaux qu'à ceux d'Hercule, & dont les triomphes nous retracent ceux de Bacchus vainqueur de tout l'Orient. Quelle dignité dans ſon enſemble! Quelle majeſté dans ſon viſage qu'anime encore une vigueur guerrière. La fleur, les grâces de la jeuneſſe ſont répandues ſur ſon front, & tout annonce en lui la force de l'âge. Ses yeux ne regardent pas le Ciel comme dans le portrait de ce Prince, fait par Lyſippe, & dont parle l'Anthologie : ils n'ont pas non plus ce regard doux que Plutarque leur attribue ; mais ils ſemblent lancer des feux & jetter la frayeur parmi les ennemis. Ses ſourcils ſont un peu froncés : ſon front eſt court, & au-deſſus de lui retombent en deux rangs ſes cheveux tant ſoit peu recourbés par l'extrêmité : enfin le Graveur habile auquel nous devons ce bel ouvrage, dans l'exécution de ce portrait, ſe rencontre parfaitement avec la Peinture qu'Élien fait du Héros qu'il repréſente. *On aſſure*, dit cet Auteur, qu'*Alexandre*, *fils de Philippe*, *étoit beau ſans aucune parure*, N°. I.

ſans aucun ſoin ſuperflu de ſa perſonne : ſes cheveux étoient roux & recourbés : on rapporte auſſi qu'une certaine frayeur s'emparoit de ceux qui oſoient expoſer
Nº. II. *leurs regards aux ſiens.*

La *Cornaline* qui ſuit nous offre encore le portrait du même Prince. Sa tête eſt ornée comme l'autre, des dépouilles d'un lion dont la peau eſt retenue au col par un nœud, ainſi que très-ſouvent cela ſe rencontre dans les médailles Grecques. Si les traits du viſage ne ſont pas entièrement d'accord, on ne doit point en être étonné : les Sçavans connoiſſent la différence que nous offrent entre ſes portraits les médailles d'or, d'argent ou de bronze frappées ſous Antonin Caracalla.

On doit encore être moins ſurpris de la beauté de tous les portraits que nous avons d'Alexandre : la crainte de lui déplaire, nous dit Pline, en eſt cauſe. Par un Édit ſolemnel, ce Prince avoit défendu qu'aucun autre qu'Appelles ne le peignit, qu'aucun autre que Pyrgotèle ne gravât ſa figure en Pierre, & qu'aucun autre que Lyſippe ne la gravât ſur l'airain.

Alexandre eſt trop connu, & ſes hauts faits ſont trop abondans pour que nous voulions entrer dans tous les détails de ſa vie. Mais nous croyons que l'on auroit des reproches à nous faire ſi nous ne donnions pas ici un abrégé d'après lequel on put d'un coup-d'œil ſe rappeller quel fut ce Héros.

Né d'Olympias, épouſe de Philippe, le jour même où le trop fameux Éroſtrate brûla le temple d'Éphèſe, ce Prince montra, dès ſa plus tendre jeuneſſe la plus vive ardeur pour toute eſpèce de gloire, & l'ambition la plus forte ; *il n'eut voulu concourir aux jeux que s'il eut eu des Rois pour antagoniſtes*, & les conquêtes de ſon père, quoique glorieuſes, excitoient en lui la *crainte de n'avoir plus rien à faire* : les Ambaſſadeurs s'en retournoient d'auprès de lui, ſurpris du genre de ſes queſtions, plus dignes de l'âge mûr que de ſa jeuneſſe.

Les plus heureux génies ont beſoin d'être ſecondés par des maîtres diſtingués, & le choix de ceux qui doivent former les Souverains doit être fait avec l'attention la plus ſcrupuleuſe. Ariſtote vivoit ſous Philippe, & Philippe fut aſſez ſage pour l'attacher à ſon fils. Si Philippe ſçavoit apprécier Ariſtote, Alexandre de ſon côté lui payoit ce tribut d'eſtime ſi bien acquis & ſi ſouvent négligé par les Grands, qui ne voyent dans ceux qui les inſtruiſent que des perſonnages importuns, ou qui les mépriſent comme des hommes à gage. Ariſtote étoit aux yeux d'Alexandre ce qu'il devoit être, c'étoit pour lui un ſecond père auquel il donnoit la moitié d'un cœur, dont la nature lui faiſoit offrir l'autre à Philippe. *Je ſuis redevable à l'un de vivre*, diſoit-il, &

à l'autre de vivre bien. Les difpofitions du difciple, l'habileté du maître fe répondoient trop bien, pour qu'en peu de tems Alexandre n'étonnât point par fes progrès & ne doublât point ainfi l'honneur de fon docte inftituteur. Il connut bientôt les règles fûres qui fervent de bâfe aux raifonnemens, & fous les fleurs fouvent trompeufes de l'éloquence il fçut diftinguer la qualité du fond qu'elles couvroient. La Métaphyfique fous la direction d'Ariftote lui dévoila fes myftères, & lui fit connoître fes éternelles vérités. Les Mathématiques donnèrent à fon efprit cette jufteffe fans laquelle il n'eft qu'une flâmme qui pétille, féduit, égare & difparoît : ce font elles qui fourniffent au génie cette bride néceffaire qui le retient & lui épargne fes nobles, mais trop ordinairement nuifibles emportemens. Auroit-on oublié dans l'éducation de ce Prince l'étude de la Nature ? Non, certes ! Cette étude aggrandit l'ame & fur l'échelle des Êtres, la fait s'elever jufqu'à la Divinité. Chaque jour, à l'aide de fon maître, le jeune Alexandre découvroit des merveilles de la Nature qui lui ouvroit fes tréfors & lui confioit fes fecrets. Mais ce jeune Prince étoit deftiné pour le Trône : la principale fcience des Rois eft la connoiffance des hommes, & cette fcience c'eft la morale qui en eft la mère. Auffi, combien Ariftote la fit-elle aimer à fon Élève ! Et comme ce royal Élève répondoit aux foins paternels d'Ariftote ! S'il eft effentiel aux Souverains de connoître les hommes, il eft bien intéreffant pour eux de fçavoir avec art haranguer leurs peuples, manifefter leurs volontés, parler aux Ambaffadeurs des Rois Étrangers, & l'éloquence eft dans la bouche d'un Prince ce que la fageffe eft dans fon cœur. Heureux le maître qui fe voit demander par fon élève les principes de cet art fublime : heureux l'élève que forme à l'éloquence le Prince de tous les Rhéteurs ! Les arts méchaniques eux-mêmes firent partie des études de ce Monarque futur. En les exerçant il apprit à en connoître les difficultés, les reffources, la valeur, & il n'eft pas furprenant qu'on les ait vu fleurir fous fon règne, puifqu'il fçavoit les apprécier. C'étoit cette jufte appréciation qui avoit été le motif de l'étude qu'il en avoit faite. Quelques permis que foient les délaffemens qu'ils procurent, ce n'étoit pas en eux que ce Prince puifoit les fiens. Tout devoit être noble dans Alexandre, & les momens que lui laiffoit le Gouvernement de fes États, il les donnoit aux Lettres; *il aimoit*, dit Plutarque, *à converfer avec les Gens de Lettres, à s'inftruire avec eux, à lire leurs ouvrages.* De combien d'honneurs ne combla-t-il pas ceux d'Homère ! il les lifoit toujours avec un nouvel intérêt; fon cœur plein d'eftime pour ce Poëte le chériffoit comme s'il eut été l'un de fes maîtres, & quand il lisoit l'Iliade, il croyoit entendre les Dieux lui dicter dans leur langage divin des leçons de courage, de prudence, de magnanimité; enfin lui manifester toutes les vertus & les devoirs des Rois. De-là cet empressement avec lequel, après la bataille d'Arbelles, il fit mettre dans l'inappréciable cassette d'or de Darius les Œuvres d'Homère, revues par Aristote, & qui du nom du Dépôt furent appellées l'*Édition de la Cassette*. Les exercices du corps étoient familiers à Alexandre, & par la manière tout-à-la-fois adroite & hardie avec laquelle il dompta le fameux Bucéphale, on peut juger que la Nature l'avoit pourvu de toute espèce de talens.

Ainsi le grand Alexandre passa le tems fugitif de sa première jeunesse. Formé par l'éducation la plus soignée, à seize ans il étoit déjà mûr pour le Trône, & pendant l'absence de Philippe, revêtu de toute son autorité, l'on sçait avec quelle prudence & quel courage il gouverna les États de son père; mais il n'étoit pas Souverain encore.

A vingt ans il le fut: & c'est à commencer de cette époque que l'Univers étonné vit en lui le Héros, le Guerrier intrépide & le plus redoutable conquérant. Philippe avoit conquis des Nations barbares qu'il avoit unies à sa Couronne; mais elles le regardoient comme Usurpateur. La Grèce avoit été soumise elle-même; mais elle n'étoit point encore accoutumée à la servitude. L'arrivée d'un jeune Roi au Trône paroît à tous une époque favorable pour reprendre leur liberté: tous se trompent. Alexandre se met en marche, les Triballiens sont défaits, les Gètes mis en fuite, les Thébains égorgés, leur Ville renversée; le nom seul du Héros, le bruit de ses triomphes, ou, s'il le faut, ses armes subjuguent ou font rentrer dans le devoir les rebelles, & Démosthène est forcé de reconnoître que l'*Enfant* qu'il méprisoit dans ses discours est le maître de sa Patrie. Alexandre étoit jeune; comme un lion qui court au carnage, le sang qu'il fit couler l'altéra, & les premières palmes que lui fournit la victoire furent plus d'une fois cueillies par la barbarie qui, pourtant, au saccage de Thèbes respecta la liberté des Prêtres, ceux qui avoient droit d'hospitalité chez les Macédoniens, ainsi que les descendans du Poëte Pindare: &, du moins cette fois, dans Alexandre le guerrier seul fut coupable. On vit alors à Corinthe une de ces assemblées formidables où le sort de l'Univers est mis dans la balance: on vit l'Occident délibérer sur la ruine de l'Orient, Alexandre par son éloquence réveiller des haines endormies contre les Perses, & se faire nommer Commandant-Général d'une Confédération qu'il suscitoit. Avec ce titre & son ambition, que ne va pas faire un Prince qui ne trouve pas de milieu entre le dénument de l'orgueilleux Diogène & la possession de la terre qu'il desire?

Un hymen conſeillé par Antipater & Parménion n'aura pas même d'attraits pour ſon cœur : il aſſemble les Chefs de ſon armée, nomme Antipater Vice-Roi de la Macédoine, fait des ſacrifices aux Dieux, & comme pour ſe faire pardonner par les Muſes paiſibles le ſang qu'il va répandre, pendant neuf jours il leur fait des fêtes : puis, ſçavant dans l'art de régner, aſſez habile pour unir tous les intérêts aux ſiens, il diſtribue des terres, répand ſes largeſſes, & ne gardant pour lui que l'eſpérance que le généreux Perdiccas aime mieux partager que d'accepter ſes dons, il part de Macédoine à la tête d'une armée conſommée dans l'art de la guerre & dont tous les Officiers réunis ou rangés à la tête du Camp, reſſembloient, comme le dit *Juſtin*, au Sénat vénérable de quelqu'antique République. En peu de tems il arrive en Aſie, lance un javelot contre la terre comme pour en prendre poſſeſſion, & ſautant le premier hors du navire, il dreſſe ſur le rivage des Autels, pour ſacrifier à Jupiter, à Minerve & à Hercule.

Le poids de ſa caiſſe militaire n'arrêtoit pas la marche de ſes Troupes. Soixante-dix mille écus en compoſoient le fonds, & les richeſſes des peuples qu'il alloit vaincre devoient les renouveller. Ses pas ſont par-tout tracés par la victoire, & de tems en tems ſon amour pour les Lettres lui fait épargner le ſang. A Lampſaque un heureux détour d'*Anaximène* l'empêche de ruiner cette Ville. A Ilion les cendres d'Achille ſont honorées par notre Héros qui lui envie le double bonheur d'avoir eu Patrocle pour ami & Homère pour hérault de ſon courage. Le Granique ſembloit devoir arrêter Alexandre ; mais à ſes yeux le Granique n'eſt qu'un ruiſſeau, qu'après avoir traverſé l'Héleſpont il rougiroit de ne pas franchir. Envain les Perſes en garniſſent-ils l'autre bord, à la tête de ſes Troupes l'intrépide Roi de Macédoine ſçaura les braver, &, s'il reçoit un échec, ce ſera pour doubler ſon courage : il paſſe, attaque les Perſes, & de ſa main immole le Satrape de l'Ionie Spithobrate, la terreur de ſes ennemis ordinaires : puis, ſecondé par Clitus, il évite la vengeance de Roſacès, frère du Satrape : enfin après avoir mis en fuite les barbares, il ſoigne les bleſſés, fait élever par Lyſippe à vingt cinq Cavaliers des Compagnies Royales qu'il avoit perdus, des Statues de bronze que Q. Métellus fit long-tems après porter à Rome : il voulut partager les dépouilles des vaincus avec les Grecs, tant il connoiſſoit l'art de s'attacher les peuples, & la plus grande partie de la vaiſſelle & des meubles qu'il avoit enlevés au luxe des barbares, il l'envoya à ſa mère.

Le ſuccès de la bataille du Granique lui fit ouvrir les portes de bien des

Villes : Sardes fut la première. A Éphèse, Alexandre fit célébrer avec la plus grande solemnité les fêtes de Diane dont on rebâtissoit le temple pour la construction duquel les femmes faisoient le sacrifice de ce qu'elles avoient de plus rare en bijoux, zèle que l'on ne trouveroit pas dans la vraie religion pour un édifice pieux.

Milet avoit fermé ses portes; mais cette Ville fut bientôt forcée de capituler. Memnon ajoute aux forces d'Halicarnasse celles d'une habileté consommée : Halicarnasse n'en est pas moins renversée & ses murs sont rasés. Plusieurs Rois de l'Asie Mineure se soumettent volontairement à Alexandre, & le plus remarquable d'entre eux est Mithridate, Roi de Pont.

Mais c'est Darius qu'il faut attaquer. Le défilé de Phasélis n'arrête pas Alexandre, & sans que les eaux se fussent entr'ouvertes, comme le raconte l'ingrat & infidèle Historien Josephe, il les traverse avec toute son armée : arrive à Célènes, Ville célèbre, dont les habitans se rendent : de-là il passe dans la Phrygie, &, dans sa Capitale dont il s'empare, il coupe le fameux nœud gordien en éludant ainsi l'Oracle qui promettoit l'empire de l'Asie à celui qui le dénouroit. Sans la mort de Memnon arrivée devant Mytilène, Alexandre eut été, sans doute, forcé de faire faire diversion à ses Troupes pour se défendre contre celles qui, conduites par ce Général, alloient porter le feu de la guerre dans la Macédoine; mais autant heureux que Grand, délivré de cet ennemi, il s'avance vers la Cilicie, & fait passer son armée jusqu'à Tarse. Parménion qui le précédoit préserva cette Ville du feu que les Perses eux-mêmes vouloient y mettre. Ce fut dans ces lieux que la mort pensa ravir Alexandre au milieu de ses prospérités. Une maladie, qu'une imprudence avoit causée, alloit le faire périr lorsque Philippe se chargea de le rappeller à la vie, & devint tout-à-la-fois vainqueur & des calomnies dont on le rendoit l'objet & du mal qui menaçoit les jours du Prince; celui-ci méritoit, sans doute, une guérison parfaite par la noble confiance avec laquelle il avoit reçu des mains de Philippe, le remède qu'on lui avoit écrit n'être que le voile du poison.

Pendant la maladie d'Alexandre, Darius étoit en marche. Tout ce que le luxe des Perses pouvoit déployer, ce Prince l'étalloit, & l'on eut cru voir plutôt une marche triomphale que celle d'une armée qui alloit à l'ennemi. Candème, Athénien trop franc, avoit osé en faire la remarque à Darius, & fut puni de mort; son sang, il est vrai, eut bientôt, comme il le disoit lui-même avant d'expirer, un vengeur dans la personne d'Alexandre, & l'inhumanité de Darius fut l'augure fatal de sa défaite. Près d'Issus se livra cette bataille célèbre, où

des

des Troupes du Roi de Perse, une grande partie fut taillée en pièces, & le reste mis en fuite. C'est dans cet endroit encore qu'Alexandre donna à tous les Guerriers, par sa conduite envers la famille de son ennemi, le plus bel exemple de générosité : & ce que son cœur lui dicta pour elle sembla réparer l'outrage que ses armes venoient de faire à l'humanité, outrage cruel, le premier des malheurs de la guerre.

Alexandre, Vainqueur, tourne ses pas vers Damas, dont on lui remet les trésors. A Marathe, il reçoit une lettre de Darius, & lui répond en Roi, avec fierté, noblesse & clémence. Tout à son approche se soumettoit à son obéissance. Biblos lui ouvrit ses portes : les Sidoniens doublement satisfaits, de se soustraire aux Perses, dont l'ancienne barbarie étoit toujours présente à leur ame, & de préserver leur Patrie d'un sort funeste, se soumirent au Vainqueur, malgré Straton leur Roi. Straton fut dépouillé de la Royauté, & l'on vit alors le noble & rare exemple de deux frères refusant la Couronne, & le sage Abdolonyme, tiré de son jardin pour être placé sur le Trone, craindre en en montant les degrés de n'avoir pas autant de force pour porter le diadême qu'il avoit eu de patience pour supporter la misère.

Tyr, surnommée la Reine de la Mer, étoit trop puissante pour se courber ainsi sous le joug, elle vouloit bien être l'amie d'Alexandre; mais son orgueil ne pouvoit pas se prêter à l'idée de lui être soumise. Aux yeux d'un Prince moins ambitieux, cette amitié seule eut pu paroître honorable ; mais un Guerrier a toujours des raisons pour vouloir conquérir. Celles d'Alexandre étoient la position & la force de Tyr : il ne pourra surement attaquer l'Égypte ni poursuivre Darius tant qu'ils auront pour eux les maîtres de la Mer, & la prudence ne lui permet pas de laisser derrière lui des pays ennemis & suspects. L'assaut de Tyr est donc décidé : il étoit difficile; mais, secondé par les forces navales de la Phénicie, accompagné de son bonheur & protégé par un invisible Dieu, dont lui-même exécutoit les desseins, il vint enfin à bout de vaincre les Tyriens sur Mer, & de forcer leur Ville que la nature & l'art sembloient rendre imprenable. La vengeance & la barbarie succédèrent alors au courage dans le cœur d'Alexandre, & l'on frémit en pensant que, malgré le carnage que l'ordre de faire main-basse avoit occasionné, malgré la vue de six mille soldats taillés en pièces sur les remparts, le cruel Conquérant fit élever en croix, sur le rivage, deux mille hommes que les mains des Vainqueurs, lasses de massacres, n'avoient pu mettre à mort.

Tandis qu'Alexandre étoit devant Tyr, Darius lui avoit écrit : sa lettre étoit plus modérée que la première ; mais Alexandre lui avoit répondu en Vainqueur, & Tyr étoit à peine réduite qu'il s'avança vers Jérusalem : il vouloit punir les Juifs d'avoir été trop fideles au serment qu'ils en avoient fait à son ennemi; mais le grand Prêtre Jaddaf vint au devant du Conquérant, & le ramena jusques dans le temple du vrai Dieu, dont il étoit le Sacrificateur. Alexandre reconnut que c'étoit à ce Dieu qu'il devoit ses victoires, lui fit des offrandes & des sacrifices, accorda aux Juifs la liberté de leur culte & de vivre suivant leurs loix, puis il marcha vers Gaza. Bétis, l'un des Eunuques de Darius, défendoit Cette Ville : le courage des habitans en rendoit la prise, pour ainsi dire, impossible; mais, enfin, après deux mois de siége, Alexandre l'emporta, & plus cruel encore qu'à Tyr, il fit passer dix mille hommes au fil de l'épée, vendre les autres avec leurs femmes & leurs enfans, &, trop fidèle imitateur d'Achille, plus barbare même, il fit attacher Bétis vivant à un char, & le fit traîner autour de Gaza, jusqu'à ce qu'avec son sang il eut perdu la vie. De Gaza, passant à Péluse, Alexandre vit accourir les Égyptiens pour se soumettre à ses loix. Les Perses avoient violé leur religion, & la haine que les Égyptiens avoient contre eux étoit l'arme la plus puissante des Vainqueurs. Mazée qui commandoit à Memphis lui en fit ouvrir les portes, & sans opposition, Alexandre se vit ainsi maître de toute l'Égypte.

Semblable à ces globes que les enfans font avec la neige & qu'ils grossissent en roulant, l'orgueil tout aussi fragile a la même progression dans ses accroissemens : la qualité d'homme s'étoit éclipsée dans le cœur d'Alexandre sous celle de Conquérant, il lui falloit un Dieu pour père. A Memphis cette idée s'empara de son ame, & Jupiter Ammon, dont le temple étoit au milieu des déserts de la Lybie, obtint de lui un regard filial. Un voyage aussi-tôt est décidé, c'est bien le moins que l'on rende quelques honneurs à son père. Les Prêtres du Dieu sont prudemment avertis de la visite qu'ils vont recevoir, & du rôle qu'ils doivent jouer : ils eurent le tems de se disposer, l'éloignement & les difficultés du chemin favorisoient tous préparatifs, enfin, après une marche longue & fatiguante, après des périls réels, Alexandre arrive, & les Prêtres endoctrinés le déclarent fils de leur Dieu qui reçoit, ainsi qu'eux, des présens dignes d'êtres offerts par le Conquérant du monde. Enflé de ce nouveau titre, Alexandre ne manquoit pas d'en décorer ses moindres lettres, & la plaisanterie fine de sa mère Olympias, qui le prioit ingénieusement de ne pas le brouiller avec Junon, ne put le faire renoncer à cette fabuleuse origine.

Ce fut vers ce tems, que, suivant Varron, ce Prince bâtit Alexandrie, & que de retour à Memphis il régla les affaires d'Égypte; mais Darius occupoit toujours son esprit; il part donc de l'Égypte pour aller à sa poursuite, ne néglige pas cependant de rendre à la femme de son ennemi, dont on lui annonce la mort, les honneurs les plus distingués, & de lui faire les obsèques les plus magnifiques, puis s'avance vers Thapsaque, y passe l'Euphrate sur un pont & continue sa route jusqu'au Tygre. Darius, dont Alexandre avoit deux fois rejetté les propositions de paix, de son côté prépare sa défense, il avoit envoyé l'un de ses Généraux pour arrêter le passage du Tigre; mais malgré la rapidité du fleuve, Alexandre le traverse, & les Troupes de Darius n'arrivent que lorsque les siennes sont rangées en bataille. Un évènement naturel faillit lui nuire plus que les armes ennemies : la Lune souffroit une éclipse, & son disque rougissant paroissoit teint du sang le plus épais. La frayeur s'empare aussi-tôt des esprits; mais Alexandre sçut bientôt la dissiper: un mensonge souvent suffit pour en imposer à l'erreur. « Que les devins » soient consultés, dit Alexandre, » les devins avoient le mot: *le Soleil est pour les Grecs & la Lune pour les Perses*, disent-ils, *& jamais elle ne souffre ainsi sans que les Perses n'éprouvent les plus grands malheurs.* A ces mots, le courage & l'espérance renaissent, Alexandre profite de l'ardeur de ses Troupes, & s'avance vers Darius: celui-ci a beau lui faire présenter des conditions de paix, yvre de son bonheur & de sa prospérité, plein de l'orgueil le plus inconcevable, *le monde*, répond-il, *ne peut avoir ni deux Soleils ni deux maîtres*, &, dans les transports de son yvresse il se dispose à la bataille : jamais il ne parut si tranquille qu'à ce moment décisif, & même il avoit dormi plus tard que de coutume, quoique la veille il eut immolé des victimes à la Peur : enfin les deux armées sont en présence. Le courage, dans celle d'Alexandre, suppléoit au nombre. Les deux masses s'ébranlent, les chariots armés de faux sont envain dirigés vers les Phalanges Macédoniennes. Le seul bruit des Boucliers frappés de lances effarouche les chevaux qui retournent sur leurs pas massacrer les Guerriers qu'ils devoient aider à vaincre. Le combat fut opiniâtre & sanglant : Darius mis en fuite fut poursuivi par Alexandre: cependant le sort des armes parut vouloir changer; mais le bonheur d'Alexandre l'accompagnoit toujours. Il revient, charge de nouveau l'ennemi qui est entièrement défait, & cette fameuse bataille qui décida de l'Empire, du nom de la Ville la plus prochaine, fut appellée la bataille d'Arbelles. Grâces rendues aux Dieux, Alexandre alla s'emparer d'Arbelles, de Babylone, de Suze & de

M 2

toutes leurs richesses : puis, après avoir comblé de biens la mère de Darius qu'il respectoit comme la sienne, il s'avance vers la contrée des Uxiens, & défait complétement Madate qui commandoit cette Province Averti que l'on vouloit piller les trésors de Darius à Persépolis, il hâte sa marche vers cette Ville; un pont qu'il fait construire lui facilite le passage de l'Araxe. A quelques pas de Persépolis, un spectacle affreux tire de ses yeux des larmes qui honorent l'humanité, & ce Conquérant qui, chaque jour, immoloit à son orgueil des milliers d'hommes, fond en pleurs à la vue de huit cent prisonniers Grecs, que la barbarie de leurs Vainqueurs avoit mutilés : tant est puissante la force de la Nature! Hélas! pour vanger cette insulte faite à l'humanité, il va l'outrager encore; le massacre de Persépolis est résolu, ce massacre est exécuté, & le seul ordre qui puisse faire honneur à ce Conquérant sanguinaire, est celui de ne pas attenter à la pudicité des femmes. Sous les monceaux des victimes immolées à sa rage guerrière, Alexandre trouva trois cent soixante millions d'argent, & tout ce que l'on avoit pu ramasser de précieux. La prise de Pasargade lui procura dix huit millions encore. Faut il que le séjour d'Alexandre à Persépolis réveille une idée bien triste en tout tems, & sur-tout lorsqu'on ne parle de ce Prince qu'en travaillant pour les Arts? Le conseil de Thaïs, Courtisanne célèbre, de brûler le Palais de Xerxès, trop légèrement suivi, laisse une tache à ce Conquérant moins facile à faire disparoître que le regret momentané qu'il témoigna de sa folie. Pour éloigner ce souvenir, rappellons-en un plus gracieux. Le respect pour sa mère, la belle réponse faite à Antipater, & ce cachet mis de la main même d'Alexandre sur les lèvres d'Éphestion, pour lui imprimer le secret au sujet d'une lettre très-vive d'Olympias, sont à jamais honneur à sa mémoire.

La mauvaise fortune de Darius le poursuivoit avec autant d'opiniâtreté qu'Alexandre. Réfugié à Ecbatane, il la fuit sur la nouvelle que son ennemi l'approche; mais les propres armes de ses Sujets lui sont plus funestes que celles d'Alexandre : *Nabarzanne & Bessus*, deux de ses Généraux, & deux traîtres le chargent de chaînes, que leur métal, qui étoit l'or, rendoit plus insultantes; ils vouloient avoir ou leur rançon en vendant leur Roi au Vainqueur, ou le tuer s'ils échappoient à Alexandre, pour régner à sa place & recommencer la guerre. Il ne réussit de leurs projets que ceux qui tenoient à leur trahison; car Alexandre à cette nouvelle précipita sa marche, & au seul bruit de son arrivée les traîtres disparurent après avoir percé de traits le corps de leur Souverain. Darius expirant chargea Polystrate de souhaits, de remercimens, de vœux pour Alexandre, & lui légua la vengeance de ſa mort comme une charge de ſa Couronne. Les derniers ſentimens de ce Monarque de la Perſe atteſtent mieux ſon caractère que ne feroient nos réflexions. Voyons maintenant Alexandre après avoir rendu à ſon rival les honneurs qu'il lui devoit, & avoir fait remettre ſon corps à ſa mère Syſigambis, pourſuivre ſes victoires.

Tandis qu'au loin il accumuloit conquêtes ſur conquêtes, Lacédémone & preſque tout le Péloponèſe ſe révoltoit contre les Macédoniens. Tout ſembloit ſeconder leur attaque, le Monarque conquérant étoit trop éloigné pour ſecourir ſon propre Royaume, & Memnon ſoulevé dans la Thrace retenoit le Général le plus capable de réprimer leur audace; mais leur eſpoir eſt trompé. Antipater accommode avec adreſſe les troubles de la Thrace, & après avoir envoyé un courier à Alexandre, il s'avance lui-même contre les Lacédémoniens, réſolu de les attaquer. La réſiſtance fut égale à l'attaque; mais enfin les Lacédémoniens ployèrent, & couvert de gloire & de bleſſure, Agis, leur Roi, perdit & la bataille & la vie. Une victoire eſt toujours une nouvelle flatteuſe à annoncer; mais Alexandre n'en avoit pas partagé la gloire, &, quoique dans Antipater ſon ombre eut ſemblé vaincre, celui-ci crut ne devoir lui faire connoître cet avantage que par la bouche même des vaincus. Alexandre alors pourſuivoit Beſſus, & la route qu'il parcouroit étoit comme un vaſte champ où il cueilloit à chaque pas les lauriers qui croiſſoient exprès pour lui. L'Hyrcanie ſe ſoumet: il ſubjugue les Mardes, les Arriens, les Draugiens, les Aracauſiens & pluſieurs autres Nations, &, fidèle copie du modèle tracé par les Prophètes Juifs, il eſt plus rapide dans ſes victoires que la panthère & le léopard ne ſont prompts à ſe procurer leur proie. Le complice de Beſſus, Nabarzane, ſe rend au vainqueur de Darius ſur ſa parole; & l'on raconte qu'une Reine des Amazones, Thaleſtris, ſortit exprès de ſes États pour venir à la rencontre de ce Guerrier dont elle vouloit contempler la gloire & remporter dans ſon ſein un germe de poſtérité.

Cruels effets de la fortune ſur l'ame humaine! Nous avons déjà vu quelquefois le grand Alexandre, yvre de ſes faveurs, en abuſer. Quel cruel ſpectacle nous offre de ce grand homme l'impartiale hiſtoire dans ces inſtans de ſa vie que nous avons à peindre! Les paſſions ſuccèdent aux vertus qui ne reparoiſſent que comme des lueurs moins faites pour être admirées que pour faire regretter le feu pur dont elles embrâſoient autrefois le cœur de ce Conquérant. Le repos énerve celui que la fatigue ne pouvoit vaincre.

Les voluptés le corrompent, un ſerail entoure un homme qui craignoit qu'un nœud légitime n'affoiblit ſon ame. Cet homme, auquel les cris de guerre ſeuls pouvoient plaire, ſe laiſſe charmer par les accens efféminés des Chanteuſes qu'il raſſemble. S'il fait chercher Hiſtapſe, parent de Darius, pour lui rendre la petite fille d'Ochus ſon épouſe qu'il retrouve parmi ſes eſclaves, s'il refuſe généreuſement de boire quelques goutes d'eau que des Macédoniens viennent lui offrir, lorſqu'accablé par la chaleur du jour, il eſt conſumé d'une ſoif ardente, parce qu'il ne peut pas les partager avec ſon armée; on le voit pardonner à Philotas ſon ſilence ſur une Conjuration de Dymnus, & par la force des tourmens, reſſource injuſte de la tyrannie qui veut pallier ſes forfaits ſous le voile des aveux qui ne ſont pas libres, forcer le même Philotas à ſe déclarer coupable, & le faire périr ſous le poids des Pierres de ſes envieux : eh ! Philotas ne périt pas ſeul. Son père, le ſage Parmenion, ce Général auquel Alexandre devoit tant, ce grand homme, illuſtre dans la paix & dans la guerre, périt auſſi : on va, par les ordres d'Alexandre, le ſurprendre dans un Parc paiſible où il ſe promène ſur la foi de ſa conſcience & de ſa vertu, &, en lui préſentant une lettre de ſon fils, une lettre de ſon Roi, au milieu des proteſtations de la tendreſſe & de la joie, on le perce d'un poignard ennemi, on l'en refrappe encore lorſqu'il n'exiſte déjà plus.

Cependant ces exécutions ſanglantes ſoulèvent les ſoldats : Alexandre s'en apperçoit, il pourſuit promptement ſa courſe contre Neſſus : celui-ci, pour ſe défendre, met la diſette & la misère entre lui & ſon ennemi en ravagant les terres qu'il doit parcourir pour l'atteindre; mais, abandonné par les Bactriens, trahi par ſon confident Spitamène, dépouillé de tout ornement Royal & de la tyare de Darius qu'il avoit oſé porter, lié, nud, dans l'état d'un eſclave, on l'amene devant Alexandre : celui-ci, après lui avoir reproché ſon parricide, le remet à Oxane frère de Darius, & ne diffère ſon ſupplice que pour le faire juger par l'aſſemblée générale des Perſes.

Alexandre ne ſembloit finir de dompter un peuple, que pour en attaquer un autre, & toute la terre, à ſes yeux, n'étoit qu'un ſeul empire dont il ſe regardoit comme le maître. Quiconque ſe refuſoit de le reconnoître ſous ce titre éprouvoit les effets de la fureur ; c'eſt ainſi qu'après avoir pris beaucoup de Villes dans la Bactriane, après avoir conſtruit une nouvelle Alexandrie, pour mettre en ſureté la poſſeſſion de ſes conquêtes, il attaqua les Scythes, dont les Ambaſſadeurs, dans une harangue auſſi noble que vraie, au nom de leur Nation, s'offroient à lui pour amis, mais non pas pour

Sujets. Ces barbares ſuivoient les loix ſublimes de la Nature, & tout Conquérant les méconnoît. Alexandre les combat donc au mépris de leurs offres, & les Scythes, qui paſſoient pour indomptables, ſont vaincus par cet heureux Guerrier. Sa victoire pouvoit les ſoumettre, l'eſtime & l'amour ſeuls pouvoient lui aſſurer la victoire & ſa clémence à leur égard, en leur rendant tous leurs priſonniers, fit naître ces ſentimens; les Saces, quoique puiſſans, ne voulurent pas courir les mêmes riſques que les Scythes, & firent demander à Alexandre ſon amitié. Tandis qu'il en ſerroit les nœuds, le traître Spitamène le força de ſe porter du côté de Maracande où il s'étoit enfermé. Au ſeul bruit de ſon approche, il prit la fuite. Alexandre dédaigna de le pourſuivre & préféra d'aller attaquer la Sogdiane. Ce fut en ces lieux que de jeunes Sogdiens lui donnèrent des preuves admirables du courage de leur Nation qui regardoit comme une injuſtice d'attaquer ceux qui ne les offenſoit pas, comme une lâcheté de ne pas ſe défendre, & comme une véritable grandeur de ſupporter avec force les revers & la mort même, qui, à leurs yeux, en étoit moins le complément que la récompenſe de leur valeur. De tels hommes étoient dignes, ſans doute, d'être plutôt les Gardes que les ennemis d'Alexandre, auſſi en prit-il pluſieurs auprès de lui qui le diſputèrent en zèle & en fidélité aux Macédoniens eux-mêmes.

A Bactres, Alexandre fit deux actes remarquables de juſtice & d'humanité. Le premier concerne le perfide Beſſus; conduit en ſa préſence, au milieu de ſes Généraux, il eut le nez & les oreilles coupés, enſuite il fut envoyé par ſes ordres à Ecbatane pour y ſubir la peine de ſon régicide, & ſous les yeux de la mère de Darius, attaché par tous les membres à des arbres qui, courbés d'abord avec effort, puis ſe redreſſant avec violence écartelèrent ſon corps, il ſubit ſon ſupplice, modèle, ſans doute, de celui que l'on réſerve encore aux criminels qui ſe rendent coupables du même attentat. La coutume d'expoſer à des chiens, ceux que la vieilleſſe ou toute maladie mortelle privoient de l'eſpérance de vivre, fut le ſecond objet des ſoins d'Alexandre, & ſon cœur naturellement humain ſupprima cette barbarie.

Ce n'étoit pas aſſez pour ce Prince de vaincre les hommes, il aimoit à vaincre la Nature elle-même, &, plus elle lui oppoſoit de difficultés, plus il trouvoit d'appas à lutter contre elle. Oxus, ſans ſon rocher, eut certainement moins tenté ſon cœur; mais le rocher ſembloit le rendre imprenable, & cette impoſſibilité lui ſervit d'aiguillon. Arimaze, qui commandoit cette Place forte, ſe croyant en ſureté, bravoit par ſes inſultes le courage d'Alexandre ; mais il éprouva bientôt que rien ne réſiſte à la valeur quand on ſçait l'unir à l'art, &, au pied même du rocher qu'il regardoit comme ſa défenſe, battu de verges avec ſes parens & la principale Nobleſſe du pays qui étoit deſcendue pour demander grace, il ſe vit mettre en croix avec eux : trait horrible qui ſouille la mémoire d'Alexandre, & qui prouve bien que l'orgueil & la ſoif de la gloire tariſſent dans le cœur des hommes & la bonne-foi & juſqu'aux premiers ſentimens de l'humanité. Mais ſuivons notre récit auſſi rapidement qu'Alexandre ſes conquêtes. Les Maſſagètes, les Dahes ſont ſubjugués : leur Vainqueur entre dans la Bazarie &, dans une partie de chaſſe, lutte contre un lion qu'il tue. De-là il revient à Maracande, en appaiſe les nouveaux troubles, & donne à Clitus le Gouvernement de cette Province, que lui remet Artabaze qui en avoit été pourvu après la défaite & la mort d'Arimaze. Clitus ne jouit pas de cette Place que tant de titres lui méritoient. Invité à un feſtin que ſon Roi voulut lui donner avant ſon départ, il oſa démentir indiſcrettement Alexandre qui, échauffé par le vin, s'étoit mis à chanter ſes exploits, & qui, ſans ménagement, avoit déprimé les actions éclatantes de ſon père Philippe. La vérité trop nue déplut au Monarque, & frappé d'un coup de javeline, Clitus, qui lui avoit ſauvé la vie, expira de ſa main & ſous ſes yeux. Mort cruelle, & leçon terrible pour les Rois & les courtiſans. Qu'elle apprenne à ceux-ci que jamais ils ne doivent inſulter leurs maîtres : que le ſilence doit être le ſigne de leur improbation : que leur bouche, qui cependant ne doit dire que des vérités, doit ſçavoir n'en jamais dire de choquantes, & que l'art de les préſenter à un Souverain eſt auſſi néceſſaire que la vérité même. Que ce même crime apprenne aux Rois à bannir de leurs cœurs la colère, qui, jointe à la puiſſance, ne peut être comparée qu'à la foudre, & à ne jamais s'addonner au vin qui, aviliſſant & abrutiſſant tous les hommes, eſt conſéquemment plus indigne des Souverains qui doivent être les images de la Divinité. Alexandre expia par ſes pleurs, & voulut même effacer par ſon ſang cet horrible homicide. C'étoit vouloir réparer un forfait par un autre ; mais faut-il que pour le lui épargner, la flatterie ait dicté aux Macédoniens un décret ſolemnel qui l'innocentât !

Alexandre juſtifié par ſes Sujets d'un crime que ſon cœur lui reprochoit, ſéjourna quelques jours à Maracande, pour combattre s'il étoit poſſible cet invincible Accuſateur ; mais ſans parvenir à le faire taire, il s'accoutuma à ne point l'écouter, & pour ſe diſtraire paſſa dans la Xenippe, frontière de Scythie, où il ſoumit des rebelles auxquels il eut la généroſité de pardonner.

Au

Au roc Chorièue, secondé par Oxarte, il vit Sysimethre se rendre, & lui conserva son Gouvernement, grace qu'il accompagna de promesses auxquelles il ne mit d'autres conditions que la fidélité. La femme de Spitamène lui évita la peine d'attaquer les Dahes en lui apportant elle-même la tête sanglante de son époux qu'elle égorgea, forfait qui la fit chasser honteusement du camp du Vainqueur.

Malgré les difficultés des chemins, malgré la contrariété des saisons, malgré les vents & les orages les plus effroyables, cet intrépide Conquérant prit la route de la contrée de Gabaza, passa dans le pays des Saces, le parcourut & le ravagea, rien jusqu'alors n'avoit pu lui résister; mais il devint à son tour la conquête de Roxane, fille d'Oxyarte, qui joignoit aux graces du corps toutes celles de l'esprit: reçu avec toute la magnificence des barbares par son père, sous le spécieux prétexte de rendre par une alliance respectable l'union des peuples plus solide & de confondre leurs intérêts, il la prit solemnellement pour épouse, mariage désapprouvé par la sagesse, qui déplut aux Macédoniens; mais qu'ils ne blâmèrent pas publiquement, tant leur en avoit imposé la mort de Clitus qu'ils regardoient comme l'époque de la perte de leur liberté.

Si l'amour avoit subjugué le cœur d'Alexandre, il n'avoit pu cependant éteindre en lui le desir de la conquête des Indes; mais il ne voulut pas paroîte dans cette région simplement comme un Conquérant, il fut jaloux d'y paroître comme un Dieu. Tous ne secondèrent pas également cette folie: & cette époque de la vie d'Alexandre fut souillée de la mort de Calisthène, Philosophe intègre, parent d'Aristote, qui plein de respect pour son Souverain vouloit bien qu'on lui accordât les honneurs dûs aux mortels; mais vouloit aussi qu'on le distinguât des Dieux. Un crime supposé devint le motif des tourmens qu'on lui fit souffrir, & servit de voile à la vengeance de l'orgueilleux Monarque.

Une mort aussi injuste souleva tous les cœurs, les murmures commençoient à se faire entendre. Alexandre précipita dès-lors son départ pour les Indes. A peine y fut-il entré, que tous les petits Rois de la contrée se rangèrent sous son obéissance. Les habitans de Nyse, après un long blocus, furent forcés de se rendre: ceux de Dédale furent battus: la ville de Bazica se vit assiégée par Cœnus qu'Alexandre en avoit chargé. La Reine de Mazargues s'estima trop heureuse de recevoir des mains de ce Conquérant des États qu'elle tenoit de celles de la Nature. Mais telle étoit la fortune d'Alexandre, que ses usurpations sembloient être des propriétés: le roc d'Aorne, que, suivant une vieille tradition, Hercule n'avoit pu prendre, fut foumis par les armes de ce Guerrier : fon bonheur tenoit du prodige. La prife d'Écboline lui ouvrit enfuite une route vers l'Indus : près des bords de ce fleuve, alloit régner Omphis par la mort de fon père ; mais ce Prince voulut tenir fa Couronne de la main d'Alexandre ; c'étoit à fes yeux le moyen de l'affermir : il avoit d'ailleurs deux voifins à combattre, Abifare & Porus, & les fecours du Roi de Macédoine lui devenoient néceffaires. A cette nouvelle, Abifare ne tarda pas à fe rendre ; mais il n'en fut pas de même de Porus : ce Prince étoit incapable de céder fur le bruit feul de la renommée de fon ennemi ; de part & d'autres il fallut donc combattre. Porus avoit pour lui le courage de fes Troupes, fa valeur, & l'Hidafpe, qui, comme un large bras de Mer, fembloit le protéger ; mais Alexandre avoit la hardieffe, la rufe & fon bonheur. La rufe lui facilita le paffage du fleuve, la hardieffe le fit attaquer la nombreufe armée de fon ennemi, & fon bonheur le fit vaincre. Porus vaincu n'en étoit pas moins grand, & Alexandre fçut l'apprécier : il le traita en *Roi*, fuivant la noble réponfe que lui avoit fait Porus : il lui rendit fes États qu'il aggrandit de quelques Provinces, & Porus demeura toujours fidèle au Vainqueur qui bâtit deux Villes en ces lieux, l'une où il avoit paffé le fleuve, & qu'il nomma Nicée ; l'autre où s'étoit donnée la bataille, & que du nom de fon cheval qui y périt il appella Bucephalie. De pareilles conquêtes étonnoient Alexandre lui-même, & les Dieux qu'il en regarda comme Auteurs reçurent de lui des actions de graces & des facrifices folemnels.

Après la victoire fameufe dont nous venons de parler, Alexandre pénétra plus avant dans les Indes, &, fe regardant comme perfonnellement chargé de la conquête de l'Univers, il fubjuguoit tout ce qui fe rencontroit fur fes pas : à fa rencontre il falloit céder ou périr : les fleuves les plus rapides n'étoient point des obftacles à fa marche, il traverfe l'Acéfine, puis l'Hydraote, s'avance contre les Cathéens qui s'étoient campés près de Sangale, les défait dans une bataille rangée, & renverfe leur Ville jufques aux fondemens.

Alexandre profitera-t-il des leçons des fages de ce pays qui lui apprennent qu'il ne diffère du refte des hommes que parce qu'il eft plus ambitieux, que chacun ne pofsède de la terre que ce qu'il peut en occuper, & qu'au plus grand Conquérant il ne reftera de fes victoires que l'efpace étroit de fa fépulture? S'il n'en profite pas, il en fera, du moins, étonné, & fon ame grande defirera s'unir à quelques-uns d'entre eux. Calanus, l'un de ces Brachmanes touché de fes défirs, quitta fa folitude pour la fuivre, & fouvent, fous des paraboles ingénieuſes, lui voila de néceſſaires vérités. Elles firent cependant moins d'impreſſion ſur lui que les murmures de toute ſon armée. Alexandre ne connoiſſoit point de bornes à ſes conquètes, & par-tout où il découvroit des peuples il vouloit les combattre. Las enfin de victoires, & jaloux de revoir leur Patrie, les Macédoniens firent connoître leurs mécontentemens, & Cœnus, portant pour eux la parole, attendrit le cœur du Roi, qui s'entendit en ce moment appeller du nom tendre de *Père*. D'abord il n'avoit pas voulu céder, tant il en coûte aux Rois pour revenir ſur leurs pas; mais il ſentit bientôt, en accordant à ſes ſoldats leur demande, combien il eſt doux pour un Souverain de ſeconder, même contre ſes propres vues, les vœux légitimes de ſes Sujets: & pour la première fois ce Vainqueur de la terre connut que la plus agréable des victoires, eſt celle que l'on remporte ſur ſoi-même. Le retour d'Alexandre en Macédoine fut donc arrêté ; mais par de giganteſques Autels, par des limites doublés d'un camp, par des lits énormes & conſtruits exprès, Alexandre veut laiſſer dans le pays des monumens d'une grandeur plus qu'humaine, qui n'avoit exiſté que dans ſon imagination orgueilleuſe. L'Hydraote fut bientôt repaſſé, le débordement de l'Acéſine força l'armée de camper ſur ſes bords où mourut Cœnus regretté de ſon Prince & de tous les ſoldats. Au-delà du Confluent de ce fleuve avec l'Hydaſpe, Alexandre parvint aux pays des Oxydraques & des Malliens qu'il fallut combattre, & ſous leurs traits il faillit expirer; mais, en peu de jours, il fut rétabli de ſa bleſſure, & il vit ces peuples belliqueux lui venir demander un maître. Quand donc ce Conquérant terminera-t-il ſes attaques guerrières? Ah! malgré l'eloquence de Cratère & de ſes Officiers, l'idée ſeule de la gloire de Sémiramis enfante encore dans ſon cœur de nouveaux projets de guerre.

Cependant il arrive juſqu'à l'Océan, & méconnoiſſant les effets du flux & reflux, il le prit ainſi que ſon armée pour une preuve de la colére des Dieux qu'il voulut appaiſer par d'innombrables ſacrifices. Tandis que Néarque chargé de parcourir l'Océan faiſoit voile ſur cette Mer inconnue, dans le pays des Orites, Alexandre ſouffrit beaucoup de la famine, dont la ſuivante trop fidèle la peſte mit le comble à la misère de ſes Troupes. Mais heureuſement ſur les confins de la Gédroſie, il ſe trouva dans la plus grande abondance, &, ſecouru par les Satrapes voiſins, il arriva dans la Carmanie. Ce fut en ce pays que Néarque vint le rejoindre & lui rendit compte de ſes courſes maritimes. Il y reçut auſſi des plaintes de toute eſpèce contre les Gouverneurs qu'il avoit laiſſés dans les Provinces, & qui, perſuadés qu'ils ne reverroient jamais

Alexandre, accabloient les peuples par la rapine, la cruauté, la tyrannie & des concuſſions de tout genre. La ſévérité d'Alexandre mit fin à ces maux en puniſſant de mort les coupables & ceux qui les avoient ſecondés dans leurs prévarications. Ce Prince ſçavoit qu'il devoit à ſes Sujets une vengeance qu'eux-mêmes ne pouvoient point légitimement exercer : il ſçavoit que le plus grand des malheurs pour un Royaume eſt que ſes habitans gémiſſent ſous l'oppreſſion ſans que l'on puniſſe les oppreſſeurs, & que le poids de l'autorité écraſe le peuple, ſans jamais retomber ſur les criminels auteurs de la ruine publique.

Alexandre, dont la tête enfantoit à chaque inſtant de nouveaux projets, eut bien voulu faire le tour de l'Arabie & de l'Afrique, rentrer dans la Méditérannée par le détroit de Gibraltar que l'on appelloit alors les colonnes d'Hercule, puis il comptoit paſſer dans la Lybérie, franchir enſuite les Alpes, parcourir les côtes d'Italie & par l'Épéia revenir dans la Macédoine; mais le tems lui manqua.

Dans la route qu'il avoit priſe ſe trouva Paſagarde, Ville de Perſe qui devint le théâtre d'une des ſcènes trop ſouvent renouvellées dans les Cours des Rois. Orſine, Gouverneur du pays, deſcendant de Cyrus, devint la victime de la crédulité d'Alexandre trompé par l'Eunuque Bagoas. Orſine avoit rempli noblement la place de Gouverneur de Paſagarde & de la contrée : à l'approche d'Alexandre il étoit venu le combler de préſens ainſi que les plus nobles de ceux qui l'accompagnoient; mais il avoit mépriſé dans la diſtribution de ſes dons le vil Bagoas : celui-ci déguiſant ſon mécontentement parvint par ſes ruſes & ſes intrigues à rendre ſon Prince l'inſtrument même de ſes vengeances: & ſous prétexte de la ſpoliation du tombeau de Cyrus, appuyée ſur des témoignages mandiés, Alexandre, jouet coupable de ſon infâme favori, ſe ſouilla du ſang d'Orſine.

De Paſagarde, Alexandre vint à Perſépolis, puis à Suſe, où, retrouvant toutes les nobles captives qu'il y avoit laiſſées, il épouſa la Princeſſe Statira, fille aînée de Darius. Éphestion obtint ſa ſœur la plus jeune: les principaux Seigneurs de ſa Cour s'allièrent auſſi aux familles les plus nobles qui ſe trouvèrent parmi les captifs, & toutes ces nôces célébrées à la manière des Perſans étoient ſuppoſées la baſe de l'éternelle union des deux Nations. Elles furent auſſi l'occaſion d'une des plus grandes largeſſes d'Alexandre & d'une des plus belles ſentences que ſa bouche ait prononcées. Ce Prince avoit ordonné le payement des dettes des ſoldats; ceux-ci craignoient que ce ne fut un piége pour connoître leur dépenſe : auſſi-tôt, par les ordres du Roi, s'ouvrirent des bureaux où l'on payoit, ſans inſcrire le nom du créancier ; mais il leur fit de nobles reproches terminés par cet axiome vraiment royal, *qu'un Roi ne devoit jamais manquer de parole à ſes Sujets, ni les Sujets ſoupçonner qu'un Roi fut capable d'une ſi honteuſe prévarication.*

Le Gouverneur de Babylone Harpalus, homme licentieux dans ſes mœurs, ayant appris qu'Alexandre puniſſoit avec ſévérité ſes Lieutenans prévaricateurs, amaſſa précipitamment quinze millions & ſe retira à Athènes. Il trouva mille Orateurs prêts à lui vendre leur éloquence ; parmi ces Littérateurs avilis il ne vit pas Phocion, le ſeul qu'il eut deſiré ; mais autant honnête homme qu'homme éloquent, Phocion étoit incapable de ſe manquer ainſi à lui-même : il préféroit ſa pauvreté à tout l'or amaſſé par la baſſeſſe, & ſept cent talens ne purent le corrompre ; on accuſa Démoſthènes de n'avoir pas été auſſi délicat ; mais, pour l'honneur des Lettres, croyons Pauſanias qui fait tous ſes efforts pour le diſculper.

Près de la Ville d'Opis, Alexandre voulut licencier les vieux ſoldats de Macédoine ; ceux-ci croyant que c'étoit une préférence que leur Prince donnoit ſur eux aux Troupes conquiſes, entrèrent en fureur & l'inſultèrent ſéditieuſement ; mais Alexandre les terraſſa comme d'un coup de foudre, en envoyant treize des plus coupables à la mort ; &, politique auſſi fin que juge ſévère, il dit aux mécontens qu'ils pouvoient quitter leurs armes, abandonner leur Prince loin de ſon Royaume au milieu des Étrangers, dont auſſi-tôt il ſe fit une garde. La honte eut encore plus d'empire ſur l'ame de ces Guerriers que les peines dont ils ſembloient avoir été menacés : baignés des larmes de la douleur ils s'avouèrent coupables, & lui demandèrent leur grace. Attendri, le Roi la leur accorda, combla de préſens ceux que l'âge rendoit incapables de ſervir : il ordonna qu'ils fuſſent aſſis & couronnés aux premières places du théâtre : les enfans des ſoldats morts au ſervice reçurent dans leur enfance la paie de leurs pères, & c'étoit par ces moyens qu'Alexandre, anobliſſant la profeſſion militaire, aggrandiſſoit, pour ainſi dire, le courage & l'attachement de ſes ſoldats.

D'Opis, Alexandre vint à Ecbatane où il célébra des fêtes & des jeux ; mais ces jeux, accompagnés de débauches, causèrent la mort d'Éphestion. C'étoit l'ami le plus intime du Roi, & qui, choſe bien rare, avoit auſſi mérité, par ſes qualités précieuſes, l'amour des ſoldats & du peuple. Alexandre ne put ſe diſtraire de la douleur exceſſive que lui cauſa la perte de ſon ami, que par l'attaque & la défaite des Coſſéens, Nation belliqueuſe des montagnes de Médie, qu'en quarante jours il parvint à dompter ; ainſi que par les honneurs extraordinaires qu'il fit rendre au corps d'Ephestion dans Babylone, où il l'avoit fait tranſporter par Perdicas.

Ces funérailles, conduites par le fameux Architecte Staſicrate, furent d'une magnificence auſſi folle qu'étonnante, & trente-ſix millions, prix du ſang des hommes les plus valeureux, ſuffirent à peine pour en payer les frais. Elles furent ſuivies de l'apothéoſe ridicule de ce mortel à qui l'on éleva de tous côtés des Autels, des temples, par qui ſe firent tous les ſermens, & qui de toutes parts reçut des prières & des vœux.

Cependant, avant d'entrer à Babylone, Alexandre avoit été menacé par les Aſtrologues Caldéens de la mort qui l'attendoit, diſoient-ils, dans leurs murs; les Philoſophes Grecs avoient tenté de le raſſurer en lui démontrant la vanité de l'art de ces faux devins. Convaincu ou non par leurs raiſons, ayant appris la réunion d'un grand nombre d'Ambaſſadeurs qui venoient dans cette Ville lui rendre leurs hommages, l'orgueil lui fit mépriſer les menaces de l'Aſtrologie, & ce fut à Babylone qu'il reçut des Corinthiens le droit de bourgeoiſie qu'ils n'avoient encore accordé qu'au ſeul Hercule, & que par cette unique raiſon ce Prince accepta.

Embellir Babylone, réparer les digues de l'Euphrate pour lui en épargner les inondations; y reconſtruire le temple de Bélus renverſé par Xerxès, ce fut une partie des occupations d'Alexandre pendant ſon ſéjour dans cette Ville ſuperbe; mais il ſe livra ſur-tout aux jeux & aux plaiſirs. Ils étoient devenus des diſtractions néceſſaires pour le détourner des fatales prédictions des Mages que la tempérance eut rendu plus facilement inutiles. C'étoit un ſpectacle bien digne des yeux de la philoſophie de voir un Prince la terreur de l'Univers, s'effrayer ſeul par le ſouvenir d'une prédiction aſtrologique : un Prince aſſez hardi pour ſe mettre lui-même au rang des Dieux, victime d'une baſſe ſuperſtition qui l'aviliſſoit. Hélas! ces jeux, ces plaiſirs devoient être la cauſe même de l'accompliſſement trop réel de ces menaces chimériques qu'il redoutoit. Une nuit paſſée dans la débauche devint le terme de ſa vie : l'invincible Alexandre fut vaincu par le vin : l'orgueilleux fils de Philippe qui ſe diſoit celui de Jupiter, ce Conquérant redoutable qu'aucunes fatigues, aucuns voyages n'avoient pu affoiblir, cet homme que les fleuves les plus rapides, les torrens les plus impétueux, les eaux irritées des Mers n'avoient pu ſubmerger, vint s'enſevelir dans la large & fatale coupe d'Hercule dont il étoit le deſcendant & dont il prétendoit être l'image.

Ainsi périt Alexandre, ce Prince tout à la fois susceptible de louanges & de mépris : ce Prince, mélange inconcevable de vertus & de vices : qui cultiva soigneusement les vertus pendant les premières années de sa vie, & qui, gâté par sa bonne fortune, gagna tous les vices des Nations qu'il subjugua.

Antipater qu'il avoit rappellé de son Gouvernement de Macédoine, & Aristote même furent soupçonnés assez légèrement de l'avoir empoisonné ; mais le vin fut le vrai poison qui le fit périr. On prépara pendant deux ans son convoi, & son corps embaumé par les Égyptiens & les Caldéens demeura sans sépulture jusqu'à ce qu'il put être porté dans le temple de Jupiter Ammon.

Alexandre n'avoit que trente-deux ans huit mois lorsqu'il mourut, il en avoit régné douze. Sa vie entière fut un tissu de conquêtes, & il fut ravi au milieu des plus vastes projets, sans avoir établi solidement ses affaires, laissant un frère imbécille & des enfans en bas âge, incapables de soutenir un si grands poids, annonçant à ses amis que ses funérailles seroient célébrées avec des batailles sanglantes, & l'imagination remplie des tristes peintures de la confusion qui devoit suivre sa mort.

LYSIMAQUE.

Après la mort d'Alexandre, Aridée son frère naturel & le fils que Roxane N°. III.
mit au monde furent déclarés Rois ; mais ils n'eurent que l'ombre de la royauté. L'autorité toute entière resta dans les mains des grands Seigneurs & des Généraux qui se partagèrent entre eux les Provinces.

Lysimaque, fils d'Agatocle, obtint pour lui la Thrace & les Régions voisines. Ce Général, ami d'Alexandre, avoit eu comme un augure de la souveraine majesté dans une circonstance où blessé au front par Alexandre lui-même, le Prince pour arrêter le sang lui serra la tête de son bandeau. Il ne prit cependant le titre de Roi que dix-huit ans après la mort d'Alexandre, en même tems qu'Antigone, Démétrius & Seleucus. Antigone se vit bientôt arracher la vie, & les États qu'il gouvernoit, étant partagés entre les Vainqueurs, Lysimaque, fut possesseur de la Thrace, de la Bythynie & de quelques autres Provinces par-de-là l'Hélespont & le Bosphore. Il ne fut pas encore satisfait de ces possessions : dans les avares & dans les Princes elles augmentent le desir ; Lysimaque donc à force de ruses, de perfidies, de batailles, allié d'abord de Pyrrhus, lui prit ensuite la Macédoine dont il devint Souverain. Mais enfin, à son tour, il fut attaqué, vaincu par Séleucus, & mourut en Phrygie sur le champ de bataille. Ce Prince élevé par Callysthène avoit nourri son cœur des principes de la Philosophie, son ame étoit naturellement grande ; mais l'amour de la gloire & l'ambition plus d'une fois contribuèrent à la souiller. Sa figure étoit belle, on en peut juger par ce beau *Camée* de *Jaspe* mêlé de *Calcédoine*, où très-artistement elle est rendue. Le Sculpteur, à qui nous devons cet ouvrage, a fait, avec adresse, retomber sur les tempes deux petites boucles de cheveux qu'une troisième sépare; son but étoit de voiler ainsi la blessure de son front. Quant aux cornes qui décorent sa tête, il ne faut en chercher l'origine que dans l'orgueil de ce Prince. Trop fidèle imitateur d'Alexandre, qui peu content d'atteindre au souverain degré de gloire accordé aux mortels, avoit encore voulu qu'on l'honorât comme un Dieu, Lysimaque pour s'annoncer extérieurement comme héritier légitime d'un si grand Roi, & se rendre ainsi plus auguste, se para des dehors de Jupiter Ammon, dont Alexandre s'étoit dit le fils.

PYRRHUS, *ROI D'ÉPIRE.*

Nos. IV. V & VI. Sur deux *Cornalines*, dont la seconde offre un *Camée*, & sur un *Jaspe verd* se présentent trois têtes parfaitement semblables & gravées avec beaucoup d'art; de qui retracent-elles l'image ? Cela est très-incertain. Quelques Antiquaires croyent que c'est Hannibal ou Hasdrubal, ces redoutables ennemis du nom Romain, & leur conjecture semble d'autant plus fondée, que sur la première des deux *Cornalines*, le bouclier est orné d'un cheval, symbole de Chartage. D'autres Sçavans veulent que ce soient des Rois de Thrace ou des Héros chantés par Homère. Il en est enfin qui prétendent reconnoître dans ces figures celle de Pyrrhus, Roi d'Épire, en qui les Macédoniens se plaisoient à retrouver les hautes qualités d'Alexandre. Au milieu de tous ces doutes, nous ne prononcerons pas: mieux vaut avouer son ignorance que de faire parade d'une audace mal placée.

Cependant, comme l'obscurité même où se trouvent les objets est un stimulant pour la curiosité, nous allons essayer de découvrir quelle est cette tête, & d'appuyer par quelques raisons le sentiment de ceux qui croyent sur ces Pierres retrouver les traits de Pyrrhus: & ce n'est pas effectivement sans motif que ce sentiment nous plaît.

D'abord, il suffit de voir comment Plutarque peint ce Prince, & de considerer ensuite ces portraits pour être porté à le reconnoître: *Pyrrhus*, nous dit Plutarque, *avoit un visage plus effrayant que majestueux*, & les Sculpteurs n'ont-ils pas singulièrement

ſingulièrement exprimé ce caractère ? Ces ſourcils froncés, cette barbe épaiſſe, cet œil ſaillant, & qui, ſuivant le même Plutarque, ſembloit lancer la terreur ſur les ennemis : tout en un mot, dans ces têtes, annonce un homme fier & terrible, tel qu'on s'accorde à peindre Pyrrhus.

Pour appliquer ces figures à ce même Prince, nous ne tirerons pas un grand avantage du cheval qui eſt gravé ſur le bouclier de la *Cornaline* N°. IV : ce ſymbole ſe rencontre aſſez ſouvent dans les Pierres ſur les boucliers portés par de jeunes Guerriers : cependant, en cette circonſtance & en ſuppoſant que réellement Pyrrhus eſt le Roi que ces têtes repréſentent, ne pourroit-on pas dire que ce cheval a été gravé par le Sculpteur comme un emblême de la célérité de ce Prince dans les affaires les plus difficiles ; célérité qui, ſuivant Plutarque, lui fit donner le ſurnom d'*Aigle* ?

Le caſque ſur-tout ajoute beaucoup aux fondemens de notre conjecture, les Sçavans ſont d'accord que l'on repréſente toujours Pyrrhus orné d'un caſque & le menton garni d'une barbe épaiſſe. Ce caſque n'a aucun ornement, on n'y voit point, ſuivant l'uſage des Grecs & des Étruſques, s'élever de crêtes ornées de queues de chevaux : on n'y retrouve pas non plus le moindre ornement ou ſymbole qui annonce la Patrie ou les faits mémorables de celui dont il recouvre le front.

Pyrrhus étoit fils d'Éacide. Dans une révolte les Moloſſes avoient dépouillé ſon père de la Royauté : encore la mammelle il fut ſouſtrait aux révoltés qui le cherchoient pour l'égorger, & fut conduit en Illyrie chez Glaucias, qui le prit ſous ſa protection, refuſa de le remettre à Caſſandre ſon ennemi, malgré tout l'or dont il vouloit payer ſa mort, puis, quand il eut atteint ſa douzième année, le remèna lui-même en Épire & le rétablit dans ſes États. Cinq ans après, ſe croyant affermi ſur ſon Trône, Pyrrhus voulut aller aux nôces d'un des fils de Glaucias avec lequel il avoit été élevé ; mais pendant ſon abſence il perdit ſon Royaume par une ſeconde révolte des Moloſſes.

Privé du Trône, ce Prince alla chez Démétrius, qui avoit épouſé ſa ſœur Déidamie. Dans les plaines d'Ipſus il fit des prodiges de courage ; la valeur, en lui, n'étoit pas ſa ſeule qualité, ſon ame adroite connoiſſoit déjà les reſſorts déliés de la politique : ce fut par elle qu'il parvint à s'attacher Bérénice, favorite de Ptolémée, tandis qu'il étoit à la Cour de ce Prince en otage pour Démétrius, & ce fut ainſi qu'il obtint la main d'Antigone fille de cette Princeſſe, &, de Ptolémée, beaucoup d'argent & une flotte nombreuſe qui put le faire rentrer dans ſes États. Ce Prince, l'un des plus braves Guerriers de ſon tems, ſeconda Ptolémée,

Lyſimaque & Séleucus contre Démétrius, à qui il enleva la Macédoine dont ſon armée le proclama Roi; mais peu après il fut obligé d'en ſortir malgré la haute opinion que les Macédoniens avoient de ſa perſonne. Sa réputation n'étoit point renfermée dans l'enceinte de ſon pays; les habitans de Tarente, en guerre contre les Romains, crurent ne pouvoir mieux faire que d'appeller Pyrrhus à leur ſecours : les Romains étonnés ſe virent combattus par ſes armes avant même de ſçavoir qu'il marchoit contre eux, & pluſieurs fois ils en reçurent des échecs. Non content de ces expéditions, Pyrrhus en fait de nouvelles en Italie, en Sicile. A Locres, il brûle le temple fameux de Proſerpine, enlève les tréſors qu'il contenoit; mais bientôt un revers cruel, dit Tite-Live, lui apprend qu'il y a des Dieux, & ſon impiété, remarque un autre Auteur, eſt le triſte augure de la mort funeſte qui termine ſes entrepriſes, & dont une femme eſt en partie la cauſe.

PLANCHE XXXI.

CASSANDRE, *ROI DE MACÉDOINE.*

N°. I. Nous avons déjà fait remarquer, que les Rois de Macédoine, prétendant tirer leur origine d'Hercule, ſe paroient du muffle d'un lion, comme ce demi-Dieu. C'eſt ſous cette parure qu'un Graveur habile a retracé *Caſſandre* ſur la *Cornaline* qui nous occupe.

Caſſandre étoit fils d'Antipater; à la mort d'Alexandre la Carie lui tomba en partage. Son père étoit encore mourant, lorſque Caſſandre fit voir toute la cruauté de ſon cœur : ſa main barbare maſſacra le fils de Demade, ſous les yeux mêmes de ſon père, ſur lequel rejaillit ſon ſang : puis il immola le père ſur le corps de ſon fils. Aſſocié par l'ordre d'Antipater à Polyſperchon, dans le Gouvernement de Macédoine, il ne vit pas ſans peine un Étranger régir avec lui un Royaume qu'il prétendoit devoir gouverner ſeul. Bientôt après, Caſſandre ſe rendit maître d'Athènes où il établit Démétrius de Phalère. La famille d'Alexandre ne fut pas reſpectée par ce Souverain injuſte. Olympias, par ſes conſeils, fut accuſée de cruautés : ſans avoir de défenſeurs, quoiqu'abſente, elle fut condamnée à mourir, &, comme elle vouloit plaider elle-même ſa cauſe, Caſſandre trouva plus court de la faire périr par le glaive de ceux qui, mécontens de cette Princeſſe, trouvoient dans ſa mort le plaiſir de la vengeance.

Roxane & le jeune Alexandre ne furent épargnés dans ce moment que par la crainte que conçut Caſſandre de trop aigrir les Macédoniens; mais dès qu'il trouva l'occasion, il les fit périr dans le Château d'Amphipolis où il les avoit renfermés l'un & l'autre sans aucune marque de leur dignité. Ce Prince fut sans cesse en guerre, occupation bien digne de son ame féroce, & son règne fut toujours agité. Enlevé par une hydropisie qui, suivant Pausanias, fit naître des vers sous sa peau, sa mort fit régner Philippe, l'aîné des trois fils qu'il avoit eus de Thessalonice, une des sœurs d'Alexandre-le-Grand ; mais, comme le remarque le même Pausanias, le destin sembla venger sur sa postérité les cruautés qu'il exerça pendant sa vie.

PTOLÉMÉE, *SOTER*.

Nous ne rapporterons pas ici tout ce que peut avoir fait de remarquable dans sa vie le Souverain dont une main sçavante nous a conservé les traits sur ce beau *Grenat Oriental*. Né d'Arsinoë fille de Méléagre, que Philippe ayant séduite, avoit fait épouser, quoique grosse, par Lagus Macédonien obscur, Ptolémée, premièrement exposé sur un bouclier par sa mère, reconnu depuis par Lagus, passa pour être son fils. Il se distingua singulièrement sous le règne de Philippe, & ses bonnes qualités le rendirent cher autant au peuple qu'à son Roi. Alexandre, après la mort de son père, en fit un de ses Gardes, puis dans son expédition contre les Perses, le mit au nombre de ses Généraux. Quand Alexandre ne fut plus, l'Égypte & les autres conquêtes de ce grand homme dans la Lybie & la Cyrénaïque furent laissées à Ptolémée avec une partie de l'Arabie, &, quoique ce ne soit qu'environ dix-sept ans après qu'il ait pris le nom de Roi, c'est néanmoins de ce tems, vers le mois de Thot, que l'empire des Lagides commence à compter ses années. On sçait combien peu furent d'accord entre eux les successeurs d'Alexandre. Ptolémée, parmi eux, sçut conserver sa gloire au milieu des combats, des trèves & des ligues. Si les Rhodiens lui donnèrent le nom de Soter, dont la signification lui fait honneur, si les Éléens lui élevèrent une Statue, les gens de Lettres ne sçauroient l'oublier : à l'exception de l'orgueil, il en avoit les mœurs, qu'il embellissoit encore par les grandes qualités d'un Roi. Nº. II.

Courageux, prudent, humain, clément, juste & modeste, il cultiva les Belles-Lettres avec zèle, comme il fit la guerre avec bravoure. Roi, il permettoit qu'on lui donnât le nom simple de Macédonien. Sans orgueil, à sa table il faisoit asseoir ses Sujets & ne dédaignoit pas d'aller manger chez eux. Dans leurs demeures il dormoit aussi paisiblement que dans son Palais; la Garde

O 2

d'un Prince est l'amour de ses peuples. Désintéressé, il ne possédoit que le nécessaire, l'État fournissoit aux besoins communs; *il est plus digne d'un Roi*, disoit-il, *d'enrichir les autres, que de posséder d'immenses richesses soi-même.* Alexandrie, nouvellement fondée par Alexandre, fut embellie par ses soins; il lui donna des murs, des temples, un Palais, cette Tour de Pharos regardée comme une des sept Merveilles du monde; il fit venir de Sinope une Statue de Sérapis, dont la demeure sacrée devint, au rapport d'Ammien Marcellin, la rivale du Capitole, & qui du nom du Dieu fut nommée *le Sérapéon*, si célèbre par sa magnificence & par le dépôt unique des richesses littéraires qu'il contenoit. Ce Prince fit encore construire dans cette Ville un Hyppodrome pour des courses & des combats, modèles de nos Tournois. C'étoit à lui que l'on devoit le *Musæon*, cette espèce d'Académie où les Sçavans réunis travailloient à des recherches Philosophiques & à la perfection de toutes les autres Sciences. Pour faciliter leurs progrès & leurs travaux, Ptolémée avoit fait une ample collection des Livres les plus précieux, les plus instructifs & les plus utiles, collection qui servit de base à la fameuse Bibliothèque d'Alexandrie, dont on a tant regretté la perte, qui pourtant nous aura épargné la connoissance de bien des erreurs.

Le Gouvernement d'un Prince aussi admirable pour le bonheur de son empire dura quarante années, & Ptolémée avoit quatre-vingt-quatre ans lorsqu'il mourut plein de jours & de gloire.

BÉRÉNICE.

N°. III. On ne sçauroit trop admirer le travail exquis de cette *Hyacinthe* qui nous représente les traits de *Bérénice*. La ressemblance de cette tête avec celles que l'on voit sur les médailles de cette Princesse, ne nous permet pas de douter que ce soit elle.

Ptolémée avoit d'abord épousé Thaïs, puis Euridice, & ensuite *Bérénice*; cette Princesse, qui surpassoit toutes les autres en esprit & en prudence, avoit le plus de pouvoir sur son époux; ce fut elle qui fit donner à Pyrrhus, Roi d'Épire, une flotte & de l'argent pour rentrer dans ses États; son amitié pour ce Prince étoit bien naturelle, puisqu'il avoit épousé Antigone sa fille, qu'elle avoit eue de Philippe son premier époux.

La tête de cette Princesse annonce son caractère, on y voit de la noblesse & un sérieux mêlé de douceur: le voile qui la recouvre & le diadême qui la couronne désignent sa dignité; & les boucles qui accompagnent ses joues donnent plus de graces à sa figure.

PTOLÉMÉE, *PHILADELPHE.*

Une belle *Cornaline* artistement travaillée nous offre la tête de ***Ptolémée Philadelphe.*** Fils de Ptolémée Soter & de Bérénice, né dans l'Isle de Cô, l'an quinzième de l'empire des Lagides, à la mort de son père il demeura seul maître de tous ses États & des Provinces qui en dépendoient; sçavoir, la Phénicie, la Celésyrie, l'Arabie, la Lybie, l'Éthyopie, l'Isle de Cypre, la Pamphilie, la Cilicie, la Lycie, la Carie & les Isles Cyclades, deux ans après qu'il eut été appellé à l'Empire. Ptolémée Philadelphe n'étoit pas monté sur le Trône à son rang, le pouvoir de Bérénice sur son époux l'avoit fait préférer à ses autres frères, & sur-tout à Ptolémée *Céraunus*, fils d'Euridice. Que le nom de *Philadelphe* qu'on lui donna seroit beau, si, préféré à ses frères par *Soter*, son amour pour eux en eut été l'origine! Mais Pausanias nous apprend que c'est une cruelle contre vérité, & que la mort de deux de ses frères qu'il ordonna lui mérita ce surnom. N°. IV.

Démétrius de Phalère, qui à tant de titres méritoit les égards qu'avoit pour lui Soter & la confiance dont le Prince l'honoroit, éprouva bientôt la vengeance de Philadelphe, qui, mécontent des conseils équitables que cet Orateur avoit donnés à son père sur le choix d'un Successeur, &, oubliant que ces conseils étoient fondés sur la nature & ses droits, le fit enfermer dans un Fort, où la piquûre d'un aspic qui se trouva sous sa main pendant qu'il dormoit, termina sa vie.

Cicéron & Quintilien ont jugé Démétrius du côté des talens: leur jugement doit être notre loi; on peut donc regarder Démétrius comme un disciple agréable de Théophraste, comme un athlète formé plutôt pour les jeux & les spectacles que comme un soldat propre à repousser l'ennemi; enfin, on peut le considerer comme le premier qui ait porté coup à la véritable éloquence, qui, jusqu'alors, chez les Athéniens, étoit noble & majestueuse; & l'on peut dire, qu'à force d'art il a gâté la beauté de la Nature, qui, dans les discours des bons Orateurs, n'avoit encore paru belle que de ses propres charmes.

Ptolémée chercha l'amitié des Romains & l'obtint, ceux-ci lui envoyèrent des Ambassadeurs qui donnèrent la plus haute idée du peuple qu'ils représentoient: reçus par Ptolémée avec une magnificence digne du Roi d'Égypte, ils placèrent ſur les différentes Statues de ce Roi les couronnes d'or qu'ils avoient reçues de lui, & en arrivant à Rome ils mirent dans le tréſor public les préſens conſidérables que ce Prince les avoit forcés d'accepter, laiſſant à l'Univers un bel exemple de déſintéreſſement, & cette leçon admirable, que l'on ne doit ſe propoſer d'autre récompenſe de ſes actions que l'honneur d'avoir bien rempli ſon devoir. Tandis que Ptolémée faiſoit alliance avec les Étrangers, Magas, ſon frère uterin, conſpiroit contre lui; mais la mort le punit de ſon attentat, & les Conjurés conduits dans une Iſle du Nil s'y entretuèrent eux-mêmes ou moururent de faim. Ptolémée fut-il un grand Roi? Nous oſerons le croire. Si nous exceptons en effet une certaine molleſſe qui ne ſuit que trop ſouvent la fortune: ſi nous ne citons pas de ces vertus guerrières, qui preſque toujours font le malheur des peuples: ſi nous voyons ce Prince ſe ſouiller de pluſieurs crimes, de la mort de ſes frères, de la ſpoliation des enfans d'*Antiochus* de Théos Roi de Syrie, que rien ne peut excuſer; que ne trouvons-nous pas à admirer en lui! Pour faciliter & protéger le commerce, il conſtruiſit & des Villes & des Ports: il ouvrit des canaux: équipa, entretint des flottes nombreuſes. Les Étrangers trouvoient chez lui ſureté, commodité, liberté; jamais pour en tirer avantage, ce Prince ne gêna la marche du commerce qu'il regardoit comme l'ame des grands États, & il en établit ſi bien la baſe, que de ſiècle en ſiècle, ce commerce perpétué ſans interruption doit faire regarder Ptolémée comme un des bienfaiteurs de l'Égypte & de toutes les Nations auxquelles ce commerce eſt devenu utile; & certes! Ce titre vaut mieux que celui de Conquérant; ces Héros barbares que le bonheur de leurs armes a fait ainſi nommer, n'aggrandiſſent leurs États qu'en les dépeuplant: le ſang de leurs Sujets eſt le prix auquel ils achètent d'autres terres: Ptolémée par un Gouvernement aimable & doux étendoit ſon empire, il voyoit ſes voiſins accourir en foule chez lui, préférant à l'amour de leur pays natal le bonheur que l'on goûtoit ſous ſes loix: loin de ſacrifier ſes Sujets il les multiplioit: les terres étoient mieux cultivées: les Manufactures & les Arts floriſſoient, & le Souverain étoit heureux du bonheur de ſes peuples. C'eſt au ſein de la paix & de la félicité que les Muſes aiment à vivre, auſſi firent-elles une fidelle compagnie au Prince dont nous parlons, & l'on vit à ſa Cour des Poëtes illuſtres, *Licophron*, *Callimaque*, *Théocrite*. On vit ſous ſon règne s'ouvrir des Ecoles publiques, qui formèrent, long-tems après, les hommes les plus célèbres. Par les ſoins de ce Souverain la fameuſe Bibliothèque commencée par ſon père s'accrut juſqu'à cent mille Volumes: tous les Livres qui entroient en Egypte on les envoyoit au *Muſæon*, qui, établi par

Soter, attiroit sans cesse les regards de son fils, & l'on en faisoit des copies que l'on gardoit ou que l'on donnoit aux propriétaires des ouvrages, en payant noblement alors les originaux. Philadelphe ne se contentà pas même d'amasser des Livres, il recueillit ce qu'il put de meilleurs tableaux, des portraits de grands hommes & des plus belles Statues. En ayant trouvé une superbe qui représentoit Diane, lors d'un voyage chez Antiochus, il la fit transporter en Egypte; mais *Arsinoë*, son épouse chérie, étant tombée malade, crut devoir attribuer ses douleurs à l'enlèvement, quoique consenti par Antiochus, de la Statue de Diane; par amour pour sa chère Arsinoë, Philadelphe la renvoya; & il n'en perdit pas moins celle qu'il vouloit conserver. Par une suite de cet amour conjugal, Philadelphe lui voulut faire élever un temple où sa Statue en fer fut suspendue en l'air par des pierres d'aimant dont la voûte eut été revêtue; mais la mort de *Dinocrate*, Architecte, Auteur de ce plan que le Prince avoit adopté, en empêcha l'exécution. C'est au tems de Philadelphe que l'on doit faire remonter la célébre version des Livres saints, connue sous le nom de *version des Septante*, fait qu'un Grec Hellénisfe, long-tems après le règne de Ptolémée, sous le nom d'Aristée l'un de ses Gardes, accompagna de tant de Fables, que, de son récit, il ne résulte qu'une seule vérité, qui est l'existence de cette version des Septante dans cet âge reculé.

Philadelphe ne survécut pas long-tems à sa chère Arsinoë, & la mort l'enleva à ses Sujets après quarante ans de règne, dans la soixante-quatrième année de son âge.

PLANCHE XXXII.

PTOLÉMÉE, *AULÈTE.*

Cette *Cornaline* travaillée avec art, nous offre la tête de *Ptolémée Aulète.* N°. I.
Ce Prince y est représenté à la fleur de l'âge, le front ceint du diadème; il étoit fils naturel de *Ptolémée Soter II,* Roi d'Egypte. Le nom d'*Aulète*, qui signifie *Joueur de flûte*, lui fut donné parce qu'il se croyoit tellement habile à jouer de cet instrument, qu'il en voulut disputer le prix dans les jeux publics. On lui donna aussi le surnom de *nouveau Bacchus*, NOVUS DIONYSIUS : surnom qui n'étoit point inconnu dans ces tems, & qu'Antiochus, Roi de Syrie, avoit porté, comme le prouvent les médailles. La jeunesse & les formes agréables de sa figure, dit Vaillant, peuvent avoir été l'origine de ce titre, à cause de la ressemblance qu'elles donnent à ceux qu'elles embellissent avec le Dieu Bacchus.

Les Alexandrins dans une sédition, que le meurtre cruel de Cléopâtre, après dix-sept jours de mariage, avoit vraisemblablement occasionnée, chassèrent Alexandre II qu'ils détrônèrent. Ils mirent à sa place Ptolémée Aulète, qui bientôt après fut aussi dépouillé de son empire par ces mêmes peuples las de ses débauches & de ses crimes, & fatigués par les impôts énormes dont il les surchargeoit. Cependant ce Prince, voyant Bérénice sa fille jouir des honneurs dont on le privoit, vole à Rome; à force d'argent, il gagne les suffrages des premiers de la République pour se faire rétablir, fait périr la plûpart des Ambassadeurs envoyés en cette Ville par les Egyptiens pour y justifier leur conduite, &, malgré un Oracle supposé de la Sybille qui lui étoit contraire & qui avoit produit tout son effet sur le Sénat, secondé par Gabinius, il remonte sur le trône, fait périr Bérénice sa fille, &, perfide envers Rabirius que Cicéron justifia dans une harangue, monument éternel de la honte de ce Prince, il meurt enfin tranquille possesseur du Royaume d'Egypte. En mourant, Ptolémée laissa deux fils & deux filles qu'il mit sous la tutelle du Sénat de Rome, & dont les deux aînés qui devoient s'épouser, suivant l'usage du pays, lui devoient aussi succéder.

PTOLEMEE, *LE JEUNE.*

N°. II. Comme nous venons de le dire, Aulète laissoit deux fils, le plus jeune fut établi Roi de Cypre, il n'avoit encore que douze ans; & il n'en avoit que quatorze quand il obtint, conjointement avec Cléopâtre, la Couronne d'Egypte. Mais il ne la posséda pas long-tems; Cléopâtre sa sœur, l'année suivante, le fit périt par le poison pour posséder à elle seule l'Empire.

C'est la figure de ce Prince, remarquable par sa beauté, sa jeunesse, & le diadême qui ceint son front, qu'un Artiste habile a si parfaitement rendue sur cette *Cornaline.*

CLÉOPATRE.

N°. III. Nous voyons ici sur une *Cornaline* très-bien gravée le portrait fort rare de *Cléopâtre*, fille de Ptolémée Aulète, Reine d'Égypte. La couronne de laurier, dont sa tête est ceinte, nous avoit d'abord fait penser que peut-être un Artiste adroit avoit d'un Apollon fait une Cléopâtre, en y joignant l'aspic dont la morsure causa sa mort; mais en examinant bien cette Pierre, il n'est pas possible de s'attacher à cette conjecture. Le caractère est sensiblement celui d'une femme; la protubérance du sein, la mollesse du cou, la rondeur des épaules en offrent

offrent des preuves. Quant à la couronne de laurier, le Graveur ne la lui aura-t-il pas donnée pour indiquer qu'elle avoit assisté à des batailles & à des victoires ? Ou n'auroit-il pas été autorisé à croire que César & Antoine lui avoient accordé le droit de la porter ? Sur une superbe *Agathe* du Cabinet des Ducs de *Mantoue*, Olympias, mère d'Alexandre, gravée avec son fils, a le front ceint d'une couronne de laurier, pourquoi n'en auroit-on pas pu décorer aussi le front de Cléopâtre ? Si l'air de son visage n'annonce point la tristesse qui doit naturellement accompagner l'instant de la mort, ne sçait-on pas que c'est avec intrépidité qu'elle s'est donné cette mort, & que la sérénité de sa figure trompa ses Gardes, ainsi que le rapportent plusieurs Auteurs & sur-tout Patercule ? Plutarque & Flore crurent ne pouvoir pas mieux désigner la tranquillité de son ame en ce moment terrible, qu'en peignant sa mort comme un sommeil, par lequel insensiblement elle se laissa vaincre.

Nous avons déjà dit que César avoit assuré la Couronne d'Égypte à Cléopâtre & à son frère âgé de onze ans; mais que cette femme ambitieuse, pour la posséder seule, avoit fait périr par le poison ce jeune frère. Après la mort de César elle se déclara pour les Triumvirs. *Antoine* Vainqueur à Philippes la cita devant lui pour répondre à quelques accusations formées contre elle, & ce fut alors qu'elle triompha de son cœur. Tous les Écrivains parlent de la galère qui portoit Cléopâtre dans son voyage, de cette galère brillante d'or & décorée des plus belles peintures, dont les voiles étoient des tissus de soie couleur de pourpre, les rames des lames d'argent qui marioient le bruit qu'elles faisoient aux plus brillans accords d'une Musique harmonieuse. Ils s'accordent à dire, que, sur ce bâtiment séducteur, la Reine, sûre de ses charmes, étoit comme Vénus au sortir des eaux : que ses femmes faisoient les fonctions des Nymphes & des Grâces, & que les Amours, suite ordinaire de la Déesse, étoient représentés par les plus beaux enfans qui couvroient la poupe & la proüe. Antoine vaincu par des charmes que rendoit trop puissans pour son cœur tout cet ensemble que nous venons d'indiquer, devint la conquête de cette femme ambitieuse. La belle Lycoris perdit alors tous ses charmes aux yeux d'Antoine, & ce Prince fut tellement épris de ceux de sa nouvelle Amante, que le meurtre d'Arsinoë, dans le respectable asyle du temple de Diane à Milet, demandé par elle, ne coûta rien à son cœur. Tirons un voile sur les soirées obscènes de ces deux Amans & sur leurs sales voluptés : laissons plutôt Antoine partir pour Rome, & Cléopâtre se consoler de son absence par les distractions heureuses de l'étude. Elle est mille fois plus grande lorsqu'elle fait reconstruire les bâtimens consumés de la Bibliothèque d'Alexandrie, & qu'elle y place les deux cent milles Volumes de celle de Pergame, que lorsqu'au retour d'Antoine elle est, par ce Triomphateur, proclamée Reine d'Égypte, de Chypre & de la Cæléſyrie. Ces honneurs, dont Antoine la combla, lui sembloient être dus; mais ils n'eurent pas une longue durée : *Octave* déclara la guerre aux deux Amans : la bataille d'Actium en fut le terme funeste pour Antoine que l'infidelle Cléopâtre trahit encore dans l'espérance de conserver sa Couronne que son cœur aimoit plus que lui ; mais ses espérances furent aussi vaines que l'essai de ses charmes sur Octave : elle craignit alors d'être réservée pour suivre en captive le triomphe du Vainqueur d'Antoine, &, après avoir enfermé avec elle les richesses des Rois d'Égypte, parée de tous les ornemens de la Royauté, elle approcha de son sein un aspic qui par sa piqûure lui causa la mort.

MITHRIDATE *EUPATOR, ROI DE PONT.*

No. IV. Sur cette rare & superbe *Améthyste* est supérieurement gravée la tête de *Mithridate*, Roi de Pont. La ressemblance de cette tête avec les médailles d'or & d'argent de ce Prince qui se trouvent au Muséum des Médicis, ne nous laisse aucun doute sur ce point. Héritier de *Mithridate Évergètes* lorsqu'il n'avoit pas encore douze ans, il sçut se précautionner contre l'ambition de ses tuteurs qui auroient pu lui donner du poison, en faisant usage des venins les plus subtils. Son caractère devint féroce au milieu des forêts où il passa sa jeunesse aux exercices violens de la chasse, & son cœur barbare ne respecta pas même les enfans de sa sœur, Reine de Cappadoce. On connoît le massacre qu'il ordonna de tous les Romains établis en Asie & la cruauté avec laquelle il traita *Aquilius* dans la bouche duquel il fit verser de l'or fondu. Courageux comme Hannibal dont il avoit la dureté, plein de valeur, de génie, d'expérience, capable d'enfanter les plus vastes desseins, il fit pendant quarante ans la guerre aux Romains, & il fallut, pour le vaincre, le bonheur de Sylla, le courage de Lucullus & la fortune de Pompée. Si l'on en croit les Écrivains les plus célèbres, Mithridate, qui malgré sa cruauté caressoit quelquefois les Muses, sçavoit la langue des vingt-quatre Nations dont il étoit le Souverain.

✠

MASSINISSA, *ROI DES NUMIDES.*

Au jugement de *Léonard Agostini*, dont les connoissances sur les Antiquités étoient si grandes, on voit sur cette rare *Améthiste* le portrait de *Massinissa* Roi des Numides, Prince dont la figure étoit noble & gracieuse autant que son origine étoit illustre. Sa jeunesse avoit été malheureuse; dépouillé de son Royaume, obligé de fuir de Province en Province, & mille fois exposé à perdre la vie, il ne compta plus ensuite que des prospérités. Très-habile dans l'art militaire, il recouvra ses possessions & y joignit celles de Syphax qu'il vainquit. Les Romains lui attribuèrent la défaite d'Hannibal & la destruction des Chartaginois. Maître de tout le pays depuis la Mauritanie jusqu'à Cyrêne, il devint le Prince le plus puissant de l'Afrique. Toute sa vie sa santé fut robuste, & sa sobriété lui valut cet avantage. A quatre-vingt dix ans il faisoit encore tous les exercices de sa jeunesse, & se tenoit à cheval sans avoir besoin de selle. N°. V.

Le casque dont la tête de ce Prince est couverte sur cette Pierre est singulièrement orné. Sur la visière, qui est conformée comme un diadême, on voit un cheval marin, pour indiquer, vraisemblablement, la proximité de la Mer & du Royaume des Numides. Le bige que l'on voit sur la partie la plus large du casque est le symbole des jeux que ce Prince a fait célébrer. Sur l'extrémité inférieure on remarque un chien qui flaire, & qui tout-à-la-fois peut être l'emblême de son attachement pour les Romains, & rappeller les chiens qu'il avoit accoutumés à lui servir de Garde, bien plus sûr de leur fidélité que de celle des hommes. Les caractères Puniques, dont nous ignorons la signification, ajoutent encore du prix à cette Pierre déjà si précieuse.

Derrière la tête de ce Prince on voit une figure de Déesse qui développe un vêtement, & l'on peut croire facilement que c'est Vénus, Divinité si propice à Massinissa, qui malgré la froideur ordinaire de la vieillesse devint père à quatre-vingt-sept ans. Peut-être même l'Artiste en joignant sur une même Pierre & le portrait du Roi des Numides, & Vénus, a-t-il voulu indiquer la propension des habitans de Numidie pour les plaisirs & les voluptés inséparables du culte de Vénus.

En finissant cet article, il n'est pas inutile, sans doute, de rapporter un trait qui caractérise la piété de Massinissa. Le Commandant de la flotte avoit fait présent à ce Prince de quelques dents d'yvoire d'une grandeur étonnante, &

Maſſiniſſa les avoit acceptées ; mais ayant appris qu'elles avoient été enlevées d'un temple de Junon, il les fit auſſi-tôt ſolemnellement reporter, & fit mettre au-deſſus une inſcription Punique qui éterniſa la mémoire & du larcin & de la reſtitution.

En mourant, Maſſiniſſa laiſſa cinquante-quatre fils, dont trois ſeulement étoient iſſus d'une union légitime, ſçavoir, *Micipſa*, *Guluſſa* & *Maſtanabal*, entre leſquels partagea les États de leur père Scipion Émilien, à qui, par teſtament, le Roi avoit donné le pouvoir ſuprême de diſpoſer de ſes biens.

DIOMÈDE.

N°. VI. Nous ne nous écarterons pas dans l'explication de cette *Cornaline* du jugement de Léonard Agoſtini, qui croit y reconnoître les traits de *Diomède* fils de *Tydée* & de *Déiphile*. Ce Héros, favoriſé par *Minerve* qui lui inſpira le courage, fut Roi d'Étolie & rival d'*Achille* & d'*Ajax* : il s'acquit une gloire immortelle au Siége de Troye, où il combattit contre *Énée* & contre *Hector*. Il bleſſa *Vénus* à la main dans une mêlée, &, ſecondé par *Ulyſſe*, il entra de nuit dans la citadelle d'où il enleva le *Palladium*. On le voit ſur cette Pierre la tête couverte d'un caſque poli, qui, ſuivant Homère, ſembloit lancer des feux. Ce caſque, dans une médaille de Fulvius Urſinus porte pour ornement une queue de cheval. La reſſemblance des traits eſt frappante, ſinon que la tête eſt moins rejettée en dehors, &, comme ſur la médaille on lit en caractères Grecs le nom de *Diomède* ΔΙΟΜΗΔΕΟϹ, on ne peut pas douter de la vérité de notre conjecture. Diomède eut pour femme Égialée, fille d'Adraſte! Vénus, irritée de la bleſſure qu'elle avoit reçue de ſon époux, lui inſpira le deſir infâme de la proſtitution. A ſon retour Diomède eut tant d'horreur de ſes excès, que, pour n'en pas être témoin, il abandonna l'Etolie, & vint ſe réfugier dans la Pouille où il fonda la ville d'Argypire. Diomède étant mort, ſes compagnons, qui ne ſe trouvoient pas aſſez de forces pour conſerver leurs poſſeſſions, ſe retirèrent dans une petite Iſle voiſine, &, comme cette Iſle étoit remplie d'oiſeaux, on publia qu'ils avoient été ainſi métamorphoſés, fiction que l'ingénieux Ovide a revêtue du charme des ſes Vers. Quels étoient ces oiſeaux ? Ovide dit qu'ils reſſembloient à des cygnes : quelques Sçavans croyent que c'étoient des Hérons : Pline & Solin prétendent qu'ils careſſoient ceux qui abordoient dans le lieu de leur demeure. Après ſa mort, Diomède fut mis au rang des Dieux.

PLANCHE XXXIII.

PERGAME.

La première tête qui s'offre à nous fur cette Planche eft celle de *Pergame.* Elle eft gravée fur une *Améthifte*; on y remarque tout-à-la-fois de la dignité, de la gravité & des graces. Un diadême la décore. Pergame, dit Paufanias, étoit le plus jeune des fils de Pyrrhus Néoptolème & d'Andromaque. Ce Prince étant allé en Afie & ayant fixé fon féjour dans la Tenthranie, où régnoit Arias, tua ce Souverain dans un combat fingulier, fe rendit maître de fes États, &, de fon nom, en appella la Ville principale *Pergame.* Le portrait qui eft fous nos yeux reffemble parfaitement à celui qui fe trouve fur différentes médailles que l'on regarde comme frappées par les Pergaméniens, & fur-tout fur celle de *Fulvius Urfinus* Planche CI, où fe lifent ces mots ΠΕΡΓΑΜΟΣ ΚΤΙΣΤΗΣ. *Pergame Héros*, infcription femblable à celle que l'on trouve fur beaucoup d'autres médailles, principalement fur celles d'Alexandre; ainfi que le dit Jean le Févre, pag. 61 de fes explications de *Fulvius Urfinus.* N°. I.

PTOLÉMÉE, *FILS AINÉ DE PTOLÉMÉE AULÈTE.*

Quoiqu'il y ait quelque reffemblance entre cette tête gravée fur une *Agathe Sardoine* & celle que nous avons donnée Planche XXXIII, N°. II. pour être le portrait de Ptolémée fils *cadet* de Ptolémée Aulète gravé fur une *Cornaline*, nous n'héfitons pas cependant à reconnoître dans celle-ci *Ptolémée fils aîné* de ce même Prince. Vaillant, dans fon hiftoire des Ptolémées, nous a marqué la différence qui fe trouvoit dans la manière de fe coëffer des deux frères. Le plus jeune portoit les cheveux coupées à la façon des Romains, l'aîné avoit confervé l'ancienne coutume des Rois d'Egypte fes prédéceffeurs. N°. II.

Ce Prince ne fut pas long-tems fur le Trône : il y monta, par la mort de fon père, à l'âge de treize ans : il avoit pour fœur & pour époufe la fameufe Cléopâtre. Trop jeune pour gouverner par lui-même, il fuivit aveuglément les confeils de Pothin, d'Achillas fes Miniftres & de Théodote fon Précepteur. Ce fut par l'avis de ce dernier, que, du confentement du Roi, Septimius immola Pompée qui venoit chercher un afyle chez le fils d'un Souverain à qui il avoit confervé fon Royaume. Guidé par les mêmes perfonnes, il fe fépara de Cléopâtre, tendit des piéges à Céfar par lequel enfin il fut vaincu, &, n'ayant encore que dix-fept ans, il mourut dans les eaux du Nil, où il fe noya en voulant fuir fon Vainqueur.

RHÉMÉTALCÈS, *ROI DE THRACE.*

No. III. Dans l'Histoire Romaine le nom de *Rhémétalcès* est célèbre ; ce fut lui qui sous Tibère, au rapport de Paterculе, seconda efficacement par une nombreuse Cavalerie les Troupes Romaines qu'enveloppoit l'armée des barbares. Rhémétalcès étoit Roi des Thraces & fils de Rhémétalcès l'ancien. Sa tête que nous offre cette *Cornaline* est ceinte du diadême, & quoiqu'elle annonce la jeunesse, elle annonce aussi cette gravité noble qui embellit un Souverain. On peut voir dans la première partie des inscriptions antiques des Villes d'Etrurie pag. 211, Nº. 52, une tête pareille que Gori a tirée du Museum du Marquis *Riccardi*, & au bas de laquelle est en abrégé le nom du Graveur.

Nº. IV. L'*Onyx* qui suit présente la tête d'un Vieillard qui nous est inconnu. La manière dont les cheveux sont disposés nous fait croire que c'est le portrait de quelque Roi.

PHILISTIS.

Nº. V. Quoique cette tête ne soit pas entièrement ressemblante à celle que les Auteurs de la description des Pierres gravées d'Orléans donnent ; pag. 25 de leur second Volume, pour être l'image de *Philistis*, nous n'hésitons pas cependant à la regarder comme le portrait de cette Princesse, notre *Cornaline* approchant beaucoup plus de ses médailles & sur-tout de celle d'argent de *Fulvius Ursinus*, que leur *Agathe-Onyx*. Peut-être cependant leur gravure, quoique faite par la main habile de M. *de S. Aubin*, en donnant à cette tête un peu de nos graces Françoises, a-t-elle altéré les traits sévères qu'offroit la Pierre que les Sçavans, qui l'ont décrite, avoient comparée avec les médailles.

Il ne paroît pas douteux maintenant que Philistis ait été Reine de Sicile. MM. les Abbé *le Blond* & *de la Chaux* citent pour appuyer ce sentiment une inscription trouvée sur les degrés de l'ancien théâtre à Syracuse & publiée par le Prince de *Torremuzza*, sur laquelle on lit ces mots ΒΑΣΙΛΙΣΣΑΣ ΦΙΛΙΣΤΙΔΟΣ. *Fulvius Ursinus* avoit déjà cité des médailles d'argent de cette Princesse avec la même inscription, médailles que Suidas appelloit *νόμισμα Φιλιστίδειον*, & sur le revers desquelles on voyoit un quadrige, Type qui fit juger au P. *Frælick* qu'elles ne pouvoient appartenir qu'à la Sicile ou à la grande Grèce, ce que soupçonnoit le célèbre *Scipion Maffei*, auquel on peut joindre *Béger*.

CLÉOPATRE V, *DITE SÈLENE.*

Nous embrassons avec plaisir le sentiment du célèbre *Sébastien Blanchi*, qui sur ce Camée de *Jaspe* mêlé de *Calcédoine* croit devoir reconnoître les traits habilement rendus de *Cléopâtre* fille de Ptolémée Evergètes II. A la mort de son père elle épousa Ptolémée Soter II son frère qui, pour s'unir à elle répudia, par ordre de sa mère, Cléopâtre sa sœur aînée dont il étoit l'époux. La tête que nous examinons ressemble entièrement à une médaille d'argent conservée dans le Museum des Médicis, & beaucoup aux médailles de bronze citées par *Vaillant*. Notre Camée avoit déjà été publié par *Léonard Agostini* qui le regardoit comme le portrait de la Cléopâtre dont Antoine fut la conquête, erreur que *Maffei* reproduit quoiqu'en hésitant; mais en examinant attentivement les médailles de l'une & de l'autre de ces Princesses, & les comparant à ce Camée, il est impossible de s'y méprendre. No. VI.

Cette Cléopâtre avoit été surnommée ΣΗΛΗΝΗΣ, ainsi que le prouvent les médailles que *Vaillant* a fait graver, titre d'honneur qui la désignoit comme une nouvelle Isis, Divinité que les Egyptiens disoient être la Lune (1).

PLANCHE XXXIV.

Les têtes qui suivent ne nous sont pas absolument connues; mais la beauté de leur travail ne nous permet pas de les omettre.

Le N°. I nous présente une tête agréable, dont la coëfiure & les traits sembleroient indiquer *Faustine*; mais son front n'étant point orné du diadême nous ne pouvons reconnoître l'épouse d'Antonin, malgré la ressemblance que ce *Jaspe rouge* paroît avoir avec *l'Agathe-Onyx* du Cabinet d'Orléans, *Voy. Tom. II.* de la description des Pierres gravées, pag. 117. N°. I.

Artemise, Reine de Carie, pourroit fort bien être représentée sur la *Cornaline* N°. II. Cette tête exprime la douleur d'une épouse, absorbée par l'idée de la mort de son époux. On sçait que femme & sœur de *Mausole*, cette Princesse est une des martyres de l'amour conjugal. Le tombeau qu'elle fit construire à N°. II.

---

(1) *Selene nomen est Lunæ apud Græcos, ita vocata* παρὰ το σέλας νέυ, *id est à novo lumine, quia Luna dicta est, quod luce luceat alienâ hoc est Solis, quasi nostra Selene esset altera Isis quæ apud Ægyptios Luna existimabatur.* ΣΗΛΗΝΗ *pro* ΣΕΛΗΝΗ *atticè, Ionicè & Æolicè dicitur, doricè vero pronunciatur* ΣΕΛΑΝΗ. Vaillant, *Hist. Ptolem.* pag. 126.

Mausole, ouvrage admirable de *Scopas*, fut compté parmi les ſept Merveilles du Monde. C'eſt du nom de ce Prince, que depuis on appella *Mauſoles* les tombeaux diſtingués élevés à l'honneur des perſonnages célèbres par leur rang, leur vertus ou leur mérite, & tous les cénotaphes dont on a voulu faire l'éloge.

N°. III. *Bérénice*, dont nous avons parlé Planche XXXI, N°. III eſt peut-être la même que nous voyons ſur la *Cornaline* N°. III de cette Planche. Du moins on ne peut pas nier qu'il y ait une grande reſſemblance entre les traits de ces deux figures comparées entre elles & comparées encore avec la médaille de bronze citée par Vaillant, pag. 26 de ſon hiſtoire des Ptolémées.

N°. IV. L'*Agathe* N°. IV nous offre un ſuperbe Camée. C'eſt la tête d'une Reine d'Egypte qui nous eſt inconnue; mais de la beauté de laquelle on eſt charmé de voir l'enſemble dans cette Pierre habillement taillée. Le diadême eſt le ſigne de ſa dignité : la diſpoſition des cheveux arrangés à la manière des Egyptiens, annonce que la Princeſſe dont nous admirons les traits a régné parmi eux. La couronne formée de feuilles de roſeaux qui tourne autour du diadême confirme encore cette conjecture : les roſeaux, comme l'on ſçait, naiſſoient en abondance aux bords du Nil : &, ſi l'on vouloit que ces feuilles qui accompagnent la couronne fuſſent de palmier, cela ne détruiroit pas encore notre opinion, puiſqu'une couronne de ces feuilles, dans les pompes ſolemnelles, étoit, au rapport d'Apulée, poſée ſur la tête d'*Iſis*, Divinité de l'Egypte, dont ſouvent, par honneur ou par flatterie, l'on donnoit les attributs aux Souverains que l'on vouloit célébrer.

N°. V. Gori croit que le *Jaſpe* mêlé de *Calcédoine* N°. V pourroit repréſenter la tête d'*Arſinoé*, fille d'un Ptolémée & l'épouſe de Lyſimaque Roi de Macédoine. Si cette Pierre a beaucoup de reſſemblance, comme le dit cet Auteur, avec des médailles de cette Princeſſe, il faut avouer qu'elle n'en a aucune avec la médaille d'or citée par *Fulvius Urſinus* N°. 37; & nous ne trouvons pas même ſur ſa tête la feuille du *Sylphium* qui puiſſe ſervir à la déſigner.

PTOLÉMÉE APION, *ROI DE LA CYRÉNAIQUE.*

N°. VI. *Fulvius Urſinus*, Planche CXXI, a produit une tête de *Ptolémée Apion*, Roi de la Cyrénaïque. Planche XXXVII, *Léonard Agoſtini* en a publié une autre; mais ſur la tête citée par *Urſinus* on voit une petite fleur de *Sylphium* qui eſt le ſymbole de Cyrénéens, ce qui ne ſe trouve ni ſur le Camée de *Léonard Agoſtini*,

Agostini, ni sur l'*Agathe* que nous examinons. La tête de notre Pierre est ceinte d'un diadême : ses cheveux, comme dans celle que donne *Agostini*, retombent en boucles parallèles, en forme de rayons à la mode ancienne des Égyptiens, &, seulement au-dessus du front, ils forment des sinuosités qui ne sont pas sans agrément. En mourant, ce Prince laissa par testament le peuple Romain son héritier.

Quant au *Sylphium* dont nous venons de parler, il n'est pas déplacé sans doute d'en donner ici quelque notion, d'après ce qu'en ont dit, au sujet d'une tête de *Magas*, les Auteurs de la description des Pierres gravées d'Orléans. Cette plante que les Anciens ont nommé *Laserpitium*, croissoit en Syrie, en Perse, en Médie, & Théophraste dit que la plus estimée, que l'on appelloit par excellence le *Sylphium de Battus*, venoit de la Cyrénaïque : on la met dans la classe des simples *Rosacées*. Grosse & haute comme la *Férule*, elle a des feuilles disposées en aîles, fermes, charnues, roides & découpées à l'extrémité. Ces feuilles sortent deux à deux de chaque nœud de la plante, & un pédicule orné d'une fleur en rose sort à la naissance des feuilles. La tête de la plante ressemble beaucoup à celle de l'artichaut. Au lever de la canicule tombent les semences qui succèdent aux fleurs. Cette plante étoit d'un grand usage dans la Médecine & pour la Table : double raison qui occasionna sa rareté. Cependant, quoique du tems de Strabon elle manquât presqu'entièrement, quoiqu'on en ait présenté une à Néron, comme une chose extrêmement rare & précieuse, il est difficile de se persuader qu'elle soit entièrement perdue : il y a même des Auteurs postérieurs à ces tems, tels que *Galien* & *Synésius* Évêque de Ptolémaïde, qui parlent d'elle comme d'une plante abondante, &, si l'on se donnoit la peine d'examiner les plantes dont *M. le Maire*, Consul de France à Tripoli en 1706, parle dans le mémoire de son voyage à la Cyrénaïque, on pourroit reconnoître que le *Serfione* ou *Sépissione*, dont les campagnes de Derne sont garnies, & que les Arabes appellent *Césie*, ou *Zerra* est la même plante que le *Sylphium* que l'on retrouve sur bien des médailles frappées autrefois dans ces pays.

PLANCHE XXXV.

SÉMIRAMIS, *REINE D'ASSYRIE.*

Est-ce bien Sémiramis que nous offrent cette *Cornaline*, ce *Jaspe* mêlé de *Calcédoine*, & cette *Calcédoine* ? Il est certain que c'est la même tête que portent Nos. I. II & III.

Mausole, ouvrage admirable de *Scopas*, fut compté parmi les sept Merveilles du Monde. C'est du nom de ce Prince, que depuis on appella *Mausoles* les tombeaux distingués élevés à l'honneur des personnages célèbres par leur rang, leur vertus ou leur mérite, & tous les cénotaphes dont on a voulu faire l'éloge.

N°. III. *Bérénice*, dont nous avons parlé Planche XXXI, N°. III est peut-être la même que nous voyons sur la *Cornaline* N°. III de cette Planche. Du moins on ne peut pas nier qu'il y ait une grande ressemblance entre les traits de ces deux figures comparées entre elles & comparées encore avec la médaille de bronze citée par Vaillant, pag. 26 de son histoire des Ptolémées.

N°. IV. L'*Agathe* N°. IV nous offre un superbe Camée. C'est la tête d'une Reine d'Egypte qui nous est inconnue; mais de la beauté de laquelle on est charmé de voir l'ensemble dans cette Pierre habillement taillée. Le diadême est le signe de sa dignité : la disposition des cheveux arrangés à la manière des Egyptiens, annonce que la Princesse dont nous admirons les traits a régné parmi eux. La couronne formée de feuilles de roseaux qui tourne autour du diadême confirme encore cette conjecture : les roseaux, comme l'on sçait, naissoient en abondance aux bords du Nil : &, si l'on vouloit que ces feuilles qui accompagnent la couronne fussent de palmier, cela ne détruiroit pas encore notre opinion, puisqu'une couronne de ces feuilles, dans les pompes solemnelles, étoit, au rapport d'Apulée, posée sur la tête d'*Isis*, Divinité de l'Egypte, dont souvent, par honneur ou par flatterie, l'on donnoit les attributs aux Souverains que l'on vouloit célébrer.

N°. V. Gori croit que le *Jaspe* mêlé de *Calcédoine* N°. V pourroit représenter la tête d'*Arsinoé*, fille d'un Ptolémée & l'épouse de Lysimaque Roi de Macédoine. Si cette Pierre a beaucoup de ressemblance, comme le dit cet Auteur, avec des médailles de cette Princesse, il faut avouer qu'elle n'en a aucune avec la médaille d'or citée par *Fulvius Ursinus* N°. 37; & nous ne trouvons pas même sur sa tête la feuille du *Sylphium* qui puisse servir à la désigner.

PTOLÉMÉE APION, *ROI DE LA CYRÉNAIQUE.*

N°. VI. *Fulvius Ursinus*, Planche CXXI, a produit une tête de *Ptolémée Apion*, Roi de la Cyrénaïque. Planche XXXVII, *Léonard Agostini* en a publié une autre; mais sur la tête citée par *Ursinus* on voit une petite fleur de *Sylphium* qui est le symbole de Cyrénéens, ce qui ne se trouve ni sur le Camée de *Léonard Agostini*,

Agostini, ni sur l'*Agathe* que nous examinons. La tête de notre Pierre est ceinte d'un diadême : ses cheveux, comme dans celle que donne *Agostini*, retombent en boucles parallèles, en forme de rayons à la mode ancienne des Égyptiens, &, seulement au-dessus du front, ils forment des sinuosités qui ne sont pas sans agrément. En mourant, ce Prince laissa par testament le peuple Romain son héritier.

Quant au *Sylphium* dont nous venons de parler, il n'est pas déplacé sans doute d'en donner ici quelque notion, d'après ce qu'en ont dit, au sujet d'une tête de *Magas*, les Auteurs de la description des Pierres gravées d'Orléans. Cette plante que les Anciens ont nommé *Laserpitium*, croissoit en Syrie, en Perse, en Médie, & Théophraste dit que la plus estimée, que l'on appelloit par excellence le *Sylphium de Battus*, venoit de la Cyrénaïque : on la met dans la classe des simples *Rosacées*. Grosse & haute comme la *Férule*, elle a des feuilles disposées en aîles, fermes, charnues, roides & découpées à l'extrémité. Ces feuilles sortent deux à deux de chaque nœud de la plante, & un pédicule orné d'une fleur en rose fort à la naissance des feuilles. La tête de la plante ressemble beaucoup à celle de l'artichaut. Au lever de la canicule tombent les semences qui succèdent aux fleurs. Cette plante étoit d'un grand usage dans la Médecine & pour la Table : double raison qui occasionna sa rareté. Cependant, quoique du tems de Strabon elle manquât presqu'entièrement, quoiqu'on en ait présenté une à Néron, comme une chose extrêmement rare & précieuse, il est difficile de se persuader qu'elle soit entièrement perdue : il y a même des Auteurs postérieurs à ces tems, tels que *Galien* & *Synésius* Évêque de Ptolémaïde, qui parlent d'elle comme d'une plante abondante, &, si l'on se donnoit la peine d'examiner les plantes dont *M. le Maire*, Consul de France à Tripoli en 1706, parle dans le mémoire de son voyage à la Cyrénaïque, on pourroit reconnoître que le *Serfione* ou *Sépissione*, dont les campagnes de Derna sont garnies, & que les Arabes appellent *Césie*, ou *Zerra* est la même plante que le *Sylphium* que l'on retrouve sur bien des médailles frappées autrefois dans ces pays.

PLANCHE XXXV.

SÉMIRAMIS, *REINE D'ASSYRIE.*

Est-ce bien Sémiramis que nous offrent cette *Cornaline*, ce *Jaspe* mêlé de *Calcédoine*, & cette *Calcédoine* ? Il est certain que c'est la même tête que portent N^os. I. II & III.

PLANCHE XXXVII.

Voici un buste d'*Agate-Sardoine*, dont le travail, sans être parfait, n'est pas à dédaigner. C'est une tête de femme qu'il représente. Sa figure est belle, une gravité mêlée de graces la distingue. La manière dont elle est coëffée n'est point commune. Le voile & le diadême dont cette tête est ornée conviennent également aux Déesses & aux femmes qui ont obtenu les honneurs de l'apothéose. La disposition des cheveux arrangés avec soin par boucles égales, & la manière dont cette sculpture est traitée, semblent annoncer quelque chose d'étranger. Ce n'est point, à notre avis, la tête d'aucune Impératrice de la maison d'Auguste, & nous croirions plutôt que c'est quelque Reine de Syrie mise au nombre des Divinités. La base de ce buste est d'or & faite de nos jours.

PLANCHE XXXVIII.

Dans les différentes Planches qui suivent se voyent des têtes que les hommes les plus versés dans la connoissance des Pierres antiques n'ont point désignées; mais dont le travail est trop beau pour que nous ne les donnions pas au Public.

Nº. I. La première, Nº. I de la Planche XXXVIII est une *Améthyste* sur laquelle les uns croyent reconnoître *Hannon*, Général des Carthaginois, & les autres *Jugurtha*, Roi des Numides. On connoît la confiance des Carthaginois dans le premier, ses combats, ses défaites, ses exploits & sa jalouse rivalité avec Annibal. Le second n'est pas moins connu. Petit-fils de *Massinissa*, adopté par *Micipsa*, on sçait de quels moyens il s'est servi pour s'emparer du Royaume de Numidie & comment il fit mourir les deux Princes ses frères adoptifs. On connoît encore les avantages que les Romains remportèrent sur lui à l'aide de Métellus & de Marius, la trahison de *Bocchus* son beau-père, qui, loin de le défendre, le livra lui-même à *Sylla* Questeur, & tout jeune Officier qui, de cet évènement, voulut tellement tirer d'honneur, qu'il fit naître la haine de Marius contre lui, source cruelle de ces débats qui coûtèrent depuis tant de sang à la République. Enfin personne n'ignore sa malheureuse destinée, le désagrément qu'il éprouva en suivant comme captif le char de son ennemi triomphateur, & la mort qui termina ses maux dans la fosse où il fut enfermé après le triomphe du Vainqueur.

Sur la *Cornaline* qui suit immédiatement, on croit qu'une main Sçavante a tracé le portrait de quelque Roi de Thrace, dont le casque, pour emblême particulier, porte un Triton qui lance des flèches. N°. II.

Gori dans le texte de son ouvrage pense que les têtes suivantes représentent des Rois de Syrie; mais il ne les nomme que dans sa table. Nous les nommerons comme lui, & nous laisserons les Sçavans dissiper dans nos Lecteurs l'incertitude où nous sommes nous-mêmes relativement à ces portraits. N°. III.

Le N°. III, qui est un beau *Camée* de *Calcédoine*, est peut-être, dit *Gori*, Antiochus II que les Milésiens surnommèrent *Théos*, *Théus* ou *Dieu*, par reconnoissance de ce qu'il les avoit délivrés de la tyrannie de *Tymarque*. Les anciens Écrivains nous conservent l'histoire de ses guerres avec Ptolémée Philadelphe, & de la paix honteuse qu'il fit avec ce Roi. Nous avons déjà parlé de la condition que Philadelphe y avoit apposée, qu'il répudiroit *Laodice* pour épouser sa fille *Bérénice*, dont les seuls enfans succéderoient à sa Couronne; mais à la mort de Philadelphe, ce Prince répudia sa seconde épouse pour reprendre Laodice, qui, craignant de nouvelles foiblesses de la part d'Antiochus, le fit périr par le poison.

Démétrius, fils d'Antigone, surnommé *Poliorcète*, peut être, suivant la table de *Gori*, celui dont la tête est si bien gravée sur le *Grenat Oriental* N°. IV. Effectivement, suivant Plutarque, outre une taille avantageuse, ce Prince avoit une beauté singulière. Sur son visage la gravité se mêloit à la douceur: la vivacité & la majesté brilloient à la fois sur sa figure, caractères qui semblent retracés sur notre Pierre. Le nom de *Poliorcète*, qui signifie *Preneur de Villes*, donne une idée de son courage & de son habileté; il étoit aussi patient que vif & belliqueux. Quand il n'avoit point d'entreprise à suivre, c'étoit l'homme du commerce le plus facile & le plus délicieux. Ses mœurs adaptées aux circonstances étoient sévères dans la guerre & voluptueuses au sein de la paix. Nous ne rapporterons point ici toutes les actions de Poliorcète: la manière dont il se fit connoître d'abord dans l'Asie mineure: ses différens avec Philadelphe, & les mutuels échecs qu'ils reçurent l'un de l'autre: ce qu'il fit de bien & de mal aux Athéniens: le crime à l'aide duquel il se fit proclamer Roi de Macédoine: comment il fut obligé de quitter ce Royaume, & comment il mourut prisonnier de Séleucus. Nous nous contenterons de dire qu'il éprouva tous les avantages & tous les revers dont la fortune s'amuse à tourmenter les humains & sur-tout les Rois. N°. IV.

Sur la *Cornaline* N°. V verroit-on *Démétrius Soter* que Gori indique dans sa table? C'est ce que nous n'affirmerons point. Ce beau nom de *Soter* ou *Sauveur*, N°. V.

eſt un fruit de la reconnoiſſance des Lacédémoniens pour ce Prince, lorſqu'il les délivra de l'oppreſſion des deux frères Timarque & Héraclide. Long-tems le jouet des Romains, chez leſquels il étoit en otage, par le conſeil de Polybe l'Hiſtorien, il s'échappa furtivement de leurs terres, & fut enſuite confirmé par eux Roi de Syrie. Après un règne de douze ans, il mourut des coups de flèches dont il fut percé dans une fondrière, où ſon cheval le précipita, lorſqu'il fuyoit les Troupes victorieuſes d'Alexandre.

PLANCHE XXXIX.

Nos. I. II. & III. Un *Camée* de *Jaſpe* mêlé de *Calcédoine*, une *Cornaline* & un ſecond *Camée* de *Jaſpe* mêlé de *Calcédoine* ſont les trois premières Pierres que l'on voie ſur cette Planche. Les noms des Rois qu'elles repréſentent, & que l'on reconnoît pour Souverains au diadême qui ceint leurs têtes, nous ſont entièrement inconnus.

Nos. IV & V. Ce ſont des têtes de Héros que nous offrent l'*Améthyſte* N° IV & le *Camée* de *Jaſpe* mêlé de *Calcédoine* N°. V. On ne peut trop admirer la nobleſſe de leur figure, qui par leurs formes gracieuſes nous intéreſſent autant que peuvent intéreſſer des portraits dont on ne connoît pas les noms.

N°. VI. Sur la *Cornaline* N°. VI que Gori indique ſeulement comme la tête inconnue de quelque Reine d'Égypte, on aime à revoir des traits qui rappellent le ſouvenir de *Bérénice* la *Grande* : & en comparant cette Pierre avec l'*Hyacinthe* N°. III de la Planche XXXI, on ſe familiariſe agréablement avec l'idée que ce pourroit bien être cette même Princeſſe.

PLANCHE XL.

Un buſte de *Cryſtal* occupe à lui ſeul la Planche XL. La femme qu'il repréſente nous eſt inconnue; mais c'eſt avec plaiſir que l'on conſidère la beauté du travail de cette figure, & la manière agréable avec laquelle elle eſt drapée.

PLANCHE XLI.

MÉLÉAGRE.

N°. I. Si nous rapprochons la *Cornaline* qu'offre le N°. I de cette Planche, des Statues de marbre, des Pierres antiques & connues où *Méléagre* eſt repréſenté, nous ne pouvons douter que la tête que nous examinons ne ſoit celle de ce

Héros. Tout l'annonce : cette chevelure courte & crépue, cette sévérité pleine de charmes qui caractérise la figure & l'air de jeunesse qui l'embellit. La beauté du travail & la perfection semblent annoncer aussi que c'est dans le plus beau siècle de l'art que cette Pierre a été gravée.

Méléagre si connu par le meurtre du sanglier Calydonien, suivant l'opinion commune (1) des Mythologistes, étoit fils d'*Œnée*, Roi de *Calydon* & d'*Althée*. Au moment de sa naissance les *Parques* mirent un tison au feu en disant, *l'enfant vivra tant que le tison durera*, & elles commencèrent à filer ses jours. L'amour maternel se fit aussi-tôt entendre : Althée courut retirer du foyer & éteindre le tison à la durée duquel étoit attachée la destinée de son fils. A l'âge de quinze ans, le jeune Prince, soit oubli, soit mépris, négligea de sacrifier dans le temple de Diane. La Déesse irritée fit paroître un sanglier monstrueux qui désola toute la contrée; les Princes voisins s'assemblèrent alors pour le combattre & se joignirent à Méléagre, qui, toujours à leur tête, fit preuve du plus grand courage. Atalante atteignit la première le sanglier ennemi : Méléagre de sa propre main le tua & en présenta la hure à la belle Atalante qui la méritoit si bien. Cependant, les oncles de Méléagre mécontens de sa déférence, prétendirent avoir cette dépouille honorable : les reproches commencèrent, la colère s'alluma & le bouillant Méléagre aussi-tôt immola *Plexippe* & *Toxée* qui vouloient blâmer ses présens. Althée avoit appris la victoire de son fils sur le sanglier, elle voulut en aller remercier les Dieux : sur son chemin se trouvent les corps ensanglantés de ses frères : ses cris de joie sont remplacés par des gémissemens ; mais on lui dit que le meurtrier est son fils : ses larmes cessent, la vengeance les tarit, il périra : elle a dans ses mains le tison fatal dont la fin amène celle des jours de son fils ; son amour, qui le lui avoit fait retirer des flâmmes au moment de sa naissance, a disparu, & sa main le jette dans un brâsier, qui bientôt le consumant, fait, au milieu des douleurs les plus effroyables, expirer l'infortuné Méléagre.

Garantir les faits que nous venons de raconter ce seroit une folie. Rien n'est moins certain que ces histoires embellies par les Poëtes en diverses manières. Homère, Ovide racontent les avantages de Méléagre d'une façon bien différente. Il n'est point question dans Homère du tison merveilleux ; Ovide n'en

(1) Ενυάλιος, *hoc est Martius ab Oppiano appellatur, nam Martis aliqui, alii Œnei Regis filium arbitrantur.* Gori, Tom. I. Gemm. pag. 70.... *Voy.* Oppian. Cyneget. *Lib. II. v.* 23.

eſt pas cependant l'inventeur, & Pauſanias ſemble croire que Phrynicus, Poëte tragique, diſciple de Theſpis, en a parlé le premier, quoiqu'ajoute le même Auteur, il ne ſe ſoit exprimé ſur cet objet que comme on parle ordinairement d'une vérité déjà connue.

Il y a des Auteurs qui croyent que ſous le nom de ce ſanglier on a caché quelqu'un des fameux brigands contre leſquels il falloit raſſembler, pour ainſi dire, des armées : c'eſt le ſentiment de Strabon, qui donne pour mère à celui dont il s'agit, la fameuſe *Phaye* à qui Théſée ôta la vie.

THÉSÉE.

N°. II. Compagnon & rival d'Hercule, l'invincible *Théſée* eſt gravé ſur ce *Jaſpe rouge*, au jugement de *Léonard Agoſtini*. Ses cheveux coupés ſur le devant de la tête ſont, par derrière, dans leur longueur, & la manière dont ils ſont gravés annonce le talent de l'Artiſte qui les a ſi bien rendus. Cette diſpoſition des cheveux du jeune Héros n'indiqueroit-elle point l'offrande que, ſuivant l'uſage ancien, il en fit à Apollon dans ſon temple de Delphes où il alla dès qu'il eut quitté le rang des Éphèbes (1). La beauté que lui attribuent les Écrivains eſt bien exprimée ſur ſon viſage que décore une jeuneſſe floriſſante.

Diodore de Sicile, Apollodore & les Mythologues en général ont parlé de Théſée. Plutarque en a écrit la vie, & Meurſius a fouillé dans l'Antiquité pour recueillir tout ce qu'elle avoit conſervé ſur ce Héros. Ce que ces derniers Auteurs nous racontent de Théſée offre un mêlange de Fables ſous le voile deſquelles il n'eſt pas facile de découvrir la vérité.

Le neuvième Roi d'Athènes, Egée ſe voyant ſans enfans alla conſulter l'oracle d'Apollon à Delphes : la Prêtreſſe du Dieu lui défendit d'avoir le moindre commerce avec aucune femme qu'il ne fut de retour à Athènes. La défenſe de la Prêtreſſe n'étoit pas abſolument claire, c'étoit aſſez l'uſage de cette Inſpirée de ne pas s'expliquer trop clairement. Egée va conſulter Pithéus à Trezène. Celui-ci lui explique l'Oracle, ou plutôt à la faveur de ſon obſcurité perſuade Egée de prendre pour épouſe ſecrette Ethra ſa fille. Le Roi d'Athènes écouta les avis de Pithéus, & quand il voulut repartir pour ſon pays, Ethra ne

(1) *Éphèbes*. Ce nom ſe donnoit aux jeunes gens de quatorze, quinze & ſeize ans. Cenſorin dit que l'on mettoit au rang des Éphèbes les jeunes gens dès qu'ils ſortoient de l'âge appellé *Pueritia*. *Cenſor. dic. nat.* 5.

pouvoit

pouvoit plus douter qu'elle feroit bientôt mère. Pour cacher cette alliance & fauver l'honneur de fa fille, Pithéus fit courir le bruit que Neptune, la Divinité favorite des Trézéniens, en étoit devenu amoureux, ce qui fit paffer Théfée pour fils de Neptune.

Avant de partir pour Athènes, Théfée avoit eu foin de mettre fous une pierre affez groffe des fouliers & une épée, & avoit recommandé à Éthra, fi elle mettoit au jour un enfant mâle, de ne le lui envoyer que lorfqu'il feroit en état de lever cette pierre. Cet ordre d'Égée fut fcrupuleufement exécuté. Nous n'entrerons point dans tous les détails des hauts faits de Théfée. Parent d'Hercule, il voulut en être le glorieux émule, & fes efforts ne furent point fuperflus. Dans fon enfance, il avait donné les efpérances de fes travaux futurs lorfque, jouant avec ceux de fon âge & trouvant la peau du lion dont fe couvroit Hercule, il avoit pris la hache d'un Efclave pour la frapper, croyant que c'étoit l'animal lui-même, dont l'idée feule avoit fait fuir fes compagnons. *Périphêtes* ou le *Porteur de maffue*, fut le premier qui reffentit les effets de fon courage & de fa force: Théfée le défit près du Golfe Sarronique, & fe para de fes armes. Il fit périr *Sinius* ou le *Ployeur de Pins*, lorfqu'il traverfa l'Ifthme de Corinthe: & de fa fille *Périgone* il eut un fils qui fut appellé *Ménalippe*. Il délivra les terres de Crommyon de la fameufe *Phaye*. *Sciron* près de Mégare, *Cercyon* l'Arcadien à Éleufine, *Damaftès* ou *Procufte* à Hermione, furent immolés par fes mains. Théfée fit chaffer de la Cour de fon père la redoutable *Médée*, & affura le pouvoir chancelant d'Égée par fa victoire fur les *Pallantides*.

Ce fut à lui que la Patrie fut redevable de l'exemption du tribut qu'elle payoit à Minos fecond. A la mort de fon père, Théfée réduifit en un feul corps tous les habitans de l'Attique, &, d'après l'Oracle de Delphes qui, confulté par lui fur la nature du Gouvernement qu'il devoit adopter, lui avoit ordonné de ne point gouverner defpotiquement, il préféra le Gouvernement populaire, ne fe réfervant que le maintien des Loix. La Religion eft la fauve-garde de tous les Empires, & la paix en fait le bonheur; Théfée donc fçut donner à la première toute fa fplendeur: il établit le culte de *Pitho* ou de la Déeffe de la Perfuafion, & celui de *Vénus*, qui devoit, difoit-il, être le lien de tous les peuples: il renouvella les jeux Ifthmiques en l'honneur de Neptune, & les fit célébrer de jour. Pour conferver la paix il fixa les bornes de fes Etats, &, de concert avec les Ioniens & les Péloponéfiens, fit élever une colonne qui en annonçoit les limites.

Théfée, fuivant l'opinion reçue, affifta à la conquête de la Toifon d'Or:

il se trouva à la chasse de Calydon : enfin il n'y eut aucune expédition, aucune guerre dans tous ces tems à laquelle on ne lui ait pas donné part, ensorte que c'étoit un proverbe reçu, que rien ne se faisoit sans Thésée, *non sine Theseo*. Le sacrifice du taureau de Marathon, l'expédition contre les Amazones sont mis au rang de ses actions éclatantes. Quant à *sa descente aux Enfers*, il est à présumer que ce n'est qu'une allusion à la prison où il fut mis par *Aidonée*, dont il étoit venu pour enlever la femme qui se nommoit Proserpine, prison de laquelle Hercule le délivra. Avant la tentative de l'enlèvement de Proserpine, Thésée avoit enlevé la fille de Tyndare, la jeune Hélène, que, suivant d'anciens Auteurs, il laissa grosse entre les mains d'Éthra, sa mère, avant de partir pour l'Épire, & dont il eut *Ériphile*, à la naissance de laquelle Hélène fit élever un temple en l'honneur de Lucine, ainsi que le raconte Pausanias. Castor & Pollux délivrèrent Hélène, firent Éthra son esclave & la mère de Thésée suivit cette Princesse à Troye lorsqu'elle fut enlevée par Pâris. Thésée, dont la vie n'avoit été, pour ainsi dire, qu'un tissu d'exploits, n'en offrit plus dans ses dernières années qu'un de malheurs que termina sa mort causée, ou par la trahison de *Lycomèdes*, qui, suivant quelques Auteurs, le précipita du haut d'un rocher, ou bien par une chûte naturelle qu'il fit du haut de ce même rocher, dont imprudemment il avoit trop approché les bords.

Thésée, malgré bien des dérèglemens, s'étoit trop distingué pour ne pas être mis au rang des Dieux. On bâtit un temple en son honneur, ou le huitième jour de chaque mois on lui faisoit un sacrifice, qui, de cet usage régulier, fut appellé *Ogdolion*

Nous n'exigerons sûrement pas de nos Lecteurs qu'ils croyent irrévocablement tout ce que nous venons de tracer de l'histoire de Thésée. On sçait trop bien que l'on peut à peine dans les narrations fabuleuses de ces tems, trouver quelques vérités historiques. Comment, par exemple, peut-on croire à la captivité d'Éthra mise au pouvoir d'Hélène lorsqu'elle fut enlevé par Pâris, maintenant qu'un Auteur aussi érudit que M. l'Abbé Guérin du Rocher, nous annonce qu'il démontrera que « cette guerre de Troye, dont le fracas a retenti » jusqu'au bout de l'Univers, cette guerre, dont la célébrité prolongée d'âge » en âge & perpétuée de bouche en bouche depuis tant de siècles, a fait » placer cet évènement mémorable au rang des grandes époques de l'Histoire, » cette guerre de Troye chantée par un *Homère* & par un *Virgile* n'est, » dans le fond, que la guerre des onze tribus d'Israël, contre celle de Benja- » min, pour venger la femme d'un Lévite, victime de l'incontinence des

» habitans de la ville de *Gabaa*, (ce mot en Hébreu a la même signification que » *Pergame* en Grec), qui fut prise par les autres Tribus Confédérées, à l'aide » d'une ruse de guerre & qui fut à la fin livrée aux flâmmes par les Vain- » queurs? Le sçavant Auteur apprendra encore que c'est le cantique de *Débora* » qui, joint au même sujet traité dans les derniers Chapitres du Livre des Juges, » par un alliage que l'imagination des Grecs a eu l'art d'amalgamer, a produit » le germe de l'Iliade d'Homère (1) ». De même qu'il est impossible que Thésée ait assisté à la guerre de Troye, suivant le systême de *M. Durocher*, il est impossible aussi qu'il se soit trouvé à la conquête de la Toison d'Or, puisque, d'après ce même Sçavant, « dans l'expédition des *Argonautes*, dans » *Jason* & *Médée*, l'on retrouvera *Gédéon* & les *Madianites*.... Dans *Hercule*, » *Samson* & *Josué*, dont *Alcide* n'est que la traduction faite en Grec.... Et que les » noms d'*Ajax*, d'*Enée*, de *Diomède*, d'*Agamemnon* & de *Ménélas* ne sont » que des traductions de ceux des enfans de *Jacob*, *Ruben*, *Simeon*, *Lévi*, » &c, &c,.... que les Grecs ont rendus dans leur langue tantôt avec une exac- » titude littérale & tantôt avec des altérations grossières ». Ce même personnage de Thésée, dont nous venons de tracer l'histoire fabuleuse & sur les exploits duquel nous venons d'élever quelques doutes d'après M. l'Abbé *Durocher*, n'a semblé à d'autres Sçavans qu'un être allégorique, ou ses travaux du moins ne sont que des allégories du labourage des terres & du dessèchement des terreins marécageux : c'est ainsi que pense M. l'Abbé *Bergier*, qui ne voit dans le combat contre les Amazones qu'un travail assidu au milieu des terres fangeuses & aquatiques : sa descente aux Enfers pour en tirer Proserpine, n'est aux yeux de ce Sçavant que la culture des lieux bas pour en tirer du grain : si ce Héros enlève & conduit Ariadne, c'est parce que ses soins

---

(1) Ce systême intéressant de M. l'Abbé *Durocher*, annoncé dans son ouvrage des *Tems Fabuleux*, vient d'être annoncé de nouveau dans celui de M. l'Abbé *Bonnaud*, intitulé, *Hérodote Historien du peuple Hébreu sans le sçavoir*. On ne peut pas douter qu'une opinion aussi extraordinaire ne heurte beaucoup de préjugés ; mais quand on a lu, avec l'envie de découvrir la vérité, & les deux ouvrages que nous venons de citer, & celui de M. l'Abbé *Chapelle*, qui a pour titre, l'*Histoire véritable des Tems Fabuleux : confirmée par les critiques qu'on en a faites*, ces mêmes préjugés perdent beaucoup de leur force, & l'on desire que M. *Guérin Durocher* se hâte de donner à son systême tous les développemens nécessaires qui le rendent inattaquable. Ce que nous avons cité avec des guillemets est tiré de l'ouvrage de M. l'Abbé *Bonnaud*.

ont été payés par l'abondance. La naiſſance d'Hyppolite, la défaite du Minotaure, l'enlèvement d'Hélène ne paroiſſent à ce même Auteur que des voiles heureux qui couvrent différentes opérations de l'Agriculture.

HYACYNTHE.

N°. III. *Jules-Pollux* obſerve qu'au ſortir de l'âge de puberté les jeunes gens avoient coutume d'offrir les cheveux qui couvroient leur front & leurs tempes, ſoit à Apollon, ſoit à Eſculape, ou bien aux fleuves ou même à d'autres Divinités. La tête que nous examinons ſemble nous conſerver, ainſi que la précédente, des traces de cet uſage. *Fulvius Urſinus* a publié une tête preſque ſemblable à celle-ci qu'il dit repréſenter Hyacynthe: *Léonard Agoſtini* en a fait graver une autre plus reſſemblante encore, &, d'après l'autorité du premier, il croit que le Graveur a voulu faire le même Hyacynthe, quoiqu'il laiſſe tout Sçavant libre de ne reconnoître en elle que celle d'un Souverain étranger. Nous croyons que ſur notre *Cornaline* l'Artiſte a voulu retracer ce même favori d'Apollon: &, ſi ſon front eſt ceint du bandeau royal, c'eſt que le Graveur, en ſuivant la tradition d'Ovide (1), aura voulu, par cet ornement, déſigner qu'il étoit fils d'*Amycle*, Roi des Spartiates. Qui ne connoît le deſtin cruel de ce jeune homme? Apollon l'aimoit & Zéphire à cet égard étoit rival d'Apollon. Un jour vers le midi, Hyacynthe & le Dieu ſe défièrent au jeu du palet. Apollon commence, le diſque part, fend les airs & retombe au loin; Hyacynthe, emporté par le jeu, ſuit le palet en courant, pour le ramaſſer auſſi-tôt. Mais Zéphire jaloux détourne le diſque lancé par Apollon & le pouſſe contre le front d'Hyacynthe. Le jeune homme pâlit & meurt dans les bras d'Apollon. De ſon ſang s'élève une fleur nouvelle, ſemblable au lys dont elle prend la couleur; ſur ce lys empourpré le Dieu met encore les ſignes de ſa douleur en y gravant ces lettres *aï, aï*.

Poſſédons-nous maintenant cette fleur gage des regrets d'Apollon ſur la mort d'Hyacynthe? Les Botaniſtes ont cherché dans leurs vaſtes parterres à la reconnoître. Pluſieurs ont cru que ce pouvoit être le *pied d'alouëte*; mais cette fleur n'a point de rapport avec le lys: & cependant il lui faut

---

(1) Suivant *Lucien*, Hyacinthe eſt fils d'*Œbalus*, & ſuivant d'autres Mythologues de *Piérus* & de *Clio*. Voyez *Lucien*, Dialog. des Morts, *Mercure* & *Apollon*.... *Ovid.* Métamorph. Lib. X.... Tableaux de *Philoſtrate* Liv. I...! Pauſanias in *Lacon*....

ce caractère d'après l'autorité d'*Ovide*. Croyons plutôt avec les Sçavans Auteurs de la description des Pierres gravées d'Orléans, que c'est le lys rouge *Lilium Purpureum*, que beaucoup d'autres regardent comme le *Cosmosandalum*, qui, suivant Pausanias est l'Hyacynthe des Anciens. Sur ce lys rouge, surnommé *Historicum*, *Dodoëns* dit avoir vu les lettres qui, suivant la Fable, furent tracées par Apollon.

LÉANDRE.

Sur ce *Jaspe* mêlé de *Calcédoine* on voit en *Camée* la tête de *Léandre* : son action de Nager, les graces de sa figure, la fleur de la jeunesse, ses cheveux qui semblent mouillés, décèlent le tendre amant de *Héro*. On peut dans plusieurs Poëtes anciens lire ses aventures, ses amours & sa fin tragique, qui occasionna celle de son amante ; mais en les consultant on ne cherchera sans doute que les détails heureux qu'ajouta le génie & qu'embellirent les Vers : car tout le monde sçait, que suivant leurs vieilles traditions, Léandre, chaque nuit, traversoit le détroit de l'Hellespont, pour aller joindre son amante, & que, pour ne point trahir leur amour, avant que l'aurore vint à paroître, il le traversoit encore; mais qu'une nuit il périt malheureusement dans les flots qu'agitoit un violent orage, & que le lendemain, *Héro* passionnée, voyant son amant étendu sur le rivage, se précipita près de lui du haut de la Tour. N°. IV.

Nous parlerons de la tête de Méduse, qui est la dernière de cette Planche, en parlant des suivantes.

PLANCHES XLII, XLIII & XLIV.

TÊTES DE MÉDUSE.

On a choisi parmi les têtes différentes de *Méduse*, qui se trouvent au Muséum des Médicis, celles que l'on voit réunies dans ces trois Planches (1). La grandeur

(1) Nous allons indiquer la matière de ces différentes Pierres, dont nous ne parlerons pas séparément, Planche XLI, N°. V, une *Cornaline*. Pl. XLII, N°. I. une *Cornaline* : N°. II, III, IV, V. *Jaspes* mêlés de *Calcedoine*. Pl. XLIII, N°. I, *Jaspe* : N°. II, *Jaspe* mêlé de *Calcédoine* : N°. III, *Améthyste* : N°. IV, *Cornaline* : N°. V, *Grenat* : N° VI, *Cornaline*. Pl. XLIV, N°. I. *Jaspe* : N°. II, *Saphir* : N°. III, *Grenat* : N°. IV, *Cornaline*.

des Pierres & la beauté du travail ont déterminé ce choix. Les Statuaires, les Sculpteurs en yvoire, les Graveurs en Pierres, les Artistes de tout genre se sont plû à rendre avec soin des têtes de Méduse, & parmi tant de rivaux on a distingué *Solon* & *Sosocle*, dont on retrouve des ouvrages en ce genre dans la collection des Pierres gravées de *Philippe de Stosch*, Planches LXIII & LXV. Dans toutes ces têtes de Méduse, on peut remarquer une grande variété, & chaque Artiste a voulu, pour rendre son ouvrage plus intéressant, en diversifier l'expression. En effet, cette fille de *Phorcus*, remarquable par la beauté de ses cheveux & par les charmes de sa figure, (charme si grands, qu'à sa vue, les hommes étoient changés en Pierre), est représentée ou la tête tranchée, la figure triste: ou prête à expirer, la bouche entre-ouverte & les yeux demi fermés: ou pleine de graces, dans cet état de sommeil, qui facilita l'entreprise de *Persée*, quand, secondé par *Minerve* outragée de ce qu'elle avoit violé son temple par ses foiblesses avec Vulcain, & surprenant les Gorgones endormies, il coupa la tête de cette même Méduse, seule de ses sœurs qui fut mortelle: enfin on la voit tantôt avec une figure douce autant que belle: tantôt les sourcils froncés, les yeux menaçans, lançant même quelquefois des regards cruels. Ses cheveux sont ou noués avec des serpens, ou entrelassés avec ces animaux qui se renouent sous le menton: quelquefois ils se terminent par leurs têtes. Presque toujours le front est surmonté par des aîles qui semblent partir des temples au milieu des cheveux. Ces aîles, chez les Étrusques, étoient des aîles de simples oiseaux & quelquefois de dragons, ainsi que le prouvent leurs monumens.

Les Anciens & sur-tout les Empereurs & les Soldats se servoient de ces têtes de Méduse comme de favorables Talismans, ils croyoient que cette image donnoit du courage & de la force dans l'adversité, & que même elle éloignoit les dangers. On pensoit, que gravée sur les tombeaux elle rendoit plus sacrées ces demeures des morts & les mettoit à l'abri des sacrilèges violateurs. Les Étrusques confondoient Méduse avec les Furies, & lui donnoient un diadême comme à une Reine. Les Dames mettoient au rang de leurs bijoux des Pierres où étoient gravées de semblables têtes. On en ornoit souvent les portes & les vases. *Stace* décrit une patère d'or avec laquelle on faisoit des libations aux Dieux & sur laquelle on avoit gravé Méduse ayant les yeux languissans.

Autant il seroit ridicule de croire que l'histoire de *Méduse*, telle que les Poëtes nous la racontent, est véritable, autant le seroit-il aussi de penser qu'il n'y a point quelque vérité cachée sous ce voile de la Fable. Mais quelle est-elle cette vérité? Les uns croyent que c'est une vérité physique, les autres veulent que c'en soit une morale. D'aprés une dissertation sçavante de *M. Parquoy*, les Auteurs de la description des Pierres gravées d'Orléans indiquent cette Fable comme une fable *Cosmogonique*. Suivant eux, l'histoire fabuleuse de Méduse & des Gorgones n'est autre chose que l'emblême de l'action d'un Dieu *séparateur* sur un *cahos préexistant*. *Tzetzès* croit que dans ces mêmes fables il n'est question que de l'effet réciproque des vapeurs de la Mer sur le Soleil, & de cet astre sur les vapeurs de la Mer. M. *Fourmont* prétend que Méduse & les *Grées* ses sœurs sont trois vaisseaux, & probablement les premiers vaisseaux à voiles que virent les Grecs; mais quelque vraisemblance que cet érudit Auteur ait donnée à son explication, elle paroît cependant insuffisante. M. l'Abbé *Bergier* ne reconnoît dans toute cette histoire qu'*une description plate & grossiére de quelques fontaines, de leurs propriétés, de leurs eaux*. *Noël le Conte*, plus utilement pour ses Lecteurs, sans atteindre mieux néanmoins la vérité, donne à cette fable des interprétations morales; Méduse est, suivant lui, l'image de la beauté qui nous séduit, nous captive, & par la passion qu'elle nous inspire & qui absorbe toutes nos facultés, nous rend aussi froids que des marbres pour tous nos devoirs : c'est peut-être aussi, dit-il, un emblême de la fortune qui, tant qu'elle nous rit nous procure des adorateurs; mais qui, si elle fuit, ne laisse plus voir en nous que les serpens qui nous environnent, & nous semble rendre odieux ceux-mêmes qui nous fêtoient avec le plus d'ardeur.

Nous parlerons du N°. V de cette Planche en expliquant les Planches suivantes.

PLANCHES XLV, XLVI, XLVII & XLVIII.

TÊTES D'HERCULE.

Le *grand* & *l'invincible* Hercule termine cette classe de Rois & de Héros, Héros & Roi lui-même, & mis après sa mort au rang des Dieux. On sçait avec quel zèle les Artistes différens se sont appliqués à bien rendre sa figure & ses travaux. Les Pierres que nous allons examiner sont une preuve tout-à-la-fois & de ce zèle & de leurs talens. On ne peut sans une espèce de volupté considérer son image dans les différens âges de sa vie, & rendue avec tant d'art sur ces diverses Pierres que l'on a choisies entre bien d'autres, à raison de leur beauté.

Ou ce Héros eſt repréſenté dans la première jeuneſſe, les joues à peine ombragées par un tendre duvet, les veines déjà marquées, la vigueur s'annonçant dans tous ſes membres, tel enfin que les Anciens le déſignoient par les titres de *Pollens* & de *Potens* que l'on retrouve ſur des tables votives : ou bien on le voit à l'âge mûr & même avancé portant des cheveux courts & crépus, une barbe épaiſſe, hériſſée & mêlée, qui indiquoit le peu de ſoin qu'il prenoit de ſa parure & qui ſembloit faire ſaillir le menton plus avant que la bouche, ainſi que l'a décrit *Cicéron*, d'après une ſtatue du temple d'Agrigente. Ses yeux ſont grands & ſemblent jetter des feux, comme le dit *Apollodore* : ſon col eſt large & très-gras : ſes épaules, ainſi qu'on peut le remarquer N°. III, Planche XLVI, ſont larges & athlétiques, & annoncent par la force des muſcles celles du Héros.

La tête d'Hercule ſur les Pierres ſe voit nue ou couverte du muffle de ce lyon fameux, qu'il tua dans la forêt de Némée, & dont les dépouilles lui ſervirent ainſi de caſque & d'ornement. Quelquefois ſon front eſt orné d'un diadême qui eſt de laine. On peut le remarquer avec cet ornement ſur les Pierres, ſur les Camées qui retracent ſes travaux. On lui a donné des couronnes tantôt de laurier, telle que les Thébains, au rapport de Pauſanias, en décorèrent ſa ſtatue ; tantôt d'olivier, comme au N°. VI de la Plan. XLV. Ce fut cette couronne qu'il reçut aux jeux Olympiques qu'il inſtitua & auxquels il fut vainqueur, ce qui le fit ſurnommer ΠΡΩΤΟΣ ΑΓΩΝΙΣΤΗΣ, titre que lui donne une inſcription antique du *Muſéum Farnèſe*. Pauſanias rapporte que, vainqueur à la lutte & au combat du Pancrace, Hercule avoit remporté des couronnes. Les couronnes d'olivier, récompenſe des Athlètes vainqueurs, avoient été inventées par Hercule, qui avoit apporté l'olivier des régions Hyperborées. Auſſi voyons-nous cet arbre auprès de ce Héros ſur un beau Camée de marbre publié par *Gori*, Partie Ire. des Inſcriptions des anciennes villes d'Étrurie, pag. 185.

Sur la *Cornaline*, N°. II de la Plan. XLVI, ſe préſente une tête d'*Hercule buveur*, travaillée avec beaucoup d'art ; ſon front eſt ceint d'une couronne de lierre, que *Liber* porta le premier de tous, & dont, à ſon exemple, les Bacchantes & Silène ſont couronnées. On remarquera ſur cette Pierre cette bouche entr'ouverte, ces yeux fixes qui cherchent à voir, caractères qui annoncent les effets de la liqueur bacchique : ce qui convient d'autant mieux à ce Héros, que les Anciens nous le donnent pour un grand buveur, vainqueur de *Léprée* qui l'avoit défié & qui étoit regardé plutôt comme une *outre* que comme un homme. Dans l'Anthologie nous retrouvons une épigramme élégante sur l'yvresse de ce noble buveur. De-là vient que bien des Statuaires lui ont mis en main une coupe dont on racontoit encore bien des merveilles. *Athenée*, sur la foi de *Pisandre*, dit qu'elle lui servoit à passer la Mer: *Macrobe* en parle en ces termes : *La tasse d'Hercule est comme le Hanap de Bacchus. C'est pour cela que les Sculpteurs le représentent la tasse à la main, & même quelquefois chancelant & yvre, non-seulement parce que ce Héros étoit grand buveur; mais aussi parce que l'histoire ancienne rapporte, qu'il avoit un vaisseau à boire dont il se servoit pour passer les Mers.* On sent toute la folie de cette exagération; mais on ne peut douter que réellement la coupe de ce Héros ne fut très-grande, d'après la manière de parler proverbiale des Anciens, qui nommoient *coupes d'Hercule*, les plus larges vases à boire. On donne encore aux têtes de ce Héros une autre couronne chère à Bacchus : elle est formée de branches de vignes ornées de pampres & de raisins. *M. de la Chausse* dans son Muséum Romain produit un Hercule ainsi couronné. Suivant *Strabon*, ce demi-Dieu reçut le nom d'Ιποκτόνος, parce qu'il avoit fait périr des animaux, des espèces de vers qui rongeoient les vignes, & ce pourroit être une des raisons qui lui ont fait donner une couronne de ses feuilles. Suivant *Athenée*, ceux qui vouloient offrir à ce demi-Dieu les prémices de leurs cheveux, lui présentoient un vase plein de vin, qu'après les libations ils faisoient vuider par les assistans.

L'Améthiste, N°. V de la Planche XLVI, qui est remarquable par sa grandeur & par la beauté du travail nous offre une autre couronne sur la tête d'Hercule, elle est faite de feuillage de chêne. Le chêne consacré à Jupiter, à Bacchus & à Cérès convient aussi parfaitement à Hercule, à cause de la force de son ame & de la vigueur de son corps, & sur-tout comme Dieu *Conservateur* ΣΩΤΗΡ, qui en parcourant le monde, le purgea & des monstres & des brigands qui le désoloient, & rendit ainsi au genre-humain son repos & sa tranquillité. Pline raconte que dans le pont près d'Héraclée l'on voyoit un autel consacré à Jupiter *Stratius*, au pied duquel s'élevoient deux chênes plantés par Hercule; il n'est donc point surprenant qu'on ait donné à ce Héros des couronnes faites avec les feuillages d'un arbre qu'il paroissoit autant chérir.

Mais de toutes les couronnes, celles qui plaisoient le plus à Hercule étoient celles de peuplier : sur le *Jaspe rouge* N°. VI de la Plan. XLVIII, son front en est orné. Si l'on en croit les Anciens, ce fut Hercule qui, le premier, découvrit près de l'Achéron un peuplier blanc, & qui, couronné de ses feuilles, traversa ce fleuve des Enfers, ainsi que le raconte *Pausanias*. Ce fut lui qui transplanta cet arbre en Grèce, & il devint son arbre chéri, comme le peint Virgile, *Populus Alcidæ gratissima*: il le mit sous sa protection, & dès-lors cet arbre fut en honneur parmi tous ceux qui rendirent un culte à Hercule, persuadés que ce Héros, lorsqu'il faisoit des sacrifices à Jupiter Olympien, ne brûloit les cuisses des victimes qu'avec des branches de peupliers blancs. Les Éléens n'employoient pas d'autres bois pour les sacrifices des jeux Olympiques. Homère, du nom du fleuve aux bords duquel le peuplier naquit, le surnomma *Peuplier Achérontique*, & les Scholiastes de ce Poëte immortel disent que le Héros s'en ceignit les tempes après avoir vaincu Cerbère. *Servius* nous apprend, qu'Hercule employoit volontiers cet arbre pour s'en couronner, à cause de la double couleur de ses feuilles, qui sembloient caractériser le double genre de ses travaux.

A l'exemple d'Hercule, plusieurs Héros, après leurs exploits, ont pris la couronne de peuplier. Suivant le rite le plus ancien, les Saliens, Ministres d'Hercule, le front ceint de couronnes de peuplier, présidoient à son culte, divisés en deux chœurs. L'un, qui étoit celui des Vieillards, ne faisoit que chanter : l'autre, qui étoit celui des jeunes gens, mêloit aux chants des gestes qui retraçoient les hauts faits du demi-Dieu. Virgile a peint ces solemnités dans des Vers dignes de sa lyre. Aux combats Néméens, institués par Hercule, les Vainqueurs étoient couronnés d'Ache verte, espèce de couronne que Tertullien donne aussi à Hercule. Quant à la couronne radiale & à celle faite d'étoiles que porte Hercule sur une Pierre du Muséum des Médicis, nous en parlerons dans un autre endroit.

Parmi les diverses têtes qui composent différentes Planches que nous examinons en ce moment, on en peut remarquer plusieurs qui ne représentent point Hercule; mais quelques-uns des Héraclides ou même de quelques Héros émules de sa gloire, qui ont voulu paroître revêtus comme lui de la peau d'un lion. Alexandre-le-Grand, l'orgueilleux Commode ont pris ce glorieux ornement; mais les *Cornalines* N°. IV & V de la Plan. XLV, & *l'Amétiste* N°. I de la Plan. XLVIII sont des preuves que d'autres personnes ont usurpé l'honneur de se faire représenter ainsi sous les dehors d'Hercule.

La *Chrysolite* N°. I, la *Cornaline* N°. II, la *Calcédoine* N°. III, l'*Agate-Sardoine*, N°. IV & les deux *Agates mêlées* N°. V & VI de la Planche XLVIII, sont des têtes d'*Omphale*, dont nous aurons occasion de parler dans un autre instant.

PLANCHES XLIX—LVIII.

TRAVAUX D'HERCULE.

La *Cornaline* N°. I Planche XLIX, la *Pâte de verre jaune* N°. IV Plan. LV & l'*Onyx* N°. I Plan. LVI, repréſentent Hercule encore enfant qui, debout, ou ſe levant ſur ſes genoux, étouffe des ſerpens dont l'Artiſte a bien exprimé les replis tortueux. Ce jeune Héros avoit tout au plus huit ou dix mois, au rapport d'*Apollodore*, lorſque Junon, ou, comme le veut *Phérécydes*, Amphytrion porta dans ſon berceau, où il dormoit paiſiblement près d'*Iphiclus*, deux ſerpens énormes qui devoient, ou les faire périr tous les deux, ou du moins faire connoître quel étoit celui qui tenoit l'exiſtence de Jupiter. Iphiclus éveillé ſe mit à fuir, & ſa peur indiqua qu'il n'étoit que le fils d'Amphitrion. Le petit Hercule, au contraire, fidèle à ſon origine, & vraiment fils de Jupiter, ſans s'émouvoir, ſaiſit de chaque main un de ces ſerpens, &, ſans les regarder, même ſans efforts, il les étouffa. On dit qu'auſſi-tôt après il eut du regret de les avoir fait mourir, parce qu'il ne pouvoit plus s'en amuſer dans ſon berceau. On peut voir combien agréablement Théocrite peint ce premier exploit d'Hercule dans l'Idille qui a pour titre ΗΡΑΚΛΙΣΚΟΣ.

Il eſt une choſe que l'on doit principalement remarquer, ſur la première des trois Pierres que nous examinons, c'eſt qu'Hercule, tandis qu'avec ſes mains il étouffe les ſerpens, écraſe encore de ſon pied la tête d'un dauphin. Pourquoi les Anciens lui ont-ils ainſi donné ce nouvel animal à faire périr? Pauſanias, qui vit chez les Athéniens une ſtatue d'Hercule enfant étouffant les ſerpens, Pline, qui fait mention d'un tableau de Zeuxis où ce ſujet étoit traité, & d'autres Auteurs très-eſtimables ne parlent point de ce dauphin. Ce n'eſt donc point une choſe aiſée d'expliquer ce ſujet; mais ne ſeroit-il pas naturel de croire que le dauphin n'indique ici ſa puiſſance ſur la Mer que par oppoſition au pouvoir qu'il exerçoit ſur la terre, & dont les ſerpens qu'il étouffe dans ſon berceau peuvent ſervir d'emblême. On connoît tout ce que fit le Héros qui nous occupe ſur la vaſte étendue des Mers; ſon voyage à Colchos & ſon expédition avec les Argonautes; ſa courſe vers Troyes après la défaite des Amazones; la manière victorieuſe dont il délivra la jeune Héſione, fille de Laomédon, d'un monſtre marin auquel on l'avoit expoſée: la mort qu'il donna à pluſieurs fils de Neptune qui l'avoient provoqué au combat, ainſi que le rapporte Apollodore: l'art avec lequel il découvrit des sources & en fit jaillir à Trezène : & ce pouvoir prodigieux avec lequel, en frappant du pied une pierre, Appollonius de Rhodes prétend qu'il fit sortir une eau vive & abondante qui étancha la soif dont il étoit tourmenté. Ce n'est donc pas sans motif que nous avons avancé notre opinion confirmée par un passage de Lucien, qui fait dire au Cynique, en parlant d'Hercule : « Penseriez-vous que cet homme étonnant, cet homme divin & » regardé comme un Dieu, ait été malheureux en parcourant nud l'Univers sans » autre vêtement qu'une peau qui le recouvroit à peine, & ne paroissant » desirer rien de ce qui nous flatte ? Non, certes ! il ne fut pas malheureux » celui qui éloignoit les maux loin des mortels, & il n'éprouva pas les » douleurs de la pauvreté, cet être qui dominoit sur la terre & sur les » Mers ! » On voit Neptune dans bien des Pierres, ayant ainsi sous ses pieds des dauphins, qui n'annoncent rien autre chose que son empire sur les Mers : celui sur lequel notre petit Hercule appuie le sien peut offrir assurément le même emblême & le même présage de ses exploits futurs. Près de la porte *Capène*, les Romains avoient un temple en l'honneur d'Hercule enfant, que le concours de ceux qui venoient offrir des vœux rendit célèbre, & dont parle *Martial* dans la XLVII Épigramme du Livre III.

Nous venons de parler d'Hercule enfant, & nous avons supposé bien des exploits qui l'ont ensuite rendu fameux ; mais Hercule a-t-il réellement existé ? Cette question que beaucoup de Sçavans se sont proposée & à laquelle ils ont répondu chacun suivant qu'ils étoient affectés, a fait naître différens systêmes plus ou moins ingénieux ; mais qui n'en sont peut-être pas plus vrais. *Vossius*, dans son ouvrage sur l'origine & le progrès de l'idolâtrie, ne voit dans Hercule qu'une allégorie du Soleil, & les douze travaux du Héros ne lui paroissent être que les signes du Zodiaque que l'astre parcourt. *Cuper* ajoute aux réflexions de *Vossius*. Hercule enlève-t-il des pommes d'or ? C'est le Soleil qui par son éclat fait disparoître les étoiles : la peau du lion n'est que l'emblême de la force de cet astre quand il est dans son cours au signe qui porte le nom de cet animal, & l'on retrouve, dit le même Auteur, dans la massue du demi-Dieu l'emblême de l'obliquité de l'écliptique. Le Scholiaste d'*Hésiode*, de *Macrobe*, de *Porphyre* avoit eu ces mêmes idées avant eux. *Le Clerc* vit dans Hercule une autre allégorie. Ce Héros étoit, suivant lui, un Négociant Phénicien, fameux, qui avoit fait de grandes choses, de grands établissemens, de longs voyages & le commerce le plus étendu. *Noël le Comte* travaillant plus pour l'ame & le cœur que pour l'esprit a détourné les fables d'Hercule à ſa morale. L'Abbé *Bannier* qui, peut-être ſans ſe tromper dans le principe; mais errant ſouvent dans ſon application, cherchoit ſous leurs voiles des vérités hiſtoriques, regarde Hercule comme un perſonnage réel né à Thèbes. Cet Auteur croit *qu'on ne peut pas douter de l'exiſtence de pluſieurs Hercules*, &, après avoir rapporté ſur ces différens Héros le ſentiment de *Diodore de Sicile* qui en compte trois, de *Cicéron* qui en trouve ſix, de quelques Auteurs Grecs qui en font monter le nombre juſqu'à quarante-trois, & ne regardent le nom d'Hercule que comme un nom appellatif, un ſimple ſurnom, il penſe que les Grecs ont chargé l'hiſtoire de l'Hercule de Thèbes, des exploits de tous les autres. M. l'Abbé *Bergier* ne pouvant découvrir un enſemble hiſtorique dans tous les hauts faits attribués à Hercule, & ne regardant les *fables des Dieux que comme un tableau de la Nature ou des êtres phyſiques en général*: les fables des *Héros que comme l'hiſtoire naturelle de la Grèce ou de quelqu'autre pays en particulier, la Topographie des anciennes Villes & des environs, le récit des travaux que les premiers Colons furent obligés d'entreprendre pour rendre leur ſéjour habitable*: cet Auteur *s'attache à prouver*, dans ſes explications de l'hiſtoire fabuleuſe du demi-Dieu, qu'il a intitulées: *Remarques ſur le bouclier d'Hercule*, que *cette hiſtoire eſt une Topographie mal entendue de pluſieurs cantons de la Grèce ou des autres parties du monde*: & les preuves ſont toutes Étymologiques. M. l'Abbé *Durocher* annonce dans ſon *Hiſtoire* très-ſçavante *des tems fabuleux*, qu'il prouvera que l'*Hercule des Grecs eſt ſur-tout formé de Joſué ſous le nom d'Alcide (qui en eſt la traduction en Grec), & de Samſon ſous celui d'Hercule. Court de Gébelin*, dans ſes *Allégories Orientales*, ne voit dans Hercule que le *Soleil*, & dans ſes travaux que le *défrichement & la culture des terres*. Nous renverrons à ſon ouvrage pour les détails de cet ingénieux ſyſtême, & nous nous contenterons, à chacun des travaux d'Hercule que nous trouverons repréſentés ſur nos Pierres, de rapprocher en peu de mots l'explication de ce Sçavant, de quelques autres interprétations de ceux qui les ont précédés.

Les ſerpens étouffés par Hercule, encore au berceau, n'étoient aux yeux de *Noël le Conte* qu'un ſymbole intéreſſant de cette émulation ſi néceſſaire dans les enfans, & dans laquelle les germes heureux des vertus, privés de chaleur, périſſent ordinairement. *M. l'Abbé Bergier*, plein de ſon ſyſtême, ne voit dans ces mêmes ſerpens que deux ruiſſeaux dont les replis tortueux ſe rapprochent facilement de leur image. Ces ruiſſeaux nommés *Amphitrion* & *Alcmène* roulent avec impétuoſité leurs eaux que groſſit la pluie figurée par le lait que Junon, malgré sa haine, donne au petit Hercule: ces eaux arrêtées par deux digues, font rage contre elles: une d'elles est rompue: c'est *Iphiclus* effrayé qui fuit; l'autre réussit: c'est *Hercule* qui étouffe les serpens, & comme les inondations étoient réputées des effets de la colère de Junon, il ne paroît pas surprenant à cet Auteur que l'on ait supposé ces serpens mis par Junon dans le berceau d'Hercule. Appuyé de deux fragmens de l'Ydille XXIV de Théocrite à l'honneur d'Hercule enfant, *Court de Gébelin* rapproche quatre circonstances de ce premier travail d'Hercule, & de ces quatre circonstances conclue, que cet exploit n'est autre chose que le symbole du solstice d'Été, auquel commençoit l'année du Laboureur, & il faut avouer que la manière dont il explique chacune des particularités indiquées par Théocrite, est singulièrement ingénieuse. Les deux serpens offrent l'image du caducée, qui désigne lui-même les solstices désignés par les Anciens, sous le nom de tête & queüe du dragon: le solstice spécialement indiqué c'est celui d'Été: il précède la victoire d'Hercule, qui est le Soleil, sur le lion qui est le signe du mois de Juillet: Hercule n'avoit que dix mois, & ce solstice tomboit au dixième mois de l'année Égyptienne, & le feu dans lequel Théocrite dit qu'Hercule jette les serpens, est ce feu de joie que les premiers habitans du monde ont allumé pour célébrer le moment ou l'année du Laboureur commençoit, ce feu dont nous revoyons des traces chez les plus anciennes Nations, que les Russes allument le jour de *Saint-Agrippine* qu'ils surnomment encore *Coupalniza*, du nom d'une de leurs anciennes idoles qu'ils fêtoient à ce solstice comme Déesse des fruits; enfin, c'est ce même feu que nous allumons encore au même solstice, & que la Religion Chrétienne a laissé subsister; mais qu'elle a consacré pour célébrer la naissance de *Saint-Jean*.

L'*Onyx* N°. II, Planche XLIX, remarquable par la beauté de son travail, représente Hercule instituteur des jeux Olympiques & le premier Vainqueur à ces jeux, se couronnant la tête d'une couronne d'olivier: tout annonce dans son corps la vigueur de la jeunesse, & ces graces mâles que l'Antiquité reconnut toujours en ce Héros. S'il se couronne ainsi lui-même, c'est que, juste appréciateur de son propre mérite, il peut être juge des honneurs qui lui sont dûs. C'est dans cette même attitude qu'est représenté ce même Héros, surnommé ΘΑΛΛΟΦΟΡΟΣ & *Olivarius*, sur un revers d'une médaille de grand module de l'Empereur *L. Aurelius Verus*: il y est placé entre un autel sur lequel brûle du feu & un arbre d'olivier. Après sa victoire remportée sur

Antée, Hercule, en préfence de tous les Dieux, fut couronné par Mercure.

Sur la *Cornaline* N°. III de la même Planche on voit Hercule jeune, dans l'action de marcher, portant un arc & fa maffue, comme s'il alloit combattre ou donner à quelqu'un du fecours : on fçait que les Thébains le furnommèrent Βοηθὸς *Protecteur* & πρόμαχος *Défenfeur*. Paufanias nous apprend que, fous ce nom, près de Thèbes, Hercule avoit un temple où l'on voyoit fa ftatue en bois, d'un goût fort ancien, qu'on croyoit être de *Dédale*, & une autre de marbre blanc ouvrage de *Xénocrate* le Thébain. Ces furnoms de *Protecteur* & de *Défenfeur* furent donnés à ce Héros pour avoir purgé la terre des géants, des brigands & de ce qui les vaut bien, des tyrans.

La principale des armes d'Hercule eft la maffue qui, fuivant les uns, étoit faite de bois d'olivier, fuivant d'autres, de chêne, & qu'il avoit coupée lui-même dans la forêt de Némée; ainfi que le dit Apollodore. Cette maffue étoit longue, groffe, noueufe & pefante, & l'on peut concevoir l'idée que les Anciens s'en formoient par celle qui eft gravée fur le *Jafpe* mêlé de *Calcédoine* N°. II, Plan. LIV, où quatre Génies s'efforçent de la foulever, tandis qu'un cinquième boit un ample coup dans un large cratère, que l'on peut regarder comme la coupe même d'Hercule, afin d'acquérir plus de forces, bien néceffaires à ce pénible travail, que tous d'accord ils ont entrepris. On ne peut fe laffer d'admirer avec quel art le Graveur a varié les attitudes de ces travailleurs divins, qui, par leurs mouvemens, annoncent les efforts qu'ils font.

Sur cette même Pierre on remarque des carquois d'une forme oblongue fufpendus avec la peau du lion. Sur beaucoup de Pierres qui repréfentent Hercule ou fes travaux, on en voit de même de pofés par terre ou d'attachés à des arbres : fouvent ils font ouverts : prefque auffi fouvent ils font fermés : leur forme varie fingulièrement : tantôt ronds, tantôt quarrés, quelquefois triangulaires, ils femblent retracer l'image du *Delta* Grec. Au défaut des traits contenus dans ces carquois, on raconte qu'Hercule, après les avoir épuifés, fe fervit de tifons ardens & de pierres que Jupiter lui fournit en grande abondance, pour l'aider à mettre en fuite fes ennemis. *Apollodore*, *Efchile* dans fon *Promethée*, *Strabon*, *Lib. IV*, *Hygin* nous apprennent ce fait, & *Aléandre* le jeune croit que ce fut à raifon de ces pierres fournies à Hercule par le fouverain des Dieux, que ce Héros a reçu le furnom de *Saxanus*.

Quoique l'on retrouve le plus fouvent Hercule avec fa maffue & un carquois rempli de flèches, il faut croire cependant qu'il a fait ufage d'autres armes : car, au rapport d'Apollodore, Mercure lui donna une épée, Apollon des flèches, Vulcain une cuirasse d'or & Minerve un *péplum* ou manteau. *Pausanias* parle d'une statue élevée à ce Héros, sous le nom d'Hercule ΩΠΛΟΣΜΕΝΟΥ, *armé*, à cause de sa victoire sur *Hippocoon* fils de Neptune & d'Alopé, l'un de ces Héros *Éponymes*, dont les tribus Athéniennes ont pris leurs noms dans la suite des tems. Les Anciens mettoient leurs armes sous sa protection ; & c'est pourquoi nous lisons encore sur les médailles & les marbres antiques le nom d'ΟΠΛΟΦΥΛΑΞ, *Gardien des armes*, donné à Hercule. Les Vainqueurs lui faisoient aussi hommage de leurs armes, ainsi que l'on peut en juger par le rapport d'Arrien, qui écrit qu'Alexandre lui consacra un vaisseau Tyrien, & mit dans son temple la machine avec laquelle il avoit démoli les murs.

Quelquefois Hercule marche nud, la tête découverte & portant sa massue sur son épaule. S'il est gravé ne marchant pas, ou sa main simplement est posée dessus, comme sur la *Cornaline* N°. I, Plan. L, où il se repose sur elle comme nous l'offre la *Cornaline* N°. V, Plan. XLIX, dont la gravure est parfaitement semblable à une statue colossale de marbre, ouvrage admirable de *Lysippe* que l'on voit à Florence chez le Grand Duc.

Cet arbrisseau dépouillé de ses feuilles que l'on remarque sur l'*Agathe Sardoine* N°. IV de la Plan. XLIX, indique peut-être une des plus belles qualités d'Hercule, cette patience admirable avec laquelle, pour s'accoutumer à ses travaux, il arracha dans l'élide les ronces, les épines & les buissons qui couvroient la terre.

La rare *Cornaline* N°. II de la Plan. L représente Hercule, le corps droit, cachant d'une main ses parties naturelles. Son âge est avancé, &, suivant *Gori*, l'intention du Graveur, qui s'accommodoit aux idées de son tems, fut, sans doute, de représenter, par cette Pierre, l'Hiver : Hercule, suivant ses différens âges, servant à désigner les différens points de la course du Soleil, ainsi que l'enseignoient les Théologiens du Paganisme, si l'on en croit Macrobe, & rappeller le trait peu décent de *Passalus* & d'*Achemon*, qui, trouvant ce Héros endormi, voulurent lui enlever ce qui servoit à couvrir sa nudité, & rirent ensuite de leur attentat.

Venons maintenant à l'explication des travaux de ce Héros si célébrés par les Poëtes Grecs & Latins de l'Antiquité ; ils furent au nombre de douze, Porphyre

Porphyre & Macrobe, qu'a ſuivis depuis Court de Gebelin, d'une manière ſi heureuſe, croit qu'ils ne ſont que les emblêmes du paſſage du Soleil dans les douze ſignes du Zodiaque : ils furent commandés à Hercule par *Euriſthée*, Roi de Mycênes qui, en politique adroit, craignant & les vertus de ſon couſin & ſon droit à la Couronne, lui ordonna, pour l'occuper, ces travaux immenſes qui le couvrirent de gloire. Hercule après les avoir terminés eſt cenſé les raconter à *Euriſthée* lui-même ſur l'*Onyx* N°. III, Plan. L, où l'on voit ce dernier le pied appuyé ſur une maſſe de pierres, ſoutenant ſon menton avec ſa main, ſon coude repoſant ſur ſon genou, & parfaitement dans l'attitude d'un homme qui écoute : entre Hercule & *Euriſthée* l'on voit une colonne qui eſt l'emblême de la défenſe que fit le Roi de Mycènes à Hercule, d'entrer dans ſa Ville dès qu'il connut ſa valeur, ſon courage & ſes exploits.

Le premier des travaux d'Hercule, ſuivant l'ordre que ſuit Apollodore, ordre que nous adoptons, eſt la *ſuffocation du lion de la forêt de Némée.* Cet animal énorme que l'on ne pouvoit bleſſer ni avec le fer, ni avec l'airain, ni avec des pierres, & contre lequel, envain, ſuivant quelques Auteurs, Hercule lui-même commença par lancer ſes traits, exigeoit néceſſairement la force des bras pour être dompté. Habitant au pied du Mont Trétos, il ravageoit ſans ceſſe le pays qui étoit entre Mycènes & Némée. Hercule plein de courage entra dans la caverne qui lui ſervoit de demeure, & en ayant bouché l'entrée, il le combattit corps à corps, &, en lui ſerrant le col entre ſes mains, il l'étrangla. C'eſt cette action glorieuſe de notre Héros que l'on voit repréſentée ſur la *Cornaline* N°. IV de la Plan. L : ainſi que ſur le *Jaſpe rouge* N°. I & la *Calcédoine* N°. III de la Plan. LI. On voit avec quel ſoin les Artiſtes ſe ſont plû à rendre les efforts du Héros & du monſtre, & la ſupériorité du premier. Ce n'eſt pas ſans raiſon non plus que ſur la Pierre, N°. I, que le Graveur a placé un carquois renverſé ou fermé qui indique l'inutilité des flèches lancées d'abord contre le lion.

Suivant *Noël le Comte*, dans ſon interprétation morale de cette Fable, ce lion n'eſt que l'image de l'orgueil que nous devons vaincre, avant tout, ſi nous voulons avancer dans le chemin des vertus, & qui, comme le monſtre habitoit dans la forêt de Némée, ſe cache auſſi ſous les ténébreuſes retraites que lui procure notre ignorance. Si ce vice monſtrueux n'eſt point vaincu, nous ne pouvons pas eſpérer de jouir de la volupté que donnent à l'homme la paix & la tranquillité de l'ame.

La ſuffocation du lion, ſuivant immédiatement celle des ſerpens, *Court de Gebelin* va tout naturellement du ſolſtice d'Été au ſigne du lion qui eſt le premier par lequel Hercule ou le Soleil commence sa carrière, & sur qui il remporte une victoire complette. « Le premier travail, continue le même Sça-» vant, est donc relatif aux premiers des travaux du Laboureur, à ces travaux » rudes & pénibles qui mettent une terre en état d'être cultivée, & auxquels » sont obligés ceux qui, pour défricher leur terrein, arrachent ces forêts, desse-» chent ces eaux croupissantes, contiennent ces fleuves, enlèvent ces pierres &c. » qui forment de ce terrein un sol stérile & perdu.... Travaux de Géans & de » lions, & qui exigeant des avances considérables & des connoissances plus » grandes encore, supposent dans les Chefs des premières sociétés & des Colo-» nies Agricoles, une capacité & un courage très-supérieurs aux qualités qu'on » leur accorde ordinairement. Aussi portent-ils le reste de leurs jours la peau » du lion, puisqu'ils jouissent sans interruption de la dépouille de cette terre » qu'ils ont subjuguée & mise en culture.... Si ce lion s'appelle le lion de la » forêt de Némée, c'est qu'en Grec *Némée* signifie une forêt.... Ce lion n'est » le lion d'aucune forêt en particulier. C'est toute forêt que l'on défriche ».

Le second des travaux d'Hercule est la *destruction de l'Hydre de Lerne.* Cette Hydre n'avoit qu'un corps & cent cous : chacuns de ces cous sortant de ce tronc énorme se terminoit par une tête de serpent. Ce monstre passoit pour invincible avec raison : car du cou qu'on lui avoit coupé, toujours il renaissoit deux autres têtes, & sa blessure lui fournissoit un double secours : on dit même que parmi ces têtes il y en avoit une immortelle. Hercule cependant vit tomber sous ses mains ce monstre horrible : il frappoit chaque tête, &, pour qu'elle ne put pas renaître, il y faisoit aussi-tôt appliquer le feu par *Iolas* qui, armé d'une torche brûlante, arrêtoit cette reproduction funeste. Hercule tira même encore avantage du venin de ce monstre : dans son fiel il trempa ses flèches, afin que chaque trait qu'il lanceroit put faire des plaies incurables. Les *Cornalines* N°. II de la Plan. LII, & N°. I de la Plan. LVII nous offrent des images de cette victoire. *Euristhée* ne voulut point, malgré son éclat, la compter au nombre des douze travaux imposés à Hercule, sous prétexte qu'il ne l'avoit pas remportée à lui seul & qu'il n'avoit triomphé que par les secours d'Iolas. Ces secours attribués le plus généralement au neveu d'Hercule, le furent par quelques Auteurs à Minerve, & par d'autres aux Parques. Sur une patère Étrusque Minerve assiste à ce travail d'Hercule qu'elle seconde.

Un travail de cette espèce offroit naturellement à *Noël le Comte* l'emblême de quelque moralité, aussi conclue-t-il que, dans toutes circonstances, la tempérance étant d'autant plus nécessaire que chaque vice produit, pour ainsi dire, plusieurs têtes par les autres vices qu'il engendre, Hercule, image de la sagesse, a dû couper toutes ces têtes renaissantes.

Servius croit que l'origine de ce fabuleux exploit d'Hercule n'est autre chose que le dessèchement des marais de Lerne, au milieu desquels sortoient plusieurs torrens qui inondoient toute la campagne, & qui des mains de notre Héros reçurent des digues qui les captivèrent.

Corelli, d'après Tzetzès, dans ses mémoires historiques de la Morée, prétend que l'hydre de Lerne n'a eu pour source que la fable de sept frères qui vivoient de brigandage & qui se cachoient dans les marais de Lerne, d'où personne ne pouvoit les bannir. Hercule, dit cet Auteur, en tua d'abord un, puis il massacra les six autres en les appellant deux à deux au combat.

Pausanias, en admettant l'existence de l'hydre, croit que *Pisandre* de la ville de Camire dans l'Isle de Rhodes, pour donner plus de merveilleux à sa Poésie, est le premier qui a peint ce monstre avec plusieurs têtes.

Platon pense que sous l'emblême de cette hydre, les Poëtes ont voulu parler d'un sophiste de Lerne qui se déchaînoit contre Hercule, & que, par ces têtes renaissantes on a voulu désigner les mauvais raisonnemens avec lesquels ces sortes de faux Philosophes étayent ordinairement leurs paradoxes.

Il est des Auteurs qui prétendent qu'une citadelle défendue par cinquante hommes sous le Commandement de *Lernus*, qui étoit Roi, a donné lieu à cette fabuleuse narration.

M. *de Fourmont* qui visita tout exprès les marais de Lerne, dans son voyage de la Morée, les trouva marécageux encore & remplis de roseaux, & penche néanmoins pour adopter le sentiment de Servius.

Court de Gébelin, toujours fidèle à son systême rural, voit dans l'hydre ces moissons fécondes, victoires des Laboureurs sur la terre qu'ils ont domptée; les têtes des épis dorés sont ces cous multipliés sortis du même tronc, & qui tombent sous la faux du Moissonneur: le feu qu'Iolas applique à ces cous privés de leurs têtes, & qui les empêchent de renaître, retrace un usage suivi dans plusieurs contrées, où le Laboureur brûle ses chaumes pour fertiliser la terre par leurs cendres.

Une *Pâte de verre jaune* N°. II, Plan. LVI retrace le troisième des travaux d'Hercule; on voit ce Héros monté sur le *sanglier d'Érymanthe* qu'il a vaincu; l'air joyeux que l'on remarque sur sa figure, annonce la satisfaction qu'il ressentit de cette victoire : d'une main il ſoutient ſa maſſue qui poſe ſur ſon épaule, & de l'autre il tient ſa coupe chérie qu'il ſemble avoir vuidée après avoir dompté cet animal redoutable. C'eſt de la même manière que ce Héros eſt porté par la biche aux cornes d'or ſur les médailles antiques, & principalement ſur celle d'Héliogabale frappée par les Germéniens. *Euriſthée*, qui avoit commandé ce travail à Hercule, fut tellement effrayé de le voir entrer à Mycènes chargé de ſa proie, qu'il courut ſe cacher ſous une cuve d'airain.

Après la fin des moiſſons, les Anciens en témoignoient aux Dieux leur reconnoiſſance, & ils immoloient alors des cochons, animaux nuiſibles au Laboureurs ou à ſes terres : ce n'eſt, dit *Court de Gébelin*, que cet uſage, commun à tous les anciens peuples Agricoles, qui a donné lieu à la fable du ſanglier d'Érymanthe.

L'Abbé *Bannier*, qui croit à l'exiſtence d'Hercule, penſe qu'une ſimple chaſſe faite aux ſangliers qui dévaſtoient la campagne, & dans laquelle le plus gros fut tué par notre Héros, a fourni le germe de cette fable ſi fort embellie depuis par les Poëtes.

La *Cornaline* N°. II de la Planche LIII, repréſente le cinquième des travaux d'Hercule, qui fut *la chaſſe des oiſeaux du lac Stymphale.* Autour de ce lac s'étoit raſſemblée une multitude incroyable de ces oiſeaux qui ravageoient entièrement les contrées voiſines, & les infectoient par les reſtes des cadavres dont ils ſe nourriſſoient : ils ſe réfugioient ſur les arbres & s'enfuyoient à la nage de peur des loups : leur grand nombre rendoit inutile l'uſage des flèches dont ſe ſervit d'abord Hercule qui, pour les chaſſer enfin, eut recours à des eſpèces de timballe d'airain que Vulcain & Pallas lui donnèrent. On ne pouvoit mieux déſigner l'inutilité des flèches du Héros, que ne l'a fait l'habile Graveur de cette Pierre. Hercule y eſt repréſenté la tête couverte du muffle du lion Néméen : ſur ſon bras encore tendu il porte un arc : la poſition de l'autre annonce que la flèche vient de partir, & cependant, des oiſeaux qui volent vers lui, aucun n'eſt bleſſé.

Mnaſéas, dont l'Abbé *Bannier* rapporte le ſentiment, explique cette fable en diſant que des voleurs ravageoient la campagne & pilloient les paſſans aux environs du lac Stymphale en Arcadie. Les ongles crochus, la tête, le bec de fer que lui donne Timagnette, & les dards du même métal dont ils bleſſoient ceux qu'ils attaquoient, ainſi que le diſent Euripide & Claudien, conviennent parfaitement à des brigands ; mais, ainſi que remarque très-bien l'Abbé

Bergier, on ne nous a pas appris comment des oiseaux qui nagent peuvent être perchés sur des arbres, comment des animaux qui ont des aîles peuvent craindre des loups, & en quoi des tymbales d'airain pouvoient être utiles pour dissiper des voleurs.

Ο'ρνία, des *oiseaux*, continue ce sçavant Abbé, a été mis évidemment pour Ο'ρνεαι, rivière d'Arcadie, près du lac Stymphale, c'est ce qui est cause de la première erreur. Λύκον, un *loup*, est aussi le nom de cinq ou six rivières différentes, & c'est la source de la seconde erreur. Κρόταλα χάλκεα, veut dire canaux profonds, ainsi que tymbales d'airain, troisième erreur. Ce travail n'est donc autre chose, suivant cet Écrivain, que l'emblême d'une digue qui détourna par le moyen de canaux profonds dont on fut redevable à Minerve, c'est-à-dire à l'industrie, le cours de plusieurs sources qui s'écartant des autres eaux, inondoient la campagne.

On ne pouvoit mieux peindre que par cette Fable, dit *Court de Gébelin*, le mois de Novembre & l'état des campagnes à cette époque. Alors les champs se couvrent d'armées innombrables d'oiseaux de passage que le froid ramène du Nord, & qui les ravageroient totalement, si l'on ne trouvoit le moyen de s'en délivrer.

Le septième des travaux d'Hercule est la *fameuse victoire qu'il remporta sur le Taureau de Crète*, exploit que retracent l'*Agathe-Sardoine* N°. III, la *Cornaline* N°. IV de la Plan. LII, & l'*Agathe-Sardoine* N°. I de la Plan. LIII; ce taureau furieux avoit été produit par Neptune: ce fut, suivant les uns, le même qu'aima *Pasiphaë*; suivant d'autres, ce fut sous sa forme que Jupiter enleva Europe. Hercule s'en rendit maître malgré sa force & sa férocité, &, délivrant le pays de ce monstre qui le désoloit, il l'apporta vivant à *Euristhée*. Nous ne sommes pourtant pas éloignés de croire que sur la première de ces trois Pierres, où le Graveur, pour rendre plus sensible la force du Héros, lui fait tenir d'une seule main, par la queue, le taureau qui pend derrière son son épaule, ce ne soit pas précisément l'histoire du taureau de Crète qui soit exprimée; mais, à raison de l'antre que l'on apperçoit sur un des coins, il est vraisemblable que l'Artiste a voulu rendre le taureau que notre Heros, retrouvant dans les troupeaux d'*Éryx*, Roi de Sicile, lui redemanda, & obtint après l'avoir vaincu à la lutte.

Suivant l'Abbé *Bergier*, l'origine de ce taureau doit nous en indiquer la nature. Ταῦρος, nous dit-il, suivant Suidas, est l'Urètre, par conséquent un canal.

» La ſource de la rivière Hilycus, près de Troëzène, eſt appellée ταυρίος dans » Pauſanias; Tar, Ter, Tor, Tour, eſt le nom de pluſieurs rivières d'Italie & » des Gaules. On peut croire ſans peine qu'un torrent ou un ruiſſeau de l'Iſle » de Crète eut beſoin d'une digue pour le retenir dans ſon lit; ainſi Hercule » s'en rendit maître, & le conduiſit à *Euriſthée*, c'eſt-à-dire à la Mer ».

En donnant les Pierres N°. IV Plan. LII, & N°. I, Plan. LIII comme des repréſentations du ſeptième des travaux d'Hercule, nous avons ſuivi l'explication de *Gori*; mais ſi nous comparions ces deux Pierres avec la *Calcédoine* publiée parmi les Pierres antiques de *Cl. Phil. de Stoſch.* Plan. IX, & qui, *tirée du Cabinet de M. Sevin à Paris*, eſt un bel ouvrage d'*Antcrote*, nous ſerions tentés de croire que ce pourroit bien être *Milon de Crotone* qui ſeroit repréſenté ſur nos Pierres. On ſçait que ce fameux Athlète, qui, pour ſigne de ſa force, paroiſſoit en public vêtu comme *Hercule* d'une peau de lion, s'étant accoutumé dès ſa jeuneſſe à porter de gros fardeaux, étoit parvenu à charger ſur ſes épaules un des plus forts taureaux; qu'il en donna le ſpectacle aux jeux Olympiques, & qu'après l'avoir porté l'eſpace de cent vingt pas, il le tua d'un ſeul coup de poing & le mangea, dit-on, tout entier en un ſeul jour. Si l'on ne veut pas que ce ſoit le *Crotoniate*, ne pourroit-on pas admettre le ſentiment que *Stoſch* a adopté dans l'explication de ſa *Calcédoine*? Cet *Hercule*, nous dit-il, *eſt jeune avec un corps robuſte & nerveux où tous les muſcles paroiſſent, pour marquer la force ſurprenante avec laquelle il porte ce bœuf du bras gauche d'où pend ſa peau de lion : il le tient élevé à la renverſe, le ſoutenant de la main droite par la cuiſſe :* cette deſcription convient parfaitement à nos Pierres. Cependant *Stoſch* n'y reconnoît point le ſeptième des travaux d'Hercule; *c'eſt,* nous ajoute-t-il, *ce qu'il fit, au rapport de l'ancien* Scoliaſte d'Apollonius de Rodes, *publié en Grec par* Henri-Étienne, *lorſque rencontrant* Théodamas *qui labouroit ſon champ, & lui demandant un peu de nourriture que celui-ci lui refuſa, il tira de ſa charrue un des bœufs dont il ſe ſervoit & l'emporta ſur ſes bras. Suivant* Philoſtrate, *ce Héros immola ce bœuf aux Dieux, & l'ayant fait rôtir, le dévora tout entier,* ſans en laiſſer même les os. Ce fut d'après ce fait que l'on donna à ce Héros le ſurnom de βυφάγος ou *mange bœuf*, que l'on retrouve dans une ancienne Épigramme que cite *Henri-Etienne* au dernier Tome de ſon *Tréſor de la langue Grecque.*

Cerbère enlevé aux Enfers, l'un des plus glorieux, le onzième des travaux d'Hercule, eſt repréſenté, dit *Gori*, ſur la *Cornaline* N°. IV, Plan. LI, ſur le

Jaspe mêlé de *Calcédoine* N°. I, Plan. LII, & sur le *Crystal* N°. IV, Plan. LVI. Par l'ordre d'*Eurysthée*, notre Héros descendit aux Enfers, enchaîna Cerbère malgré sa résistance, l'amena, & après l'avoir montré au Roi de Micènes, il le reconduisit dans l'Empire de Pluton, d'où, par le secours de Minerve, il sortit la massue sur l'épaule, tel qu'on le voit sur l'*Agathe-Sardoine*, N°. III, Planche LI.

Cerbère, selon M. *Bergier*, est l'image des eaux qui tombent dans un gouffre: en y faisant une digue, on les tire de l'Enfer pour les conduire à la Mer, dont *Eurysthée* est le symbole: la digue venant à se rompre, les eaux retombent dans leur gouffre & *Cerbère* retourne aux Enfers. Si les Mythologues, ajoute le même Auteur, ne se sont pas accordés sur le lieu où se fit cette descente, cela n'est pas étonnant, on l'a placée par-tout où il y a de profondes cavernes.

Court de Gébelin dans cette descente d'Hercule aux Enfers, où il enchaîne *Cerbère*, qu'ensuite il montre aux hommes, ne voit qu'une allusion à la fête la plus respectable de l'Antiquité, aux mystères d'*Eleusis* relatifs à l'Agriculture.

Les Auteurs des Pierres gravées du Cabinet d'Orléans nous font naître un doute bien fondé sur l'interprétation que *Gori* donne à celles-ci: & notre doute se change bientôt en certitude, quand nous lisons leurs réflexions. « Le » chien *Cerbère*, disent-ils, selon la Fable avoit trois têtes: Hercule ne le » tua point, il ne fit que l'enchaîner: d'ailleurs sur notre Pierre le chien » n'a que deux têtes, lesquelles se ressemblent; ce n'est donc point *Cerbère*, » car celui-ci en avoit trois, & elles différoient entre elles; c'est le chien qui » gardoit les troupeaux de Géryon: il se nommoit *Orthus*, ou *Orthrus* & » *Gargithus*; Servius le fait frère de *Cerbère*, il fut tué par Hercule ». Ce que disent ces doctes Écrivains de leur *Cornaline*, nous pouvons assurément le dire de nos Pierres; sur aucune d'elles, le chien n'a trois têtes; toujours il en a deux, toujours ces têtes se ressemblent; concluons donc que *Gori* s'est trompé, & que le sentiment de MM. *de la Chau* & *le Blond* doit prévaloir.

Prométhée, pour avoir ravi le feu du Ciel, fut puni par Jupiter. Hercule trouva que la sévérité du souverain des Dieux étoit d'autant plus extrême, que ce vol de *Prométhée* avoit été un bienfait pour les humains; il le délivra donc du supplice perpétuel qu'il enduroit, en perçant d'une flèche l'aigle qui, chaque jour, rongeoit au malheureux *Prométhée* attaché sur le Mont Caucase, dans la Scythie, son foie qui renaissait toutes les nuits. Cet exploit d'Hercule est indiqué sur la rare

Cornaline N°. II. Planc. LVII, où l'on voit ce Héros portant un aigle ſur un de ſes bras étendu, & de l'autre main tenant ſa coupe admirable avec laquelle Apollodore raconte qu'il navigua pour aller délivrer *Prométhée.*

Hercule, que rien n'avoit pu affoiblir, qu'aucuns dangers & les menaces mêmes des Dieux n'avoient point effrayé, ce Vainqueur des monſtres & des brigands, ce Héros indomptable fut cependant vaincu à ſon tour, & le plus petit des Dieux, l'Amour, eut ſur lui l'honneur de la victoire; l'Amour à qui rien ne réſiſte, ce maître des humains & des Divinités, contre leſquels les flèches, la maſſue, les forces du corps n'ont pas de puiſſance. Sur l'*Agathe-Sardoine* N°. III, & la *Cornaline* N°. IV de la Planc. LIII, ainſi que ſur la *Calcédoine* N°. I de la Plan. LIV, on voit Hercule triſte, abattu, ſuccombant au poids de l'Amour qui, triomphant, aſſis ſur ſes épaules ou courbé ſur elles ſemble jouir de ſa victoire; & ſur le *Jaſpe* mêlé de *Calcédoine* N°. III de la Plan. LIV, le même Amour paroît en Vainqueur, conduiſant captif Hercule, dont les mains ſont liées derrière le dos en ſigne d'eſclavage. Une antique Épigramme de l'Anthologie ne ſert pas peu à confirmer cette explication de nos quatre Pierres. Au rapport de *Spon* qui la cite, on la lit à Veniſe ſur la baſe d'une ſtatue d'Hercule. *Antonio Maria Salvini*, qui avoit entrepris, mais qui, ſurpris par la mort, n'a pu terminer une traduction de toutes les Épigrammes de l'Anthologie, a traduit celle-ci, & dans notre langue nous allons tâcher d'en rendre le ſens. « *Alcide*, où eſt ton énorme maſſue? Où eſt la » dépouille du lion Néméen? Pourquoi n'as-tu plus cette figure redoutable » & menaçante? Pourquoi ton carquois eſt-il vuide? Qui donc a pu ſi bien » rendre ton abattement & ta triſteſſe? Lyſippe a ſçu donner au bronze les » caractères de la douleur. Tu regrettes tes armes, eh! qui t'en a dépouillé? » L'Amour, le cruel Amour, ce petit Dieu qui, quoiqu'aîlé, eſt le plus » peſant des fardeaux ».

On conçoit facilement que les Artiſtes n'ont pas ſans raiſon gravé Hercule ſous cette heureuſe allégorie, quand on penſe aux foibleſſes de ſon cœur. On connoît ſa paſſion pour *Omphale*, dont notre Héros prenoit la quenouille, & à laquelle il offrit en pur don la dépouille du lion Néméen, ſa maſſue, &, ſuivant quelques Auteurs, la ceinture & la hache ravies à *Hyppolite,* Reine des Amazones. Parée des cadeaux de ſon amant, *Omphale* eſt gravée ſur l'*Améthyſte* N°. I, la *Cornaline* N°. II & l'*Agathe-Sardoine* N°. III de la Planche LV.

Planche LV. Au rapport d'Hygin, la fille de Jardanus, Roi des Lydiens, combla son amant de présens, en reconnoissance de ce qu'il avoit tué un dragon qui, fléau de la contrée, près du fleuve Sagaris, faisoit périr les hommes & dévastoit tous les fruits. C'est d'une Amazone nue que la *pâte de verre* imitant l'*Améthyste* N°. III Plan. LVI nous offre l'image : elle porte un casque ; par derrière est une autre femme qui s'appuie sur elle, & aux pieds de qui l'on voit un bouclier.

Nous ne parlerons pas ici des *Amazones*, de la victoire d'Hercule sur elles, puisque nous avons déjà regardé leur existence comme étant pour le moins incertaine ; mais laisserions-nous aussi ce que M. *Bergier* dit d'*Omphale* ? Cette prétendue Reine de Lydie n'est, suivant cet Écrivain, qu'une colline située sur les bords du Jardanus. Tmolus son époux, est une montagne de Lydie très-connue. Elle a réduit Hercule en servitude, & l'a obligé de filer; c'est-à-dire, que pour faire une chaussée & une digue au Jardanus, il fallut suivre le contour de la colline & faire tourner l'ouvrage autour comme un fil. L'équivoque, ajoute le même Écrivain, vient de ce que Νέω signifie tout-à-la-fois, aller, nager & filer, & qu'il se confond aisément avec Νάω, couler.

Enfin après tant de travaux soutenus avec gloire, Hercule fut mis par Jupiter au rang des astres : c'est cette apothéose qu'annonce la *Cornaline* N°. III, Plan. LVII, sur laquelle on voit ce Héros-Dieu, la tête orné d'une couronne radiale entourée de cinq étoiles. Les Anciens, comme l'on sçait, donnoient aux Dieux des étoiles pour attributs, & ces astres leur servoient encore pour désigner la présence bienfaisante des Divinités.

Notre Héros, ainsi divinisé, méritoit une alliance divine; fille de Jupiter & de Junon, la Déesse de la Jeunesse, Hébé, charmante Échansonne des Cieux, devint son épouse après la chûte qu'elle fit en portant du nectar aux Dieux, &, suivant bien des Auteurs, ce mariage symbolique est l'emblême de la réunion de la jeunesse avec la force. Le *Béril* N°. IV, Plan. LVII, représente cette jeune Divinité, approchant de sa bouche une coupe d'or, comme pour goûter le nectar qu'elle contient. Stace l'a peinte dans ses Vers offrant cette boisson célesie à son auguste époux. On ne sçauroit rendre d'une maniére plus spirituelle la chûte d'Hébé, sa honte après cette chûte, les sensations des Déesses lorsqu'elles virent Hercule l'épouser, que ne l'a fait dernièrement M. *Maréchal* dans ses *Tableaux de la Fable*; mais nous aurions desiré que quelque ami sincère, connoissant le dessein qu'a cet Écrivain de rendre son ouvrage, pour ainsi dire *Classique*, lui eut conseillé de retrancher dans ses peintures certaines oppositions qui ne sont pas vraies. Pourquoi nous supposer en France une *Mythologie*, sur-tout afin de dire qu'elle ne nous offre rien qui retrace Hébé?

La Planche LVIII offre une statue d'*Hercule* faite de *Calcédoine*, & que sa partie inférieure, terminée en espèce de gaîne comme certaines figures de Mercure, faisoit surnommer *HERMHERACLÈS*. On plaçoit ces sortes de statues dans les Gymnases, dans les bains, à la tête des routes, aux limites des champs, comme autant d'ornemens tutélaires, & delà, sans doute, viennent ces Pierres votives citées par *Grutter*, & sur lesquelles Hercule est appellé *Défensor* & *Custos*, *Protecteur* & *Gardien*.

PIERRES GRAVÉES.

TROISIÈME CLASSE.

PLANCHE LIX.

SOCRATE.

A LA tête des Philosophes, des Orateurs & des Poëtes, l'honneur de l'Antiquité, il est naturel de placer *Socrate*, qui, suivant l'Oracle, passoit pour *le plus sage de tous les Grecs*, & qui, pour me servir de l'expression de Cicéron, fit le premier descendre des Cieux la Philosophie avec le flambeau de laquelle il éclaira sa Patrie.

No. IV, V & VI, & PL. LX. No. I & II.

Fils d'un Sculpteur, ce grand homme naquit à Athènes, & se distingua d'abord dans l'art qu'exerçoit son père : trois statues des Grâces sorties de son ciseau sont célébrées dans l'Histoire; mais toujours étonné qu'on prit tant de soin pour faire ressembler une Pierre à l'homme, tandis qu'on en prenoit si peu pour empêcher que l'homme ressemblât trop à cette même Pierre qu'il tailloit à son image, bientôt il voulut aider les esprits à produire leurs pensées, comme sa mère qui étoit une simple Accoucheuse aidoit aux corps à mettre au jour leurs naturelles reproductions. Arraché par *Criton*, qui avoit sçu apprécier son esprit, à l'attelier paternel, il devint le disciple d'*Archélaüs*, dont il mérita l'amitié; puis, après avoir porté les armes, ainsi que tous les Athéniens, & s'être dans plusieurs actions distingué par son courage, il se livra tout entier à la Philosophie; non pas à la vérité pour approfondir, secondé par elle, les mystères de la Nature dont il respectoit les voiles sacrés; mais pour apprendre de cette Institutrice vénérable à régler son ame & son cœur. Les succès couronnèrent ses travaux; son école, supérieure à toutes les autres, & la plus utile, formoit des hommes. *Alcibiade*, *Xénophon*, *Platon*, &c. furent ses élèves. Cette morale sublime qu'enseignoit Socrate, il la pratiquoit le premier. Ennemi du luxe, il aimoit la pauvreté, sans affecter d'en porter les sales livrées, & il sçavoit bien dire à *Anthisthènes*, *qu'à travers les haillons dont il se couvroit, perçoit la vanité!* Maître de ses sens, il commandoit à la colère : *il est fâcheux*, se contenta-t-il un jour de dire à un brutal qui venoit de lui donner un soufflet, *il est fâcheux de ne pas sçavoir quand il faut se munir d'un casque.* Dans l'intérieur de la maison, où si souvent le Philosophe cesse de l'être, jamais il ne se démentit; jamais sa patience n'échoua contre les rudes épreuves que lui fit subir l'humeur bizarre, capricieuse & violente de *Xantippe* son épouse, que son caractère affreux ne lui avoit pas fait choisir, comme le disent quelques Écrivains; mais qu'il eut le talent & le mérite de supporter, parce qu'il lui étoit uni; modèle admirable trop peu suivi de nos jours. On conçoit d'après notre ébauche du portrait de Socrate, que sa morale n'étoit point farouche; naturellement gai, il aimoit la joie douce d'un repas frugal, assaisonné par l'esprit & offert par l'amitié. *Un bon ami* étoit à ses yeux *le plus précieux héritage*: & il ne reconnoissoit pas d'autres sources du bonheur que la *justice*, la *bienfaisance* & la *pureté de l'ame.* Sans cesse il recommandoit à ses disciples la *sagesse*, la *pudeur* & le *silence*, & sa modestie lui ouvroit la route de la gloire. La gloire attire les yeux de l'envie: l'envie n'épargne pas les vertus dont la vue la tourmente, &, des armes qu'elle emploie contre elles, la plus puissante, assurément, est le ridicule; *Aristophane* lui fournit cette arme terrible: on ne trouve que trop facilement de ces hommes toujours prêts à seconder les méchans. Il prit la plume & son ouvrage rempli de plaisanteries aussi mordantes que fines, diminua de beaucoup l'estime que l'on avoit de Socrate. Un premier pas fait, le second ne coûte guères, &, toujours, pour l'ordinaire, il est plus criminel; la mort du Philosophe est méditée: l'infâme *Mélitus* l'accuse d'athéisme: un discours simple, éloquent, comme l'inspire l'innocence, alloit le faire absoudre; mais *Anitus* & *Lycon* s'unissent au calomniateur, entraînent les suffrages &, à la honte d'Athènes, le sage Socrate, sur cinq cent Juges, voit s'élever deux cent quatre-vingt-une voix contre lui. Le moment d'un jugement de cette nature altère le plus souvent dans l'homme la tranquillité de l'ame: c'est dans ces instans critiques que l'on voit la foiblesse l'emporter sur la force; mais il n'en sera pas ainsi de Socrate: lui laisse-t-on le choix de son supplice? Certain de l'injustice de sa condamnation, de l'ingratitude de ses concitoyens, & soutenu par le témoignage de sa conscience: *Qu'on me conduise*, dit-il, *au Pritanée, pour y être nourri le reste de mes jours, au dépens de la République*: si cette fine réponse, qui auroit dû faire ressouvenir ses Juges des services rendus à la Patrie par ses leçons, ne fait que les aigrir: s'ils ordonnent que ce Sage boive la cigüe, il la boira en sage: envain ses amis s'attristent: toujours grand, toujours paisible, au-dessus de sa nature par la force de ses principes, c'est lui-même qui les rassure : *l'immortalité de l'ame*, ce dogme en faveur duquel tout réclame en nous, qu'une Philosophie chagrine s'efforce d'anéantir de nos jours, & qu'atteste, même dans les faux docteurs qui la professent, la frayeur qui les saisit au moment de leur dissolution, *l'immortalité de l'ame* est le motif qu'il leur offre pour les consoler en se consolant lui-même : la certitude d'une vie future, *leur dit-il*, est l'aiguillon de la sagesse, le frein du crime pendant le cours de la vie mortelle, & quand on touche aux portes du trépas, c'est l'aurore du bonheur pour ceux qui ont mené une conduite divine qui leur doit ouvrir à jamais l'asyle des Dieux : &, en finissant ce discours il avale le poison. Quelques Pères de l'Église, dans un de ces enthousiasmes que donne l'aspect d'une vertu aussi épurée, n'ont pas dédaigné de lui donner le titre de *Martyr d'un Dieu*; *Érasme*, en lisant sa mort se sentoit tenté de le classer avec nos Saints; & *Rousseau de Genève* a laissé de ce grand homme le plus vaste éloge, par le parallèle qu'il a osé en faire avec Jésus-Christ, auquel il donne cependant ce témoignage précieux d'une ame *naturellement Chrétienne*, *que si la mort de Socrate est d'un Sage*, *la mort de Jésus est d'un Dieu.*

On ne peut douter que ce soit la tête de cet immortel Philosophe qui se trouve sur les *Cornalines* N°. IV & V, & sur le *Jaspe* N°. VI de cette Planche, ainsi que sur le *Camée* de *Cornaline* N°. I & la *Calcédoine* N°. II de la Planche suivante : ces portraits tracés par les plus habiles Graveurs, sont parfaitement d'accord avec ce qu'ont dit de la figure de ce grand homme les Auteurs les plus anciens. On remarque sur son visage cet air de sérénité, qu'embellit une gaité paisible, & que ne troublèrent jamais les passions; sa tête est presqu'entièrement chauve, son front protubérant, ses sourcils avancés, ses yeux saillans, son regard semblable à celui du taureau, son nez court & relevé, sa barbe épaisse, longue & négligée; enfin on retrouve en lui le caractère de celui de Silène, auquel Platon le fait si adroitement comparer par Alcibiade, qui, au milieu d'un repas, le voyoit sculpté sur sa coupe. Si l'on rencontre aussi souvent des Pierres qui conservent la figure de ce Philosophe, cela n'est point surprenant : sa réputation étoit si grande parmi les Anciens, qu'ils aimoient à porter des anneaux qui leur rappellassent son image, & qu'ils regardoient comme de puissantes amulettes bien utiles dans les circonstances délicates ; mais il faut en convenir, ces images ne devoient avoir de pouvoir qu'autant que l'on possédoit ses principes, & qu'elles servoient à les réveiller dans les cœurs.

ZÉNON.

N°. I. Cette *Cornaline* remarquable par la beauté de son travail, offre l'image de *Zénon*, le chef de la secte des *Stoïciens* & l'inventeur de la Dialectique. *Citium*, dans l'Isle de Chypre, vit naître ce Philosophe : ses premières occupations furent le commerce ; il revenoit d'acheter de la pourpre de Phénicie, lorsqu'une tempête violente le jetta sur les côtes d'Athènes, & tout le reste de sa vie il bénit l'instant de son naufrage. Dans la Patrie des Philosophes, il devint Philosophe à son tour : élève de *Cratès* le Lyrique, de *Stilpon*, *Xénocrate* & *Polémon*, il ouvrit enfin une école. Ennemi de la pluralité des Dieux, il n'en admettoit qu'un ; mais il erroit sur sa nature, & vouloit que ce Dieu fut l'ame du monde : erreur renouvellée dans ce siècle aussi bien que celle sur la *fatalité* qu'il enseignoit encore. Si les principes de ce Philosophe touchant la nature de la Divinité étoient erronnés, du moins ceux qui servoient de base à sa morale pouvoient-ils tendre à rendre les hommes meilleurs : il regardoit la vertu comme le fondement du bonheur : avec elle il étoit convaincu que l'on pouvoit soutenir & braver les tourmens les plus affreux, & rester supérieur aux coups de la fortune. *Vivre conformément à la Nature, suivant l'usage de la droite raison*, c'étoit, suivant lui, le souverain bien ; & c'étoit aussi sans doute tout ce que cette raison dégradée & dépourvue des secours divins pouvoit imaginer de plus intéressant pour l'homme. L'amour qui affoiblit les ames fortes, soumis aux loix sages de cette raison modératrice, ne dégradoit pas à ses yeux les sages qui ne rejettoient pas ses plaisirs, & il disoit communément, que si un sage ne pouvoit pas aimer, rien ne seroit plus malheureux que les personnes belles & vertueuses, puisqu'elles ne deviendroient alors le partage que des sots. La tempérance de ce Philosophe lui procura de long jours, & sa vie fut de quatre-vingt-dix-huit ans, encore en abrégea-t-il le cours, action bien peu philosophique, & qui, malheureusement imitée pendant long-tems par beaucoup de ses disciples, ne se trouve que trop renouvellée depuis quelques années. Falloit-il consommer à l'étude de la Philosophie soixante-huit ans de sa vie pour la terminer d'une manière aussi peu sage ?

Plus l'on compare la tête que nous examinons avec le buste de marbre publié par *Fulvius Ursinus* Plan. CLI, moins on peut douter qu'elle soit celle de *Zénon*.. Dans l'un & l'autre, la figure est grave & belle, le front a quelques rides, le regard semble indiquer des yeux perçans, le col ainsi que le nez sont allongés, les cheveux sont coupés courts & la barbe est d'une belle longueur.

Quant au diadême que porte cette tête, il n'offre rien qui puiſſe nous ſurprendre, les Anciens le donnoient pour ornement à ceux que leur éminente ſageſſe diſtinguoit du reſte des hommes. Ce diadême eſt bien différent de celui dont on décoroit Platon : quatre fois il entouroit ſa tête, que des cheveux plus longs ſur le derrière, friſés ſur le front & une barbe bouclée diſtinguoient encore.

MÉCÈNE.

La figure que nous préſente le *Topaze* N°. II & le *Jaſpe rouge* N°. III de cette Planche, eſt ſingulièrement conforme à celle qu'a publiée *Fulvius Urſinus* Plan. CXXXV, & à celles que l'on retrouve dans l'ouvrage de *Cl. Philippe de Stoſch*, Plan. XXVII & LXII. Des Auteurs, trompés par le mot ϹΟΛΟΝΟϹ qui eſt gravé derrière deux de ces dernières têtes, avoient cru que c'étoit l'image de *Solon*. *Cl. Phil. de Stoſch* dans l'explication qu'il en a donnée, a cru devoir reconnoître l'un des deſcendans des anciens Rois d'Étrurie, le célèbre *Mécène*, favori ou plutôt véritable ami *d'Auguſte*, qui n'eut avec l'Empereur qu'une brouillerie momentanée, parce qu'il le crut quelques tems amoureux de ſon épouſe *Terentilla*; mais qui toujours fut le plus zélé pour ſa gloire. Né Chevalier Romain, il ne voulut jamais monter à un rang plus élevé. Chéri des Muſes, il eut pu facilement en obtenir beaucoup de faveurs, comme on peut en juger par les fragmens de ſes Poéſies inſérées dans le *Corpus Poëtarum* de *Maittaire*; mais il ſe contenta de protéger leurs nourriçons. *Virgile* lui dédia ſes *Géorgiques*, *Horace* ſes *Odes* : au milieu des guerres civiles il ſauva l'héritage paternel du premier, & après la bataille de *Philippe*, il obtint le pardon du ſecond qui avoit combattu pour *Brutus*. Auguſte dut le bonheur de ſon règne à cet ami fidèle, qui oſoit, ſans fard, lui dire la vérité. Peut-être quelquefois lui dit-il trop durement; mais il la diſoit, & Auguſte eut l'eſprit aſſez juſte pour ne pas s'en offenſer. S'il eut cru ſa dignité bleſſée quand, jugeant des criminels avec colère, Mécène lui jetta ſes tablettes où il avoit écrit ces mots, *ſors bourreau*, *& te retires*, en ſe laiſſant aller à ſa paſſion, cet Empereur eut peut-être répandu le ſang trop facilement, & le clément *Auguſte* fut dévenu cruel. Nous n'oublierons pas de citer ici l'une de ces leçons fameuſes qu'il donnoit à ſon maître : on ne trouve plus guères de Mécènes : pour l'avantage des Rois, faiſons-le revivre dans nos écrits : *une conduite vertueuſe*, diſoit-il à Céſar, *ſera pour vous* No. II & III.

une garde plus sûre que celle des Légions.... La meilleure règle, en matière de Gouvernement, est d'acquérir l'amitié du peuple, & de faire pour ses Sujets ce qu'un Prince voudroit qu'on fît pour lui, s'il devoit obéir, au lieu de commander.... Évitez les noms de Monarque & de Roi, & contentez-vous de celui de César, en y ajoutant le titre d'Empereur, ou quelqu'autre propre à concilier à la fois le respect & l'amour.

Cette même figure, que *Cl. Phil.* de *Stosch* crut ainsi d'abord être *Mécène*, lui parut ensuite, *pour bien des raisons*, être l'image du Prince des Orateurs Romains, de *Cicéron*, à ce que nous apprend *Gori*, &, dans une seconde édition des *Pierres gravées antiques sur lesquelles les Graveurs ont mis leurs noms*, nous dit le même Écrivain, *Phil.* de *Stosch*, eut substitué le nom de *Cicéron* à celui de *Mécène : il me fit même observer*, ajoute *Gori*, *dans le vestibule du Muséum des Médicis, un buste de marbre bien semblable à ces têtes que nous examinons; Gori* donc conclut que ces têtes sont celles de l'Orateur Romain. Si nous nous arrêtons cependant à l'une de ses preuves, il ne nous sera pas facile d'être d'accord avec lui; *elles ressemblent*, nous dit-il, *singulièrement au buste de marbre publié par* Fulvius Ursinus Plan. CXLVI; &, cependant, en comparant le buste avec nos têtes, nous ne trouvons pas une ressemblance aussi parfaite que cet Auteur le prétend. D'abord le nez du buste est beaucoup moins aquilain que sur nos Pierres, les lèvres de celles-ci sont plus épaisses & moins soutenues, le menton y est plus gras que dans le buste; enfin, quoique sur nos Pierres la tête paroisse être plus âgée, le front, qui est entièrement dégarni dans le buste, a encore des cheveux qui garnissant les faces & les tempes, se réunissent à sa sommité. Si nous consultons ensuite les Historiens, nous serons encore bien plus éloignés de croire que ces têtes soient celles de *Cicéron* : il avoit, nous disent-ils, *une taille haute, mais mince; le col d'une longueur extraordinaire, le visage mâle, son tempéramment étoit foible; mais il l'avoit fortifié par sa frugalité.* Assurément, rien dans nos Pierres ne ressemble à cette description. La tête est forte & semble appartenir à un homme *d'une taille moyenne* : le col, sur-tout dans le *Jaspe rouge*, est *épais & court*, l'embonpoint enfin dont le visage est pourvu, annonce plutôt une personne accoutumée à la bonne chère, qu'un tempéramment que l'on doit à la frugalité; un dernier motif bien plus puissant pour ne point reconnoître *Cicéron* dans nos deux Pierres, c'est une tête de ce grand Orateur imprimée sur une médaille de bronze citée par *Fulvius Ursinus*, dans son *Appendix* Plan. R & sur laquelle est inscrit le nom de *Cicéron*. ΜΑΡΚΟΣ ΤΥΛΛΙΟΣ ΚΙΚΕΡΩΝ. Cette médaille

frappée

frappée par les habitans de *Magnésie*, auprès du Mont *Sypile*, représente *Cicéron* à l'âge à-peu-près de quarante-six ans, &, d'après la tête qu'elle nous offre, dont les traits sont parfaitement d'accord avec la description qu'a faite de lui-même cet Orateur, il ne nous est plus possible d'hésiter & de vouloir croire avec *Gori* que nos têtes portent son empreinte. Au surplus, nous laissons aux sçavans Antiquaires à éclaircir ce doute & à fixer l'opinion que l'on doit embrasser sur cet objet.

Quant à *Cicéron*, quoique tous les Écrivains de Rome nous ayent parlé de lui : quoique dès les premières leçons de notre enfance son nom ait retenti à nos oreilles ainsi que ses belles actions, quoique ce soit avec ses ouvrages mis entre nos mains dès que nous avons pu les lire, que l'on nous ait fait connoître la langue des Romains & les devoirs des Orateurs : quoique l'on ait mêlé ses leçons morales & métaphysiques à celles d'une morale plus pure & d'une métaphysique plus sublime, il n'en est pas moins difficile d'apprécier justement le mérite & le caractère de ce grand homme. Pour ses talens littéraires, il les avoit reçus de la Nature, avec le génie le plus heureux. Les plus habiles maîtres de son tems avoient, par leur culture, fécondé cette terre précieuse. Rome, dans le défenseur de *Roscius*, vit éclore un de ses plus grands Orateurs. Athène eut l'honneur de le perfectionner, & vit son disciple, rival heureux de ses maîtres, transporter dans sa Patrie la gloire de l'éloquence qu'elle possédoit alors exclusivement. Cette éloquence ne fut pas vaine : d'illustres accusés lui durent leur absolution, & Rome elle-même fut sauvé par elle des attentats de *Catilina*. Ce fut elle qui, du grade de Chevalier conduisit *Cicéron* au Consulat; ce fut elle qui lui mérita des honneurs plus flatteurs que ceux du triomphe. Cette éloquence pourtant avoit des nuages, &, si cet Orateur fameux avoit un style coulant, doux, harmonieux, abondant, si les moindres détails sont embellis sous sa plume, si des périodes cadencées avec art offrent aux oreilles un charme qui pénètre bientôt l'ame : moins rapide, moins puissant, moins véhément que Demosthènes, plus fait pour parler aux Athéniens qu'aux Romains, à raison des plaisanteries & des fleurs dont il orne ses discours, il faut avouer aussi, comme dit *Montaigne*, *que cet Auteur étouffe par ses longueries ce qu'il a de vif & de moëlle.*

Ses talens pour l'administration brillèrent dans la charge de Questeur & de Gouverneur en Sicile; dans celle d'Édile, pendant l'exercice de laquelle il se distingua, moins par les jeux & les spectacles que sa place l'obligeoit de donner, que par les sommes qu'il répandit dans Rome affligée par la disette.

Son Consulat lui a valu sa plus noble célébrité par la découverte de la conjuration de *Catilina*, & ce fut dans cette place & à cette occasion que cet homme *de deux jours* obtint, par acclamation, le surnom glorieux de *Père de la Patrie.* Gouverneur de la Silicie, il se distingua dans cette Province par son équité, son désintéressement & son affabilité qu'une activité rare accompagnoit. Les Parthes vaincus, lorsqu'au mépris de la paix ils osèrent attaquer Antioche, & la prise de Pindenisse, l'une de leurs plus fortes Places, que *Cicéron* emporta à la tête des Légions, font honneur à ses talens guerriers, qui lui firent donner par ses soldats le titre d'*Imperator*: qui lui eussent fait décerner le triomphe dans des tems plus paisibles: & qui enfin, couronnés par de pareils succès, doivent balancer les jugemens portés peut-être trop légèrement sur le courage de ce grand homme.

Le caractère de *Cicéron* offre un mélange bisarre, dont il nous reste à tracer le tableau. Plein d'orgueil & de bassesse; harangueur hardi, homme timide: sentant vivement & cependant flottant & irrésolu, on l'a vu se reprocher de ne pas suivre *Pompée*, & n'oser se déclarer pour *César*: plaindre la mort du premier & chercher l'amitié du second Vainqueur de son rival, par les adulations les plus viles. Il se vantoit d'avoir sauvé la liberté de la République, &, pour se faire un protecteur, il secondoit *Octave* qui en étoit le plus dangereux ennemi. Enflé dans la prospérité, il s'abattoit trop dans la disgrace, &, quoique formé à l'école de la Philosophie, dans les circonstances où elle est le plus nécessaire, il en oublioit les leçons: son cœur nourrissoit une passion insaturable de la gloire, & sans cesse il caressoit avec indulgence cette passion qui faisoit son tourment. Utile quand elle est moderée & qu'elle n'est, pour ainsi dire, que le germe de l'émulation; elle devient importune quand on l'écoute trop, & ridicule quand on la montre: aussi reproche-t-on souvent à *Cicéron* l'ostentation affectée avec laquelle perpétuellement, dans ses discours, dans ses traités, dans tous ses écrits, il célébre son mérite & ses services. Terminons ce portrait par les traits que nous offrent sa conduite privée. Dans ses habits & sa parure il observoit ce qu'il a prescrit dans *ses Offices*. Modeste & décent, il conformoit ses vêtemens à son rang & à son caractère. Rien n'étoit extraordinaire & singulier dans ses habitudes. Les manières les plus aimables donnoient des charmes à sa vie domestique, &, si quelquefois ses plaisanteries & ses bons mots lui faisoient des ennemis, c'est qu'ils ne sçavoient pas assez approfondir la tournure de son esprit, &, l'on pourroit dire qu'ils se blessoient plutôt eux-mêmes aux traits de sa langue, que *Cicéron* ne les lançoit contre eux. Avouons, néanmoins qu'il eut été plus agréable de ne point craindre de piquûre en s'approchant de lui. Au surplus, éloignés du tems où il vivoit, si nous l'avons jugé avec la sévérité qu'on se permet si facilement envers les morts, c'est un plaisir pour nous d'oublier maintenant ses défauts & ses foiblesses, pour nous unir à ceux qui admirent & ses vertus, & son zèle pour sa Patrie, & ses talens. Sa mort tragique en excitant notre sensibilité nous conduit naturellement à ces sentimens. Ce grand homme n'avoit que trop secondé *Octave* : il fut trahi par cet ingrat, qui lâchement promit sa tête à *Antoine* qui avoit eu la bassesse de la lui demander : près d'une de ses maisons de campagne, il fut atteint par ses assassins, &, faisant arrêter sa litière, il présenta tranquillement son cou au fer des meurtriers. *Popilius Lena*, qui devoit la vie à son éloquence, le frappa lui-même, & la tête & la main du vengeur de la liberté de Rome, du père de la Patrie, furent portées au féroce Triumvir. *Fulvia*, femme d'*Antoine*, que ce spectacle affreux auroit du pour le moins attendrir, plus féroce que son époux, osa prendre cette tête sanglante, & perça avec un poinçon d'or sa langue dont le silence étoit éloquent encore. Ces tristes restes du plus grand des Orateurs furent ensuite, suivant l'usage, exposés sur la tribune aux harangues, & le peuple Romain, dit *L. Flore*, dans le IVe. Livre de son Histoire, accouroit pour les regarder comme il accouroit autrefois pour entendre *Cicéron* lui-même, & il s'en retournoit pleurant de le voir ensanglanter un lieu si souvent illustré par son éloquence.

PLANCHES LX.

THALÈS DE MILET.

La ressemblance de cette *Cornaline* avec un buste de marbre tiré du Muséum d'*Achille Maffei*, qui porte le nom de ΘΑΛΗϹ nous fait croire que notre tête est celle de ce Philosophe : tout annonce en elle la gravité & la sévérité Philosophique. *Thalès*, né à *Milet*, quitta son pays pour acquérir, par le moyen des voyages, les lumières des hommes les plus habiles d'alors. C'étoit l'usage des Anciens de voyager ainsi. Nos voyages actuels ne produisent pas de semblables effets, & souvent même nos Voyageurs n'acquèrent dans leurs courses que des vices de plus qu'ils puisent chez les Nations qu'ils visitent. Thalès s'arrêta longtems en Égypte où, sous les Prêtres de Memphis, il étudia la Géométrie, l'Astronomie & la Philosophie, & bientôt il surpassa ses maîtres. *Amasis* régnoit alors en ce pays; le mérite de *Thalès* perça jusqu'à son trône, & ce Souverain N°. III.

donna publiquement au Philofophe des preuves de fon eftime. Mais des Philofophes peuvent-ils vivre long-tems à la Cour des Rois? Leurs grands talens font fi ordinairement joints à l'infociabilité : leur orgueil eft fi infupportable, leurs manières fi fières, qu'ils peuvent rarement fe maintenir auprès des Grands, qui font fâchés déjà de n'avoir que leur grandeur à mettre en balance avec leurs qualités qu'ils jaloufent. La Philofophie cependant devroit leur apprendre à ménager les foibles. Quoiqu'il en foit, *Thalès* prit le parti de revenir dans fa Patrie, qui, par lui, jouit bientôt des plus beaux tréfors des Égyptiens, de leur fageffe renommée. L'*Oracle* le fit furnommer *Sage*, il eft le premier des *fept Sages de la Grèce*, & l'adage par lequel on le défigna fut le fameux *connois-toi toi-même*. D'eux tous, il eft le feul qui ait fondé une fecte de Philofophes que l'on appella la *fecte Ionique*. Ses leçons, comme celles de tous les hommes que la raifon feule conduit, font imparfaites; mais on y retrouve des principes que tous les êtres raifonnables feroient trop heureux de pratiquer. « Vivez dans la plus douce union, difoit-il à fes difciples, ne vous haïffez » point, parce que vous penfez différemment les uns des autres; mais aimez-» vous plutôt, parce qu'il eft impoffible que dans cette variété de fentimens » il n'y ait quelque point fixe où tous les hommes viennent fe rejoindre ». Nous ne pouvons trouver auffi beau cet autre confeil, *il faut vivre avec fes amis comme pouvant devenir fes ennemis*; il eft trop attriftant pour nos cœurs, & nous regardons comme bien malheureux l'homme qui n'eft prudent & difcret avec ceux qu'il fréquente que par ce cruel motif. Aimons plutôt cette autre maxime du même Philofophe, que *l'on doit s'abftenir des chofes que l'on trouve repréhenfibles dans les autres*. Pendant les quatre-vingt-dix ans que vécut *Thalès*, il ne trouva pas le moment de fe marier; *il n'eft pas tems encore*, difoit-il à fa mère, lors de fa jeuneffe quand elle le preffoit de prendre une femme : *il n'eft plus tems*, lui répondoit-il, dès qu'il fut venu fur le retour. Enfin il mourut accablé par les ans, la chaleur & les infirmités pendant qu'il affiftoit à un combat de Lutteurs.

HIPPOCRATE.

N°. IV. Un vifage doux & tranquille, une reffemblance fingulière avec les figures d'*Hippocrate*, qui fe trouvent fur les médailles que lui ont fait frapper les habitans de Coos, nous font augurer que cette rare *Prime* préfente la tête de ce Médecin célèbre. Cette tête eft chauve comme celle que cite *Fulvius*

Ursinus Plan. LXXI ; mais elle lui ressemble moins qu'aux médailles dont nous venons de parler. Le manteau qui recouvre les épaules convient parfaitement au Prince des Médecins que les Grecs ont presque divinisé, & pour lequel ils avoient de la vénération comme pour un autre *Esculape*. Arrière petit-fils de *Nébrus*, qui avoit guéri d'une maladie pestilentielle le camp des Amphyctions dans le tems où ils assiégeoient *Crissa*, *Hippocrate* naquit dans l'Isle de Coos l'une des Ciclades, & il se livra aux goûts & aux travaux de son trisayeul. Ses études furent suivies des succès les plus brillans ; il délivra les Athéniens de la peste affreuse dont ils furent affligés au commencement de la guerre du Péloponèse : & ce bienfait fut récompensé par le droit de bourgeoisie, une couronne d'or & l'initiation dans les grands mystères ; nous ne parlerons point des sublimes talens d'*Hyppocrate*, nous ne dirons pas jusqu'à quel point il possédoit l'art de guérir, & nous ne vanterons pas ses ouvrages ; tout le monde sçait qu'il est encore de nos jours l'Oracle des Médecins qui l'appellent *Divin*, & qui ne doivent le plus souvent leur réputation qu'à la méditation de ses écrits comparés avec l'expérience qui confirme leur vénération pour ce génie tutélaire. Il sera plus utile de rappeller que ce grand homme, en refusant à *Artaxercès Longuemain* d'habiter sa Cour, malgré les richesses considérables & les honneurs que ce Prince lui offroit pour appât, & en disant qu'*il devoit tout à sa Patrie*, a donné une leçon qu'il seroit à souhaiter que l'intérêt ou l'indifférence ne fissent pas oublier aux Médecins de notre âge. Ne pourroit-on pas desirer en eux aussi ses vertus & sa modestie qui égaloient son humilité ? Ils aiment assez à répéter la plainte que faisoit le Médecin Grec de ceux qui décrient la Médecine à raison des morts dont ne préservent pas les Médecins, *comme si l'on ne pouvoit pas imputer la mort du malade à la violence insurmontable de la maladie, aussi bien qu'au Médecin qui l'a traitée* ; mais combien rougiroient de confesser, avec autant de candeur & d'ingénuité que lui, les erreurs qu'ils commettent & le nombre des malades qui périssent entre leurs mains. *Hippocrate* mourut à Larissa, dans la Thessalie, à l'âge de cent-neuf ans.

ARCHYTAS *DE TARENTE*.

Sur cette *Cornaline* se voit la tête d'*Archytas* le plus habilement gravée. N°. V.
Ce Philosophe célèbre embrassa la *secte de Pithagore* dont il fut le huitième successeur. Avec un égal succès il cultiva la Géométrie & la Méchanique.

On lui doit la vis & la poulie ; &, dire qu'il se plut à appliquer les Mathématiques aux choses d'usage pour alléger les travaux des hommes, c'est faire son éloge. Suivant *Diogène Laërce*, il trouva le cylindre & la duplication du cube : on rapporte même que dans ses délassemens il avoit fait un pigeon volant. Quoique le tumulte de la guerre ne s'allie pas ordinairement avec le calme que demande l'étude, *Archytas* ne fut pas moins bon Guerrier que Phylosophe, & tantôt il éclairoit, tantôt il défendoit sa Patrie. Plusieurs fois il commanda les armées & les ramena victorieuses. Les emplois les plus difficiles, il les remplit avec autant d'intelligence que d'industrie, & toujours en faisant le bonheur de ses concitoyens. Une médaille de moyen bronze publiée par *Fulvius Ursinus* Plan. XXVII, s'accorde assez, ainsi qu'une *Cornaline* citée par *Léonard Agostini* Plan. XX, avec notre Pierre pour que nous ne balancions pas à reconnoître ce Guerrier Philosophe sur celle-ci. Les cheveux, suivant l'usage de quelques Philosophes anciens, rassemblés par les extrémités, forment autour de la tête un cercle que rend plus saillant un lien ou couronne imitant celle de laine que nous pouvons croire qu'il portoit. *Archytas* florissoit quatre siècles avant notre Ere. On le trouva mort sur les côtes de la Pouille où il fut jetté par un naufrage.

ANACRÉON.

N°. VI. On croiroit retrouver dans cet *Onyx* une autre tête d'*Archytas* ; mais c'est une erreur, qu'un premier coup-d'œil fait naître & qu'un second détruit. En considérant ce bel ouvrage avec attention, on reconnoît les mêmes traits que nous offrent une tête d'*Anacréon*, publiée par le Chevalier *Maffei*, Partie I de ses Pierres antiques, Plan. LXIX, pag. 82 & une médaille de bronze citée par *Fulvius Ursinus*, Plan. XI, sur laquelle est gravé le nom de ce Poëte ; c'est donc *Anacréon*, c'est le Poète de *Théos* que nous avons l'avantage de revoir sur notre *Onyx*. Le laurier que ses Poésies lui méritèrent orne sa tête vénérable ; ses cheveux lui forment une seconde couronne, ce qui prouve que l'on a voulu le représenter avant cet âge avancé où de lui-même il chantoit :

. . . Sans cesse, me disent les Belles,
Anacréon, vous êtes vieux,
Consultez ces glaces fidelles,
Ils ne sont plus ces beaux cheveux !
. . . Votre front est uni comme elles. *Ode XI.*

Au nom d'*Anacréon* l'on se déride, l'imagination s'égaie, & l'on sourit avec plaisir. C'est le Poëte des Grâces & de l'Amour : c'est le Chantre de Bacchus. Les douces images dont ses Poésies sont pleines, se confondent sous nos yeux avec la sienne même, & l'on jouit à la fois du Peintre aimable & de ses gracieux tableaux.

Laissons aux infatigables Érudits le soin de débrouiller les titres de sa naissance & de fixer, parmi les différens pères que lui donnent divers Auteurs, celui qui a eu le bonheur de voir fleurir ce beau rameau sur sa souche. Qu'armé d'antiques autorités, *Barnès* le fasse descendre d'une famille noble alliée à celle de *Codrus* : que ce docte Écrivain assigne, pour époque précise de sa naissance, la seconde année de la LV Olympiade, tems à-peu-près où le grand *Cyrus* commençoit à courir sa brillante carrière & auquel *Pysistrate* régnoit sur Athènes. Certains Écrivains très graves peuvent encore raconter la fabuleuse anecdote du bon *Anacréon* qui, étant yvre, renverse pendant les fêtes de *Neptune* à *Mycale*, l'enfant *Théobule* & sa nourrice, & promet, après les avoir chargé d'imprécations, de les chanter dans la suite. Nous aimons mieux rappeller à nos Lecteurs que ce Philosophe séduisant fit les beaux jours de la Cour de *Polycrate*, tyran de Samos, dont il méprisoit les dons & les présens germes du chagrin & de l'inquiétude, & qu'il sçut rendre ce tyran moins orgueilleux, moins fastueux, moins cruel & plus digne de commander à des hommes. Son Poëte & plus encore son ami, *Anacréon* étoit de tous ses conseils & l'ame de ses affaires; ainsi l'atteste *Hérodote*, & l'un des premiers malheurs de *Polycrate* fut peut-être d'avoir consenti trop facilement à ce qu'il allât vivre près d'Hypparque : les avis d'*Anacréon* l'eussent sûrement détourné d'écouter les sollicitations perfides d'*Orætès*. On sçait tout ce qu'Hypparque fit en faveur de notre Poëte : qu'il lui envoya une galère à cinquante rames, & qu'il le combla de présens magnifiques; mais les avantages & les agrémens dont il jouissoit dans la Capitale de l'Attique, ne purent cependant l'y fixer; quoique charmé de la délicatesse, de la douceur, de la politesse des Athéniens, il ne passa parmi eux que sept années environ, & l'amour de sa Patrie le fit retourner dans son sein. Qu'il y passa des jours heureux ! Une maison de campagne étoit sa demeure chérie. C'étoit-là qu'il respiroit l'air si bon de la liberté : c'étoit-là que, dominant sur la Mer Égée & les Isles éparses qu'elle baigne, il sembloit avoir l'empire paisible de la Nature. On peut juger par son Ode sur le Printems & celles qu'il composa sur les Vendanges, combien doux à ses yeux étoit le spectacle de ses champs, & avec quelle allégresse il voyoit paroître & recueilloit les dons de Bacchus. Le plaisir & la volupté filoient ses ans. Loin d'ici, vous tous Lecteurs, trop austères ou trop prévenus, dont l'imagination prête gratuitement à ce Poëte des mœurs dissolues, infâmes mêmes, & qui, sans preuves suffisantes, calomniant sa mémoire, le peignez comme un de ces libertins peu délicats, dont la vie n'est qu'un tissu de débauches de tout genre. Pour nous, étayés sur les autorités qu'a réunies *Barnès*, nous nous plaisons à croire qu'*Anacréon* fut *sobre* & *honnête*, comme l'a dit *Athenée*, & *sage*, ainsi que l'écrit *Platon*. S'il chantoit Bacchus, il le chantoit comme Horace, sans abuser de ses dons, & ne souffroit pas que son jus éclipsât sa raison. Si Vénus recevoit des hymnes de lui, sa vie n'en étoit pas moins pure. Il célébroit les Belles comme on célèbre une brillante Aurore. Des jeunes gens ont vu ses Vers éterniser leurs charmes & leur beauté; mais ne suffit-il pas, pour ne point l'accuser d'avoir nourri des amours proscrits par la Nature, qu'il ait pu prêter sa plume à celles qui les aimoient? Combien de nos jours voyons-nous de Poëtes composer des Vers, même passionnés, pour des objets qui leur sont inconnus; ils fabriquent l'encens, mais ne le brûlent pas eux-mêmes sur les autels dressés à ces idoles. Tous les Vers voluptueux d'*Anacréon*, ne sont-ils pas encore entre-mêlés de leçons vraiment Philosophiques? Comme il peint la fragilité de cette vie!

Vois ce char franchir la barrière,
La vie est plus rapide encor:
Bientôt victimes de la mort
Nous ne serons plus que poussière.

Pourquoi sur notre sépulture
Perdre ces parfums & ces fleurs?
Rendre aux morts ces tristes honneurs,
C'est insulter à la Nature.... *Ode. IV.*

Ennemi des soins & des soucis, certain de mourir, il cherche du moins la gaieté, baume de la vie.

Tel est mon sort, né pour mourir,
Des jours passés je sçais le nombre;
Mais l'avenir cache dans l'ombre
Ceux dont je peux encor jouir.

Soucis cuiſans, peines amères,
Cachez-moi vos pointes ſévères,
Point de commerce avec mon cœur:
Des amours careſſant la mère
Et fêtant le Dieu du buveur,
Je veux qu'à mon heure dernière,
De la mort la faux meurtrière,
Me ſurprenne au ſein du bonheur. *Ode XXIV.*

Le mépris des richeſſes eſt bien exprimé dans cette Ode, où ſagement il s'écrie :

De Gygès & de ſon tréſor,
Mon ame point ne ſe ſoucie,
Je n'eus jamais la ſoif de l'or,
Un Roi ne me fait point envie. *Ode. XV.*

Et ne peint-il pas, en deux mots, la folie de ceux qui amaſſent toujours, inquiets du lendemain ?

Saiſiſſons le moment qui paſſe:
Eh ! qui ſçait s'il vivra demain ? *Ode. XV.*

Ne reconnoiſſons-nous pas dans quelques Vers de ſon Ode XLVI, le tableau frappant de ces unions avares trop communes encore de nos jours ?

Talens, vertus, ſçavoir, nobleſſe,
Ne ſçauroient plus fixer un cœur:
Le cœur n'eſt rien ſans la richeſſe,
Et de l'amour l'or eſt vainqueur.
Qu'il périſſe au fond du Tartare,
Le mortel qui mit l'or au jour,
Maudit ſoit le premier avare,
Qui prit l'or & vendit l'amour.
Avec l'or il n'eſt plus de frères,
Plus de pères, plus de parens :
L'or enfante combats & guerres ;
Par l'or périſſent les Amans. *Ode XLVI.*

Enfin, combien douce doit nous paroître la peinture naïve qu'il fait lui-même de la candeur de ses mœurs !

> Je hais l'envie & sa noirceur,
> Sans en redouter la morsure :
> Et mon cœur craint peu la blessure
> Des traits du calomniateur. *Ode XLII.*

D'après toutes ces citations & mille autres que la mémoire peut rappeller à ceux qui connoissent les Poésies immortelles d'*Anacréon*, il n'est plus étonnant, sans doute, que *Fontenelle*, dans ses *Dialogues des Morts*, faisant trouver ce Poëte & *Aristote* ensemble, ait donné toute la supériorité au Chantre divin de Téos : & il nous est permis aussi de conclure qu'*Anacréon* eut pu s'appliquer ce Vers d'*Ovide* :

> » Ma vie est pure & ma Muse joyeuse.
> *Vita verecunda est, Musa jocosa mihi.* Trist. Lib. II.

« Ce Poëte, dit l'Abbé *Batteux*, étoit sçavant dans l'art de plaire,.... il n'ignoroit » pas combien il est important de mêler l'utile à l'agréable. Les autres Poëtes » jettent des roses sur leurs préceptes pour en cacher la dureté. Lui, par un » rafinement de délicatesse, mettoit des leçons au milieu des roses : il sçavoit que » les plus belles images, quand elles ne nous apprennent rien, ont une certaine » fadeur qui laisse après elle le dégoût ; & que si la Sagesse a besoin d'être égayée » par un peu de folie, la folie à son tour doit être assaisonnée d'un peu de » Sagesse ».

Ce caractère dominant d'*Anacréon* se peignoit sur sa figure, on reconnoît sur notre Pierre & dans les médailles qui le représentent une physionomie douce, délicate, une gaité mêlé de gravité : le calme de son ame & sa candeur semblent y être peintes : & ses yeux, en décélant son esprit, ne nuisent pas à l'idée que son visage donne de son cœur. Ce Poëte Philosophe poussa très-loin sa carrière ; mais la gaité qui sert d'aliment à la vieillesse ne suffisoit malheureusement pas : il se nourrissoit de raisins secs, & l'on rapporte qu'un pepin arrêté dans son gosier lui causa la mort. Sa pompe funèbre répondit à sa célébrité : ses concitoyens lui élevèrent un tombeau magnifique & lui dressèrent une Statue. Du tems de *Pausanias*, Athènes en possédoit une de ce grand homme, & l'on avoit cru devoir la placer au milieu de la citadelle entre *Périclès* & *Xantippe*.

De tous les ouvrages d'*Anacréon*, des Odes & quelques Épigrammes sont parvenues jusqu'à nous, & ces Odes & ces Épigrammes suffisent à sa gloire: les ans ont respecté ces productions du génie & l'immortalisent.

> *Nec si quid olim lusit Anacréon,*
> *Delevit Ætas....* Horat.

PLANCHE LXI.

PHILÉMON.

Fulvius Ursinus & *Léonard Agostini* ont l'un & l'autre publié une tête de *Philémon*. En voici encore une élégamment gravée sur une *Cornaline* : sa ressemblance, sur-tout avec celle de *Léonard Agostini*, ne nous permet pas d'en douter. Le nez de la nôtre est un peu plus fort, il est même un peu retroussé, ce que l'on ne trouve point sur la médaille de bronze citée par *Ursinus*; mais les trois têtes offrent un crâne chauve, la même coupure de l'œil, la même direction des soucis, la même disposition de la barbe & du peu de cheveux qu'elles portent, & enfin, ce qui est plus remarquable, le front élevé en bosse. N°. I.

Philémon avoit choisi le genre de la Poésie-comique: il étoit fils de *Damon* & contemporain de *Ménandre*, dont il devint l'émule; si cependant il l'emporta souvent sur ce Poëte, on l'attribue moins à son mérite qu'à ses intrigues. Une de ses Comédies intitulée, le *Marchand*, fut imitée par *Plaute*. On prétend que *Philémon*, à l'âge de 97 ans, mourut de rire en voyant son âne manger des figues.

PLATON.

Sur la superbe *Cornaline* qui suit, plusieurs Sçavans croyent devoir reconnoître *Platon*, & nous ne sommes pas éloignés d'admettre leur conjecture. La manière dont les cheveux sont disposés & ce diadême qui, quatre fois ceint sa tête, nous portent à l'adopter; nous trouvons d'ailleurs un rapport singulier entre cette tête & celle de *Fulvius Ursinus*, Plan. CXII. N°. II.

Platon, Chef de la secte des Académiciens, étoit né d'une famille illustre. Appellé d'abord *Aristocle*, il fut ensuite surnommé *Platon* par son maître de Palestre, & ce nom, qu'il avoit tiré de la largeur & de la quarrure de ses épaules, est devenu celui sous lequel il est uniquement connu. Doué d'une imagination vive & brillante, il fit dans ses études les plus rapides progrès. A trente ans il s'attacha à *Socrate* & devint entre ses mains un sage consommé même à la fleur de l'âge. Des voyages en Égypte, dans la grande Grèce &

en Sicile contribuèrent à la perfection de ses connoissances. Enfin sa Patrie le vit revenir, & dans un fauxbourg d'Athènes, dans un quartier appellé *Académie*, ce grand Philosophe ouvrit son école & donna ses leçons. Son nom se répandit avec elles, & l'on ne fut pas plus étonné de voir *Denys le jeune*, tyran de Syracuse, presser *Platon* de venir à sa Cour, que de voir le Philosophe laisser le tyran victime de ses flatteurs, sans avoir pu amollir son cœur, dont les plus heureuses dispositions avoient paru d'abord annoncer le changement heureux. Formé dans la Physique sur les principes d'*Héraclite*, pour la Métaphysique d'après ceux de *Pythagore*, il n'eut de guide en Morale que *Socrate* dont il perfectionna les leçons. Appellé le *cygne de l'Académie* par *Socrate*, *l'Homère des Philosophes*, *l'abeille Athénienne* & *le Divin*, il ornoit sa doctrine précieuse des fleurs choisies de l'expression, l'assaisonnoit d'un sel exquis, & donnant à son style la noblesse, la grandeur & la majesté, il parloit moins, dit *Quintilien*, le langage des hommes que celui des Dieux. Après une carrière de quatre-vingt-un ans, *Platon* mourut le jour anniversaire de sa naissance, & son tombeau fut orné de cette inscription digne du grand homme qu'il renfermoit. « Cette terre couvre le corps de *Platon*, le Ciel contient son ame » bienheureuse; homme, qui que tu sois, si tu es honnête, tu dois révérer » ses vertus ».

N°. III. La *Cornaline* N°. III, présente la tête d'un Philosophe qui nous est inconnu.

XÉNOCRATE.

N°. IV. Une grande ressemblance entre cette *Amétiste* & une Pierre publiée par *Jean Chifflet*, sur laquelle est gravé le nom de *Xénocrate*, fixe notre opinion en ce moment, & nous croyons pouvoir donner notre tête pour être celle de ce Philosophe. Né à *Calcédoine*, *Xénocrate* fut un des plus beaux ornemens de la Philosophie antique. Disciple de *Platon*, il devint son ami, puis son successeur après *Speusippe*, & pendant vingt-cinq ans, au rapport de *Laërce*, il présida à son école. Bien des traits dans sa vie concourent à faire de lui le plus bel éloge : la jeunesse débauchée d'Athènes fuyoit sa rencontre, tant elle étoit frappée du changement subit qu'il avoit opéré dans les mœurs dissolues du jeune libertin *Polémon* : *Laïs*, honteuse de n'avoir pu le faire succomber, malgré ses charmes si célèbres, élevoit un monument à sa chasteté, en disant de lui qu'il n'étoit pas un homme, mais une statue : & les Magistrats d'Athènes éternisèrent sa probité en le dispensant lui seul de confirmer son témoignage par le ferment : enfin fon défintéreffement éclatta, tant dans fon ambaffade vers Philippe, que dans celle à Antipater, & dans fon refus d'accepter les cinquante talens que lui apportèrent les députés d'Alexandre : il n'étoit pas riche, cependant, ce Philofophe, puifqu'au rapport de *Plutarque*, l'Orateur *Licurgue* fut obligé de payer au tréfor d'Athènes le tribut que les Étrangers étoient tenus d'y porter, pour lui épargner la prifon où les Fermiers de cet impôt, barbares par-tout, le faifoient conduire. On reconnoît fur notre *Améthifte* le caractère du Philofophe dont elle offre la tête : un homme auftère, maître de fes paffions : fon front chauve eft large & ridé, la gaiété ne l'embellit pas, & l'on voit répandu fur tout le vifage ce férieux prefque trifte qui annonce la rudeffe que lui reprochoit fi agréablement *Platon*, en lui confeillant de *facrifier de tems en tems aux Grâces*. *Xénocrate* mourut âgé de quatre-vingt-deux ans, en laiffant plufieurs écrits & une mémoire refpectée. Ses écrits feuls ont été depuis la victime du tems.

PITTACUS.

Cette *Cornaline* ne paroît pas nous offrir une autre tête que celle de *Pittacus*, l'un des fept Sages de la Grèce : elle a trop de reffemblance avec une médaille de bronze de moyenne grandeur, citée par *Fulvius Urfinus*, Plan. CXI, que les Mityléniens avoient fait frapper en l'honneur de leur célèbre concitoyen, & qui porte le nom de ΠΙΤΤΑΚΟϹ, pour que nous puiffions héfiter à le reconnoître. N°. V.

Mitylène a vu naître ce Philofophe, & il chaffa de fa Patrie le tyran *Méléagre* qui en faifoit le malheur. Les fervices qu'il rendoit à fes concitoyens lui firent donner par eux la fouveraineté de leur Ville, & l'on vit alors cette même Philofophie qui l'avoit toujours accompagné dans les combats lui dicter des loix fages dont il enrichit fa Patrie, &, comme fon bonheur feul avoit pu déterminer *Pittacus* à accepter le fouverain pouvoir, il le remit auffi-tôt qu'il l'eut fixé par fes fages ordonnances. Les Mityléniens voulurent au moins le dédommager du facrifice qu'il faifoit. Accepter les grands fonds de terre qu'ils lui offroient ç'eut été fournir un aliment à l'envie : ne rien accepter du tout, ç'eut été bleffer la noble générofité de la Patrie ; *Pittacus* lança donc un javelot & ne confentit à poffèder que ce qu'il avoit parcouru de terrein. Nous ne citerons de ce grand homme qu'une feule de fes maximes qu'on ne fçauroit trop répéter. *La preuve d'un bon Gouvernement*, difoit-il, *est d'engager les Sujets non à craindre le Prince ; mais à craindre pour lui-même.* Ce citoyen aussi estimable que grand Philosophe, mourut sous l'archontat d'Aristomène, la troisième année de la LII Olympiade, âgé de soixante-dix ans.

DIOGÈNE.

N°. VI. Voici une *Cornaline* qui nous offre la tête d'un Philosophe. Ses traits rapprochés de celle du *Diogène* cité par *Léonard Agostini* Plan. CLIV, semblent nous indiquer que celle-ci pourroit bien être son image. Son front est chauve, rien ne le couvre, & pour vêtement il ne paroît avoir qu'un manteau dont on apperçoit les bords sur ses épaules.

Né à *Sinope*, ville du Pont, un crime bas fit chasser *Diogène* de sa Patrie : il tenoit de famille ; son père fut banni pour le même crime. De faux Monnoyeur il devint Philosophe, & les leçons se ressentirent de ses premiers goûts : il *altéra* la Philosophie comme les monnoies. La secte des *Cyniques* lui plut par-dessus toutes les autres : il lui en coûtoit peu de renoncer comme eux à tout, il n'avoit rien : & quand on n'a rien à risquer, on peut insulter impunément à l'Univers.

Une écuelle pour tout meuble, un tonneau pour maison, un manteau, une besace formoient toutes ses possessions ; mais cet attirail de la modestie ne pouvoit pas cacher son orgueil qui sortoit par ses pores. Sa réponse à Alexandre : la folle recherche qu'il fit d'un homme avec sa lanterne en plein midi, décèlent son caractère : ses mœurs peu délicates ont fait dire qu'il *ne falloit pas regarder au fond de son tonneau*, & il est à croire que le peu de vertus qu'il avoit étoient plutôt des vertus de tempérament que des heureuses inclinations ou des louables victoires de son cœur. Il devoit presque tout à son esprit & à sa gaité.

PLANCHE LXII.

CAIUS GRACCHUS.

N°. I. Nous croyons que cette *Cornaline* offre le portrait de *Caïus Gracchus*, fils de *Sempronius Gracchus* & de *Julie*, qui avoit pour père *Scipion l'Africain*. Ce Romain avoit reçu de sa mère l'éducation la plus soignée. Il avoit pour frère *Tiberius Gracchus*, si célèbre par l'exécution de la loi *Agraire*, & auquel il succéda. Son frère, victime des Grands & des riches dont il avoit fait repartir les trop grandes possessions entre les plus pauvres citoyens, fut massacré au milieu de ses partisans. Douze ans après *Caïus* eut le même sort, & par sa mort la Noblesse reprit toute l'autorité que les deux *Gracques* leur avoient fait perdre. Leur zèle pour le peuple étoit juste, sans doute ; mais son motif étoit-il pur ? C'est ce dont, avec fondement, on pourroit douter : l'ambition qui emploie toutes sortes de voies pour réussir, se sert heureusement quelquefois de moyens équitables. *Caïus*, au rapport de *Cicéron*, étoit un Orateur éloquent & fécond, il semble même douter *qu'il eut pu trouver son égal s'il eut vécu plus long-tems* (1).

ARISTOTE.

Cette tête qui annonce un âge avancé, dont les cheveux sont coupés très-courts, dont le menton & les joues sont rasés, dont l'œil est petit & le nez aquilain, semble indiquer un portrait d'*Aristote*. On sçait que ce Philosophe avoit soin, contre l'usage de *Platon*, de se raser lorsqu'il fut vieux, ainsi que le rapportent *Ælien* & *Laërce*. On faisoit remonter son origine jusqu'à *Esculape* : *Nicomachus* son père étoit du moins un de ses successeurs, puisqu'il exerçoit l'art de la Médecine. Le père d'*Aristote* mourut trop tôt pour son fils jeune encore & qui avoit besoin de ses conseils. Abandonné à lui-même, *Aristote* alors n'eut de guides que ses sens ; ils étoient vifs, & il les écouta trop ; bientôt son bien fut dissipé : le parti des armes devint celui du jeune débauché ; mais enfin il le quitta pour suivre les leçons de Philosophie. D'après un avis de l'Oracle *Delphique*, ce fut de *Platon* qu'il voulut en recevoir les principes, & *Platon* qui l'accueillit reconnut avec satisfaction que cet homme feroit la gloire de son école. Son zèle pour l'étude secondoit l'habileté de son maître. La nuit ne l'invitoit point au repos : elle ne lui sembloit tirer ses voiles sur toute la Nature, & ne faire naître un silence général que pour lui épargner des distractions & prolonger au sein de la paix & de la tranquillité les heures délicieuses de son travail : si l'on en croit même *Diogène Laërce*, il craignoit tant d'être No. II.

(1) *Utinam non tàm fratri pietatem, quàm Patriæ præstare voluisset ! Quàm ille facilè tali ingenio, diutiùs si vixisset, vel paternam esset, vel avitam gloriam consecutus ! Eloquentiâ quidem nescio an habuisset parem neminem : grandis est verbis, sapiens sententiis, genere toto gravis : manus extrema non accessit operibus ejus, præclarè inchoata multa, perfecta non planè. Legendus est hic Orator, Brute, si quisquam alius juventuti ; non enim solùm acuere, sed etiam alere ingenium potest.* Cicero de claris Oratorib.

surpris par le sommeil, qu'il s'armoit contre lui d'une boule d'airain qui, au moindre assoupissement, s'échappoit de ses mains &, tombant avec fracas dans un bassin de même métal, le chassoit à l'instant. Après la mort de *Platon* il se retira dans la Mysie où il épousa la sœur d'*Hermias*. Philippe le choisit pour Précepteur d'Alexandre, qu'il ne quitta qu'au moment où son auguste élève alloit commencer le cours de ses conquêtes. Athènes fut alors le lieu de sa retraite, & ce fut dans son sein qu'il ouvrit son école. La secte qu'il forma, de la manière qu'il avoit adoptée de donner ses leçons en se promenant, fut surnommée la *secte des Péripatéticiens*. Malgré la considération dont il paroissoit jouir à Athènes, il ne mourut cependant pas dans cette ville. Sa passion pour sa femme *Pythaïs* qu'il honora comme *Cérès*, le fit accuser par le Prêtre *Eurymedon* de ne pas croire à cette Divinité, & le Philosophe, pour empêcher qu'on ne le traitat comme *Socrate*, & que *l'on ne commit une seconde injustice contre la Philosophie*, se retira à *Chalcis*. Il avoit soixante-trois ans lorsqu'il mourut. La gloire d'*Aristote* ne fut pas enfermée avec lui dans le tombeau; surnommé le *Prince des Philosophes* il fut pendant long-tems l'Oracle unique de toutes les écoles Philosophiques, & si ses écrits ne jouissent plus des mêmes honneurs qu'autrefois, ne seroit-ce pas la faute de nos têtes modernes plutôt que celle de cet Écrivain? Les lumières de notre siècle peuvent bien avoir fait un peu pâlir celles que le Philosophe de *Stagyre* offre à nos yeux; mais elles ne peuvent pas l'éclipser totalement.

Gori, qui n'avoit d'abord vu sur notre *Jaspe* mêlé de *Calcédoine* que le portrait d'*Aristote*, en l'indiquant dans sa table, paroît hésiter, & il avertit que l'on pourroit en cette même tête reconnoître *Senèque*. En effet, si nous la rapprochons de l'*Aristote* de *Fulvius Ursinus* Plan. XXXV, que *Gori* nous donne comme un moyen de comparaison, nous ne retrouvons pas ce nez aquilain sur-tout qui doit cependant être un des traits les plus caractéristiques de la figure. Si au contraire nous la comparons avec le *Camée* publié par *Léonard Agostini* Planche XXVIII, nous remarquons une bien plus grande ressemblance; nous laissons donc aux Sçavans à prononcer, s'il faut plutôt indiquer notre *Camée* comme tête d'*Aristote* que comme celle du Stoïque, fils d'*Helvia*.

CATON, *LE CENSEUR*.

No. III. Un des hommes les plus célèbres de la République Romaine fut *M. Porcius Caton*, que l'on surnomma *le Censeur*. En voici la tête sur un beau *Camée* de *Calcédoine*.

Calcédoine. Il étoit originaire de *Tuſculum*, & ſa famille étoit Plébéienne; mais ſa ſageſſe & ſes vertus l'élevèrent aux premières charges de la République. Homme juſte, mais inflexible, il eut des appréciateurs & des ennemis : ceux-ci ne purent empêcher qu'on lui élevât une ſtatue qui portoit cette mémorable inſcription : *A la gloire de Caton, qui a remédié à la corruption des mœurs.* Orateur célèbre, il fut ſurnommé le *Démoſthènes* des Romains, ainſi que le rapporte *Plutarque.* Il reſtoit encore, du tems de *Cicéron*, cent cinquante de ſes diſcours & d'autres ouvrages : nous n'avons de lui maintenant que des fragmens de ſon *hiſtoire des origines des Villes d'Italie* & ſon traité d'*Œconomie rurale*, (de re ruſticâ), traduit par M. *Saboureux* de la *Bonneterie.* Nous ne pouvons réſiſter à donner ici une copie du portrait de ce grand homme, tracé de la main de *Tite-Live* : « il avoit, dit cet Écrivain, tant de vigueur dans » l'ame & tant d'eſprit, que quelque fut ſon origine, il ne ſembloit avoir » beſoin que de lui-même pour établir ſa fortune. Perſonne ne poſſédoit » mieux que ce Romain le grand art de conduire les affaires particulières » & de traiter les intérêts publics. Également il étoit verſé dans les connoiſ- » ſances néceſſaires au ſein des Villes & dans celles qu'exigent les champs; » les uns doivent leur élévation à l'étude qu'ils ont faite de la Juriſpru- » dence, les autres à leur éloquence : des exploits guerriers en ont conduit » beaucoup aux honneurs; mais *Caton* avoit tellement l'eſprit propre à tout, » qu'il paroiſſoit deſtiné par la Nature à chacune des choſes qu'il entrepre- » noit. Homme brave & courageux, on pouvoit célébrer ſes hauts faits dans » la guerre, & les grades militaires qu'il acquit ne faiſant qu'augmenter ſa » valeur, il put être mis au rang des plus grands Généraux d'armée. Dans la » paix on pouvoit avec confiance lui propoſer toute eſpèce de difficulté ſur » les Loix : la Juriſprudence ſembloit être la ſcience favorite. Falloit-il parler? » A l'inſtant ſe déployoit ſon éloquence qu'atteſtent encore ſes écrits qui lui » ont ſurvécu. Combien n'a-t-il pas prononcé de harangues pour lui, pour » les autres & contre les autres? Car il vainquit ſes ennemis, & par les » coups qu'il leur porta & par ſes défenſes. Si des envieux tentèrent de laſſer » ſon courage, il réuſſit bien plus à les fatiguer, & l'on ne ſçauroit trop décider » ſi les Grands le tourmentèrent plus qu'il ne les tourmenta. Il avoit, à la » vérité, un caractère âpre, une langue trop vive & trop mordante; mais ſon » cœur étoit invincible aux attaques des paſſions. Intact, irrépréhenſible, il » mépriſoit & la faveur & les richeſſes : la ſobriété faiſoit ſa force. Preſqu'im- » paſſible au milieu des plus pénibles travaux, on eut cru que dans un corps

» de fer il possédoit une ame de pareil métal, & la vieillesse, qui brise tout, » n'avoit point d'empire sur elle : à quatre-vingt-six ans il écrivit & plaida pour » lui-même, &, à plus de quatre-vingt-dix, il accusa *Galba* devant le peuple ». Les rides que l'on remarque sur son front, dans notre *Camée*, semblent ajouter à la noblesse de sa figure & prouvent l'habileté du Graveur. La Planche CXVI de *Fulvius Ursinus* offre une tête de ce même Romain, dont on voit au premier coup-d'œil la ressemblance avec la nôtre; mais elle représente *Caton* dans un âge encore bien plus avancé.

N°. IV. La tête suivante, gravée sur une *Cornaline*, est le portrait de quelque personnage Consulaire qui nous est inconnu.

P. VALERIUS POPLICOLA.

N°. V. *Fulvius Ursinus*, Plan. CXLVII a publié un *Terme* de *P. Valerius Poplicola*, auquel manque la tête; qui ne voit donc combien est précieuse cette *Cornaline*, puisqu'elle nous représente le très-rare portrait de ce même Romain, ce dont les lettres gravées des deux côtés du col ne nous permettent pas de douter? Ces lettres sont de la même main que la figure dont on doit admirer la beauté.

P. Valerius témoin de la mort de Lucrèce, jura avec Brutus sur le poignard dont elle s'étoit percée, & de venger l'outrage qui lui avoit été faite & d'exterminer les *Tarquins*. Quand Tarquin & la royauté eurent été bannis de Rome, il fallut un nouveau Gouvernement: alors on créa des Consuls. *P. Valerius* ne le fut point à cette première élection, & l'on donna *Collatin* pour collègue à *Brutus*. Il ne fut pas insensible à cette préférence; mais son cœur étoit trop grand pour se reconcilier avec les ennemis de la liberté, & quand *Brutus* voulut lier par un serment le Sénat contre les Rois, *P. Valerius* jura le premier. Après la retraite de *Collatin*, le Consulat ne put lui échapper. Il ne gouverna pas long-tems avec *Brutus*, qui mourut en donnant la mort au fils de *Tarquin*, à la tête de la Cavalerie Romaine; mais ayant continué le combat & étant resté maître du champ de bataille, il fut le premier des Consuls qui rentra dans Rome en triomphe porté sur un char attelé de quatre chevaux. Demeuré seul Consul, &, sur le *Vélia*, au plus haut du Mont Palatin, ayant construit une maison, *P. Valerius* devint suspect au peuple, tant il faut peu de chose pour l'allarmer! Averti par ses amis, le Consul fit à ce peuple soupçonneux un discours digne de lui, & dans la nuit même il fit abattre cette maiſon funeſte, qui dans ſa chûte entraîna les moindres ſoupçons. Alors ſortirent du cœur du Conſul ces loix populaires qui firent ſa principale gloire, & qui furent l'origine du beau nom de *Poplicola*, ſous lequel on l'a connu depuis. Le père de Lucrèce devint enſuite ſon collégue, puis Horace remplaça ce dernier que la mort enleva peu de jours après ſon élection. Enfin après quatre Conſulats, après deux victoires ſignalées ſur les Étruſques & ſur les Sabins, après pluſieurs triomphes, mourut paiſiblement *P. Valerius Poplicola*, couvert de gloire, ſans craindre aucun reproche de ſa Patrie : & celui qui tant de fois avoit eu l'occaſion d'augmenter le petit bien qu'il avoit reçu de ſes pères, ne laiſſa pas même de quoi faire ſes funérailles : elles furent magnifiques cependant; mais le public en fit les frais : les Dames Romaines voulurent porter ſon deuil, & le pleurèrent comme elles avoient pleuré *Brutus* : elles ne voyoient en ces deux hommes que deux Pères de la Patrie, deux Vengeurs de la liberté & deux Fondateurs de la République. Il fut enterré par diſtinction dans la ville au *Vélia*, & parmi les honneurs que les Romains ſçurent lui rendre, on peut compter le *Terme* ou *Hermès* dont nous avons parlé au commencement de cet article, honneur qui, comme l'on ſçait, ne fut jamais accordé qu'aux perſonnages les plus illuſtres de la République.

M. ANTOINE TRIUMVIR.

Sur cette ſuperbe *Cornaline* eſt la tête du Triumvir *M. Antoine*, ſi célèbre par les talens qu'il avoit reçus de la Nature, par ſes débauches & par ſon union avec *Cléopâtre*. On ne peut qu'être frappé de la reſſemblance de cette Pierre avec celle qu'a publiée *Fulvius Urſinus*, Plan. XXIII, & que *Gori* croit être ou la même ou du moins ſortie de la même main. *M. Antoine*, fils de *Marc Antoine le Cretique*, avoit en naiſſant reçu les plus belles diſpoſitions pour l'éloquence & pour l'art militaire; en Grèce, il perfectionna par l'étude ces penchans naturels, & devint excellent Orateur & meilleur Guerrier encore. On connoît ſes liaiſons avec *Céſar*, qui furent ſi funeſtes à l'un ou à l'autre, & ſon union avec les aſſaſſins de ce grand homme qu'il excita le peuple de punir enſuite. Sa haine pour l'héritier de cet Empereur n'eſt pas moins célèbre, ainſi que le fameux Triumvirat qui les réunit avec *Lépide*, & qui ſe cimenta par l'effuſion du ſang des plus illuſtres citoyens dont *Cicéron* fut une des premières victimes. L'empire du monde fut enſuite partagé entre eux, la Macédoine, la Syrie & l'Aſie échurent à *M. Antoine*. Ce fut alors qu'il N°. VI.

connut *Cléopâtre* Reine d'Égypte, dont, jouet déjà des caprices de *Fulvia*, il devint l'esclave. Son amour pour cette femme, ainsi que ce qu'il fit pour elle, attira contre lui les armes des Romains, & , vaincu dans la fameuse bataille d'*Actium*, il ne connut d'autre ressource que la fuite dont *Cléopâtre* lui avoit donné l'exemple. Il ne tenta de se distraire de sa douleur que par des moyens honteux; enfin, l'année suivante, attaqué, en Égypte, par *Octave Auguste*, il le repoussa d'abord; mais bientôt, abandonné des siens, apprenant la fausse nouvelle de la mort de *Clopâtre*, qui la lui avoit elle-même fait annoncer, déterminé par l'exemple d'*Éros* son affranchi, il se perça d'un poignard: puis, découvrant que *Cléopâtre* vivoit encore, il fit penser sa plaie, & vint mourir entre ses bras, content, lui disoit-il, d'expirer sous ses yeux & de n'être vaincu que par des Romains. Sa vie n'eut que cinquante & quelques années de durée, & fut plus brillante que ses vices ne sembloient le faire espérer. Ils surpassèrent de beaucoup ses talens, & le rendirent tout-à-la-fois incapable de conserver la puissance qu'il pouvoit acquérir, & de profiter des ressources de sa propre bravoure, & de ses connoissances dans l'art militaire, qui le firent compter parmi les meilleurs Généraux. Bon naturellement, il fut cependant ou cruel ou ridiculement facile: exacteur & libéral, quelquefois il fut prodigue. Victime de l'amour désordonné des femmes, il est un des plus grands exemples de l'aveuglement que cette passion procure, & ce n'est pas sans raison que *Velleïus* a dit, qu'il étoit de l'intérêt de l'Univers que *M. Antoine* fut vaincu par *Octave Auguste*.

PLANCHE LXIII.

C. PLAUTIUS HYPSÆUS DECIANUS.

N°. 1. Cette belle *Prime* nous conserve le portrait de *C. Plautius Hypsæus Decianus*, collègue de L. Æmilius Mamercinus dans le Consulat. A l'époque où ce Romain fut choisi pour Consul, le siége de Priverne dont les habitans, ainsi que ceux de Fundi, ravageoient les terres de leurs voisins amis du peuple Romain, étoit commencé. Plautius le continua, se rendit bientôt maître de la Ville, & fit conduire à Rome le principal auteur de cette guerre que les Privernates avoient remis entre ses mains. Plautius ne rentra dans Rome qu'en triomphateur. Après que les principaux auteurs de la révolte furent punis, il assembla le Sénat pour décider du sort des Privernates, & ce fut lui qui entraîna les voix vers la douceur & la clémence. La noble générosité avec laquelle, en faveur de leur liberté, répondoient les Ambaſſadeurs de Priverne aux Sénateurs qui les interrogeoient, méritoit le droit de bourgeoiſie Romaine qu'on leur accorda, & qu'ils durent au Conſul, qui diſoit hautement, *qu'il n'y avoit que ceux qui étoient uniquement jaloux de leur liberté qui fuſſent dignes de devenir Romains.*

CŒLIUS CALDUS.

Sur cette *Cornaline*, des perſonnes très-verſées dans la connoiſſance des Antiquités ont cru reconnoître *Cœlius Caldus*, collègue de *L. Domitius Ahenobardus* dans le Conſulat, & qui, pendant le Proconſulat de *Cicéron* en Cilicie, fut Queſteur. Il eſt certain qu'à l'âge, la maigreur & la barbe près, il y a quelque reſſemblance entre cette tête & celle que *Fulvius Urſinus* a publiée Plan. XLVII, & qui eſt tirée d'une médaille d'argent qui porte ſon nom; mais cependant la reſſemblance n'eſt pas aſſez parfaite pour qu'il ne reſte aucun doute ſur cette conjecture. N°. II.

CN. CORNELIUS LENTULUS MARCELLINUS.

Un des Républicains le plus zélés pour la liberté de Rome, *Cn. Cornelius Lentulus Marcellinus* deux fois Conſul, eſt repréſenté ſur cette *Cornaline*. A la manière dont l'Artiſte lui a fait froncer le ſourcil, au rapprochement des lèvres & à l'ame qu'il a miſe dans toute la figure, on croit voir ce Romain prêt à invectiver *Pompée* en plein Sénat, ou terminant la harangue véhémente qu'il fit au peuple contre l'énorme puiſſance du même *Pompée*, &, qu'applaudi par les Auditeurs, il finit ainſi: « *Applaudiſſez, Romains, témoignez ce que vous penſés* » *par vos cris, vous le pouvez encore: bientôt vous ne le pourrez plus, impuné-* » *ment:* » *Acclamate, Quirites, acclamate, dùm licet. Jam enim vobis impunè facere non licebit.* N°. III.

PLANCHE LXIV.

HOMÈRE.

Pline dit, qu'*Aſinius Pollion*, ce Romain célèbre, qui, le premier, compoſa une Bibliothèque pour l'utilité publique, voulant l'orner des figures des Auteurs les plus fameux qui entroient dans cette collection, & ne trouvant pas celle d'*Homère*, ne lui en éleva pas moins une d'après ſon imagination. *Pauſanias* cependant parle de deux ſtatues de ce grand homme: l'une, *Scymithus* l'avoit fait faire par *Denys* d'*Argos*; l'autre décoroit le temple de N^os. I & II.

Delphes, étoit de bronze & posée sur une colonne. *Bellori* cite aussi Plan. LIII, une statue mutilée; mais dont la tête est bien conservée, & que, d'après l'autorité d'*Allatius*, il donne pour un véritable portrait d'*Homère*, fait d'après ce grand homme, & qui passé de main en main est venu à la postérité. On connoît encore les médailles frappées par les habitans de Chio, par les Amasiriens, celle de Smyrne, que l'on appelloit *ΟΜΗΡΕΙΟΝ*, & qui toutes portent une tête d'*Homère*; mais, d'après l'autorité de *Cicéron*, de *Spanheim* & de *Spon* qui regardent ces médailles comme bien postérieures au tems d'*Homère*, il est vraisemblable que ces figures ne sont qu'idéales, &, comme le remarque très-bien *Léonard Agostini*, la grande différence qui se trouve entre elles prouve que les Anciens n'avoient pas le véritable portrait de ce Prince des Poëtes. Ainsi lorsque nous mettons sous le nom d'*Homère* les têtes gravées sur ce *Jaspe rouge* & sur ce *verre bleu*, nous suivons la première idée de *Gori*; mais sans avoir plus de certitude que cet Auteur, qui, dans sa table, annonce que ces mêmes têtes paroissent à quelques Sçavans représenter *Esculape*, parce, qu'ajoute-t-il, on n'a jamais vu de couronne de laurier sur la tête d'*Homère*. Ce qu'il y a de certain, c'est que nos deux têtes ressemblent beaucoup à celle que *Fulvius Ursinus* a publiée Plan. LXXII, d'après une médaille de bronze où est le nom d'*Homère*, ainsi qu'à une médaille citée par *Bellori*, où d'un côté se voit la tête de *Marc Aurèle* & de l'autre celle d'*Homère*, &, si ce n'est point une représentation quelconque de ce Poëte que l'on a voulu faire, nous avouerons pourtant que nous ne sommes pas détournés de le croire, par la raison qu'apporte *Gori*; car, quoique sur les médailles les plus antiques & sur les têtes connues d'*Homère*, on ne voie point de couronne de laurier, mais simplement un bandeau Poëtique, cependant sur un marbre antique représentant l'apothéose de ce Poëte, publié par *Bianchini*, on peut remarquer un Génie qui le couronne de laurier. Sur le revers de la médaille de *Smyrne* est aussi une couronne de laurier, & à qui conviendroit donc mieux ce genre de couronne, qu'au plus cher favori d'*Apollon*?

Pausanias n'a rien pu découvrir sur la Patrie d'*Homère* & sur les parens de ce grand Poëte. Sept Villes, comme l'on sçait, se sont disputé l'honneur de lui avoir donné le jour. On croit avec assez de fondement qu'à la manière de nos anciens *Troubadours*, ce Poëte parcouroit la Grèce récitant ses ouvrages, qui, sans mériter peut-être toutes les louanges excessives que l'enthousiasme leur a prodiguées, doivent toujours néanmoins passer pour l'œuvre du Génie, & rendre son Auteur immortel malgré les efforts des *Zoïles* anciens & modernes,

HÉSIODE.

Jean le Fevre, dans ses explications des Pierres antiques de *Fulvius Ursinus*, dit qu'une belle *Cornaline* sur laquelle étoit gravée la tête d'*Hésiode*, dont le nom étoit inscrit au bas, a péri victime du tems. Quoique la nôtre ne porte pas la même inscription, nous ne doutons pas qu'elle ne représente la tête de ce Poëte faite avec beaucoup d'art. Le marbre qu'a publié *Ursinus*, Planche LXVIII, a une ressemblance frappante avec elle. N°. III.

Hésiode, né à *Cumes* en *Éolide*, fut élevé en *Béotie* à *Ascra*, dont on lui donna le surnom sur une *Hermès* de marbre que cite *Fulvius Ursinus*. On a de lui les *Travaux & les Jours*, la *Théogonie* & le *Bouclier d'Hercule*. Sa *Théogonie* est, dit M. *Bergier*, l'histoire des Dieux la plus complette & la plus suivie. On peut admirer, suivant ce même Auteur, la beauté du génie de ce Poëte, les graces naïves de son style, le sublime même auquel il s'élève quelquefois. *La description du combat des Titans*, ajoute-t-il, *celle de la naissance de Typhon, celle du bouclier d'Hercule, peuvent être mises en parallèle avec les beaux endroits d'Homère. Si on ne trouve pas le même feu, la même vivacité dans le reste de ses ouvrages, c'est que la matière ne le comportoit pas. On ne peut disconvenir qu'il n'y ait répandu tous les agrémens dont elle étoit susceptible : aussi Quintilien lui donne-t-il le premier rang parmi les Poëtes qui ont écrit dans le style médiocre.* Les Écrivains sont fort peu d'accord sur le tems où ce Poëte a vécu : les uns, tels que *Velleïus*, le disent de plus de cent ans antérieur à *Homère* : les autres le font son contemporain ; mais *Cicéron* & le plus grand nombre des Auteurs croyent qu'il lui est postérieur. Sa vie a été très-longue, & *Plutarque* dit que la *vieilesse* d'*Hésiode* étoit passée en proverbe. *Pausanias* fait mention de plusieurs de ses statues, & sur-tout d'une de bronze que les Thespiens lui avoient élevée. Sur notre *Cornaline* on doit remarquer la couronne de laurier dont la tête est ceinte, & qui convient parfaitement à un Poëte que les Muses ne dédaignoient pas de visiter, comme il l'annonce au commencement de sa Théogonie.

PINDARE.

Le tems a frappé de sa faulx destructrice une belle statue de *Pindare* que *Fulvius Ursinus* a publiée, Plan. CX : le corps entier a résisté ainsi que la base où se lit le nom du Poëte ; mais la tête a disparu. Ce *Jaspe rouge* nous dédommagera-t-il de cette perte ? Quelques Sçavans le croyent, & prennent la tête N°. IV, que l'on y voit pour celle de *Pindare*. Malgré la ſingulière reſſemblance qui ſe trouve entre elle & celle que *Bellori* a citée, Plan. LIX, nous n'oſerions l'affirmer. Il ſeroit bien flatteur pourtant de revoir les traits du Prince des Poëtes lyriques, qui, dreſſé à l'art de faire des Vers par *Laſus d'Hermione* & *Myrthis*, dame Grecque, s'eſt acquis enſuite cette brillante réputation qu'a reſpectée dans ſa poſtérité le Conquérant de l'Univers, lorſque ſes troupes pilloient la ville de Thèbes qui l'avoit vu naître : & l'on aimeroit à chercher dans ſa figure des traces de cet enthouſiaſme qu'il a répandu dans ſes Odes immortelles qu'aucun Poëte n'a pu ſe flatter encore d'atteindre. *Pindare* vivoit du tems d'Hyéron : de Syracuſe, à qui il fut cher, ſa vie fut de cinquante-cinq ans, & après ſa mort les Athéniens lui conſacrèrent une ſtatue dans le temple de Mars.

SOPHOCLE.

Nº. V. *L'Abeille* ou la *Syrène attique*, *Sophocle*, eſt repréſenté avec la plus grande habileté ſur cette belle *Cornaline*. Seroit-ce la même Pierre dont parle *Jean le Fèvre* en examinant la tête de ce Poëte qu'a publiée *Fulvius Urſinus*, Planche CXXXVI ? C'eſt ce que nous ignorons. Mais au moins eſt-il certain que cette dernière & celle que l'on voit ſur notre Pierre ont une ſingulière reſſemblance malgré la différence de poſition. Au lieu du bandeau Poétique que porte *Sophocle* ſur la Plan. d'*Urſinus*, la nôtre a une couronne de laurier. Une ſévérité mêlée de douceur & beaucoup de graces annoblies par l'âge embelliſſent ſa figure. Ce Poëte étoit né à Athènes : il ſe diſtingua de bonne heure par ſes talens pour la Poéſie & le Gouvernement. Archonte, il ſe ſignala à la tête des armées de la République. *Eurypide* ſur le théâtre l'eut pour rival : une jalouſie mutuelle entre ces deux Poëtes tragiques nous a valu des chef-d'œuvres, dont leur reconciliation nous permet de jouir ſans amertume. Le tems nous en a ravi la majeure partie ; mais les ſept tragédies que nous avons de *Sophocle* doivent bien ſuffire à ſa gloire, puiſque leurs ſimples traductions contribuent le plus à celle de quelques-uns de nos contemporains.

ARISTOPHANE.

Nº. VI. Sur cette *Cornaline*, on voit, couronnée de laurier, la tête d'*Ariſtophane*, que l'on peut reconnoître facilement d'après l'*Hermès* de marbre conſervé au *Muſéum des Médicis*, & qu'a fait graver *Fulvius Urſinus*, Plan. XXXIV, quoiqu'on put

put desirer une plus parfaite ressemblance. Athénien, Poëte-comique, unissant à la pureté la beauté du langage, *Aristophane* avoit le talent de *mordre en riant*, comme le dit une Épigramme de l'Anthologie : il n'épargnoit personne, parmi les Grands sur-tout, & sa famille n'étoit pas à l'abri de ses coups; en reconnoissance des traits lancés contre les Chefs de la République, on lui décerna par un décret solemnel une couronne de l'*olivier sacré*. Seroit-ce une pareille récompense qu'auroit espéré de nos jours un Auteur hardi, dont sauf la pureté de style & les élans du Génie, les œuvres dramatiques n'ont que trop de ressemblance avec les productions du Poëte Grec que l'on a regardé souvent, malgré toutes les graces, la finesse, l'élégance qui les faisoit aimer, comme des satyres atroces qui n'épargnoient pas plus les Dieux que les Grands, & dont les plaisanteries ne dégénéroient que trop souvent en turlupinades & en obscénités? Quelque ait été le mérite d'*Aristophane*, la postérité sensée aura toujours à lui reprocher l'inhumanité avec laquelle il a attaqué *Socrate* par des sarcasmes indécens qui ont peut-être préparé, dans le cœur corrompu des Juges Athéniens, le honteux arrêt qu'ils ont prononcé contre le plus vertueux de leurs concitoyens.

PLANCHE LXV.

VIRGILE.

Deux *Cornalines* nous offrent ici *Virgile* le Prince des Poëtes Latins. Sur la Nos. I & .
première, son front est ceint de laurier & sa figure ressemble beaucoup à une autre qu'a publiée *Bellori*, Plan. LXVIII; sur la seconde, ce Poëte est plus fluet & semble mieux s'accorder avec les Auteurs anciens qui ont écrit sa vie & qui l'ont peint d'une haute stature, ayant le corps grêle, des couleurs pâles & peu de forces. On remarque à sa main ou devant lui une espèce de *masque aîlé*, dont il n'est pas facile de donner l'explication. Suivant le *Fèvre*, ce masque désigne la *Poësie bucolique*, que, dit-il, on ne récitoit autrefois que masqué, Poësie dans laquelle *Virgile* a excellé. *Léonard Agostini* veut que ce masque soit l'emblême de la mémoire que les Poëtes invoquent pour l'ordinaire : il veut que les traits âgés du masque caractérisent le tems passé, & les aîles, la facilité avec laquelle la mémoire nous rapproche de ces tems : il s'appuie même pour étayer son systême sur une figure de la Prudence à laquelle le Sculpteur n'a donné pour attribut un masque, qu'afin de montrer que c'est le tems écoulé, &

l'expérience qui la font naître. *Gronovius* pense qu'il n'est que le symbole des Dieux mânes & des ombres que l'on disoit avoir apparu à *Virgile* pour lui dévoiler leurs mystères : *Gori* qui penche beaucoup pour adopter le sentiment de *Gronovius*, ajoute que l'on ne l'a placé près de *Virgile* que pour indiquer que ce Poëte regardoit comme fausse toute la doctrine des anciens sur les enfers ; c'est parce qu'il n'y croyoit aucunement, continue-t-il, que ce Poëte, après avoir fait parcourir à son Héros les Royaumes sombres de *Pluton*, les lieux destinés aux tourmens des méchans & les champs délicieux de l'Élysée, le fait sortir par la porte d'yvoire, porte que, suivant les Mythologues, Morphée n'ouvroit que pour faire passer les songes, comme si ces châtimens & ces plaisirs ne méritoient pas plus de foi que les chimères dont le sommeil effraie ou recrée notre imagination.

Virgile étoit né près de Mantoue, son caractère est peint dans ses écrits. On y retrouve sa douceur & son aménité. Poëte célèbre, il eut des approbateurs & des envieux : sa modestie souffroit plus, pour ainsi dire, des louanges des premiers, que des satyres des seconds. Il se déroboit en rougissant aux applaudissemens, & répondoit simplement aux sarcasmes, *il faut que l'Artiste porte envie à l'Artiste & le Poëte au Poëte.* Sa santé n'étoit pas brillante comme son génie : toujours elle fut chancelante & la mort le moissonna au milieu de sa carrière. Son corps fut porté près de Naples, & l'on mit sur son tombeau l'humble épitaphe qu'il avoit composée lui-même en mourant.

Mantua me genuit, Calabri rapuere, tenet nunc
Parthenope : Cecini Pascua, Rura, Duces.

SAPHO.

No. II & III. La *Cornaline* N°. II que *Léonard Agostini* a déjà publiée Plan. LXXV, porte dans son contour une couronne de laurier, au milieu de laquelle se voit la tête de *Sapho*, cette femme si célèbre par ses Poésies, qu'elle fut surnommée la *dixième Muse*, qu'on la mit au nombre de neuf fameux Poëtes lyriques, & que les habitans de Mytilène, où elle avoit pris naissance, firent frapper son image sur leurs monnoies. Au rapport de *Strabon*, cette femme n'avoit point de rivale qu'on pût lui opposer. Sans être belle, elle étoit aimable : elle avoit la taille médiocre, le teint brun, les cheveux noirs, le sourire doux, agréable, & ses yeux pleins de feu nâgeoient dans la volupté pour laquelle son cœur sembloit respirer ; on ne peut pas assurer quel fut le nom de son père : *Scamandronime* passa néanmoins pour l'être. Sa mère s'appelloit *Éléïs*, & ce fut ce nom qu'elle donna à une fille qu'elle eut de *Cercola*, jeune homme très-riche de l'Isle d'Andros auquel elle étoit unie par les liens du mariage. Devenue veuve avant d'avoir quitté l'âge aimable de la jeunesse, *Phaon* fixa son cœur; mais ce jeune homme fut insensible à ses soupirs: envain lui écrit-elle en Sicile, où il s'étoit retiré, les lettres les plus tendres & les plus pressantes, il ne répond que par un silence dédaigneux. Va-t-elle près de lui? Sa présence ne le rend pas plus sensible, & la malheureuse *Sapho*, victime de son amour & du préjugé que les amants infortunés, en se précipitant du haut du rocher de Leucade, guérissoient de leur passion, mourut au sein de la Mer, où elle se jetta du haut de ce roc fatal, & ne perdit qu'avec la vie le souvenir de l'insensible qu'elle adoroit; M. *Moutonnet de Clairfonds*, dans sa vie de *Sapho*, ne peut pas se décider à croire aux inculpations dont on noircit cette femme célèbre: il attribue plus volontiers ces bruits à la jalousie des Mytiléniennes qui voyoient des femmes étrangères composer la principale société de leur concitoyenne. En effet, la réponse de *Sapho* à *Alcée*, qu'il cite en note, & les titres de *chaste & vertueuse* que ce même *Alcée* donne à *Sapho*, semblent singulièrement contrebalancer ces imputations; & d'ailleurs, comme le raconte très-bien M. *Moutonnet*, la pluralité des *Sapho* étant certaine, l'existence d'une *Sapho* d'Érèse, *fameuse courtisanne* étant prouvée, ce qui déshonnore le *Sapho* de *Mytilène*, pourroit fort bien ne lui devoir point être attribué. On retrouve dans les fragmens de ses Poésies immortelles une harmonie touchante, une énergie attirante, une chaleur que le génie & l'amour seuls peuvent donner; enfin, pour dire en notre langue ce que disoit si poétiquement *Horace* dans la sienne:

En ses Vers brûlans il respire
L'amour qui consumoit son cœur,
Et nous ressentons la chaleur,
Des feux confiés à sa lyre.

Le Fèvre, dans son explication d'une médaille d'argent tirée du Muséum du Cardinal *Farnèse*, & publiée par *Fulvius Ursinus*, Plan. CXXIX, où l'on voit le portrait de *Sapho*, parle d'un *Camée* sur lequel la tête de cette *Muse* étoit couronnée de laurier & d'une autre Pierre où elle avoit une couronne de lierre. *Cicéron*, dans les *Verrines*, fait mention de sa statue. *Pausanias* dit, qu'à Athènes, près de celle d'*Anacréon*, on en avoit placé une de *Sapho* faite avec beaucoup d'art par le Sculpteur *Léon*, & *Tatien* en cite une autre, fruit du ciseau de *Silanion*.

La *Cornaline* N°. III offre encore une tête de *Sapho*.

CORINNE.

N°. V. La tête que nous voyons sur cette *Cornaline* est-elle celle de la célèbre *Corinne* qui vainquit cinq fois *Pindare*? Nous laissons les Sçavans prononcer. Cette femme, surnommée la *Muse lyrique* dût ses victoires plutôt à sa beauté qu'à ses talens, qui étoient bien inférieurs à ceux de son rival, à ce que dit *Pausanias*. *Ælien* parle aussi de cette femme à laquelle, d'après ses succès, convient parfaitement le laurier que nous croyons ceindre son front.

EUTERPE.

No. VI. Les Muses qui inspirent les Poëtes, les Orateurs & les grands Écrivains se trouvent naturellement auprès d'eux. La *Cornaline* N°. VI représente *Euterpe* tenant d'une main une patère, & de l'autre approchant de sa bouche une petite flûte dont elle joue.

Winkelmann dans *la description des Pierres gravées du feu Baron de Stosch*, *IIᵉ. Classe*, pag. 208, N°. 1253, indique notre Pierre, dont le Baron avoit une copie sur une *Pâte de verre*, sous le nom de *Melpomène*. « Celui qui a dessiné notre » Pierre, ajoute-t-il, a pris le volume roulé qu'elle tient à la main gauche » pour une tasse, & ce que la Muse tient à la main droite, il l'a mis trop proche » de la bouche. Le Prévot *Gori* n'en a donné aucune explication. Pour moi, » je prends ce que la Muse porte à la bouche & tient du bout des doigts » pour quelque chose qu'elle veut manger, & peut-être est-ce du laurier; » car les Anciens croyoient que le laurier inspiroit l'enthousiasme Poétique: » c'est par cette raison que les Poëtes étoient appellés δαφνηφαγοι, *Mangeurs* » *de laurier* ».

Il nous est impossible en ce moment de prononcer entre *Winkelmann* & *Gori*, puisque nous n'avons pas la Pierre sous nos yeux & qu'au contraire nous ne voyons que la gravure que *Winkelmann* dit être infidelle; nous ferons notre possible pour avoir au plutôt un dessin conforme à la Pierre, & alors on pourra voir qui de ces deux Sçavans est dans l'erreur.

PLANCHE LXVI.

MELPOMÈNE.

La Muſe grave de la Tragédie, *Melpomène* eſt repréſentée ſur la *Cornaline* N°. I & ſur la *Sardoine* N°. II. La *Cornaline* nous offre cette Muſe vêtue de la *Stola*, par-deſſus laquelle eſt la *Palla*, cette eſpèce de manteau que décrit ſi bien *Winkelmann* & dont on apperçoit deux des glands. *Melpomène* en eſt tellement enveloppée que ſon avant-bras ſeul eſt nud. A la main elle tient un maſque de Vieillard qu'elle regarde avec réflexion. Des gouttes de ſang retombent de deſſus l'autel ſur lequel la Muſe s'appuie & déſignent la nature de la Tragédie. N°. I & II.

Communément le maſque tragique que l'on met dans les mains de *Melpomène* a le caractère triſte, & inſpirant la terreur : ſa bouche largement ouverte, eſt un emblême de la grandeur que doit avoir le ſtyle de la Tragédie, qui, au rapport de Lucain, ſe déclamoit avec force, uſage qui faiſoit deſirer par *Cicéron* dans l'Orateur les poulmons & la voix des Tragiques.

Un maſque de cette eſpèce ſe trouve entre les mains de *Melpomène* ſur le beau *Camée* de *Sardoine* N°. II, & c'eſt ce qui nous fait croire que *Léonard Agoſtini* s'eſt trompé, lorſque Plan. CXLIII, dans l'explication d'un *Camée* qui ſemble être le même que le nôtre, il donne le nom de *Thalie* à la Muſe qu'il repréſente.

Les épithètes même, *Comica* & *Petaſata*, que cet Auteur donne au maſque qu'il voit entre les mains de la Muſe, ne ſeroit-elle pas une ſeconde erreur, la même dans laquelle eſt tombé *Cupper*, & que *Winkelmann*, quoiqu'en parlant d'une autre Pierre, relève en ces termes : « C'eſt, dit cet Auteur, » ſans contredit, un maſque tragique, comme démontre l'élévation ſur la tête » appellée Ὄγκος en Grec. Ὄγκος étoit une coëffure de cheveux qui alloit » quelquefois en pointe, témoin quantité de Pierres gravées, & non pas un » cône, tout nud, comme un chapeau pointu, ainſi que prétend *Cupper*.

ÉRATO.

La Muſe, gravée ſur un *Jaſpe verd*, que nous déſignons ſous le nom d'*Érato*, ne diffère preſque en rien de celle qui ſe voit ſur la *Prîme* d'*Emèraude* publiée, Plan. CXLIV, par *Léonard Agoſtini*. Quoiqu'indiquée ſous le nom de *Therpſicore*, N°. III.

ce Sçavant Auteur croit que celui d'*Érato* lui conviendroit mieux, & à l'appui de son opinion il cite la description que *Virgile* fait de cette Muse dans ce Vers si connu :

Plectra gerens Érato, saltat pede, carmine, vultu.

Cette description, en effet, est tellement conforme à sa Pierre, ainsi qu'à la nôtre, qu'il est impossible d'hésiter un instant. Tout est en action dans ces deux figures : les pieds touchent à peine à terre : le mouvement des vêtemens accompagne le mouvement du corps, & le vent, en se jouant, les fait voltiger, ainsi que les cheveux. La gaité anime le visage, la bouche entr'ouverte semble produire de doux sons, qui se marient avec ceux de la lyre légèrement touchée par ses doigts.

URANIE.

No. V. Pl. LXVII. Pour ne pas interrompre ce qui tient à *Thalie* & à la Comédie dont on la regarde comme l'inventrice, nous allons placer ici la *Cornaline* N°. V de la Plan. suivante, qui représente une Muse. Le volume que tient sa main gauche, le croissant de la Lune placé derrière elle, le Soleil qui est à ses pieds, ne permettent pas de douter que ce soit *Uranie*.

THALIE.

No. IV. Pl. LXVI. On ne peut méconnoître *Thalie* sur l'*Onyx* que nous examinons : sa main droite tient un masque-comique. A sa gauche elle a le *Pedum* qui désigne l'origine de la Comédie dont les premiers Auteurs sont les Bergers. Sa jambe droite posée sur un espèce de rocher pourroit fort bien annoncer que les ridicules viennent échouer contre elle, & la demie nudité du corps, en caractérisant la fonction de cette Muse, dont le soin est de découvrir les défauts pour les corriger, n'indiqueroit-elle pas que tout Poëte qui se vante de repéter ses leçons, malgré la liberté dont il jouit, ne doit jamais blesser la décence ?

François Ficoroni n'eut peut-être pas voulu sous ces traits reconnoître *Thalie*. Persuadé que les *Muses* ne sont jamais représentées que voilées, dans plusieurs figures qu'il a publiées & sur-tout dans la troisième de la Plan. XXXIX de son sçavant ouvrage *le Maschère Sceniche*, cet érudit Écrivain ne voulut retrouver que des femmes célèbres par l'art avec lequel elles ont joué la Comédie ; mais non pas *Thalie* elle-même, &, si dans la quatrième figure de la Planche XXXVII du même ouvrage, il croit voir cette Muse ; ce n'est que parce qu'elle eſt vêtue décemment, & que tout annonce en elle cette ame & ces mœurs pures qu'un Poëte a ſi bien déſignées dans ce Vers qu'il cite :

Comica vita Thalia tibi eſt, moreſque reperti.

PLANCHE LXVII.

Cette *Prime*, ſur laquelle nous voyons un jeune homme aſſis, tenant de la main gauche un maſque qu'il poſe ſur une eſpèce de pieux groſſier ou de borne, & de l'autre portant un bâton court avec lequel il geſticule, ne préſente à notre imagination que l'idée d'un Poëte qui travaille à ſes Vers ou qui les récite. S'il eſt aſſis ſur des Pierres, ne ſeroit-ce point par alluſion à l'uſage d'*Euripide*, qui, pour compoſer ſes Tragédies, ſe retiroit dans le creux des cavernes ou dans les grottes profondes? N°. I.

Voici, ſur un *Onyx*, une autre figure qui nous ſemble repréſenter, non pas préciſément un Poëte ; mais un Auteur qui répète ſon rôle, à moins que l'on ne veuille que ce ſoit le Poëte lui-même, qui, pour ſes amis ait, pris le coſtume de l'Acteur, ce qui reviendroit à notre première idée. Au ſurplus, Acteur ou Poëte, il eſt debout, le coude gauche appuyé ſur une colonne & ſa main tenant un maſque ; à la main droite, il a une eſpèce de verge ou de *bâton de meſure* ; ſon corps eſt nud ; à ſon col ſeulement eſt ſuſpendue la *Chlamyde* qui recouvre ſon dos, & que *Jules Pollux* met au nombre des vêtemens propres aux Acteurs comiques. Peut-être cette figure repréſenteroit-elle un *Pantomime* prêt à jouer le rôle d'une Divinité, d'Apollon ou de Mercure. Peut-être, enfin, ſeroit-ce un *modérateur des chœurs*, ce que déſigneroit alors le *bâton de meſure* qu'il porte à la main. N°. II.

Le ſujet qu'offre le *Jaſpe rouge*, N°. III, eſt une ſcène de Comédie. On y voit trois perſonnages : un Vieillard eſt au milieu, à gauche ſe voit une femme, & du côté droit ſe trouve un eſclave. La femme eſt enveloppée de la *Palla*, l'eſclave a une eſpèce de tunique courte (1) ; & le Vieillard couvert N°. III.

---

(1) Le ſentiment de *Gori* eſt que cette tunique qui recouvre l'eſclave eſt *l'Exomide*. *Servus amictus Exomide* ; effectivement *l'Exomide* étoit un habillement en uſage chez les anciens Romains qui le laiſsèrent aux eſclaves & aux Comédiens ; mais il ſeroit difficile de le reconnoître dans le vêtement que porte l'eſclave de la Pierre que nous examinons. Les Auteurs du Dictionnaire de Trévoux, d'après *Ferrarius*, diſent, *que cet habillement étoit taillé de façon qu'il laiſſoit l'épaule droite découverte, & qu'il n'avoit qu'une manche.*

d'un manteau tient à la main le *Pedum* ou bâton pastoral (1), on remarque une espèce de pièce quarrée cousue sur le devant de son vêtement : ce genre d'ornement, ainsi que des bordures d'or ou de pourpre, se voyoit communément sur les habillemens des Acteurs.

N°. IV. On reconnoît facilement à tout l'ensemble de la belle gravure que nous offre ce *Jaspe* mêlé de *Grenat*, le *génie du Théâtre*. Assis sur la porte d'un Théâtre orné de bandelettes & de guirlandes, les aîles étendues, il tient en ses mains un masque très-remarquable par la couronne de laine ou de cheveux qui le décore. Quoique l'on voie ici le génie du Théâtre sous les traits d'un jeune homme, on le représentoit plus ordinairement sous l'image d'un serpent.

PLANCHES LXVIII — à LXXXI.

MASQUES.

Une des dissertations, qu'on lise avec le plus d'intérêt dans l'ouvrage de MM. *le Blond* & *de la Chau*, sur les *Pierres gravés du Cabinet d'Orléans*, est sans doute celle qu'ils ont faite sur les *Masques* antiques. L'érudition y est si adroitement voilée par un style brillant & agréable, qu'on n'en sent point la sécheresse ; & cependant elle y est tellement répandue que la force & la vigueur s'y trouvent réunies aux Grâces.

---

ce qui lui fit donner le nom d'*Exomide*, dérivé d'ἐξ, ἔξω *dehors*, & ὦμος épaule : dans notre Pierre on distingue visiblement les deux manches qui retombent jusqu'aux poignets ; nous ne pouvons donc pas prononcer avec *Gori* que c'est l'*Exomide* dont est vêtu cet esclave.

(1) Nous croyons devoir citer ici, au sujet de ce *Pedum* ou bâton Pastoral, ce que nous lisons *Article* 1310, *IIe Classe*, *Mythologie sacrée*, dans *Winkelmann*, à la description d'un *Agate-Onyx* du Cabinet de *Stosch*. « Les Comédiens, sur-tout ceux qui représentoient » le Comique, portoient un bâton courbé appellé λαγωβόλον ; & quoique *Pollux* en cet » endroit ne semble le donner qu'à ceux qui faisoient le rôle de Paysan, on peut pourtant » inférer d'un autre passage, où il est dit, que les Parasites & les ma.... aux portoient un bâton » droit, appellé ἀρεσκος ; on peut, dis-je, en inférer, que le bâton courbé étoit plus commun » sur la Scène ; il étoit aussi propre à ceux qui fesoient le rôle de Vieillard.... on voit même » (dans *Ficoroni*) des Actrices avec ce bâton ; l'Hercule d'Euripide se soutenoit sur un bâton » courbé (σκολιῷ).... » *Ficoroni* en expliquant un marbre qui a plusieurs ressemblances avec notre Pierre, regarde ce bâton comme un symbole qui désigne le maître : *Dignus quidem consideratione est baculus inflexus, seu pedus Pastorum & Sylvestrium deorum præcipuum & proprium insigne, quem Herus præ manibus tenet uti Pater familias.* Trad. de Ficor.

Ne

Ne pouvant dire que ce que ces doctes Auteurs ont dit, & qu'ils ont pris aux Écrivains qui les ont devancés, il seroit tout simple de renvoyer nos Lecteurs à leur ouvrage & aux sources où ils ont puisé; mais comme on ne sçauroit trop multiplier ce qui est bon, nous allons faire de ce que nous avons lû sur cet objet une espèce d'abrégé qui, quelque suffisant que nous nous efforcions de le rendre, ne fera sans doute que donner plus d'envie de les consulter.

Rien de plus épais que les ténèbres qui couvrent tout ce qui tient au théâtre des Anciens, & la critique, avec son flambeau, n'a pu parvenir encore à les dissiper.

L'Art Dramatique a pris naissance, ainsi que la Poésie, au sein des innocentes campagnes. Les hommes, simples Agricoles, comme le chante Lucrèce:

Ensemble renversés sur la molle verdure,
Sous des arbres touffus, près des rives des eaux,
Ne connoissant de biens que ceux de la Nature,
Se délassoient entre eux par les jeux, les bons mots,
Et les ris animoient leur Muse agreste & pure.

Le jus de la vigne donna plus de vivacité à leurs plaisirs, & c'étoit parmi eux des fêtes toutes les fois qu'ils recueilloient ses dons. Les Colons de l'Attique héritèrent sur-tout de cet usage, & par la suite il est passé de Grèce en Italie, ainsi que le dit Virgile dans ses Géorgiques:

Aussi le Dieu du vin pour expier ce crime,
Par-tout sur ses Autels veut un bouc pour victime:
Un bouc étoit le prix de ces grossiers Acteurs
Qui, de nos jeux brillans, barbares inventeurs,
Sur un char mal orné promenoient dans l'Attique
Leurs théâtres errans, & leur scène rustique,
Et, de joie & de vin à la fois enivrés,
Sur des outres glissans bondissoient dans les prés.
Nos Latins, à leur tour, ont des fils de la Grèce
Transporté dans leurs jeux la bachique allégresse:
Ils se forment d'écorce un visage hideux,
Entonnent pour Bacchus des Vers grossiers comme eux,
Et de l'objet sacré de leurs bruyans hommages
Suspendent à des pins les mobiles images (1).

(1) Ces Vers sont tirés de la traduction des Géorgiques; par M. l'Abbé *Delile*, Lib. II.

Les maſques ſont auſſi anciens que l'art Dramatique. La Lie, des feuilles de figuier, celles de la plante *Arction*, ou des écorces d'arbres, fournirent les premiers dont on ſe ſervit; mais lorſqu'un théâtre ſtable eut été conſtruit par *Agatharque*, *Eſchyle* donna aux Acteurs une chauſſure, des vêtemens & des maſques; de ſorte que, d'accord avec *Horace*, on pourroit attribuer à *Eſchyle* l'invention des maſques proprement dits. *Chœrille* paſſa dans quelques écrits pour avoir cet honneur, que l'Auteur de l'*Éthymologicum magnum* accorde, avec trop peu de fondement, à *Hermon*, qui, pour en avoir exécuté, ne doit pas recevoir le titre d'inventeur. Peut-être vaudroit-il mieux regarder comme très-incertain l'Auteur des maſques, qui étoit inconnu du tems d'*Ariſtote*, & l'on pourroit croire avec M. de *Caylus* que l'on eſt redevable de l'uſage d'en porter aux Étruſques, maîtres des Grecs eux-mêmes dans les arts.

Suivant l'emploi que l'on faiſoit des maſques, ils avoient des noms différens. On diſtinguoit, entre eux, les *Tragiques*, les *Comiques*, les *Satyriques*, les *Orcheſtriques* qui, tous compris ſous le mot de *Scéniques*, ne doivent pas être confondus avec les maſques employés dans les cérémonies religieuſes, les triomphes & les feſtins. Pluſieurs raiſons ſemblent avoir concouru pour faire naître l'uſage des maſques ſur le théâtre : la loi rigoureuſe des convenances, afin que le viſage de l'Acteur parut aſſujetti à ſon rôle, & que ſa phyſionomie fut conforme à ſon caractère : l'éloignement du lieu de la ſcène aux ſiéges des Spectateurs & la grandeur du théâtre, la voix ayant beſoin de prendre dans les concavités des maſques plus de force, d'étendue & de réſonnance : la néceſſité de faire jouer par des hommes des rôles que la délicateſſe des poulmons des femmes ne leur auroit pas permis de rendre : le beſoin de cacher les difformités des Acteurs, comme dans *Roſcius* les yeux louches l'exigeoient : l'avantage d'ajouter au jeu de l'imagination, qui, ſéduite par la vue d'un objet horrible ou ridicule, ſe le fait à elle-même plus horrible & plus ridicule qu'il n'eſt, ainſi que le remarque très-bien *Ficoroni*.

La plus grande diverſité ſe remarque dans les maſques. Les tragiques & les comiques ſont ſans nombre : il y en avoit pour tous les âges, pour les ſexes différens, pour déſigner les états, pour fixer les caractères. Si les maſques tragiques ſont ſi horribles & ſi outrés, ne pourroit-on pas en attribuer la cauſe à *Eſchyle*, comme le diſent MM. *le Blond & de la Chau*, ce Poëte ayant eu l'*intention de tout exagérer*, & de donner à ſes Acteurs des proportions *ſur-humaines*, proportions que l'habitude enſuite aura conſacrées. Les masques satyriques sont moins variés, par la raison que les Satyres, les Sylènes & les Bacchantes, outre les traits généraux qu'on étoit convenu de leur donner, étoient presque toujours représentés dans la même situation. N'oublions pas d'indiquer ici une différence qui se trouve entre les masques de l'ancienne & de la nouvelle Comédie, différence qu'ont fait remarquer les *Auteurs de la description des Pierres gravées d'Orléans*: c'est que dans l'ancienne Comédie les masques représentoient exactement les personnes qu'on mettoit sur la scène, en chargeant seulement la ressemblance pour les rendre plus ridicules, & que dans la nouvelle on s'efforçoit d'exprimer l'âge, la perfection, les mœurs des particuliers, sans jamais offrir aucuns traits de leurs figures.

Quant aux masques employés dans d'autres circonstances, il est certain que l'on en faisoit usage pour les cérémonies religieuses & dans les fêtes de plusieurs Divinités. Aux solemnités de Bacchus, on les employoit sur-tout: Ovide, Virgile & les Écrivains les plus anciens nous l'attestent, & les monumens les plus authentiques confirment, à cet égard, les récits des Historiens & les descriptions des Poëtes. Suivant Ovide & Censorin, pendant les fêtes de Miverve, connues sous le nom de *Quinquatres*, on couroit les rues, le visage masqué. Aux fêtes de Cybèle, d'Isis & de la Déesse de Syrie, les masques étoient aussi en usage, si l'on en croit *Hérodien* & *Apulée*, que MM. *le Blond & de la Chau* ont cités, & *Panvinius*, dans son ouvrage *De Ludis circensibus* auquel ces doctes Auteurs nous renvoyent, indique l'usage que l'on faisoit des masques dans les jeux, les cérémonies religieuses & même dans les pompes funèbres. *Ficoroni* d'après *Zonare*, & les *Auteurs de la description des Pierres gravées d'Orléans*, d'après ceux-ci, disent que l'on se servoit beaucoup de masques dans les triomphes, qui eux-mêmes avoient tirés leur nom des masques de figuier dont se couvroient ceux qui chantoient des *Iambes* en l'honneur de Bacchus, dérivant ainsi le mot de triomphe de θρίον & d'ἴαμβος. *Denys d'Halicarnasse*, *Démosthène*, *Ulpien* & plusieurs autres Auteurs fournissent les preuves de l'usage que l'on faisoit des masques dans les pompes triomphales & les fêtes publiques.

D'un espèce d'argument de *Démosthène* contre *Eschine*, que rapporte *Ficoroni*, on conclud facilement que les Grecs avoient coutume de paroître masqués dans leurs festins solemnels. Ne seroit-ce pas cet usage qu'*Anacréon* auroit voulu peindre dans son Ode VIe., intitulée κῶμος, que plusieurs traducteurs ont rendu par *mascarade*, & qui ne feroit qu'indiquer un déguisement agréable sous lequel une compagnie alloit se rendre à la salle du festin?

Pour que l'on juge plus facilement de notre conjecture, nous allons essayer de traduire les Vers du Poëte de Théos :

De roses couvrons notre tête,
Et livrons-nous, dans cette fête
Aux douceurs de la volupté.
Qu'elle est vive cette beauté
Dont le tyrse est orné de lierre!
Elle danse, & son pied léger
Effleure à peine la poussière
Qu'il ne peut faire voltiger.
La lyre guide la cadence.
Comme le doux zéphyr balance
Les cheveux de ce beau garçon!
Sa bouche rend ce tendre son
Qui se marie & se nuance
Aux tons du luth harmonieux.
Enfin l'amour aux blonds cheveux
Des ris nous amène le père
Il nous amène aussi la Reine de Cythère
Et déployant ses étendards,
Nous conduit chez Comus, si chéri des Vieillards.

Suivant *Athenée*, Alexandre-le-Grand prit les dehors de Jupiter Hammon, de Mercure, d'Hercule & même de Diane, pour paroître dans divers festins solemnels : & Suétone rapporte qu'Auguste, dans un repas qu'il donna à ses amis, se déguisa en Apollon, les autres convives ayant pris aussi le costume de quelque Divinité.

Ficoroni, que nous nous plaisons à citer sur cette matière, parce qu'il l'a singulièrement approfondie, fait mention d'une autre circonstance dans laquelle les masques servoient très-utilement, & dont ne parlent point les *Auteurs des Pierres gravées d'Orléans*, qui se rencontrent si souvent cependant avec cet Écrivain, dans leurs recherches communes. On se servoit encore, nous dit-il, de masques à la guerre, comme *Frontin* & *Polien* nous l'apprennent, pour tendre des piéges aux ennemis & faire réussir plus sûrement les ruses que l'on vouloit employer. Ainsi, ajoute-t-il, *Solon*, pour tromper les habitans de

Mégare, prit le masque d'une femme, & *Conon* se déguisa en Perse pour surprendre les Perses ses ennemis.

Enfin les masques chez les Anciens étoient en usage jusques dans les sépultures : on en figuroit sur les pierres sépulchrales, pour indiquer le genre de Poésie auquel un Auteur s'étoit livré pendant sa vie; c'est pour cette raison, nous dit *Ficoroni*, qu'au haut de l'épitaphe de *Tiberius Claudius Tiberinus*, qu'il a fait graver, Plan. I, de son ouvrage sur les masques antiques, on a mis en relief ceux que nous y voyons. Si c'étoit un Acteur que l'on vouloit honorer, les masques, dont on décoroit son tombeau, rappelloient ou le genre dans lequel il excelloit, ou le rôle qu'il jouoit avec le plus de succès. Quelquefois même on mettoit dans la tombe avec les défunts des masques réels pris sur leur figure : *Winkelmann* parle de cet usage dans sa *description des Pierres gravées de Stosch.* Au surplus, cet usage ancien n'est pas entièrement perdu, souvent on a employé ce moyen pour conserver les traits d'une personne chérie; ainsi les habitans de Naples offrent à l'œil curieux du peuple le masque d'un Théatin mis au nombre des Saints. Ainsi dans l'instant même où la main d'un monstre venoit de frapper le plus regretté de nos Rois, une main respectueuse prit l'empreinte de sa figure que l'on conserve avec vénération dans plusieurs Cabinets.

Parlons maintenant des masques qui composent les différentes Planches que nous avons annoncées, suivant les divisions sous lesquelles nous avons classé les masques divers.

MASQUES TRAGIQUES.

Nous croyons pouvoir indiquer comme tragiques les masques suivans.

Le *Camée* de *Grenat*, N°. III, Plan. LXVIII (1), offre une tête chauve, dont le front est ridé, les yeux sont effrayés & la bouche est horriblement ouverte.

La *Cornaline* N°. V de la même Planche, représente une tête de Vieillard ceinte d'une couronne, ayant des yeux creux, une bouche fortement ouverte & une barbe arrangée en boucles.

---

(1) Suivant *Ficoroni* & *Léonard Agostini*, en jugeant d'après leurs explications d'un masque presque semblable à celui-ci, ce *Grenat* pourroit fort bien représenter un masque comique, que les *Latins* avoient imaginé pour effrayer les Spectateurs par la largeur & l'ouverture de la bouche, qui sembloit vouloir les avaler.

Sur la *Calcédoine* mêlée de *Saphir*, N°. II, Plan. LXIX, eſt gravée une tête de femme grandement affligée, la bouche très-ouverte, & laiſſant voir les dents de la mâchoire inférieure, ſon front eſt orné d'une couronne de ſes propres cheveux, qui retombent encore en longues boucles droites & parallèles aux côtés des joues (2).

Sur la *Cornaline*, la *Pâte de verre bleu* & l'*Onyx* N°s. IV, V, VI, Planche LXXIV, on remarque quatre têtes de femmes, ayant le caractère de la douceur, les cheveux de la première ſont bouclés, retombent le long des joues & dans la partie ſupérieure, ſont ornés de bayes de lierre; les cheveux des deux têtes de la *Pâte de verre* forment une eſpèce de couronne de Bacchantes, & ceux de la dernière, élevés au-deſſus du front, préſentent la figure d'un Λ & ſont diſpoſés par boucles jointes enſemble.

La *Cornaline* N°. VI, Plan. LXXVI, préſente une tête de Soldat ornée d'un caſque, ſur lequel eſt ſculpté un animal qui reſſemble beaucoup à un loup. Le caſque eſt ſurmonté d'un panache de crins flottans. Son menton eſt ombragé d'une barbe aſſez épaiſſe.

MASQUES COMIQUES.

On reconnoîtra facilement pour maſques comiques, ceux qui vont ſuivre; cependant parmi eux il ſe trouve quelques têtes de Vieillards qui pourroient ſe claſſer avec les maſques tragiques ; *Jules Pollux* parle de maſques qui ſervoient à la Tragédie & à la Comédie.

Le *Camée* de *Cornaline* N°. I, Plan LXVIII, repréſente une tête de *Silène* ou de Vieillard chauve, dont les ſourcils ſont *renfrognés*, la bouche eſt plus que demie-ouverte, & la barbe dont ſon menton eſt garnie eſt diviſée en pluſieurs boucles.

Sur un *Camée* de *Calcédoine*, même Planche, ſe voit une tête de *Silène buveur*. Son front a deux petits bouquets de cheveux, le crâne eſt chauve,

---

(1) On ne ſera pas fâché de retrouver ici ce que dit *Ficoroni* ſur les maſques de femmes. *Antiquitùs muliebres larvæ in more ad-huc non erant. De hac re Pitiſcum Conſule. An verò mulieres ſinè larvis Comœdias agerent omninò me latet. Non credàs, ſi originem theatrorum ſpectes. Citò tamen mulieres in ſcenam fuerunt invectæ, caſque primus invexit Polyphradmonis ſilius Athenienſis.* Voy. Suidas, in voc. Νίοφρον & Φρύνιχος Trad. de *Ficor.* pag. 46.

les tempes font accompagnées de petits frifons de cheveux très-courts, & la barbe eft divifée en quatre ou cinq boucles.

Un *Silène* fouriant eft à remarquer fur un autre *Camée* de *Jafpe* mêlé de *Calcédoine*, N°. VI, même Planche. Son fourire n'eft point défagréable, fon front, ainfi que le fommet de la tête, font dégarnis. Les cheveux qui font au-deffus des oreilles font plus longs & moins frifés que dans la tête précédente, & les boucles de la barbe, font plus rapprochées.

La tête d'un Vieillard ou d'un *Silène* qui paroît paifible, eft gravée fur l'*Agathe-Sardoine*, N°. III, Plan. LXIX. Sa bouche eft peu ouverte, le fommet de fa tête eft chauve : fur fon front on remarque deux protubérances ou verrues bien fenfibles, & placées fymmétriquement ; fa barbe eft large & touffue.

La *Cornaline*, N°. IV, de la même Planche, offre une tête de femme, garnie au front de cheveux qui retombent en boucles parallèles, & qui, de même, accompagnent les joues : le caractère de cette tête eft tranquille & fouriant.

Au N°. VI de la même Planche, fur une *Cornaline*, eft gravée la tête d'une efpèce de Faune, autour de laquelle eft une couronne faite de fes cheveux : fa bouche eft fortement ouverte, & l'on remarque dans tous les mufcles du vifage la contraction d'un rire forcé, qui, devenue permanente, le fait grimacer. Cinq boucles diftinctes & parallèles partagent fa barbe, qui ne garnit que le bas du menton. Derrière ce mafque on a placé le *Pedum*, dont nous avons déjà plufieurs fois indiqué l'emblême & l'ufage.

Le N°. I de la Plan. LXX préfente fur une *Cornaline* une tête que l'on peut reconnoître pour celle de *Silène* : fon front chauve eft orné de feuilles de lierre, dont les baies retombent comme de groffes perles aux deux côtés des joues. Les fourcils froncés font former un plis épais à la peau qui eft au-deffus du nez entre les yeux. La bouche horriblement ouverte eft garnie en haut d'une rangée de dents & le menton eft couvert d'une barbe étendue & prefque liffe.

L'*Onyx*, N°. II, même Planche, offre une tête grave de Vieillard, vue de profil ; fon caractère annonce la douceur. Cette tête eft prefque entièrement chauve, à l'exception du derrière & des tempes, dont les cheveux très-courts viennent s'unir à la barbe qui eft très-épaiffe.

Deux mafques de jeunes perfonnes font en regard fur le *Jafpe-Grenat* N°. II, Plan. LXXII, l'un eft fouriant, l'autre moins gai. Tous deux ont autour du front une couronne de leurs cheveux qui fe terminent par derrière en une feule boucle.

Un *Jaſpe* ſemblable nous offre N°. V, même Planche, deux maſques de Vieillards, dont la barbe eſt bouclée; l'un a la bouche entrouverte & l'autre fermée : ſa lèvre inférieure eſt très-ſaillante.

Planche LXXIV, N°. II, on voit ſur une *Cornaline* une tête chauve de *Silène* ou de quelque Philoſophe : elle eſt de profil : ſa barbe eſt très-touffue.

Un maſque comique de femme eſt placé ſur la *Cornaline* N°. II, Plan. LXXV, en regard d'un maſque ſatyrique auquel on a donné quelques traits de reſſemblance avec *Socrate*.

Sur un *Onyx* N°. III, de la même Planche, eſt gravée une main qui tient un rameau d'olivier, & des deux côtés ſont de petits maſques, l'un d'un femme & l'autre ſemble avoir le caractère d'un jeune homme.

Une *Cornaline* N°. III, Plan. LXXVI, nous offre la tête de *Socrate*. Depuis le moment où *Ariſtophane* introduiſit ce Philoſophe ſur la ſcène pour le ridiculiſer, on a fait beaucoup de maſques qui rappellent ſes traits.

MASQUES SATYRIQUES.

La *Cornaline* N°. IV, Plan. LXVIII, offre un maſque de ſatyre, barbe épaiſſe, cheveux courts & friſés, deux cornes au front.

Sur l'*Onyx* N°. I, Plan. LXIX, eſt un autre maſque ſatyrique à cheveux & barbe de bouc.

N°. V, même Planche, l'*Agathe variée* repréſente un maſque ſatyrique de Vieillard chauve & à longues oreilles.

Le *Jaſpe bleu*, N°. I, de la Plan. LXXII, préſente une tête de *Silène* à longues oreilles, barbe épaiſſe, derrière laquelle eſt la flûte inventée par *Pan*, & dont *Longus*, dans ſa naïve Paſtorale de Daphnis & Chloé, peint ſi agréablement la première ſtructure & l'art admirable d'en tirer toute eſpèce de ſons.

Sur une *Cornaline* N°. III, même Planche, eſt gravée la tête d'une jeune Faune, ſous laquelle eſt une flûte & un inſtrument connu ſous le nom de tambour-de-baſque. Sur notre Pierre, on reconnoîtroit peu ces inſtrumens; mais il faut croire que le deſſin n'en a pas été fait correctement, & l'on peut conſulter la Planche XII de *Léonard Agoſtini*, où une *Cornaline* ſemblable à la nôtre, & peut-être la même eſt repréſentée. La flûte compoſée de roſeaux y eſt très-diſtincte ainſi que le tambour. Ce dernier inſtrument eſt déſigné dans *Athenée*, par le mot de κεμβαλα.

La *Cornaline* N°. IV, même Planche, offre deux maſques aſſemblés : ces maſques, preſque ſemblables à ceux que nous voyons, Planche C, de *Léonard Agoſtini*,

Agostini, & qui, comme eux, sont posés sur une base ronde en forme de l'acreterre d'un autel, representent deux têtes de satyres. L'un a la barbe bouclée & le front chauve orné de feuilles de lierre; l'autre a une barbe de bouc.

Sur l'*Onyx* N°. VI, même Planche, sont deux masques d'un Faune & de *Pan* : au-dessus de leur base est un bâton Pastoral.

On peut remarquer avec beaucoup de plaisir sur la *Cornaline* N°. I, Planche LXXIV, un masque de Bacchante couronnée de lierre.

Planche LXXV, N°. I, une *Cornaline* offre un masque de satyre, qui rappelle quelques-uns des traits de *Socrate*. Ses oreilles sont longues, & au-dessous on remarque une flûte Pastorale.

Un beau *Camée* fait d'*Onyx* N°. I, Planche LXXVI, représente une large tête de Faune, a la barbe crépue, nez épaté, dont le front est orné de larges feuilles de vigne qui le couronnent.

Le N°. II, de la même Planche, est un *Jaspe verd*, représentant un masque de *Pan* bien reconnoissable aux cornes qui surmontent son front.

On voit un masque de Bacchante sur l'*Onyx*, N°. IV, de la même Planche.

MASQUES ASSEMBLÉS.

Que l'on retourne du haut en bas les deux *Agathes variées*, N°s. III & IV de la Planche LXX, & les deux *Cornalines* N°s. IV & V de la Planche LXXV, on voit des masques dans un sens qui paroît naturel. Sur les *Agathes* il n'y a que deux figures, sur les *Cornalines* il y en a jusqu'à cinq.

Le N°. V de la Planche LXX, qui est une *Cornaline*, offre l'assemblage d'une tête de femme & d'un masque de Vieillard, dont une bandelette ceint le front.

Un *Jaspe rouge* N°. VI, même Planche, présente trois têtes, celle d'un jeune Faune derrière celle d'un Vieillard, dont le front est commun à une troisième qui les surmonte l'une & l'autre.

La *Cornaline* N°. I, Plan. LXXI, est presque semblable à cette dernière.

Aux deux côtés d'une fontaine qui les sépare se voyent, N°. II, même Planche, deux masques de jeunes personnes.

La tête d'un Vieillard chauve & barbu est adossée à celle d'une femme coëffée de cornes de chèvres, sur la *Pâte de verre* N°. III, même Planche.

Le derrière de la tête d'une femme aimable, dont on voit le buſte entier, ſe trouve garni du maſque d'un Vieillard, dont la barbe eſt formée par les cheveux de la femme, ſur une *Cornaline* N°. IV, même Planche.

Sur l'*Agathe variée* N°. V, même Planche, ſe voit un buſte double, dans le genre de ceux de *Janus*; il offre une tête d'homme & une tête de femme.

Les graces du beau ſexe ſont miſes dans la plus heureuſe oppoſition avec les formes auſtères d'un Vieillard ſur le *Jaſpe verd*, N°. VI, même Planche.

La Planche LXXIII contient cinq Pierres de la même nature que celles dont nous venons de faire la deſcription.

Sur la *Cornaline* N°. I, ſe voyent deux maſques adoſſés, l'un eſt tragique, l'autre comique : le premier eſt d'un homme dans la force de l'âge, l'autre d'un Vieillard qui tient beaucoup de *Silène*. Au-deſſous eſt le *Pedum* & la flûte de *Pan*.

L'*Agathe variée*, N°. II, repréſente un aſſemblage de trois têtes, le buſte d'une femme adoſſée à la tête d'un Vieillard que ſurmonte une autre tête, les cheveux de la première coëffent les trois.

Trois autres têtes réunies s'offrent ſur la *Cornaline* N°. III, c'eſt un buſte de femme caſquée, pour ainſi dire, comme *Minerve*, avec deux autres têtes barbues, dont les fronts ſe confondent. Un panache eſt attaché à ces fronts chauves, & les barbes forment diverſes parties du caſque.

Un *Jaſpe noir* préſente au N°. V une réunion plus ſingulière encore : c'eſt celle d'un buſte de femme, dont les cheveux retombant ſur les épaules, forment la barbe d'un Vieillard qui lui eſt adoſſé : le front chauve de celui-ci conduit à une tête de mort poſée ſur les deux autres.

Une tête de femme ſurmontée d'une tête de *Socrate* eſt gravée ſur l'*Onyx* N°. VI.

Planche LXXVI, eſt un aſſemblage de trois maſques d'un ſatyre, de *Silène* & de *Pan*. Au-deſſous de la barbe du *Sylène* & du ſatyre ſe voit une chèvre ou un bouc qui ſemble courir.

Deux réunions de même genre ſe trouvent ſur les deux premières Pierres de la Planche LXXVII. Au N°. I qui eſt une *Cornaline*, ſe voit une eſpèce de buſte de *Minerve*, dont le caſque eſt formé d'un maſque de *Socrate* uni par le front à celui de *Silène*, un panache termine ce caſque. Au N°. II qui eſt encore une *Cornaline* ſe trouve le même aſſemblage dans la même diſpoſition; mais le cou de la femme ne ſe termine pas comme dans la précédente par les épaules & la poitrine, on voit deux petits maſques comiques qui ſont en ſens contraires.

Le N°. II de la Planche LXXVIII offre ſur un *Héliotrope* un buſte de femme, auquel eſt adoſſé un maſque de Vieillard, dont le front ſe termine par une tête de mort.

Deux maſques ſe préſentent réunis au N°. III de cette Planche ſur un *Jaſpe rouge*, c'eſt la tête d'un jeune ſoldat caſqué avec le front chauve d'un Vieillard barbu : de ce front ſort un panache.

N°. IV, même Planche, on voit adoſſés & unis les maſques de *Socrate* & d'un ſatyre, dont le front eſt garni de cornes.

Pan, Silène ou *Socrate* & un maſque de Vieillard forment l'aſſemblage qu'offre le *Jaſpe rouge*, N°. V, de la même Planche.

Un buſte de femme, coëffé des maſques réunis de deux Philoſophes chauves, eſt gravé ſur l'*Agathe variée*, N°. VI.

Une jeune femme dont on voit partie du dos, caſquée avec deux maſques de Philoſophes à fronts chauves, auxquels eſt adapté un panache, ſe trouve ſur l'*Emeraude*, N°. I, de la Planche LXXIX.

Un caſque compoſé de même de deux maſques Socratiques coëffe un maſque de femme ſur l'*Agathe variée*, N°. II, de la même Planche.

Un maſque de *Silène*, couronné de lierre, uni à celui de *Pan*, remarquable par ſes cornes, eſt gravé ſur la *Cornaline*, N°. III, de cette même Planche.

Même Planche & N°. V, on voit ſur une *Cornaline* la tête d'un jeune homme, dont les cheveux ſont crépus, ſurmontée d'un maſque tragique.

Planche LXXX, la *Cornaline* N°. I, préſente un buſte de femme coëffée des maſques unis d'un Vieillard & d'une tête de mort, d'un des yeux de laquelle ſort un ver.

Le *Beril*, N°. III de cette même Planche offre trois maſques réunis, les cheveux ſont communs aux trois têtes de deux deſquelles ils viennent former la barbe.

Enfin, ſur le *Jaſpe rouge*, N°. IV de cette Planche eſt gravée, à mi-corps, une jeune femme ſvelte, dont les épaules & le ſein juſqu'au cou ſont couverts de la *Stola*, ſa tête eſt coëffé du crâne chauve d'un maſque de *Silène*, que l'on voit derrière.

Nous avons cru devoir mettre à la fin de ces masques rassemblés les Pierres sur lesquelles des figures humaines sont réunies avec des têtes d'animaux.

Telle est l'*Agathe-Sardoine*, N°. VI de la Planche LXXV, où l'on voit la tête d'un Vieillard portant barbe, unie à une tête de bélier, qui a entre ses dents un espèce d'épi de bled. Telle est la *Cornaline* N°. V, Plan. LXXX, qui représente l'assemblage des masques d'un Vieillard & d'un jeune homme surmontés d'une tête de cheval. Telle est la *Prîme d'Emeraude*, N°. I, Plan. LXXXI, où la tête d'un Vieillard est unie à une hure de sanglier. Telle est la *Cornaline*, N°. I, de la Planche LXXVIII, où l'on remarque artisement gravée la tête d'une jeune femme que coëffe un muffle de lion, qui s'unit au bas du masque d'un Vieillard. Tel est encore le *Jaspe rouge* N°. IV, Plan. LXXIX, où le masque d'un Vieillard barbu est uni au masque d'une lion. On remarque en outre au-dessus de l'oreille une espèce de tête d'oiseau qui semble servir d'ornement.

C'est ici le lieu de placer plusieurs Pierres singulières que l'on voit sur quelques-unes des Planches que nous venons d'examiner, & comme elles doivent, ce nous semble, faire une classe à part, nous allons les réunir sous le titre suivant.

Enigmes, Animaux chimériques, &c.....

Gori croit d'après l'autorité de quelques Auteurs anciens & de plusieurs Sçavans qu'il cite, que les Pierres énigmatiques ont été inventées pour servir de sceaux à des lettres secrettes que des amis s'écrivoient entre eux, & qu'elles désignoient ce que souvent ils ne pouvoient s'écrire, d'après leurs conventions réciproques. Quant aux Pierres qui représentent des animaux chimériques, il croit qu'elles doivent leur origine à des imaginations originales, qui, par ces assemblages bisarres, vouloient peut-être désigner les différentes affections des hommes. Nous nous contenterons de faire une simple description de ces Pierres, & nous laisserons aux Sçavans à chercher le sens caché qu'elles peuvent voiler.

Planche LXXIII, N°. IV sur une *Cornaline*, on voit une tête barbue qui se termine en queue de dauphin : d'après une remarque de *Winkelmann*, N°. 1397, *IIe. Classe de la description des Pierres gravées de Stosch*, il pourroit fe faire que le Graveur de cette Pierre eut voulu indiquer un des Matelots transformés par Bacchus en dauphins.

N°. II, de la Planche LXXX, fur une *Cornaline* font deux mafques d'hommes, dont le front chauve de l'un eft terminé par une efpèce de trompe d'éléphant qui tient une palme.

Planche LXXVII, N°. III, un *Jafpe varié* nous repréfente un coq dont la tête eft celle d'une chèvre retournée : le devant du corps eft formé par une tête de Vieillard : le corps & les aîles font compofés d'une tête de bélier, & une branche de vigne dont cet animal mange les raifins fait fa queue.

N°. IV, eft un autre coq ayant pour tête celle du cheval, derrière laquelle eft une corne d'abondance, le devant du corps eft une tête de Vieillard, les aîles font formés par les cornes d'un bélier qui tient entre fes dents des épis de bled. La queue eft naturelle, cet animal eft gravé fur un *Jafpe verd*, une palme eft plantée devant lui fur la terre où il eft pofé.

La *Cornaline* N°. V, même Planche offre un affemblage de quatre têtes d'animaux, cheval, chèvre, fanglier & bélier.

N°. VI de la même Planche, fur un *Onyx*, eft encore un coq prefque femblable au dernier que nous avons décrit, il eft dans l'action de marcher, tandis que l'autre femble feulement s'élever fur fes pattes, le bélier n'a point d'épis, il n'y a point de corne d'abondance derrière la tête du cheval qui tient à fa bouche une couronne.

Dans le même genre eft compofé le coq de l'*Onyx*, N°. VI de la Planche LXXIX, un aîle d'oifeau forme fa queue, & la tête d'homme qui eft fur le devant du corps eft la caricature de *Socrate* ou de *Silène*.

N°. VI, Plan. LXXX fur une *Agathe variée* eft un coq, dont le devant du corps offre une tête de Vieillard : le corps eft fait d'un bélier.

Autre coq compofé dans le genre des précédens, fur la *Cornaline* N°. II, Planche LXXXI.

L'*Agathe-Sardoine*, N°. III, même Planche, offre un animal plus chimérique encore, compofé de pattes de coq, d'une tête de fanglier d'où fort un efpèce de cou de ferpent; fur le dos eft un mafque; au-deffous eft une tête de bélier qui forme le derrière.

Une autre *Agathe-Sardoine*, N°. IV, de la même Planche repréfente un oifeau pofé fur une branche : la tête emmanchée à un cou mince & reployé, a deux aigrettes & un long bec : ſur le dos & ſous le ventre ſont des maſques à figures d'hommes barbus, & l'extrémité du corps eſt faite d'une tête de bélier qui tient un ſerpent.

Enfin, la *Cornaline* N°. VI de la même Planche eſt l'aſſemblage de deux têtes d'animaux, l'une de chèvre, l'autre de bélier.

PIERRES GRAVÉES.

QUATRIÈME CLASSE.

PLANCHES LXXXII. — XCV.

JUPITER, JUNON, &c.

PLANCHE LXXXII.

IL est impossible de déchirer entièrement le voile qui couvre la Mythologie: son origine est due à tant de causes, qu'il ne nous est pas permis d'indiquer la véritable; sans chercher donc ce qui a fait supposer l'existence de tous les Dieux que les Égyptiens, les Grecs, les Latins & les différens idolâtres qui ont habité cet Univers ont adorés, contentons-nous de parler d'eux à mesure que nos Pierres nous en fourniront l'occasion.

Le premier qui se présente est Jupiter, le souverain des Dieux, qui, à raison des biens qu'il étoit censé posséder & de sa puissance, fut par les Anciens, ainsi que l'attestent encore leurs Autels, surnommé *Maximus*, *Summus*, *Exsuperantissimus*. Parmi les Pierres du Museum des Médicis, il y en a plusieurs qui le représentent; mais la plus belle, assurément, est l'*Agathe-Sardoine*, dont un Sculpteur habile a fait un buste superbe que nous donnons à nos Lecteurs, Plan. LXXXII. Le caractère de Jupiter dans ce buste n'est point cette tranquillité, cette douceur qui lui avoient fait donner les noms de *Placidus*, de *Serenus*, & que *Polyclète*, au rapport de *Pausanias*, avoit si bien exprimées; mais l'Artiste lui a donné au contraire un air grave & sévère qui rappelle la peinture que le Poëte *Eschyle* a faite de ce Dieu, lorsqu'il a dit que son cœur étoit implacable: δυσπαραίτητοι φρένες, *implacabile pectus*. On remarque facilement la différence de la figure de Jupiter sur ce buste & sur les Pierres des Planches suivantes. On sçait que les Anciens donnoient aux Dieux, tantôt un air de douceur, tantôt un air irrité, ce que confirment d'anciens monumens. Le Jupiter Ὅρκιος ou *vengeur de faux sermens*, décrit par *Pausanias*, fut très-célèbre chez les Athéniens; ses regards étoient terribles pour en imposer aux parjures, & ses deux mains armées l'une & l'autre de la foudre, sembloient les menacer & prêtes à les punir. Dans un Dialogue de Lucien, Jupiter conversant avec l'Amour, lui dit que les hommes mourroient de frayeur, s'il leur montroit son visage irrité. A Florence, dans le

Museum du *Marquis Riccardi*, eſt un Autel ſur lequel ſe lit un ſurnom de Jupiter qui ne ſe voit point ailleurs, il y eſt ſurnommé le *Dieu redoutable*, *Deus metuendus*.

Sur notre buſte, les cheveux de Jupiter ſont très-abondans, ils retombent en floccons & en boucles : ſa barbe eſt épaiſſe & paroît dure ; mais elle eſt bouclée. La poitrine du Dieu eſt large & belle : enfin, tout dans cet ouvrage annonce & les connoiſſances & les ſoins & l'habileté du Sculpteur.

PLANCHE. LXXXIII. N°. I. Jupiter porte dans les anciens monumens différentes couronnes. Sur l'*Agathe-Sardoine*, N°. I de la Plan. LXXXIII, où ſa tête eſt accouplée avec celle de Junon, il eſt couronné d'*Olivier*, & *Pauſanias* nous apprend qu'il a vu une ſtatue de Jupiter Olympien couronnée des feuilles de cet arbre ; ſur les médailles des Achéens & des Arcadiens, Jupiter eſt décoré de cette couronne : *Phornutus* croît que les Anciens n'ont ainſi donné à Jupiter des couronnes d'*Olivier*, que parce que cet arbre, toujours verd & gras, eſt de la plus grande utilité, &, par conſéquent, convient parfaitement à une Divinité toujours prête à ſecourir les humains, à une Divinité qui, à raiſon de ſes bienfaits, a reçu les doux noms de *Soſpitator*, *Hoſpitalis*, *Salutaris*, *Obſequens*, &c.

N°. II. Sur l'*Agathe-Heliotrope*, N°. II de la même Planche, eſt *Jupiter*, *Empereur* ou *Roi*, comme l'appelle *Cicéron* : ſon front eſt ceint du diadême, ſon viſage eſt plein de majeſté, & le manteau rattaché ſur ſes épaules eſt le *Paludamentum*, vêtement des Empereurs & des Rois.

N°. III. La *Cornaline*, N°. III, nous offre la tête du Jupiter, que les Anciens appelloient *Placidus*, *Obſequens*. Il ne porte aucune couronne. Le manteau que l'on apperçoit ſur ſon épaule ſemble indiquer par ſa poſition que l'autre épaule & la poitrine ſont à nud : c'étoit un ancien uſage parmi les Sculpteurs & les Peintres de repréſenter ainſi le ſouverain des Dieux.

N°. IV & VI. La tête de Jupiter *Ammon* ſe voit ſur la *Cornaline* N°. IV & ſur la *Prîme* N°. VI de cette Planche. Elle eſt bien reconnoiſſable aux cornes de bélier qu'elle porte. Sous ce nom d'*Ammon*, Jupiter jouit de la plus grande célébrité : ſon Oracle étoit conſulté par les Lacédémoniens, qui firent élever un temple à ce Dieu. Les Éléens faiſoient des libations en ſon honneur. Dans l'Arcadie, en Crète, dans la Thrace, il recevoit un culte. Pindare fit pour lui des hymnes,

hymnes, & l'un d'eux, que lut Paufanias, étoit gravé fur une colonne près d'un Autel élevé à ce Dieu par Ptolémée fils de Lagus. Nous tirons ces détails de l'ouvrage de MM. *le Bond & de la Chau*: il nous en offrent bien d'autres encore fur la pofition du lieu où étoit placé l'Oracle d'*Ammon*, & fur l'origine de ce furnom de Jupiter. Après avoir cité le témoignage de *Catulle*, celui de *Silius Italicus*, le fentiment de *Martianus Capella* & l'interprétation de *Voffius*, ces doctes Écrivains concluent « que le fentiment le plus probable eft celui » qui place le Temple & l'Oracle dans la Lybie, à l'Orient de la Cyrénaïque, » proprement dite, à l'Occident de l'Égypte & au Nord des Garamanthes. » Il étoit, continuent ces mêmes Auteurs, fitué entre la Cyrénaïque & la » Marmarique, dans un lieu arrofé de ruiffeaux & planté de palmiers, pofition » d'autant plus agréable, que le refte du pays étoit aride & défert. Près du » Temple, on voyoit une fontaine, nommée la *Fontaine du Soleil*, dont *Quinte-* » *Curce* & *Arrien* racontent des chofes merveilleufes. Ses eaux étoient froides » le jour; mais s'échauffant par degrés, à mefure que le Soleil difparoiffoit, elles » étoient brûlantes pendant la nuit ». L'origine du nom d'*Ammon* a fait auffi l'objet des recherches des Sçavans. Ceux qui regardent l'hiftoire de Bacchus comme fabuleufe, ne croiront sûrement pas que ce foit lui qui ait donné ce nom à Jupiter pour perpétuer la connoiffance d'un bienfait accordé par ce Dieu qui, par le moyen d'un bélier, lui fit au milieu des fables brûlans de la Lybie reconnoître une fource où il fe défaltéra. Ceux qui aiment les étymologies pourront croire que le mot d'*Amun*, qui, chez les Égyptiens, fuivant Hécatée, fignifie quelque chofe d'inconnu, a dû fervir à caractérifer Jupiter le fouverain des Dieux. Les hommes pieux qui ne voyent dans le nom de Jupiter que celui de *Jehovah*, qui défignoit le vrai Dieu, applaudiront bien davantage encore à ce fentiment. Les amateurs du fyftême qui fonde la Mythologie fur l'Aftronomie, préféreront l'opinion de ceux qui prétendent que Jupiter eft le Soleil, & qu'*Ammon* dérivé du mot *Cham*; qui, chez les Hébreux, fignifie également le Soleil & la chaleur, eft l'épithète naturelle de ce Dieu. Enfin, les Écrivains qui veulent que la Fable ne foit qu'une corruption de l'hiftoire, fouriront avec plaifir au fentiment d'après lequel *Ammon* eft dérivé de *Cham*, père de *Mitsraïm* & des Égyptiens, qui fut adoré en Afrique fous le nom de Jupiter *Ammon*.

Au furplus, l'Oracle de Jupiter *Ammon*, fi célèbre d'abord, comme nous l'avons dit, & qui avoit fait former & exécuter par Alexandre le projet de paffer pour le fils de ce Dieu, avoit beaucoup moins de vogue du tems de

Strabon ; on n'en faifoit prefqu'aucun cas dans celui de Plutarque : il n'en étoit enfin plus queftion fous Théodofe. Cette remarque des *Auteurs de la defcription des Pierres gravées d'Orléans*, eft fuivie d'une autre qui peut encore faire plaifir, c'eft que l'on reconnoît fon ancienne pofition dans un lieu nommé aujourd'hui *Sant-Rich*.

La tête de Junon eft accouplée à celle de Jupiter fur la Pierre N°. VI. Cette Déeffe porte auffi dans quelques monumens des cornes femblables à celles que nous voyons ici fur la tête de fon époux, &, au rapport de Paufanias, fous ces dehors & fous le nom d'*Ammonia*, elle reçut un culte folemnel chez les Éléens.

N°. V. La tête que préfente la *Cornaline* N°. V eft-elle auffi celle de Jupiter *Ammon*? Nous laifferons les Sçavans prononcer : nous hafarderons feulement une conjecture. Ni la barbe qui eft prefque liffe, ni les traits du vifage ne femblent annoncer Jupiter. La tête n'a pas feulement des cornes de bélier ; mais tout le fommet eft garni de l'effigie de cet animal, & l'on apperçoit derrière un diadême orné de pierreries. Cet ornement nous fembleroit indiquer *Ammon*, Roi de Lybie, ou quelque Souverain des Perfes, dont la coutume, du tems d'*Ammien Marcellin*, qui l'attefte, étoit d'orner leurs têtes d'une figure de bélier en or garnie de pierreries, qui leur fervoit de diadême.

N°. V. Pl. LXXXVII. L'*Onyx*, N°. V, Planche LXXXVII, offre Jupiter entièrement nud, appuyé d'une main fur une *Hafte* fans fer, & de l'autre tenant la foudre. Le premier attribut joint au diadême qui ceint le front du Dieu, pourroit donner l'idée de *Jupiter Roi*; mais la foudre dont fa main droite eft armée, jointe à la nudité entière de la figure, nous porte à croire que l'Artifte a voulu faire un Jupiter fulminant ; le pouvoir de lancer la foudre eft attribué par les Théologiens du Paganifme à Jupiter. Homère peint les airs embrâfés des feux de fon tonnère, Virgile, qu'a fi bien rendu M. l'Abbé *de Lille*, femble s'être plû à faire auffi ce tableau :

Géorg. IV. 129.

Dans cette nuit affreufe, environné d'éclairs,
Le Roi des Dieux s'affied fur le trône des airs :
La terre tremble au loin fous fon maître qui tonne :
Les animaux ont fui, l'homme éperdu friffonne :
L'Univers ébranlé s'épouvante.... Le Dieu,
D'un bras étincelant dardant un trait de feu,

De ces Monts si souvent mutilés par la foudre,
De Rhodope ou d'Athos met les rochers en poudre,
Et leur sommet brisé vole en éclats fumans;
Le vent croît, l'air frémit d'horribles sifflemens;
En torrens redoublés les vastes Cieux se fondent,
La rive au loin gémit, & les bois lui répondent.

D'autres peuples que les Grecs & les Romains honorèrent Jupiter sous ce titre de *Foudroyant*. Nos pères l'adoroient sous le nom de *Taranis*, dérivé du mot *Taran*, qui en Celtique signifie *Tonnerre*. Les Saxons avoient leur *Thor*, & les Teutons leur *Thouder* ou *Douder*, qui veulent dire *Fulminant*.

Nous n'oublirons pas ici de parler d'une remarque de MM. *le Blond & de la Chau* sur le Jupiter foudroyant, c'est que l'épithète d'*Élicius* qu'on lui donna sembleroit indiquer que les Anciens avoient quelque connoissance de l'Électricité, sur-tout quand on rapproche de ce surnom, ce que Pline raconte que Numa eut l'art d'attirer la foudre, & que Tullius Hostilius en fut frappé pour n'avoir pas suivi les procédés de Numa: quand on pense enfin que, selon Ovide, le surnom d'*Elicius* ne fut donné à Jupiter que parce que l'on avoit le secret de le faire descendre du Ciel.

Sur la *Cornaline* N°. II, Planche LXXXVIII, on voit encore un Jupiter *Fulminant*. N°. II. Pl. LXXXVIII.

Les *Cornalines* N°. IV, Plan. LXXXVIII & N°. I, Plan. suivante offrent la figure de Jupiter; mais dans l'une & l'autre de ces Pierres le Dieu est assis, vêtu, dans la partie inférieure du corps, d'un manteau qui, dans la première, retombe de l'épaule gauche sur laquelle il est jetté. A ses pieds, Jupiter a son aigle. N°. IV. Pl. LXXXVIII, N°. V. Pl. LXXXIX.

Le N°. II de la Planche LXXXIX offre sur un *Jaspe* mêlé de *Calcédoine* un autre Jupiter assis, vêtu comme sur la *Cornaline* précédente, ayant un aigle à ses pieds; mais de la main droite il tient une patère qu'il semble renverser. Cette patère indique tout-à-la-fois le culte qui étoit dû à ce Dieu qui se laissoit flechir par des libations & des offrandes, & le caractère de *Sospitator* ou *Conservator* que l'Artiste a voulu lui donner. N°. II. Pl. LXXIX.

N°. I. Pl. LXXXVIII. *Gori* croit reconnoître le Jupiter *Consiliarius* sur le *Jaspe bleu*, N°. I, de la Plan. LXXXVIII; cette figure est belle & bien composée. De la main gauche le Dieu tient un sceptre, le coude du bras droit est appuyé sur le dos de son siége. Son marche-pied est orné de guirlandes, & son aigle est à ses pieds étendant ses aîles, dont l'une passe sous la cuisse droite du Dieu.

N°. II. Pl. XCII. Sur la *Cornaline* N°. II, de la Plan. XCII, est gravé Jupiter monté sur un quadrige, poursuivant un Titan, sur lequel il est prêt à lancer la foudre dont sa main droite est armée. Le Titan combat avec une branche d'arbre: ses cuisses se terminent en queues de dragons, à l'extrémité desquelles sont des têtes de serpens. Les anciens Poëtes donnèrent des chars aux Dieux. Platon dit que celui de Jupiter étoit suivi d'une troupe de Génies & de Divinités.

On peut remarquer sur plusieurs de nos Pierres les principales métamorphoses de Jupiter.

N°. V. Pl. LXXXIX. La *Cornaline*, N°. V, Plan. LXXXIX représente *Danaë*, qui, renfermée par son père *Acrise* dans une tour d'airain sous terre, reçut néanmoins dans son sein la pluie d'or que le souverain des Dieux répandit sur elle, & sous laquelle il s'étoit voilé pour satisfaire son amour. Jupiter assis sur son trône, ayant à ses pieds son aigle, répand à pleines mains & les bras ouverts cette pluie puissante: accroupie, *Danaë* le reçoit dans son sein, & un cigne, autre emblême d'une métamorphose de Jupiter, porte la foudre. L'espèce de boëte dans laquelle on voit *Danaë* désigne-t-elle la prison d'airain où l'avoit enfermée son père, ou seroit-ce, par anticipation, la boëte même dans laquelle il la mit ensuite pour la jetter à la Mer, en punition de la désobéissance à ses ordres? c'est ce que nous laissons aux Sçavans à décider. Suivant plusieurs Écrivains, cette Fable a un fond historique. *Prætus*, oncle de *Danaë* étoit devenu épris des charmes de sa nièce, le père la fit renfermer & surveiller; mais, à force d'argent, *Prætus* se fit ouvrir les portes, & les Gardes l'introduisirent chez *Danaë*, dont il eut *Persée*.

N°s. II & IV. Pl. XC. *Nemesis* ou *Leda*, pour lesquelles Jupiter prit la figure d'un cigne, se voit sur la *Cornaline* N°. II & sur l'*Agathe variée* N°. IV de la Plan. XC; on ne peut trop admirer les formes pures du corps de la première. Le cigne semble fuir pour la rendre plus ardente à la poursuivre. Sur la seconde Pierre cet animal forme grouppe avec la beauté qu'il caresse.

La fille d'Agénor, Europe, sœur de Cadmus, dont les Anciens ont tant vanté la beauté qui la fit aimer du souverain des Dieux, est gravée par d'habiles Artistes sur les *Cornalines* N°. V, Plan. XC & N^os^. I & II, Plan. XC, au moment où Jupiter caché sous la figure d'un taureau l'enleva. Voici comme les Phéniciens qui ont rendu cette Fable célèbre racontoient ce rapt fameux. Europe avoit coutume d'aller avec ses compagnes se promener sur les bords de la Mer. Jupiter ravi de sa beauté devint amoureux d'elle, & pour la tromper prit la figure d'un superbe taureau blanc, qui se mit à paître sur le même rivage où la belle Europe devoit se promener. La fille d'Agénor arrive, en effet; elle est frappée de la beauté du taureau, s'avance vers lui, le caresse avec plaisir; charmée de sa douceur, elle s'élance légèrement sur son dos & s'y asseoit. Aussi-tôt ce taureau si doux l'enlève à la vue de ses compagnes, lui fait traverser la Mer & la porte en Crète, où reprenant sa forme naturelle, il obtient les faveurs d'Europe, & pour éterniser l'avantage qu'il tire de sa métamorphose, place le taureau parmi les astres. Ovide décrit cette Fable avec les graces qu'il sçait répandre sur tous les sujets qu'il traite; Lucien, dans un de ses Dialogues fait peindre par Zéphire ce trait fabuleux qu'il embellit encore, en donnant pour suite, au Dieu ravisseur, une troupe joyeuse d'Amours qui chantent l'Hymenée dont ils portent les torches, & en faisant applaudir à cette ruse toutes les Divinités de la Mer. Anacréon nous a laissé quelques Vers qui pourroient servir d'inscription au bas des Pierres que nous expliquons, en voici la traduction: N^os^. V. Pl. XC & N°. I & II, Pl. XCI.

Ce taureau que tu vois, c'est Jupiter lui-même:
C'est le maître des Dieux: reconnois sur son dos
La fille d'Agénor, ce tendre objet qu'il aime.
Docile, sous ses pieds, la Mer ouvre ses eaux:
Un taureau vigoureux, sortant du pâturage,
Ne pourroit pas ainsi franchir l'humide plage,
Il n'appartient qu'aux Dieux de commander aux flots. *Ode XXXV.*

Sur la première de nos *Cornalines*, Europe est gravée assise sur le dos du taureau divin, se tenant à une de ses cornes; son *Peplum* voltige légèrement au-dessus de sa tête; elle est vêtue de la *Stola*, qui ne laisse à découvert que ses bras & l'extrémité de ses pieds. Sur la seconde Pierre, l'Artiste, pour faire voir la beauté du corps d'Europe, l'a couchée le long du taureau dont elle embrasse une corne, & un ſimple voile qui part de ſon épaule voltige au-deſſus d'elle & laiſſe l'œil parcourir à nud le charme de ſes formes. Le taureau lui-même paroît triomphant & ſemble déjà jouir de ſa ruſe, il eſt déjà entré dans les eaux. Enfin la dernière de nos Pierres offre une variété bien précieuſe. Europe vient de ſe jetter ſur le dos du taureau, dans ſa main elle tient une eſpèce de lance que *Winkelmann* dit être un thyrſe, & le taureau prêt d'entrer dans les eaux a une figure humaine. *Winkelmann*, par ſuite d'une erreur que MM. *le Blond & de la Chau* ont habilement relevée en expliquant une Pierre où eſt gravé un *bœuf à face humaine*, dit que ſous la figure de ce taureau *Jupiter paroît avec la tête du Minotaure.* Non, ce n'eſt point le Minotaure que le Graveur a voulu exprimer ſur ſa Pierre : qu'a de commun le Minotaure avec Europe? Cet animal ne ſçauroit être cependant ici *le ſymbole de l'Agriculture*, ainſi que le croyent les doctes *Auteurs de la deſcription des Pierres gravées d'Orléans*, en le conſidérant iſolément. Ici la jeune fille poſée ſur le dos du taureau, l'eau dans laquelle entre l'animal, ne permettent pas de douter du ſujet, & nous croyons ſimplement que le Graveur n'aura donné au taureau la figure humaine que pour indiquer qu'il ſervoit de voile au raviſſeur Jupiter.

Suivant *Hérodote*, *Lib. I*, la beauté d'Europe la fit enlever par des Crétois: en admettant ce ſentiment du père de l'hiſtoire, tout ce que l'on raconte du taureau ne ſeroit plus qu'une altération de ce fait, & vraiſemblablement la fille d'Agénor n'aura été cenſée enlevée par un taureau, que parce que le Vaiſſeau dont ſe feront ſervis ſes raviſſeurs, aura eu ſur ſa proue la figure de cet animal.

Noël le Comte croit que les Anciens ont voulu déſigner par cette Fable qu'il n'eſt rien de bas & de honteux à quoi ne nous conduiſe la paſſion des ſens, qui nous avilit & nous abaiſſe juſqu'à la condition des brutes.

N°. III. Pl. XCI. L'*Améthyſte* N°. III, Plan. XCI, repréſente *Io* ſous la forme d'une vache, gardée par le frère de ſa mère, *Argus*, que l'on voit aſſis ſous un arbre, ayant un chien près de lui.

Io, fille d'*Inachus*, devint comme l'on ſçait l'objet de la jalouſie de Junon, quand elle apprit que ſon époux Jupiter lui avoit prodigué ſes careſſes ſous le voile d'un nuage. Le Dieu, ſon amant, auſſi-tôt la métamorphoſa en vache blanche; Junon l'ayant vue la lui demanda : elle l'obtint, la confia à *Argus*, Mercure la délivra de ſa captivité; mais Junon s'en vengea d'une manière cruelle. *Io* entra en fureur, traverſa pluſieurs Mers, parvint enfin en Égypte où, reprenant ſon ancienne forme, ſuivant Apollodore, elle mit au jour le *fruit* de ſes infortunés amours. On dit qu'elle fut miſe enſuite au rang des Dieux.

On peut voir dans *Noël le Comte* les différentes conjectures que cette Fable a fait naître : comment, appuyés ſur Hérodote, des Écrivains n'ont cru devoir reconnoître en tout ce récit fabuleux qu'une hiſtoire ſurnaturelle de l'amour d'*Io* avec un Pilote Phénicien, qui, dans la crainte des parens de ſa bien-aimée, l'enleva de ſon conſentement ſur un vaiſſeau qui portoit à ſa proue la figure d'une vache : comment, en ne voulant trouver dans la Fable que des allégories relatives à la Phyſique, d'autres Auteurs voyent dans *Io* l'emblême de la Lune, ou plutôt encore le ſymbole de la terre : alors cette métamorphoſe en vache n'annonce que la fertilité que l'on doit en partie au travail de ces animaux : les cent yeux d'*Argus* ſont ces étoiles qui ſemblent être les gardiennes de la terre. Si la moitié des yeux ſe repoſe tandis que l'autre fait ſes fonctions, c'eſt pour déſigner les deux hémiſphères; Argus tué par Mercure, les courſes d'*Io* qui retrouve enfin ſa première nature en Égypte, n'indiquent que les fruits de la raiſon & de l'induſtrie, & le triomphe de l'Agriculture, qui, à raiſon de la fertilité de l'Égypte, ſemble, dans ce pays, être dans ſes propres États. Enfin, *Noël le Comte* tourne à ſon ordinaire cette Fable en leçon de morale, & nous voyons Jupiter, emblême des ames fragiles des hommes, ſe livrer d'abord avec *Io* aux plaiſirs, qui, ſemblables à la nuée épaiſſe qu'il emprunta, obſcurciſſent notre entendement : Mercure ou la raiſon délivre dans l'âge mûr de la captivité des ſens : on reprend ſa forme première, & enfin une conduite pure, fondée ſur la juſtice, rend les hommes dignes d'habiter parmi les Dieux.

Sur le *Jaſpe* mêlé de *Calcédoine* N°. IV de la Planche XCI, on voit les trois Dieux Capitolins Συννάοι, ou *Contemplanei*. Les Romains les regardoient comme leurs Pénates. Si l'on conſidère l'origine de cette Pierre, il ſera facile de remarquer que ces Dieux ſont placés comme ils l'étoient au Capitole, Jupiter au milieu, Minerve à droite & Junon à la gauche. *Fabretti* a publié une Pierre preſque ſemblable à celle-ci, & *Buonarotti* a fait graver un petit bas-relief d'yvoire ſur lequel Minerve tient auſſi la droite : Junon couronne Jupiter, & ſur une petite colonne on remarque un vaſe d'Ambroiſie. Dans les inſcriptions votives, comme on le peut voir dans *Grutter*, Jupiter eſt nommé le premier, Junon le ſuit, Minerve vient enſuite.

N°. IV. Pl. XCI.

No. III. Pl. LXXXIX. On peut croire que *Junon*, connue sous les noms de *Nuptialis* & de *Pronuba*, Γαμήλιον, est représentée sur le *Jaspe-Héliotrope* N°. III de la Planche LXXXIX; elle porte, comme dans les médailles des *Germanicus*, une torche ardente; ses mouvemens & l'agitation que le zéphir cause à ses vêtemens, surtout au *Péplum* qu'il agite comme un voile, semblent indiquer qu'elle danse. On sçait qu'aux solemnités des mariages on avoit coutume de porter des torches ou flambeaux devant les époux : les mères elles-mêmes avoient l'usage d'en faire briller devant leurs enfans quand elles les marioient; & *Junon*, suivant la Fable, en porta de même aux nôces de Thétis. *Cupidon Arcitenens*, armé de son arc, précède ici sa mère : il l'accompagne sur le bas-relief d'un sarcophage antique appartenant aux *Médicis*.

Il se pourroit néanmoins que l'Artiste eut voulu, sur cette Pierre, graver la Vénus *Sponsa* dont parle *Pausanias* dans ses *Corinthiaques*.

Gori a cru devoir, après *Jupiter* & *Junon*, devoir placer *Ganimède*, & plusieurs motifs bien plausibles ont pu le déterminer. Suivant *Lucien*, le beau jeune homme étoit Berger, *Virgile* en fait un Chasseur : les Artistes qui ont gravé les Pierres N°. I & III de la Plan. XC ont eu cette diversité d'opinion.

Nos. I & III. Pl. XC. Sur le *Jaspe rouge* N°. III, Ganymède tient le *Pedum* qui désigne un Berger, & sur la *Prime* N°. I ce même jeune homme a sur ses épaules un carquois qui indique un Chasseur. Celui-ci est debout : la *Chlamyde* attachée à son col retombe sur ses épaules & laisse voir le devant du corps tout à nud; de la main gauche Ganymède caresse l'aigle de Jupiter, qui de plaisir soulève ses aîles. On voit sur une petite colonne un vase qui annonce ses fonctions auprès des Dieux. Le Ganymède Berger est assis entièrement nud, & présente à boire à l'aigle du souverain de l'Olympe. Ces deux figures sont l'une & l'autre coëffées du bonnet Phrygien.

SERAPIS, ISIS & *autres Dieux des Égyptiens.*

Nous faisons suivre les Pierres qui représentent *Jupiter* par celles sur lesquelles est gravée la tête de *Serapis*, que les Égyptiens regardoient comme le plus grand des Dieux, & qu'ils confondoient avec *Jupiter*, *Osiris*, *Bacchus*, *Pluton*, *Pan*, *Esculape* & *Apollon* ou le *Soleil*. C'est ainsi que nous l'enseignent principalement *Plutarque*, *Diodore de Sicile* & *Macrobe*. Dans les anciennes inscriptions & sur les Autels antiques qui lui furent consacrés, ce Dieu reçut les plus brillans

brillans surnoms. On l'appelloit ΜΕΓΑΣ, ΜΕΓΑΛΟΣ, ΜΕΓΙΣΤΟΣ; *Magnus*, *Maximus*, le *Grand*, le *très-Grand*. Le nom d'ΥΨΙΜΕΔΩΝ qu'Homère donne à Jupiter lui fut aussi donné, & conséquemment il étoit regardé comme *Maître Tout-Puissant* dans les Cieux. Il reçut encore les épithètes d'*Auguste*, de *Tres-Bon*, de *Conservateur*, d'*Invincible*. On lit sur un fragment d'inscription publié par *Fabretti* ΖΕΥC. CEPAPIC *Jupiter Serapis*. L'*Agathe-Sardoine* N° I, Planche LXXXIV, nous offre la tête de ce Dieu ornée d'un boisseau, de rayons & de cornes de bélier. Le boisseau qu'il porte désigne la fertilité dont on le regardoit comme l'Auteur; nous avons parlé déjà des cornes de bélier données à Jupiter Hammon, que quelques Écrivains ont dit être un témoignage de la reconnoissance de Bacchus, lorsque, par la protection de Jupiter, un bélier lui découvrit une source d'eau vive au milieu des sables brûlans de la Libie; enfin les rayons qui accompagnent cette tête indiquent que ce Dieu se confondoit avec le Soleil, & ces conjectures se trouvent appuyées sur d'anciennes inscriptions qui portent ces titres. I. O. M. SARAPIDI; ΔΙΙ. ΗΛΙΩ. ΜΕΓΑΛΩ. CΑΡΑΠΙΔΙ. *Jovi*, *Soli Magno Sarapidi*; notre Pierre jette beaucoup de jour sur une ancienne inscription que citent *Grutter* & *Fabretti*, & que nous allons figurer. No. I. Pl. LXXXIV.

I O V I. S O L I
I N V I C T O. S A R A
P I D I. T. A E L I V S. A N
T I P A T E R. P R O C
A V G G. C V M. V M B R I C I A
B A S S A. C O N I V G E. G R A T I A S
A G E N T E S. P O S V E R V N T.

Sur bien des médailles nous voyons des attributs de Jupiter accordés à *Serapis* : tantôt c'est le sceptre, le trône ; tantôt on met un aigle près de lui comme sur l'*Onyx* N°. III, Plan. LXXXVI, sur les *Cornalines* N°s. IV & V de la même Planche, & sur celle du N°. III, Plan. suivante. Quelquefois on a donné pour attribut à ce Dieu un bélier, ainsi que cela se voit sur l'*Onyx* N°. V de la Plan. LXXXVI. Cet animal peut indiquer & l'origine du surnom d'*Hammon* que nous avons rapportée, & faire allusion à celui de ΜΗΛΩΣΙΟΥ. *Pecuarii* ou *Pecoralis*, sous lequel Jupiter recevoit un culte spécial dans l'Isle de Naxos, où l'on trouva une inscription qui lui avoit été consacrée & que *Spon* a publiée.

Une très-belle Pierre que cite le Chevalier *Masséi* offre avec la tête de *Serapis*, non-seulement le boisseau, les rayons & les cornes de bélier; mais on y voit encore un trident autour duquel tourne un serpent. Ces symboles semblent indiquer clairement que les Anciens confondoient *Serapis* avec le Jupiter *Superus*, le Jupiter *Terrestris* & le Jupiter *Inferus*. Considerant cette Divinité comme l'emblême de l'Univers & de ses premiers principes, l'air, le feu, l'eau & la terre, ils firent le Dieu du feu Jupiter ou le Soleil, le Dieu des eaux Neptune, le Dieu de la terre Pluton, & Serapis étoit à leurs yeux cette triple Divinité. Le serpent que plusieurs monumens antiques prouvent avoir été consacré à *Serapis*, annonce le titre de *Salutaire* qui lui fut aussi donné, & cette puissance bienfaisante que l'on reconnoissoit en lui.

On appelle *Panthées* des figures de Dieux chargés d'un grand nombre d'attributs qui ne peuvent convenir à une seule Divinité; de ce nombre sont la Pierre citée par *Masséi*, dont nous venons de parler, & une autre du *Museum* de *Brandebourg* que *Beger* a publiée: sur celle-ci, le Serapis est sans barbe comme sur notre *Jaspe rouge* N°. II de la Planche XCIII. Cette dernière Pierre représente *Serapis* jeune ou *Osiris* ou *Mithra*, (c'est le même Dieu) conversant avec *Isis* & gesticulant de la main droite. Sa tête est ceinte d'une couronne radiale: elle porte le boisseau: le Dieu a près de lui un petit chien qui aboie: ce chien étoit consacré à *Mithra*, consideré comme Soleil, Auteur de la Génération.

Sur la majeure partie des Pierres que nous mettons sous les yeux de nos Lecteurs, les têtes de *Serapis* portent le *boisseau* ou *corbeille* ou *petite colonne*, comme le pense *Philippe Bonarotti*. Ce boisseau, que *Macrobe* regarde comme un emblême de l'élévation du Ciel, ou comme le symbole de cette puissance du Soleil qui pompe & attire à lui toutes les vapeurs de la terre qu'il échauffe, est tantôt orné de perles ou de pierreries, ainsi qu'on le remarque sur la *Cornaline* N°. I, Plan. LXXXV, tantôt il est décoré de la feuille du *Persea*, comme on le voit sur l'*Agathe-Sardoine* & sur la *Cornaline* N°s. II & III de la même Plan. Quelquefois on n'y voit qu'un espèce de *Guillochis* ou des cavités. Le diadême ceint aussi assez souvent la tête de Serapis, plusieurs Pierres parmi celles que nous citons & sur-tout la *Cornaline* N°. III, Plan. LXXXIV en offrent la preuve, cet ornement convient singulièrement bien au souverain des Dieux, ainsi que le *Paludamentum* dont il semble couvert sur la *Cornaline*, N°. VI de la même Planche.

Le *Jaſpe rouge*, Nº. I, Planche LXXXVII & les *Cornalines* Nos. II & III de la même Planche repréſentent des ſujets très-rares, & qui offrent à l'érudition un champ vaſte à défricher. Elles ſemblent d'abord être des preuves de la reconnoiſſance de ceux qui les ont fait graver pour des bienfaits reçus de *Serapis* : & nous penſons avec *Gori* qu'ils les portoient en bagues pour avoir toujours préſens à leur eſprit la mémoire de la protection de ce Dieu. On ſçait que *Serapis* étoit mis au rang des Divinités bienfaiſantes, & les anciens monumens atteſtent qu'il reçut des vœux ſolemnels, des actions de graces, & qu'on lui éleva, pour preuves de gratitude, des temples & des Autels.

La première de ces Pierres nous ſemble donc repréſenter *Serapis* ΙΑΤΡΟΣ ou *Dieu de la Médecine*, ou, comme on l'appelle dans les anciennes inſcriptions *Serapis* ΣΩΤΗΡΟΣ, *Salutaris*, *Servator*, Conſervateur. Ce pied d'homme, auquel eſt fixée par un eſpèce de clou la tête du Dieu, devant laquelle eſt un aſtre, déſigne peut être une offrande de la reconnoiſſance pour le ſuccès d'un voyage & le plus heureux retour : peut être auſſi cet emblême annonce-t-il la guériſon d'une maladie dont on ſe croyoit guéri par le ſecours de *Serapis*. Cette Pierre a pu ſe porter au doigt comme un ſigne toujours préſent de cette guériſon & un témoignage toujours ſubſiſtant de la gratitude, ou bien elle aura ſervi d'*Ex voto* offert à la Divinité elle-même ; car c'étoit un uſage conſtant chez les Anciens de faire offrande aux Dieux de ces ſortes de repréſentations ſur des Pierres, que, dans les inſcriptions antiques, on voit déſignées par les mots σῶτρα καὶ χαριστήρια, *pro Salute* & *Gratiarum actione*. Ils ſuſpendoient encore au temple des Dieux bienfaiſans, ſoit en or, ſoit en argent, ſoit en quelqu'autre matière, la reſſemblance de la partie du corps qui avoit éprouvée la guériſon ; ainſi le pied de notre Pierre pourroit indiquer la goutte que l'on auroit regardée comme guérie par *Serapis*. *Fabretti* déduit la même conjecture d'un Autel votif ſur lequel M. *Vibius Oneſimus* a fait ſculpter, entre des Sphinx, ſon pied qu'entoure un ſerpent à l'endroit où la douleur la plus aigüe ſe fait ſentir quand on a cette maladie, & *Fabretti* pouvoit appuyer ſon ſentiment par un autre exemple que lui fourniſſoit *Grutter*, d'une Pierre votive ſur laquelle on lit que *C. Valerius* a été guéri par *Serapis a Carpis*, ce qui caractériſe la goutte aux mains qui fait ſouffrir les jointures du *carpe* ou poignet. Ces guériſons opérées par *Serapis* & par les autres Divinités *Salutaires*, les malades les obtenoient, pour l'ordinaire, en dormant la nuit dans leurs temples. Ce n'étoit cependant pas ſans raiſon, que nous avions dit d'abord, que le pied gravé ſur notre Pierre pouvoit annoncer

Nº. I Pl. LXXXVII.

le succès d'un voyage & son heureux retour : car, sur différentes tables votives citées par *Fabretti*, l'on voit des vestiges de pieds allant & revenant, ce qui ne peut désigner absolument que d'heureuses courses entreprises & terminées par la protection d'*Isis* & de *Serapis* dans les temples desquels on posoit ces figures. Quant à l'astre que l'on remarque en face de la tête du Dieu sur notre *Jaspe*, il n'y a pas de doute qu'il ne soit le symbole du Soleil, qui étoit le même que *Serapis*, & dont l'influence bénigne sur les malades étoit autrefois sollicitée par des vœux particuliers, ce que prouvent d'antiques inscriptions. Très-souvent on rencontre sur les Pierres, près de *Serapis*, de ces sortes d'astres : tantôt il y en a deux semblables comme sur la *Cornaline* N°. IV de la Planche LXXXVI : tantôt c'est un astre & un croissant comme sur le *Jaspe-Héliotrope* N°. IV de la Planche LXXXV & l'*Onyx* N°. III de la Planche suivante, & l'on voit au premier coup-d'œil que de ces deux astres l'un se rapporte à *Serapis* ou *le Soleil* & l'autre à *Isis* que *Plutarque* prouve avoir été la même que *Diane* ou *la Lune*. Le culte de ces Divinités fut, pour ainsi dire, individuel. On n'adoroit pas l'une que l'on n'adorât l'autre, & les têtes votives qui sont consacrées à toutes deux ensemble le prouvent clairement.

N°. II. Pl. LXXXVII. C'est un autre trait de la bienfaisance de *Serapis* que représente la Pierre très-rare que l'on voit N°. II de la Planche LXXXVII ; malgré les coups que le tems lui a portés, on distingue encore parfaitement la tête de *Serapis* surmontée du *boisseau*. Devant lui est une lampe brûlante qui lui semble consacrée & qui est posée sur un chandelier terminé en trépied dans la partie inférieure & en colonne dans le haut. Un rat grimpe le long de ce candelabre.

L'usage de poser des lampes sur de hauts candelabres, soit dans les temples, soit dans les maisons particulières, étoit connu des Anciens : les Saintes-Écritures l'attestent. On en voyoit aussi dans les salles de repas & dans celles de bains. Une ancienne inscription Grecque consacrée au grand *Serapis Jupiter Soleil*, & trouvée à Rome dans les débris d'un temple, peut-être même de celui de cette Divinité, jette beaucoup de jour sur la Pierre que nous examinons : elle nous apprend que *A. Cassius Eutique Néocore* ou gardien du temple du *grand Serapis*, comblé des bienfaits du Dieu, par reconnoissance & en actions de graces lui consacra, ainsi qu'aux autres Divinités *Contemplaneis*, une lampe d'argent, trois Autels, une espèce de lustre & une cassolette ou encensoir.

Deux autres inscriptions antiques que nous allons citer peuvent encore ne pas paroître étrangères au ſujet que nous traitons. La première eſt gravée ſur une petite colonne quarrée en marbre de la hauteur d'un pied, de l'épaiſſeur de trois pouces que *Gori* a vue & que lui a communiquée M. *Jacques-Philippe d'Orville*, Profeſſeur d'éloquence à Amſterdam, ſa Patrie. La ſeconde eſt tirée du corps d'inſcriptions antiques recueillies par *Marquard Gudius* & publiées par *Hadrien Roland* dans ſes Faſtes Conſulaires.

P. FVFICI
VS. PRIMI
GENIUS
SANCTO
SILVANO
COLVMEL
LAM. CVM
LVCERNA
AEREA
D. D.

OPI. DIVINE. S.
M. PVRELLIVS. M. F.
PAL. TVTELIANVS
FLAMEN. FLAVIAL.
CVRATOR. AEDIVM
SACR. PATRON. COLL.
AVRIF. QVINQVENN
III. DD. SIGN. CANDELABR.
BASEM. ET. HYPOBAS.
CVM. AR.
III. NON. FEBR.
L. TORQVATO. III. ET
C. JVLIANO. VETERE
COS.

De ces inſcriptions il ſuit évidemment qu'autrefois on offroit aux Dieux & aux Déeſſes des lampes ou poſées ſur de petites colonnes ou ſur des candebres, & que l'on plaçoit devant leurs ſtatues. On peut donc croire d'après ces exemples que quelqu'un, en mémoire d'un bienfait reçu de *Serapis*, lui aura conſacré une lampe placée ſur un candelabre, & que pour ſe perpétuer à lui-même le ſouvenir de ſon offrande il aura fait graver, afin de la porter en bague, la Pierre qui nous occupe.

Elle nous offre encore un objet de diſcuſſion. Que ſignifie le rat qui monte le long du chandellier vers la lampe? Seroit-ce une plaiſanterie du Graveur, par alluſion à la gourmandiſe de ces ſortes d'animaux, qui ſont très-avides de l'huile & des mèches des lampes qu'ils renverſent ſouvent pour ſatisfaire leurs desirs? ce qui fit agréablement refuser par Minerve à Jupiter son père les secours qu'il lui demanda en faveur des rats dans le Poëme ingénieux de la *Batrachomyomachie* d'Homère. Pouvoit-elle protéger des animaux qui, rodant toujours dans ses Temples, les infectoient de leurs ordures, ravissoient leur part des victimes, mangeoient ses couronnes, renversoient ses lampes pour en avoir l'huile, & venoient ronger jusqu'au *Peplum* qui la couvroit? *Gori* a vu une autre Pierre sur laquelle un rat rongeoit les cordes d'une lyre. Dans la Table Iliaque, deux de ces animaux sont placés sur le marche-pied d'Homère.

Mais si ce rat qui grimpe le long du candelabre consacré à *Serapis*, n'est pas une plaisanterie de l'Artiste, on pourroit croire qu'il indique le secours de ce Dieu obtenu contre des rats destructeurs. On sçait que plus d'une fois ces animaux trop multipliés ont forcé les hommes de quitter leurs demeures & leurs Villes: *Pline* le raconte des habitans de la Troade & des Insulaires de Gyare, *Justin* des Abdéritains, *Ælien* de plusieurs peuples d'Italie. Ce dernier Écrivain dit qu'après une grande pluie des troupeaux de rats couvrirent les campagnes d'Égypte, que mangeant & coupant les épis ils causèrent aux Égyptiens une très-grande calamité, & qu'enfin ceux-ci ne pouvant parvenir à les faire périr s'adresèrent à leur Dieu. *Ælien* tait le nom de ce Dieu qui pourroit bien être *Serapis*, & alors il ne seroit plus surprenant de voir un rat sur un candelabre consacré à cette Divinité. Ce pouvoir de *Serapis* contre les rats n'est pas plus étonnant que celui d'*Isis* contre les venimeux scorpions, & l'on sçait que pour en être délivré on faisoit invoquer cette Déesse par des femmes qui, toutes en pleurs & nuds pieds, venoient la prier dans ses Temples. D'ailleurs il n'eut pas été plus ridicule de voir un rat sur un candelabre de *Serapis* que sur le trepied d'*Apollon*, & cependant, au rapport d'*Ælien*, certains habitans de la Troade en avoient fait sculpter un dessus ce trepied. Cet Apollon s'appelloit *Smynthien* ou destructeur de rats, & sous ce nom il avoit un Temple dont parle *Eustathe*, où l'on voyoit une statue du fameux Sculpteur *Scopas*, qui, pour caractériser ce Dieu, lui avoit mis un rat sous le pied.

Enfin ce même rat pourroit indiquer la reconnoissance d'un particulier, qui, par la protection de *Serapis*, auroit échappé à la chûte d'un mur ou d'une maison, & qui en consacrant au Dieu cette lampe & ce candelabre y auroit fait graver expressément un rat pour désigner le genre de bienfait obtenu de la Divinité. Les rats en effet passent pour connoître d'avance la chûte des mâzures qu'ils habitent, & pour les fuir à tems, afin de ne pas être écrasés.

Cette conjecture paroîtra moins étonnante à ceux qui se rappelleront l'épygramme de l'Antologie, où le Poëte dit, que *Serapis* apparut en songe à un voleur qui dormoit contre un vieux mûr, que le voleur s'éveillant à l'instant se mit à fuir, vit en fuyant tomber ce mûr qui l'auroit écrasé dans sa chûte, & dès le matin courut au Temple offrir à son bienfaiteur, τα σῶστρα, un monument de sa reconnoissance.

La *Cornaline*, N°. III de cette même Planche LXXXVII, nous offre de même une Pierre votive : elle n'est pas d'un aussi beau travail que les deux précédentes. On y voit gravée la tête de *Serapis* entre deux enseignes militaires, placée au-dessus d'un aigle, qui semble, en étendant ses aîles, vouloir voler. L'Aigle à raison de sa force, de la hauteur à laquelle il s'élève, & de la rapidité de son vol, étoit consacré, comme l'on sçait, à *Mythra Soleil*, & par conséquent à *Serapis*. Dans un des coins de la Pierre on remarque un Militaire qui paroît se reposer & s'appuie d'une main sur sa pique, de l'autre sur son bouclier. On peut croire que le Militaire ayant obtenu un *honorable congé* ou sa promotion à des grades supérieurs qu'il desiroit, avantage qu'il croyoit devoir à *Serapis*, a fait graver ce monument, ou pour le lui offrir, ou pour se rappeller sans cesse ses bienfaits. Il est en effet certain que les Soldats véterans après avoir quitté la milice & reçu du Prince un honorable congé, en rendoient graces aux Dieux, & constatoient leur reconnoissance par des monumens & des inscriptions dont plusieurs nous restent. Nous allons en citer une qui convient d'autant mieux à la circonstance, qu'elle fut offerte par *P. Ælius Amandus*, après un honorable congé, au *Soleil Dieu invincible*, dénomination qui peut se donner & s'est donnée à *Serapis*, comme nous l'avons déjà vu. Elle avoit au-dessous un buste du Soleil, la tête rayonnante ainsi, que l'atteste *Fabretti* qui l'a publiée. No. III. Pl. LXXXVII.

SOLI . INVICTO . DEO
EX . VOTO . SVSCEPTO
ACCEPTA . MISSIONE
HONESTA . EX . NVME
RO . EQ . SING . AVG . P
AELIVS . AMANDVS
D . D . TERTVLLO . ET
SACERDOTI . COS.

On a plusieurs exemples de semblables offrandes faites aux Dieux par des Militaires reconnoissans dans de pareilles circonstances.

C'est ici le lieu de parler des Pierres que les Anciens appelloient σωτήριαι *Salutares* dont il se servoient en forme d'*amulettes*, & qui portoient l'image de *Serapis*, de ce Dieu qu'ils regardoient comme un des plus bienfaisans & qu'ils mettoient au nombre de ceux qu'ils nommoient τεραςίους, ἀλεξικάκους, *Autores prodigiorum*, *malorum depulsores*, *Auteurs des prodiges*, *Préservateur des malheurs. Gori*, à cette occasion, cite un *Onyx* consacré à cette Divinité, espèce d'*amulette* sur laquelle on lisoit ces mots : ΝΙΚΑ Ο ΣΕΡΑΠΙΣ ΤΟΝ ΦΘΟΝΟΝ. *Serapis a vaincu l'envie. L'envie* est prise en cet endroit pour les *maux*, le *Destin envieux*, peut être même pour la *mort* : car on sçait que les Anciens en parlant d'un homme enlevé par une *mort* prématurée, disoient que l'envie l'avoit ravi.

N°. III. Pl. XCII. La protection que *Serapis* accordoit aux Navigateurs est bien désignée par le *Jaspe rouge* N°. III, Plan. XCII, le vaisseau que l'on y a gravé semble fendre les eaux poussé par un vent favorable qui enfle ses voiles, & ce bon vent paroît dû à *Serapis*, dont la tête est placée sur la pouppe ou les Anciens avoient coutume de mettre les images des Dieux tutelaires, que l'on distinguoit toujours des simples ornemens qu'ils peignoient ou sculptoient à la proue. On peut encore inférer de l'exemple que nous avons sous les yeux que les Trirèmes & les autres vaisseaux des Anciens n'avoient pas seulement les noms des Divinités protectrices ; mais en portoient encore les simulacres. Ces effigies des Dieux tutélaires se sculptoient en yvoire ou en quelqu'autre matière précieuse, & on les doroit quand elles n'étoient que de bois. Une de ces Divinités, la plus honorée comme protectrice des Navigateurs, fut *Isis*, dont les anciens Auteurs nous apprennent que l'on donnoit le nom aux Trirèmes & aux vaisseaux. On croyoit qu'elle étoit l'inventrice des voiles, qu'elle commandoit aux tempêtes & aux flots, & c'étoit d'elle qu'on se flattoit d'obtenir d'heureuses traversées : aussi les murs de ses Temples furent-ils couverts souvent de tables votives, témoignages de la reconnoissance de ceux qui avoient échappé à quelque naufrage ou qui étoient arrivés à bon port.

N°. I. Pl. XCII. C'est à titre semblable de Divinité tutélaire que l'Artiste qui a gravé le *Jaspe* N°. I, Plan. XCII, a placé dans la partie supérieure la tête de *Minerve* au-dessus de la Trirème qui porte *Jupiter Serapis* assis sur un trône, & placé entre la *Fortune* & *Isis* qui gouverne ce vaisseau. La Divinité que nous venons d'indiquer sous le nom de la *Fortune* pouvoit bien être Proserpine que l'on voit réunie

réunie avec *Isis* & *Serapis* dans une ancienne table votive. *Hygin* raconte qu'*Isis*, pour chercher son fils *Harpocrate* qu'elle avoit perdu, monta dans une barque à laquelle elle adapta des voiles. C'est cette course sur Mer qui fit surnommer *Isis Pelagia* dans une inscription citée par *Grutter*. La barque même, dit-on, étoit de *Papyrus*, & *Plutarque*, dans son traité d'*Isis* & d'*Osiris*, prétend que les crocodiles ne faisoient aucun mal à ceux qui voguoient sur des barques faites de *Papyrus*, parce qu'*Isis* en avoit montée une semblable. La Pierre que nous avons sous les yeux pourroit peut-être désigner la fête solemnelle d'*Isis* & des autres Dieux συνναων que les Égyptiens célébroient tous les ans, que l'on appelloit *Navigium Isidis*, & dont le Calendrier des Romains fait mention au mois de Mars.

Le *Jaspe rouge* N°. V, Plan. XCI, sembleroit indiquer le moment où *Serapis* présente à *Isis Harpocrate* après l'avoir retrouvé. *Serapis* est bien désigné par ses attributs, la haste ou sceptre, le boisseau que porte sa tête & les rayons qui la couronnent; l'herbe qui pousse à ses pieds ne semble pas y avoir été gravée sans raison : ce pourroit bien être le *Serapias* consacré à ce Dieu dont il avoit pris le nom. *Isis* ne peut pas plus être méconnue; à ses pieds est un serpent : de la main gauche elle porte un *sistre*, à sa droite est suspendu un vase, emblême de celui que l'on portoit plein d'eau dans toutes les Processions qui se faisoient en son honneur, & que suivant l'observation de *Winkelmann* les Latins appelloient *Cymbium* ou *Sitella*. *Harpocrate* a des attributs qui le caractérisent de même : il est jeune, nud, pour ainsi dire, n'a de vêtement que la *Chlamyde*; sa tête est orné de la feuille du *Persea* : de sa main gauche il soutient une corne d'abondance, pleine de fruit, qui est posée contre son épaule, & sa main droite élevée vers sa bouche, fait le signe que la plus grande partie des interprêtes a pris pour le signal du silence.

Harpocrate se voit dans un âge un peu plus avancé, mais jeune encore, &, à l'exception de la *Chlamyde*, avec les mêmes attributs que dans cette Pierre, sur la *Cornaline* N°. III, l'*Onyx* N°. IV de la Plan. XCIII, ainsi que sur le *Jaspe varié* N°. I & le *Jaspe* N°. II de la Plan. suivante; il est pourtant accoudé sur un appui dans la dernière de ces Pierres.

Il ne paroît pas douteux qu'*Harpocrate* chez les Égyptiens ait été l'un des emblêmes du Soleil : la corne d'abondance désigne la fertilité que l'on doit à cet astre fécondant. Rien n'est plus naturel que ce que disent, d'après M. *Jablouski*, les *Auteurs de la description des Pierres gravées d'Orléans*, touchant

Harpocrate, considéré comme emblême du Soleil : ils croyent que ce Dieu désigne le Soleil dans le solstice d'Hiver, & ils rapportent, pour appuyer le sentiment de l'Écrivain qu'ils suivent, les autorités de *Plutarque*, de *Macrobe* & de *Martianus Capella* qui paroissent concluantes.

Dans toutes les figures d'*Harpocrate* que nous mettons ici sous les yeux de nos Lecteurs, la tête de cette Divinité est garnie de cheveux : & la diversité de sentimens sur les cheveux de ce Dieu exige que nous nous arrêtions un instant ici pour en parler. *Macrobe* dans un passage sur lequel s'appuyent MM. *le Blond & de la Chau*, pour soutenir le même systême, dit que les Égyptiens représentoient *Harpocrate* la tête rasée, à l'exception d'une boucle de cheveux qu'ils laissoient du côté droit pour indiquer que le Soleil est toujours visible dans quelque partie de l'Univers. Ces doctes Écrivans citent encore à l'appui de leur opinion une statue de marbre du Capitole, & un autre *Harpocrate* publié par M. le Comte *de Caylus*. Mais *Winkelmann dans la description des Pierres gravées de Stosch*, I^e. *Classe*, §. 3, N°. 81, en décrivant une *Agathe-Onyx* sur laquelle *Harpocrate* a la tête rasée, fait cette réflexion bien essentielle dans cette circonstance. « Cette Pierre est remarquable par cette singularité, » dit-il, car *ce Dieu se voit par-tout ailleurs avec des cheveux* » ; concluons donc d'après cette autorité, qui en vaut bien une autre, que si la tête rasée de la figure qu'expliquent MM. *le Blond & de la Chau* désigne vraiment un *Harpocrate*, les cheveux qui se voyent sur les têtes des figures qu'offrent nos différentes Pierres, ne peuvent pas faire soupçonner une erreur de notre part lorsque nous donnons ces figures pour être celles du même Dieu.

Il paroît que les mêmes *Auteurs de la description des Pierres gravées d'Orléans* n'ont pas osé souscrire entièrement au sentiment de M. *Jablouski*, touchant la position de la main droite que l'on voit toujours rapprochée de la bouche d'*Harpocrate*. Ce n'est, dit M. *Jablouski*, qu'une preuve de la foiblesse de ce jeune Dieu, &, l'interprétation de geste, par le silence, est une pure invention des Grecs. Nous avouons franchement que nous ne pouvons concevoir l'analogie qu'il y a entre la foiblesse & la position des doigts d'*Harpocrate* contre sa bouche : il nous paroît au contraire très - naturel d'adopter la conjecture de *Bannier*, qui, dans *la Mythologie*, & *les Fables expliquées par l'histoire*, *Lib. VI. Ch. II. Art. III* s'exprime ainsi : « Dans toutes les » figures d'*Harpocrate* son attitude est de porter le doigt sur la bouche ; les » Égyptiens, dont la Théologie étoit extrêmement mystérieuse, vouloient mar- » quer par-là qu'il falloit honorer les Dieux dans un silence respectueux,

» ou, comme dit Plutarque, que les hommes qui connoissoient ces Dieux n'en « devoient point parler témérairement. Il y avoit même, au rapport de *Varron*, » une loi qui défendoit, sous peine de la vie, de dire que *Serapis* eut été un » homme mortel : & comme dans le Temple d'*Isis* & de *Serapis* il y avoit une » idole, c'est-à-dire, un Harpocrate qui mettoit le doigt sur sa bouche, le » même *Varron* disoit qu'il étoit-là pour recommander le silence sur cet » article ».

Orus a été souvent confondu avec *Harpocrate*, *Cuper* n'en fait qu'une même personne, & tout concourt en effet à établir ce sentiment.

Dans plusieurs des Pierres que nous venons d'expliquer, &, assez communément sur les Pierres antiques, *Isis* se trouve jointe à *Serapis*; mais sur ces *Jaspes rouges* N^os^. I & II, Plan. XCIII, elle accompagne *Osiris*. *Osiris* est encore, suivant le sentiment le plus général, un emblême du Soleil : il est sans barbe parce qu'il a une éternelle jeunesse, & on l'a souvent confondu avec Bacchus. Son culte fut très-célèbre en Égypte, & personne n'ignore quelle vénération les habitans de ce pays avoient pour le bœuf *Apis*, qui représentoit, disoient ses Prêtres, l'ame du Dieu. D'après son opinion particulière, chaque Sçavant a interprêté le sens de l'histoire fabuleuse d'*Osiris*. Celui qui veut qu'il soit le Soleil, ne trouve rien dans son culte qui ne rappelle quelque idée de la fécondité. Celui qui consent à admettre l'existence d'*Osiris* comme Prince de l'Égypte, en le mettant au nombre des humains qui ont le plus perfectionné l'Agriculture, en voit les symboles les plus clairs jusques dans ce bœuf héritier de son ame. Enfin parmi ceux qui cherchent dans l'histoire l'origine des Fables, les uns croyent reconnoître Moyse, les autres Joseph & ne font pas attention qu'à l'époque de l'existence de ces deux saints personnages, le culte d'*Osiris* existoit en Égypte, puisque l'adoration du veau d'or n'en fut qu'une image : les autres s'imaginent retrouver en lui *Mesraïm*, fils de *Cham*, & qui, par cette raison, fut dit fils de Jupiter, puisque dans leur opinion *Cham* est la source du nom d'*Ammon* donné à Jupiter ; il en est aussi qui veulent qu'*Osiris* soit le même que *Cham* qu'ils regardent comme confondu avec le premier Roi d'Égypte ; & comme le premier Roi d'Égypte, ainsi que le remarque *Africanus* d'après *Manéthon*, a été dévoré par un crocodile, *Osiris* tué par *Typhon*, que l'on représente sous la figure de ce cruel animal, leur paroît évidemment être ce fils de Noë.

Quant à *Isis* confondue avec la Lune, Cérès, Cybèle & Junon, elle étoit l'emblême de l'universalité de la Nature; l'inscription qu'*Arrius Babinus* fit graver en son honneur, & que l'on trouva à Capoue, n'en laisse pas de doute : la voici telle que *Grutter* la rapporte.

TE TIBI
VNA QVAE
ES OMNIA
DEA ISIS
ARRIVS BA
BINVS. V. C.

Je suis ce qui a été, ce qui est & ce qui sera : & nul mortel n'a levé mon voile, lui fait-on dire à elle-même dans une autre inscription que cite *Plutarque*, & la manière dont elle s'exprime est bien conforme à l'idée des Matérialistes, qui regardoient comme éternelle la nature à laquelle ils transportoient les perfections de son Auteur.

Le culte d'*Isis*, né & répandu dans l'Égypte, passa dans la Grèce vers le tems d'Alexandre-le-Grand & dans l'Italie, à-peu-près au tems de Sylla, comme le remarquent très-bien MM. *de la Chau*, qui rappellent encore les contradictions qu'il éprouva dans la Capitale de l'Univers : l'Italie le communiqua à la Germanie, à plusieurs autres pays, & sur-tout aux Gaules où nous en retrouvons mille vestiges, entre lesquels le nom même de la ville de *Paris* est mis par beaucoup de Sçavans.

Sur la Pierre du N°. I, *Hécate* est à la droite d'*Osiris*; *Hécate*, qu'il est impossible de méconnoître à sa triple figure, & que l'on appelloit la Lune dans les Cieux, Diane sur la terre & Proserpine dans les Enfers.

Le sistre, qu'*Isis* tient à la main sur cette même Pierre, suivant l'interprétation de *Servius*, signifie les variations du Nil, &, suivant *Plutarque* les changemens & l'origine des choses. Le vase que porte l'autre main, disoient quelques Philosophes, que ridiculise *Lucien*, indique le pouvoir d'*Isis* d'attirer à elle les vapeurs de la Mer pour en former la boisson des Astres.

No. V. Pl. LXXXV. L'*Agathe-Sardoine* N°. V, de la Planche LXXXV, presque semblable au beau *Camée* qu'a publié *Léonard Agostini*, Plan. LXVIII, représente ou bien *Isis*, ou, sous la figure de cette Déesse, quelque Reine d'Égypte que l'on aura voulu flatter par ce rapprochement. Ses cheveux sont bouclés à la manière Égyptienne : sa tête est ceinte d'une couronne formée de feuilles qui croissoient au bord du Nil : son vêtement est rendu avec art & la tête a beaucoup de finesse. A la main cette figure tient un sistre, attribut particulier à *Isis*, comme on peut l'avoir remarqué plusieurs fois. Le fruit sacré du *Persea* s'élève au milieu des feuilles qui couronnent sa tête. On la remarque communément sur celle de cette Divinité, ainsi que sur le front de *Serapis*, *d'Harpocrate*, d'*Hécate* & *de Canope*, ce dont les Pierres que nous avons sous les yeux offrent la preuve. Voici la note que MM. *le Blond & de la Chau* ont donnée sur ce fruit en décrivant un *Camée* d'*Isis*. « Le *Persea* est décrit » dans *Dioscoride*, (I. 187), comme un arbre dont le fruit est stomachique » & qui croit principalement dans la Thébaïde. *Strabon* en parle aussi, » (*Lib. XVII*). Il dit qu'il est toujours verd, que son fruit est de la grosseur » d'une poire, qu'il est oblong & enveloppé d'une écorce comme l'amande. » Selon *Plutarque*, (de *Iside* & *Osiride*, *pag.* 378), cet arbre est consacré » à *Isis*. *Galien* dit avoir vu en Égypte un *Persea* comparable aux grands » arbres, il assure que son fruit est un poison si subtil, qu'il fait périr ceux » qui en mangent ; mais que transplanté en Égypte le même fruit devient » très-bon. Cela suffiroit pour faire croire que le *Persea* est tout-à-fait différent du Pêcher. *Diodore de Sicile* (*Lib. I.*) dit que cet arbre a été porté » en Éthyopie par les Perses sous Cambyse, il ajoute que son fruit est très- » doux. Les Romains avoient fait une loi par laquelle il étoit défendu de » couper ces sortes d'arbres ; on n'en trouve à présent que très-difficilement » en Égypte ». *Léonard Agostini* regarde le fruit de cet arbre comme l'emblême du silence & de la vérité : *il a*, nous dit-il, *la forme du cœur, tandis que ses feuilles ressemblent à une langue qui, d'accord avec le cœur, ne peut dire que la vérité préférable à tout aux yeux des Égyptiens.*

Le même *Léonard Agostini*, Plan. CIII, a publié une *Cornaline* qui a beaucoup de ressemblance avec celle que nous avons placée, N°. VI, de notre Planche LXXXV ; elles offrent une tête jeune sur laquelle est une espèce de petit boisseau d'où sortent des pavots. Autour du col, en retombant sur les épaules & la poitrine, qui sont entièrement couvertes, est un collier très-ample des extrémités duquel, si nous considerons la Plan. d'*Agostini* sortent N°. VI. PL. LXXXV.

des cygnes, ſi nous ne regardons que notre Gravure, ce ſont deux rubans ou liens, & ſi nous liſons *Gori* ce ſont des ſerpens ou aſpics. Une autre différence entre ces deux têtes, c'eſt que les cheveux de la nôtre ſont à découvert, & que celle d'*Agoſtini* porte une eſpèce de bonnet qui les couvre.

Au ſurplus, ſi ces deux *Cornalines* ont beaucoup de reſſemblance, il ne s'en trouve aucune entre les explications qu'en donnent *Agoſtini* & *Gori*. Suivant *Agoſtini*, ſa figure n'eſt qu'un maſque ſymbolique, emblême du *ſommeil* qu'indiquent les pavots, plantes ſomnifères. Le vaſe qui eſt au-deſſus de la tête contient de l'eau du *Léthé*, & les deux cygnes, animaux qui chantent à l'approche de leur mort ſont bien faits pour déſigner le *ſommeil* qui eſt l'image la plus parfaite de la mort elle-même. *Gori*, dans le vaſe reconnoît le boiſſeau d'*Iſis*; dans les pavots il voit la fécondité. Les *aſpics* étant conſacrés à *Iſis*, comme le prouve la Table Iſiaque, où cette Divinité en a un ſur la tête, lui conviennent parfaitement ſur notre Pierre, & cet attribut d'ailleurs lui pouvoit être donné à raiſon de ſon ſexe, puiſqu'autrefois on faiſoit aux femmes des colliers avec de petits dragons d'or ou d'argent, ainſi que l'atteſte *Lucien*. Entre ces deux explications, les Sçavans pourront choiſir à leur gré celle qui leur paroîtra convenable.

N°. I. . LXXXVI. *Iſis* ſouvent confondue avec *Cérès*, regardée en elle-même comme l'emblême de la Nature & de la fécondité, appellée dans les anciennes inſcriptions *Fugiſere*, *Frugifera*, *Fructifera*, eſt évidemment repréſentée ſur le *Saphir*, N°. I, de la Plan. LXXXVI. Tout l'annonce, & les grappes de raiſins ornées de pampres, & les paquets de glands accompagnés de leurs feuilles qui retombent des deux côtés de la tête & les pommes qui la ſurmontent.

N°. II. . LXXXVI. Nous ne dirons pas la même choſe de la Pierre qui ſuit immédiatement celle-ci. C'eſt une *Agathe Sardoine* où l'on voit une tête avec deux oreilles & deux cornes de taureau, au milieu de trois aſtres. *Gori* croit devoir reconnoître en elle l'*Iſis* Κερασφόρος que les Égyptiens, nous dit-il, ont adorée avec ces attributs, ainſi qu'*Hérodote* & *Nonnus* l'atteſtent, ſoit à raiſon de ce qu'elle avoit été confondue avec *Io*, ſoit parce qu'ils la conſideroient comme la Déeſſe *Aſtarté*. Ces cornes ne lui paroiſſent en aucune manière étonnantes, parce, qu'ajoute-t-il, les Anciens en donnoient à presque tous leurs Dieux, comme on peut s'en convaincre en lisant *Spanheim.* Cette explication paroît *si peu vraisemblable* aux *Auteurs de la description des Pierres gravées d'Orléans*, qu'ils ne daignent pas même en rendre compte: ils regardent au contraire une tête singulièrement ressemblante à celle-ci, comme l'embléme d'un fleuve, & nous ne sommes pas du tout éloignés d'appliquer à notre *Agathe-Sardoine* l'explication que ces Sçavans font de leur Pierre. Ce qu'il y a de certain, c'est que notre tête a un caractère mâle, qui ne convient en aucune manière à une Déesse.

La *Cornaline* N°. IV, Plan. LXXXVII, offre une figure bien rare d'*Isis:* sa tête est voilée, ses mammelles fortement protubérantes, ses bras au lieu de mains ont des pattes de crocodile: & l'on voit un de ces animaux grimper le long de l'*Hermès* qui termine cette Divinité. Le crocodile chez plusieurs Nations étoit regardé comme symbole du Soleil, & dès-lors peut accompagner très-bien la figure d'*Isis.* Peut-être cette figure représente-t-elle quelqu'*Hermès* placé aux bords du Nil, & que l'on avoit pu regarder comme formidable aux crocodiles. Enfin le Graveur peut l'avoir ainsi placé près de la Déesse pour annoncer la métamorphose de *Typhon*, meurtrier d'*Osiris*, en cet animal soumis au pouvoir d'*Isis.* N°. IV. PL. LXXXVII.

Le *Lotus* étant cher aux Divinités dont nous venons de parler, & les Anciens l'ayant fait servir de siége à *Harpocrate*, d'ornement aux têtes de *Serapis* & d'*Isis* comme le fruit du *Persea*, il est assez naturel de placer ici l'*Agathe* de diverses couleurs, N°. III, Plan. XCIV, sur laquelle est gravée la Nymphe pudique, qui, pour échapper aux poursuites de *Priape*, se changea en *Lotus.* On y voit cette Nymphe nue debout: la moitié des jambes est cachée dans la touffe principale & inférieure des feuilles de la plante, & les pieds semblent y avoir pris racine; de cette touffe s'élèvent des deux côtés du corps des tiges menues, & l'on en voit une sortir d'une des mains déjà métamorphosée. N°. III. PL. XCIV.

Si ce n'est point la Nymphe *Lotis* que cette Pierre représente, ce pourroit bien être *Dryopé* qui fut changée en cette même plante pour en avoir cueilli des fleurs, & dont Ovide fait raconter ainsi la métamorphose par sa sœur. « Parmi les beautés de l'*Æchalie*, l'une des plus célèbres par ses charmes, » *Dryopé*, fille unique de sa mère, car mon père m'eut d'une autre, après » avoir éprouvé la violence du Dieu de Delphes & de Delos, obtint la main

» d'*Andræmon*, & les nœuds de cette Hymen la rendoient heureuse. Il est » un étang dont les bords sont couronnés de myrthes. Ignorant son destin, » *Dryopé* vint pour y apporter des couronnes aux Nymphes : dans ses bras, » sur son sein elle portoit le doux fardeau d'un fils qui n'avoit pas encore » un an & qu'elle nourrissoit de son lait. Non loin de l'étang, en attendant » les fruits, brilloit de l'éclat de ses fleurs empourprées l'aquatique *Lotus*. » Ces fleurs plurent à *Dryopé*, elle en cueillit pour amuser son enfant & » j'allois en faire autant, j'étois à côté d'elle, quand je vis des goutes de » sang tomber de la fleur, & tous les rameaux du *Lotus* tressaillir; elle souf- » froit apparemment la Nymphe *Lotis*, que les habitans de ces campagnes » nous ont dit trop tard être ce *Lotus* en qui elle fut convertie pour » échapper aux poursuites de l'obscène *Priape*.

» Las! ma sœur l'ignoroit : effrayée, elle vouloit fuir & quitter ces lieux » après en avoir adoré les Nymphes; mais ses pieds ont déjà pris racine. » Elle veut envain les arracher de la terre où ils se fixent, elle ne peut » remuer que le haut du corps : d'en bas s'élève insensiblement une écorce » qui l'entoure. A cette vue, *Dryopé* veut s'arracher les cheveux; elle y porte » la main & sa main n'arrache que des feuilles dont sa tête étoit déjà cou- » verte. Le petit *Amphissas*, (son ayeul lui avoit donné ce nom) sent se » durcir le sein de sa mère, & le lait qu'il aspire envain ne peut plus couler » dans sa bouche. J'étois spectatrice de ce sort, & je ne pouvois, ô ma sœur, » te porter aucun secours : autant qu'il m'étoit possible je tentois par mes » embrassemens d'empêcher l'arbrisseau de se former; je desirai même alors » d'être voilée sous la même écorce; *Andræmon*, & notre infortuné père » arrivent : ils cherchent *Dryopé*, & pour elle je leur montre le *Lotus* : » aussi-tôt ils couvrent de baisers le bois chaud encore & ils s'attachent à » cet arbre naissant : tu n'avois plus rien d'humain que le visage, ô chère » sœur! Ses larmes coulent encore sur les feuilles nouvellement sorties de » son corps métamorphosé, & tandis qu'elle peut encore parler, elle se » plaint en ces termes.

» Si l'on doit croire aux témoignages des malheureux, j'en atteste les » Dieux, je n'ai pas mérité ce qui m'arrive. Sans crime je souffre ce châti- » ment. Je ne suis point coupable, & si je ne dis pas la vérité, que je sois » aussi-tôt depouillée de ces feuilles qui me couvrent, & que desséchée je » tombe sous la coignée févère du Bûcheron. Enlevez cet enfant aux rameaux » que forment les bras de sa mère infortunée, & qu'il passe sur le sein d'une

» nourrice;

» nourrice : amenez-le ſouvent pour lui faire boire du lait ſous mon ombrage : » qu'il y vienne s'amuſer à de doux jeux. Quand il pourra parler, apprenez-» lui à ſaluer ſa mère, & qu'il diſe avec ſenſibilité, cette écorce, pourtant, me » cache ma mère. Apprenez-lui à redouter les étangs : qu'il ne cueille jamais » les fleurs d'un arbre, & qu'il croie que tous les arbriſſeaux ſont autant de » Déeſſes. Adieu, cher époux, tendre ſœur, & vous mon père, adieu : ſi vous » conſervez quelques affectueux ſentimens pour moi, défendez mes branches du » tranchant de la ſerpe & mon feuillage de la dent des animaux : &, puiſque je » ne puis plus me courber vers vous, élevez-vous vers moi, atteignez à ma » bouche & cueillez mes baiſers, tandis qu'on peut les ſentir encore ; ſur-tout » approchez mon fils ; je ne puis plus parler, l'écorce commence à gagner » mon col : le ſommet de ma tête s'enferme ſous elle : retirez vos mains & » qu'elle couvre, ſans vous, mes yeux mourans. En cet inſtant elle ceſſa de » parler : elle ceſſa d'être, & long-tems encore la chaleur de ſon corps ſe » ſentit à travers cette écorce & ſous les rameaux de cet arbre ».

D'après *Pline*, *Théophraſte* & *Dioſcoride*, MM. *le Blond & de la Chau* décrivent ainſi le *Lotus*. « Il croît, diſent-ils, dans les marais d'Égypte : il » ne paroît qu'après l'inondation du Nil : il reſſemble à la fêve & ſon fruit » à celui du pavot : ce fruit ſe reſsère & ſe couvre de ſes feuilles au coucher » du Soleil : il ſe développe à ſon lever, juſqu'à ce qu'il ait acquis ſon degré » de maturité, alors la feuille, devenant blanche, tombe d'elle-même ».

PLANCHE XCV.

CANOPE.

On a toujours compté parmi les ſuperſtitieuſes folies des Égyptiens le culte de *Canope*, dont on voit ici la repréſentation. Cette figure tire une grande valeur de ſon travail, & de la matière dont elle eſt faite : elle eſt d'*Agathe Orientale* & fort bien ſculptée.

Dans tous les monumens d'Égypte, *Canope* eſt repréſenté ſous la forme d'un de ces vaſes dans leſquels les Égyptiens conſervoient & laiſſoient ſe purifier l'eau du Nil. De ces vaſes, couverts ordinairement de figures Hiéroglyphiques, ſort une tête d'homme ou de femme, quelquefois il en ſort auſſi des mains (1). A la

(1) Dans un recueil d'Antiquités qui ont appartenues à M. *de Peireſc* & que conſerve la Bibliothèque de Saint Victor, on voit un *vaſe* reſſemblant par la forme à ceux ſous leſquels

première inſpection de notre Planche, on voit que la deſcription que nous venons de faire du *Canope* Égyptien, lui convient parfaitement. Quant aux figures Hyéroglyphiques qui embelliſſent notre *Canope*, on doit, entre elles ſpécialement, remarquer les deux aſtres qui ſont des deux côtés, & l'œuf qui eſt ſuſpendu au cou ; l'œuf qui eſt comme cette *Bulle* que les Égyptiens ſuſpendoient au col d'*Harpocrate*, orne ici celui de *Canope* pour indiquer la génération de tout ce qui exiſte, dont, ſuivant *Plutarque*, il eſt le ſymbole. Ce ſymbole convenoit parfaitement à ce Dieu, puiſque, dans la Philoſophie des Égyptiens, l'eau étoit le principe de tous les êtres, comme ils l'enſeignèrent à Thalès qui en fit le fondement de ſon ſyſtême, & que chez eux *Canope* étoit le Dieu des eaux. Les deux aſtres déſignent le Soleil & la Lune, cauſes générales de la fécondité.

Ruffin, dans ſon hiſtoire Eccléſiaſtique, cite un prétendu miracle de ce Dieu dû à l'adreſſe de l'un de ſes Prêtres. Le voici. Les Chaldéens vantoient la ſupériorité de leur Dieu ſur les Divinités des autres peuples. Ils alloient donc de pays en pays livrer l'attaque aux ſimulacres des Dieux que l'on y adoroit : le leur étoit toujours vainqueur : leur Dieu *feu* réduiſoit en poudre les ſtatues de bois, fondoit l'or, l'argent & le bronze. Il eut ſans doute auſſi par ſa chaleur fait éclatter le vaſe qui formoit la figure de *Canope* ſans la ruſe d'un de ſes Prêtres qui le rendit victorieux du *feu* des Chaldéens. Les vaſes dans leſquels les Égyptiens dépoſoient l'eau du Nil, étoient percés d'une infinité de trous imperceptibles : le Prêtre en prend un, bouche les trous adroitement avec de la cire, colore le tout, remplit le vaſe d'eau, y ajuſte enſuite la tête de ſon Dieu & attend courageuſement l'adverſaire. Arrivés, les Chaldéens donnent de l'aliment à leur Divinité qui ſe montre plus brillante que jamais : au milieu des flâmmes qui forment ſon eſſence, ils placent la cruche divine : ils croyoient déjà la voir céder à l'activité puiſſante de leur Dieu ; mais tout-à-coup la cire ſe fond, l'eau comme une pluie miraculeuſe inonde le Dieu des Chaldéens qui perd tout-à-coup ſa force & s'éteint à la honte de ſes adorateurs. Ce fait eſt-il vrai? *Ruffin* n'en cite aucun garant ; nous ne le garantirons donc pas davantage ; nous dirons ſeulement que, parmi les Abraxas rapportés par *Chifflet*, ſe trouve un vaſe percé de mille trous qui, ſurmonté d'une tête & terminé

---

on figuroit *Canope*, il eſt couvert d'Hyérogliphes; mais il a une tête de chien, il eſt dans ce recueil N°. LXXVI.

par des pieds, eſt également un *Canope*, & atteſte la poſſibilité de la ruſe Égyptienne.

Sur la *Cornaline* N°. IV de la Planche précédente eſt encore une figure de *Canope* portée par un gryphon, dont la patte eſt poſée ſur une roue. Cette Pierre eſt, dans preſque toutes ſes parties, reſſemblante à la *Cornaline* qu'a publiée *Léonard Agoſtini*, Planche CCV. D'accord avec ce Sçavant, *Gori* croit que cette figure eſt le ſymbole du pouvoir du Soleil ſans lequel l'eau, dont *Canope* eſt l'emblême & le Dieu, ne peut rien produire, & c'eſt pour cette raiſon, ajoute *Agoſtini*, qu'on a placé ſon image ſur le dos du gryphon.

PLANCHE XCVI.

CYNOCÉPHALE.

Les Mythologues prennent ſouvent les figures *Cynocéphales* pour des *Anubis* & ſe trompent en cela, nous dit l'Abbé *Bannier*, dans la *Mythologie expliquée par l'hiſtoire*, *Lib. VI*, *Ch. II*, *Art. IV*. Eſt-ce une figure purement *Cynocéphale*, eſt-ce un *Anubis* que repréſente la *Calcédoine* que nous avons ſous les yeux? La forme humaine que l'on remarque dans le corps, jointe à la tête de chien, ſemble déſigner *Anubis*. L'eſpèce de *Mantelle* faite comme un filet en forme d'écailles qui recouvre les épaules indique la connexion de toutes les parties de la Nature. La tête de chien donnée à *Anubis*, dit l'Abbé *Bannier*, peut avoir pluſieurs origines. Comme, ſuivant ce Mythologues, *Anubis* a été à la guerre des Indes, & qu'il peut y avoir porté la dépouille de cet animal, cela peut lui avoir fait donner une tête de chien. Peut-être auſſi, dit-il, ayant été Capitaine de Gardes d'*Iſis* & d'*Oſiris*, aura-t-on voulu déſigner ſa vigilance dans cet emploi par l'emblême de l'animal, ſymbole de la vigilance & de la fidélité. On voit à Paris, dans la Bibliothèque de Saint-Victor un précieux recueil d'Antiquités, qui ont appartenues à M. de *Peirèſc*, dont quelques figures d'*Anubis* ſembleroient confirmer cette idée.

Gori paroît diſtinguer la figure que nous examinons de l'*Anubis*. Le *Cynocéphale* chez les Égyptiens étoit, nous dit-il, le ſymbole de la Lune, à raiſon de ce qu'il éprouvoit, ſuivant les influences de cet aſtre. Le même *Gori* regarde encore cette petite ſtatue comme un don fait à quelques Dieux

Égyptiens, tels qu'*Isis* ou *Anubis*, & il s'appuie dans cette conjecture sur l'autorité de *Lucien*, qui raconte que des voleurs sacriléges avoient enlevé du Temple d'*Anubis*, des phioles d'or, un caducée de même métal & des *Cynocéphales* d'argent.

Nous finirons cet article par une remarque intéressante de *Winkelmann*, §. IV, de la I^e. *Classe de la description des Pierres gravées du Baron de Stosch*, N°. CIII. « Les Chrétiens du moyen âge, nous dit-il, ont figuré Saint-Christophe avec une tête de chien, comme *Anubis*, pour signifier que ce Saint » étoit du pays des *Cynocéphales*. Tel le voit-on, ajouta-t-il, sur un ancien » ménologue peint sur bois, dans la Bibliothèque du Vatican ; cette rare » Pierre y est entrée avec la Bibliothèque du Marquis *Capponi* ».

Fin du Tome premier des Pierres gravées.

TABLE DES PLANCHES.

TABLE

DES PIERRES ANTIQUES

Qui sont expliquées dans ce Volume.

CLASSE I.

Cette Classe contient les portraits des Empereurs, des Césars, des Personnages augustes, de leurs femmes & des plus illustres Romains, divisés en XXIX Planches.

Nota. *L'Astérique * mis devant un chiffre désigne un* Camée : *le chiffre Romain qui précède les noms indique le* N°. *des Pierres sur les Planches : & le chiffre Arabe qui les suit annonce la page où se trouve l'explication.*

PLANCHE I.

PLANCHE II.

PLANCHE III.

PLANCHE IV.

PLANCHE V.

PLANCHE VI.

PLANCHE VII.

PLANCHE VIII.

PLANCHE IX.

PLANCHE X.

PLANCHE XI.

PLANCHE XII.

PLANCHE XIII.

PLANCHE XIV.

PLANCHE XV.

PLANCHE XVI.

PLANCHE XVII.

PLANCHE XVIII.

PLANCHE XIX.

PLANCHE XX.

PLANCHE XXI.

PLANCHE XXII.

PLANCHE XXIII.

PLANCHE XXIV.

PLANCHE XXV.

PLANCHE XXVI.

PLANCHE XXVII.

PLANCHE XXVIII.

PLANCHE XXIX.

CLASSE II.

Cette Classe contient des portraits de Rois, de Reines & de Héros partagés en XXIX Planches.

PLANCHE XXX.

PLANCHE XXXI.

PLANCHE XXXII.

PLANCHE XXXIII.

PLANCHE XXXIV.

PLANCHE XXXV.

PLANCHE XXXVI.

PLANCHE XXXVII.

PLANCHE XXXVIII.

PLANCHE XLVI.

PLANCHE XLVII.

PLANCHE XLVIII.

PLANCHE XLIX.

PLANCHE L.

PLANCHE LI.

PLANCHE LII.

PLANCHE LIII.

PLANCHE LIV.

PLANCHE LV.

PLANCHE LVI.

PLANCHE LVII.

PLANCHE LVIII.

CLASSE III

Cette Classe est composée de portraits de Philosophes, d'Orateurs, de Poëtes & de figures de Muses, elle est partagée en XXIII Planches.

PLANCHE LIX.

PLANCHE LX.

PLANCHE LXI.

PLANCHE LXII.

PLANCHE LXIII.

PLANCHE LXIV.

PLANCHE LXV.

PLANCHE LXVI.

PLANCHE LXVII.

PLANCHE LXVIII.

PLANCHE LXIX.

PLANCHE LXX.

PLANCHE LXXI.

PLANCHE LXXII.

PLANCHE LXXIII.

PLANCHE LXXIV.

PLANCHE LXXV.

PLANCHE LXXVI.

PLANCHE LXXVII.

PLANCHE LXXVIII.

PLANCHE LXXIX.

PLANCHE LXXX.

PLANCHE LXXXI.

CLASSE IV.

Dans ce Volume il ne se trouve que quatorze Planches de cette Classe, les autres seront dans le Volume second : elles contiennent les images des Dieux, des Déesses avec leurs symboles.

PLANCHE LXXXII.

PLANCHE LXXXVII.

PLANCHE LXXXVII.

PLANCHE LXXXVIII.

PLANCHE LXXXIX.

PLANCHE XC.

PLANCHE XCI.

PLANCHE XCII.

PLANCHE XCIII.

PLANCHE XCIV.

PLANCHE XCV.

PLANCHE XCVI.

Fin de la Table des explications des Planches du premier Volume.

LE MUSEUM DE FLORENCE,

OU

COLLECTION DES PIERRES GRAVÉES,

MÉDAILLES, STATUES ET PEINTURES

Qui se trouvent à Florence, principalement dans le Cabinet du grand Duc de Toscane.

Dédié à MONSIEUR, Frère du Roi.

Gravées par F. A. DAVID, Graveur de la Chambre & du Cabinet de MONSIEUR, Membre de l'Académie Royale des Beaux-Arts de Berlin, &c, &c.

Avec leurs Explications françoises.

6 Vol. *in*-4°.

PROSPECTUS.

DANS les anciens monumens des Arts, qui, vainqueurs du tems ont duré jusqu'à nos jours, les Sçavans trouvent les moyens sûrs de réformer les erreurs de l'Histoire, d'en éclaircir les doutes, ou d'en consolider les vérités; les Artistes y puisent les caractères du vrai Beau & les loix du Goût : on les voit tous les jours épurer leurs principes, perfectionner leurs talens par l'étude de ces antiques modèles, au Génie des Anciens échauffer leur imagination, & tirer tout leur feu des marbres froids & de l'airain rouillé qu'ils consultent; le Riche même, en amassant ces vénérables débris de l'Antiquité, s'est créé une jouissance que ne peut goûter le commun des hommes, & ne fut-il susceptible que d'en faire un trophée du luxe, il participe en quelque sorte au plaisir qu'il procure à l'homme instruit qui vient avec enthousiasme les baiser dans ses mains : c'est une distraction de plus que lui fournissent ses trésors. A l'aide de ces monumens on rapproche les distances des âges, &, sans avancer le terme de sa vie, on se vieillit de plusieurs milliers d'années. On assiste, pour ainſi dire, à la formation des Empires, on admire leur ſplendeur, on conſidère leur décadence & leur chûte; on ſe trouve au milieu des Souverains qui ont fait le bonheur ou le tourment de l'Univers; il ſemble, qu'exprès pour nous, ils revivent dans leurs images, où ſous leurs véritables traits ſe peint leur caractère; on croit commercer avec les peuples dont on touche les monnoies: on converſe avec les Héros, & l'on contemple avec plaiſir les grands Hommes & les Perſonnages célèbres de tous les pays: leurs Divinités elles-mêmes viennent ſe placer ſous nos yeux: nous voyons les traits dont l'Homme les a revêtues, leurs attributs & leurs ſymboles: le ſecret de leurs Miniſtres ne s'oppoſe plus à nos deſirs, les voiles qui cachoient leurs myſtères ſont déchirés, & nous devenons témoins de leurs cérémonies; rien donc n'eſt plus naturel que cet amour & ce reſpect pour les Antiquités, & rien de moins ſurprenant que de voir chez preſque toutes les Nations amies des Lettres & des Sciences de ces Cabinets curieux où comme dans des Temples ſe recueillent & ſe conſervent avec vénération ces précieuſes dépouilles échappées au naufrage des ſiècles, & des Sçavans qui, ſecondés par des Artiſtes habiles, ſe communiquent mutuellement ces poſſeſſions qu'ils ne peuvent déplacer par de doctes explications & des imitations fidèles.

Entre toutes les productions de ce genre, il n'en eſt pas ſans doute de plus précieuſe, de plus intéreſſante & de plus conſidérable que la publication des richeſſes qui ſe trouvent à Florence, principalement dans le Cabinet du grand Duc de Toſçane. On ſçait que ce Cabinet eſt le fruit de l'Amour qu'a toujours eu pour les Arts la maiſon des Médicis que Spanheim appelle énergiquement, *l'immortelle Hôteſſe & la Nourrice des Muſes.* Ses plus illuſtres Héros, qui, comme Alexandre & Céſar, ſe faiſoient un noble délaſſement de l'étude de l'Antiquité, n'épargnèrent ni les ſoins ni l'or pour ſe procurer ce qu'ils pouvoient découvrir de plus rare, & recueillirent un ſi grand nombre de ces objets précieux, que leur collection ne cède qu'à celle de nos Rois (1).

Pour faire connoître aux autres Nations ce que ce dépôt renfermoit, de nobles Florentins, par zèle pour le progrès des Arts & par gloire pour leur pays, formèrent le projet d'en faire graver toutes les Antiquités, & avec elles ce que conſervoient encore quelques particuliers de Florence. Cette entrepriſe étoit vaſte, mais elle ne rebuta point; le célèbre Gori prit la plume, & ſous le titre de *Muſeum*

(1) *Spanheim de uſu numiſm. diſſ. 1. p. 52.*

Florentinum parurent en 1731 deux Volumes qui renferment sous différentes classes habilement divisées, les pierres gravées & les camées. Plusieurs années après, les médailles & les statues furent aussi publiées : puis une société nouvelle de Sçavans termina cet Ouvrage, par les portraits des Peintres les plus célèbres qui s'étoient peints eux-mêmes.

Ces Volumes, exécutés avec soin, répondent bien sans doute aux vues de leurs Auteurs, qui ont avec honneur rempli la tâche pénible qu'ils s'étoient imposée. Les richesses de leurs pays sont devenues communes à toutes les Nations; mais pour l'intérêt général, leur ouvrage, tout précieux qu'il est, n'est pas assez répandu; & le prix auquel on se le procure est tel que peu de personnes peuvent l'acquérir, & par une suite nécessaire, les Savans & les Artistes sont encore forcés de solliciter la complaisance des Riches qui le possédent, ou d'aller, pendant quelques heures bien fugitives, le consulter dans nos Bibliothèques publiques.

Pour l'avantage des Sciences & des Arts, ainsi que de ceux qui les cultivent, nous avons donc cru pouvoir tenter de reproduire cet utile Ouvrage : en changeant son format, en diminuant le faste de l'édition, il nous sera facile d'en faire baisser le prix ; l'accueil favorable que le public a fait à nos *Antiquités d'Herculanum* & à nos *Antiquités Etrusques*, nous a déterminés à cette entreprise. Nous nous estimerons heureux s'il daigne encore approuver ce nouveau projet. Par expérience, il peut juger de l'exactitude avec laquelle nous tiendrons nos engagemens, & du zèle que nous mettrons à traiter soigneusement cet Ouvrage. Nous nous flattons que les Gravures en seront plus terminées, & qu'on pourra recourir à lui comme à l'original même dont nous conserverons le beau style qui le caractérise. Alors on étudiera dans l'un ainsi que dans l'autre ces formes sévères & belles que l'on semble négliger de nos jours, pour s'attacher à un fini qui trop souvent sert de masque à l'ignorance.

M. MULOT, Chanoine Régulier de l'Abbaye Royale de Saint-Victor, chargé de la rédaction du texte qu'il nous a paru préférable de donner en François, ne s'astreindra cependant pas à une traduction littérale : quelquefois il abrégera : quelquefois il se permettra d'ajouter des Notes ou de proposer de nouvelles conjectures ; mais jamais il ne le fera sans autorités & toujours avec les égards dûs aux Sçavans, qu'il osera contredire.

Chaque Volume contient 100 Planches, & il paroît tous les mois avec exactitude un N°. composé de 8 Planches & Explications. Prix 6 liv. *in*-4.

Il n'y a que 25 Exemplaires, premières épreuves imprimés au *Biſtre-Sanguin-Anglois*, ſur papier vélin, prix chaque N°. 9 liv.

La ſeconde Livraiſon eſt fixée au premier Avril prochain, & ainſi de ſuite tous les mois.

Il n'y a point de Souſcription, & l'inſcription qu'on propoſe ne ſera point un engagement.

Toutes les Planches ſont imprimées ſur le plus beau papier, par M. *Sergent*, dont l'intelligence dans ſon Art mérite des éloges.

On invite ſeulement à raiſon de la diſtribution des Épreuves, de ſe faire inſcrire

A Paris, chez M. DAVID, *rue des Cordeliers, au coin de celle de l'Obſervance, & chez les principaux Libraires de l'Europe.*

On trouve chez le même Auteur,

Les Antiquités d'Herculanum, 7 Volumes *in*-4°. contenant 570 Planches & Explications, à 54 liv. le Vol. en Feuille, 378 liv.

Les mêmes 7 Vol. *in*-8o. à 36 liv. le Vol. 252 liv.

Les Antiquités Etruſques, dédiée à M. le Comte de Neale, Chambellan du Roi de Pruſſe, 4 Vol. *in* 4°. contenant 288 Planches & Explications à 54 liv. le Vol. 216 liv.

Les mêmes 4 Vol. *in*-8o. 36 liv. le Vol. 144 liv.

L'Hiſtoire d'Angleterre, repréſentée par Figures, accompagnées d'un Précis Hiſtorique, dédiée à MONSIEUR, Frère du Roi, 2 Vol. *in*-4°. contenant 96 Planches à 90 liv. le Vol. 180 liv.

Théſée domptant le Taureau de Marathon, d'après C. Vanloo, 16 liv.

Le Marchand d'Orviétan, d'après Carle du Jardin, 6 liv.

AVEC PRIVILEGE DU ROI.

Lu & approuvé ce 4 Décembre 1786. COCHIN.

Vu l'Approbation, permis d'imprimer le 5 Décembre 1786. DECROSNE.

De l'Imprimerie d'ANDRÉ-CHARLES CAILLEAU, rue Galande, N°. 64.

PLANCHE Ire

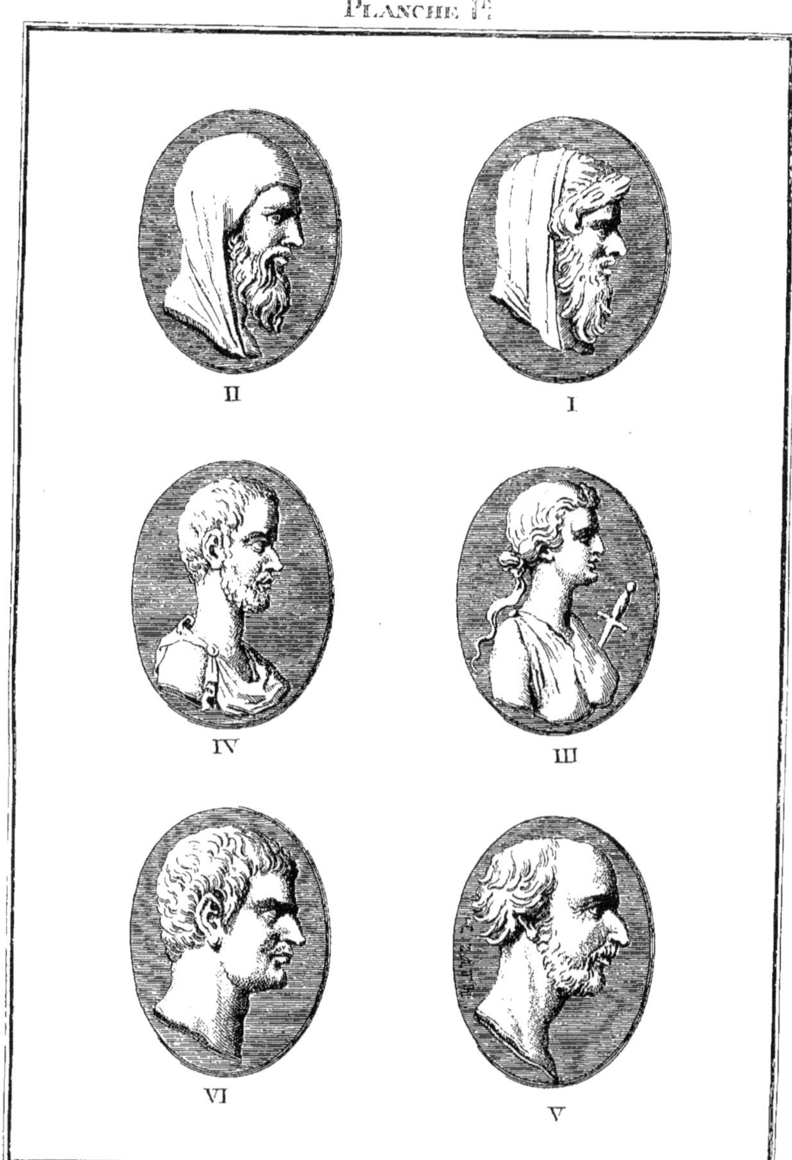

Tom. I.

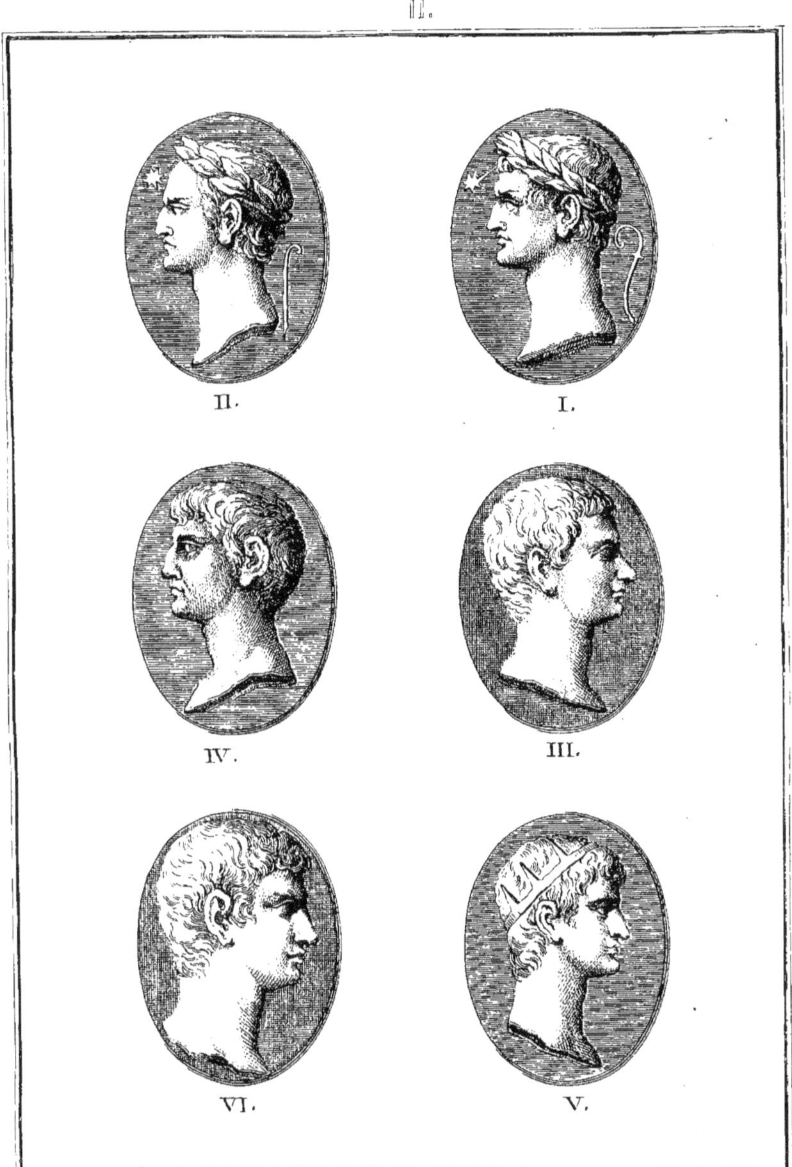
II.
I.
IV.
III.
VI.
V.

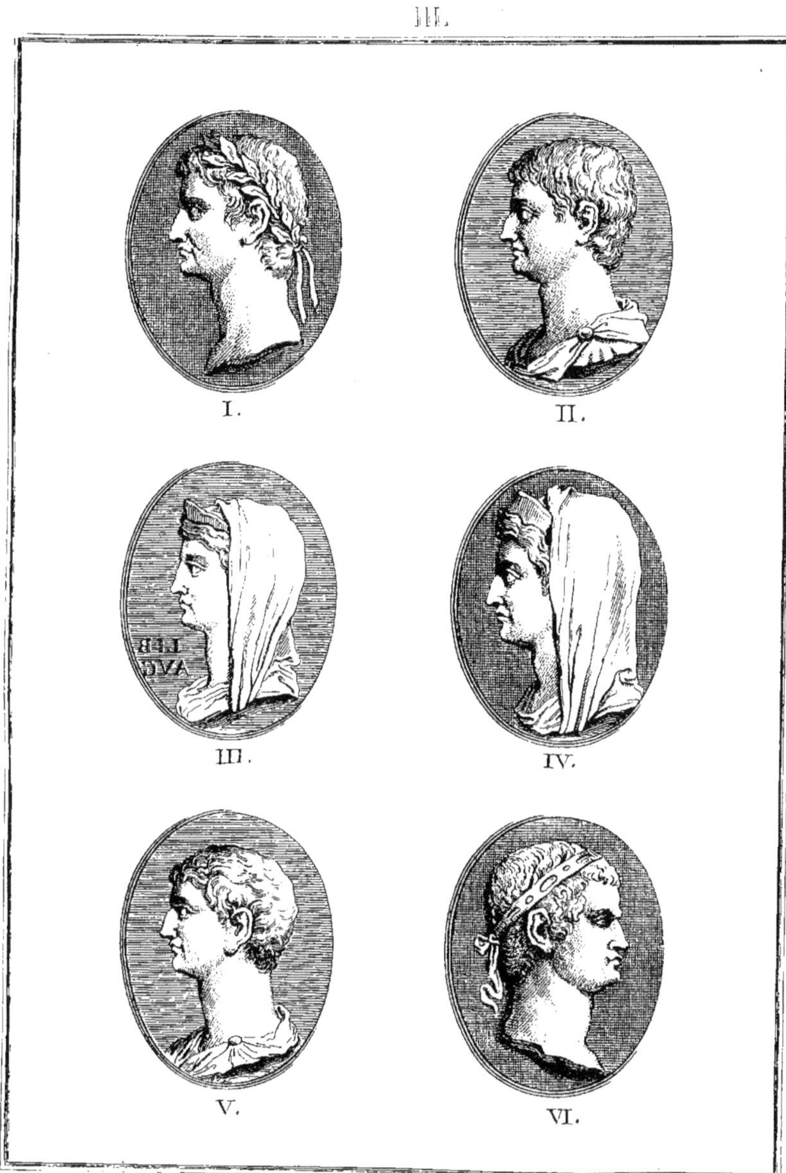
I.
II.
III.
IV.
V.
VI.

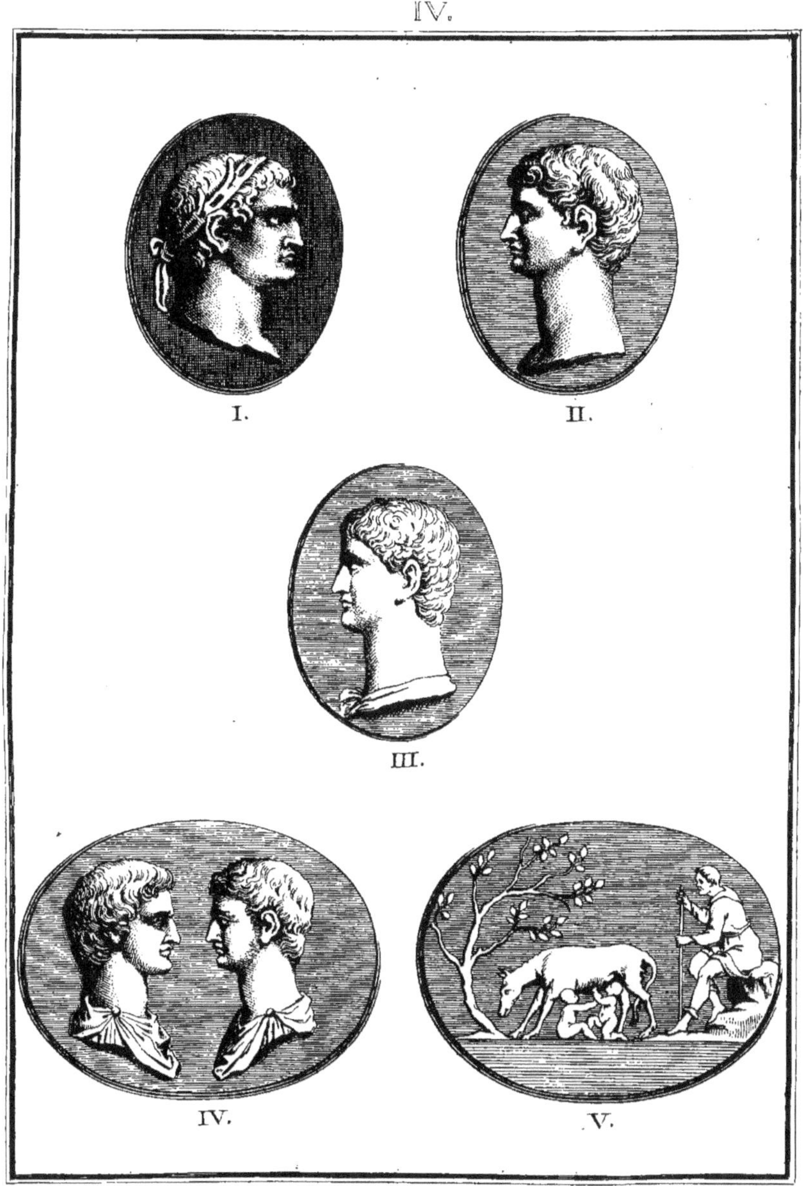
I.
II.
III.
IV.
V.

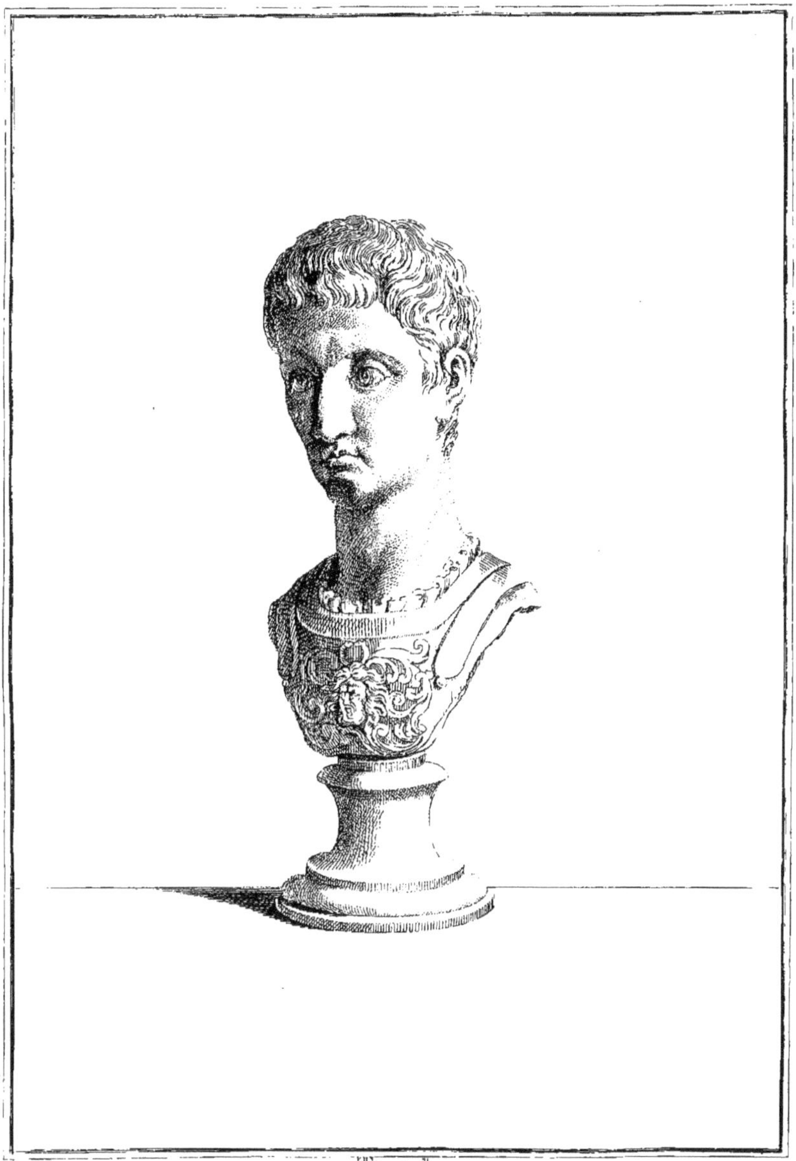

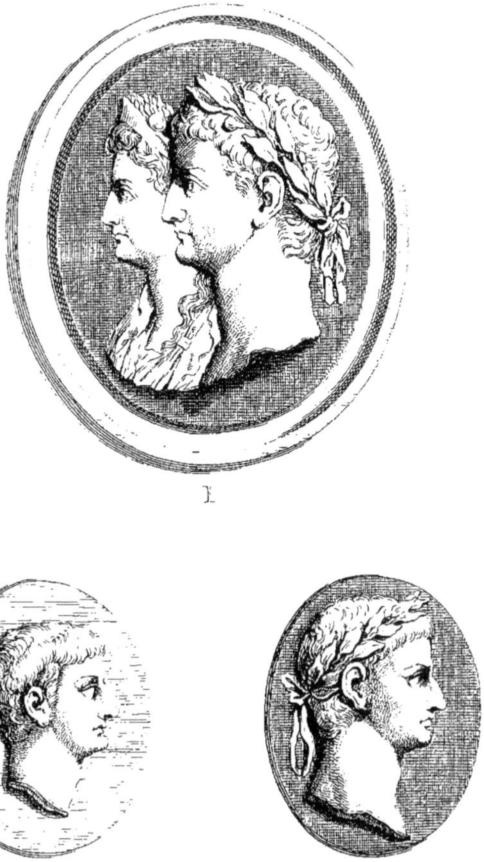

VI.

I

II

III

Tom. I.

VII.

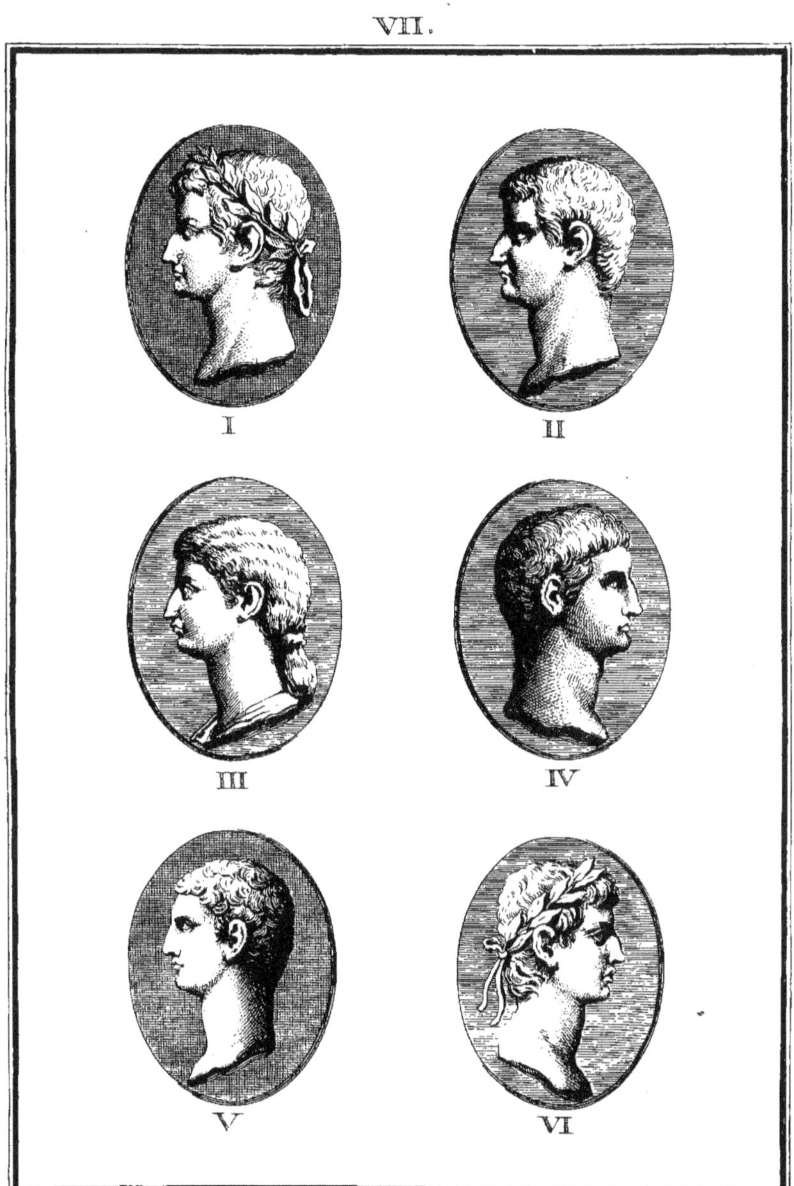

Tom .I.

VIII.

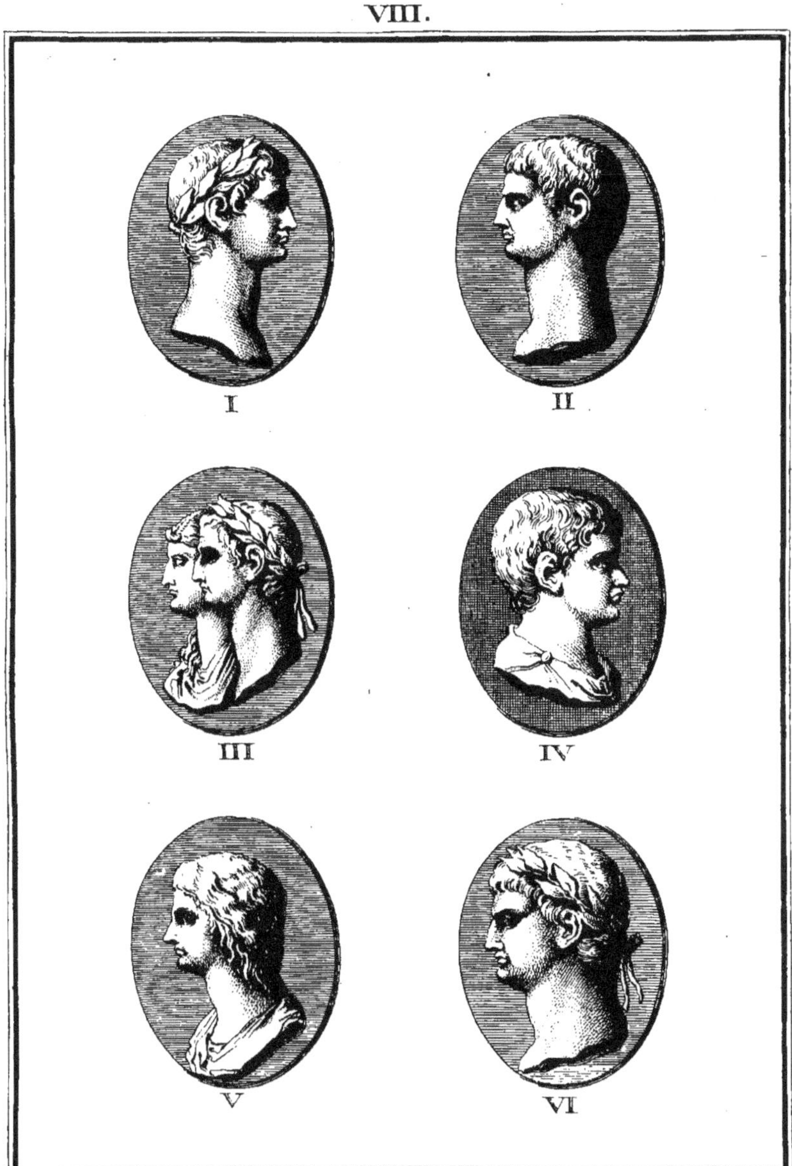

IX.

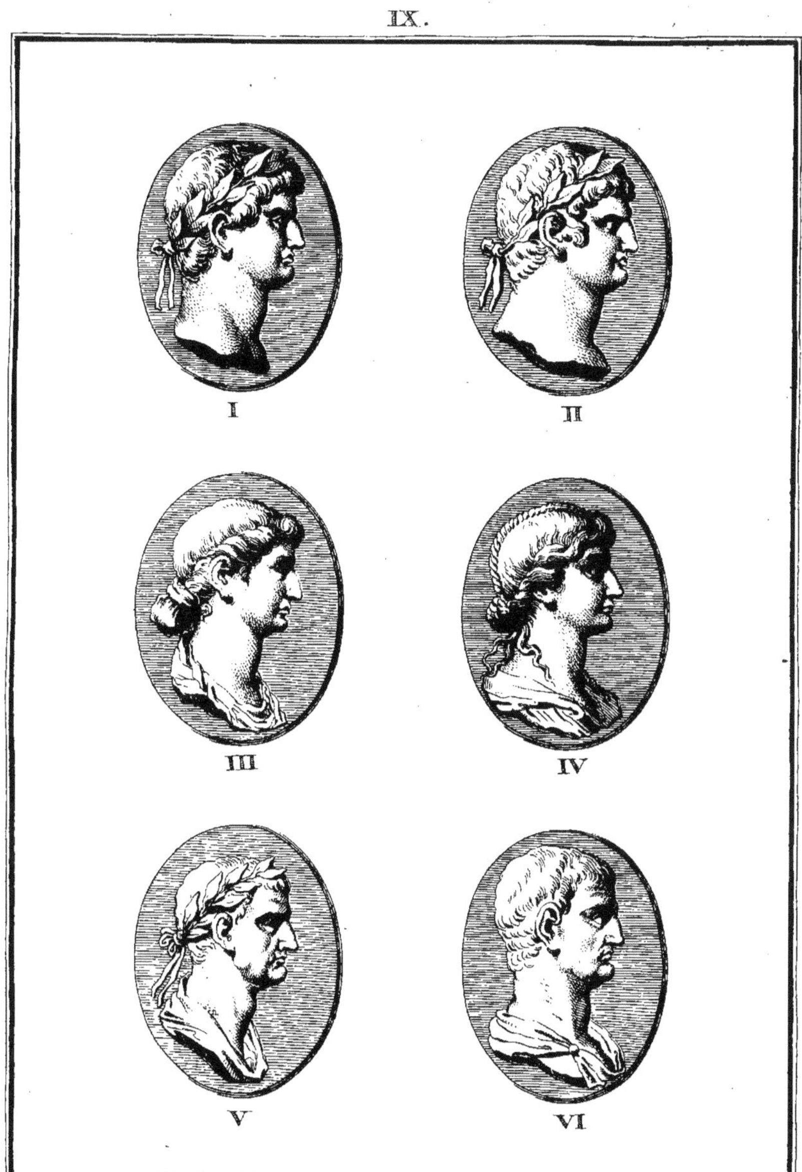

Tom. I.

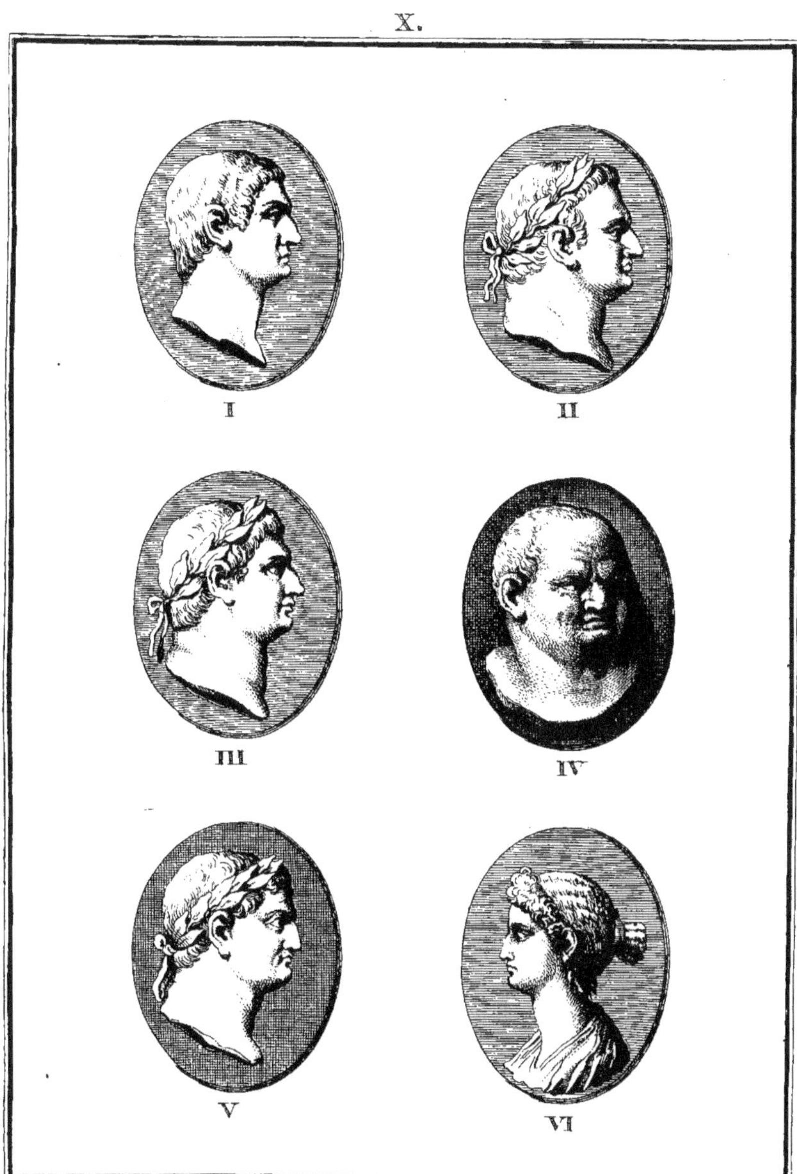
X.
I
II
III
IV
V
VI

XI.

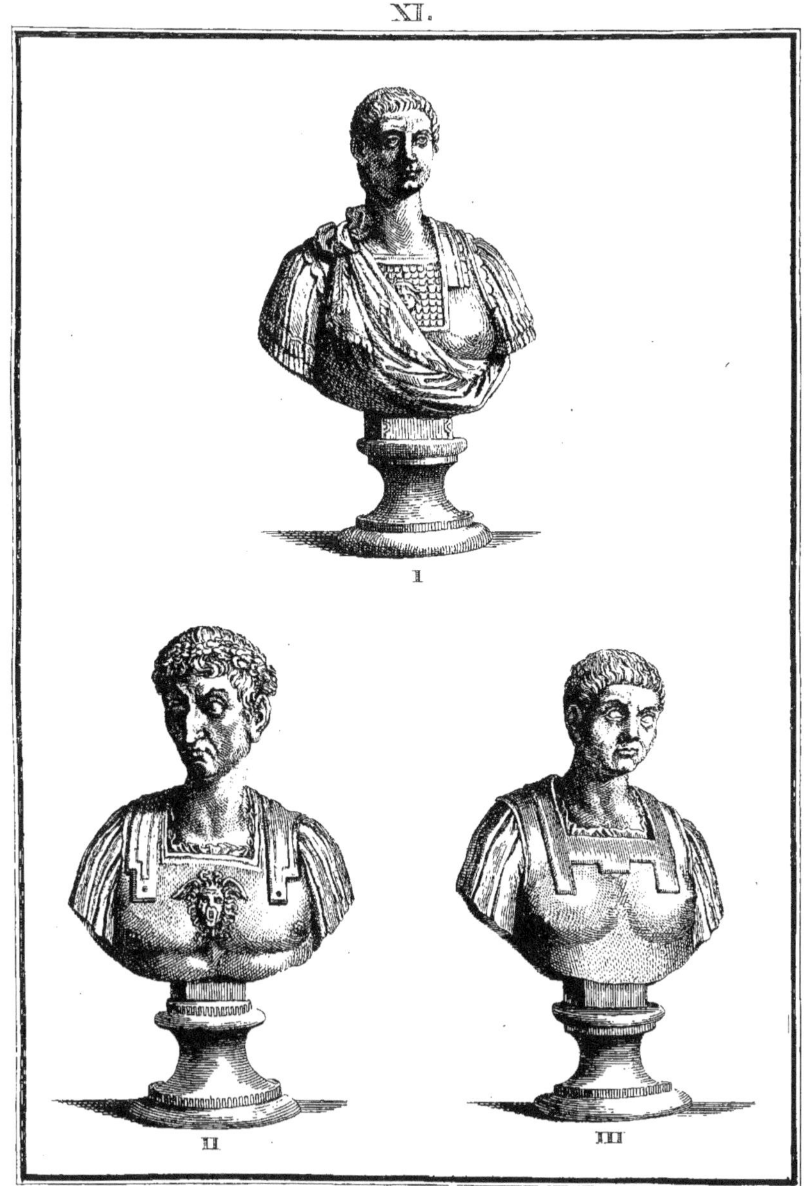

Tom.I.

XII.

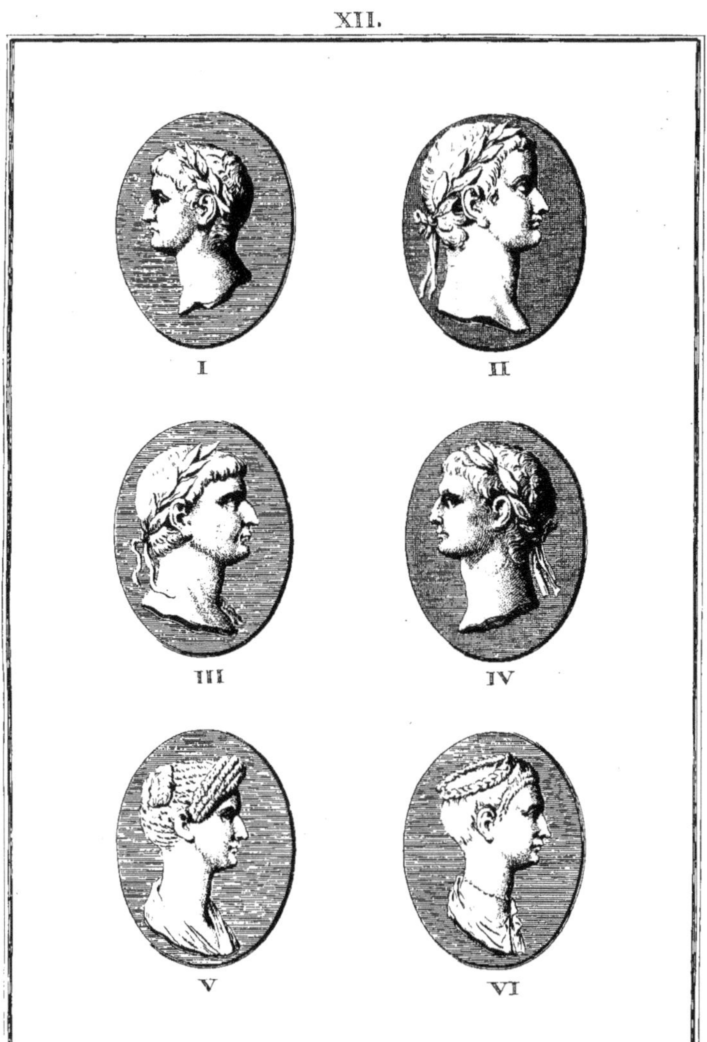

XIII.

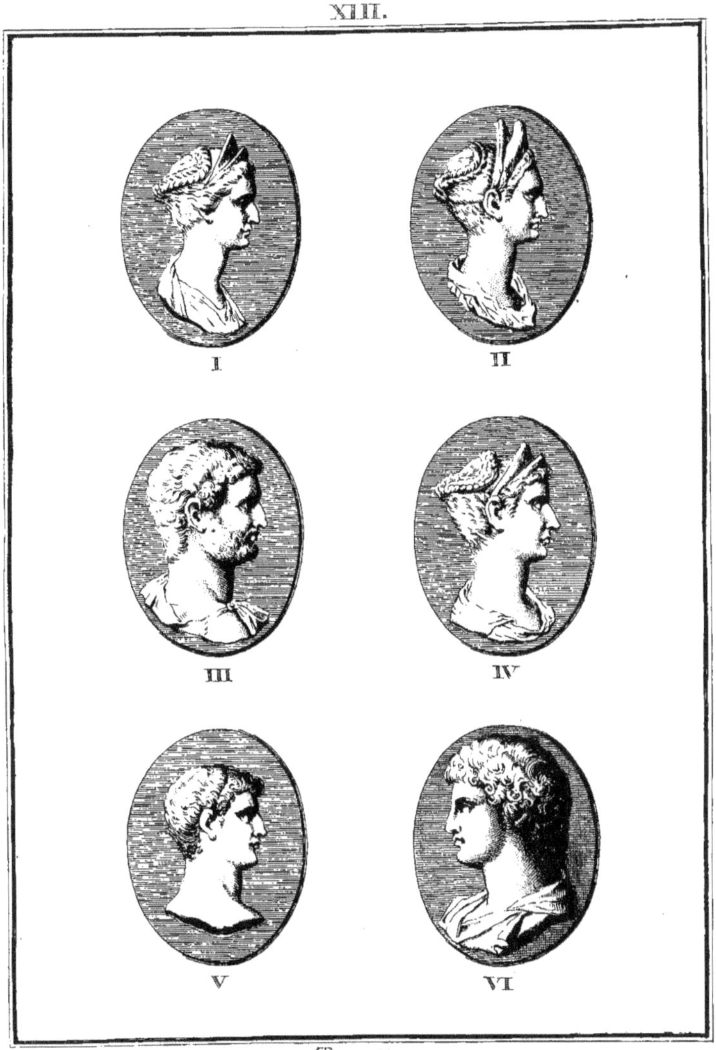

I

II

III

IV

V

VI

XIV.

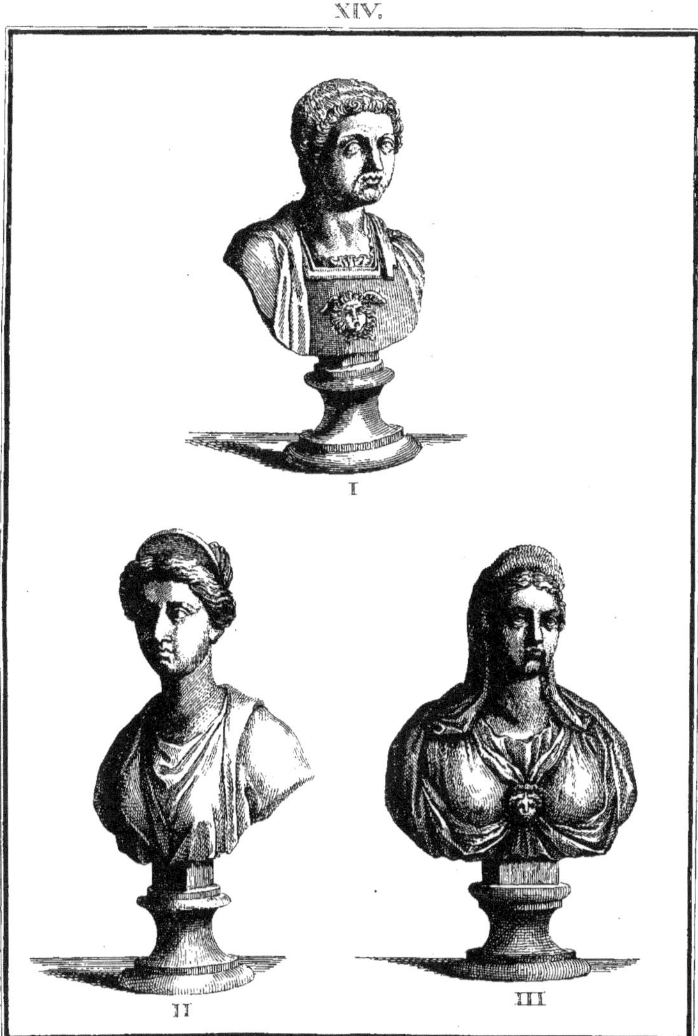

Tom. I.

XV.

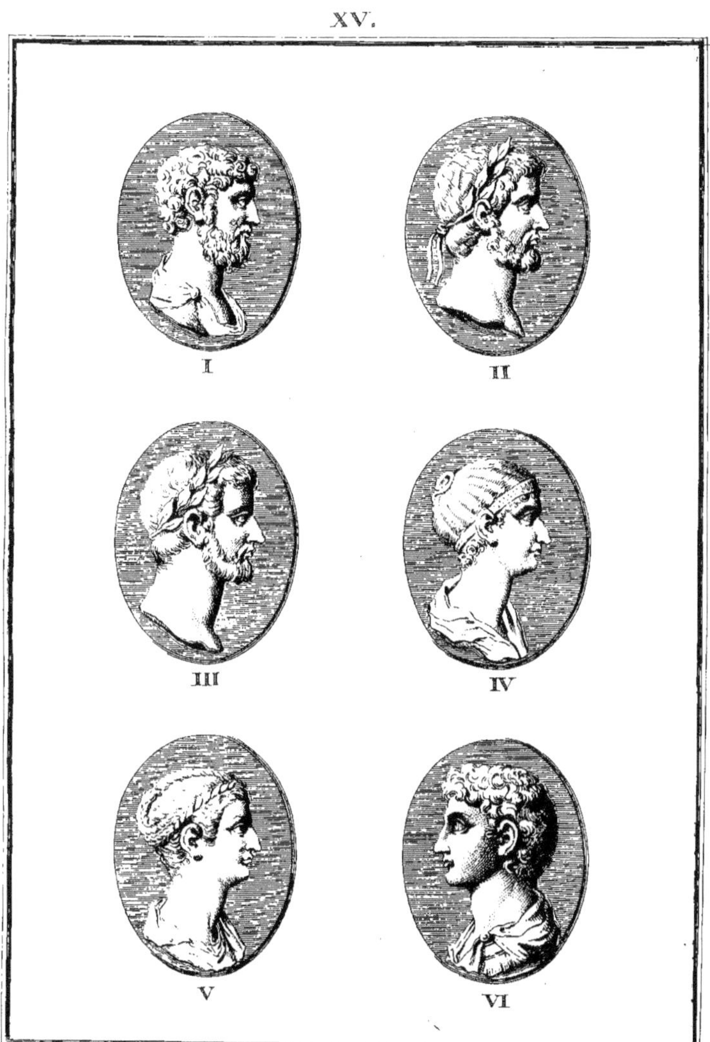

Tom. I.

XVI.

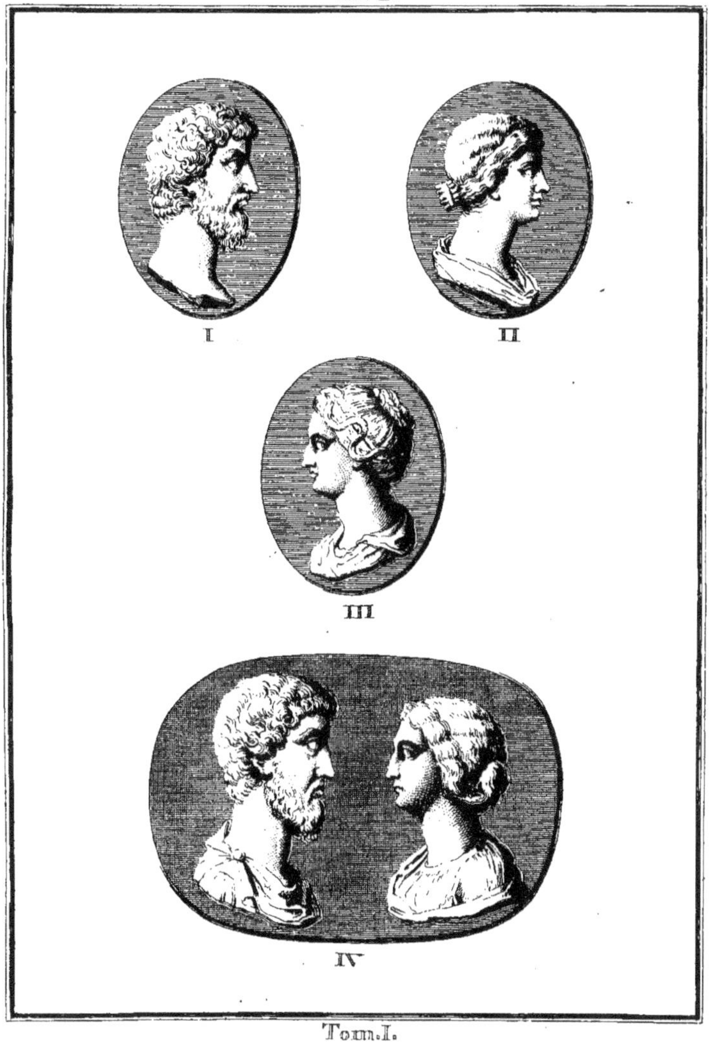

I

II

III

IV

Tom.I.

I

II

III

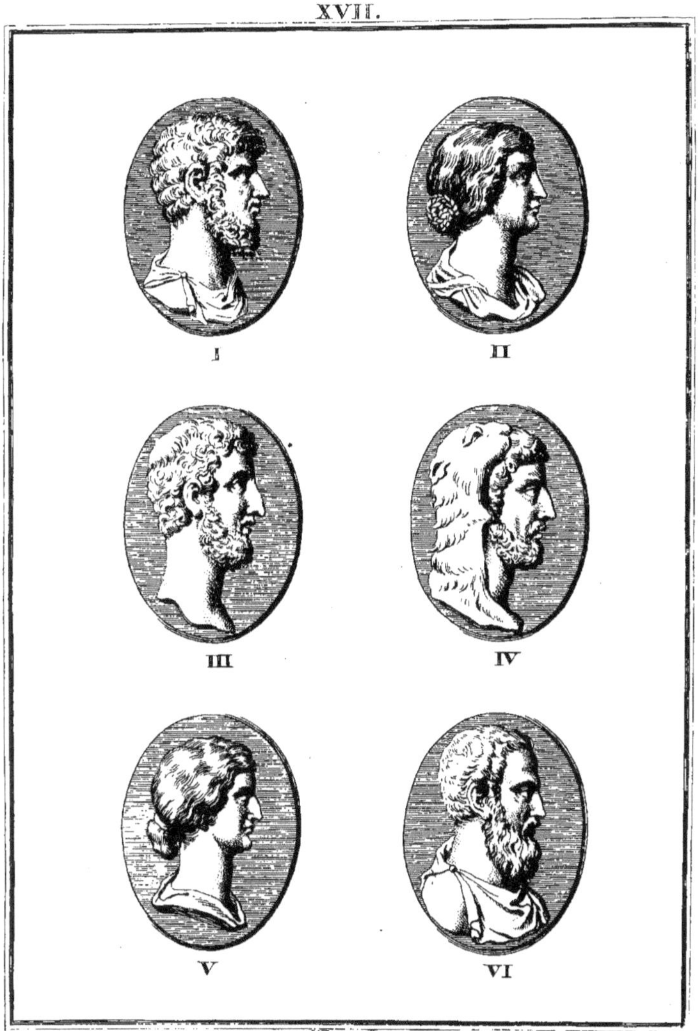

IV

V

VI

XVIII.

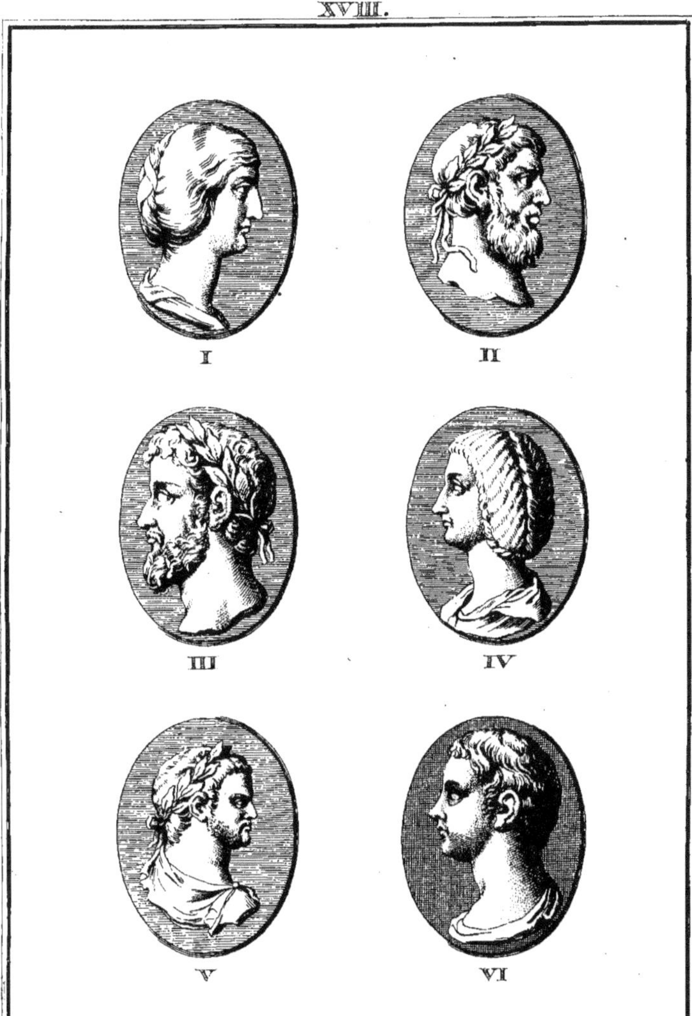

Tom. I.

XIX.

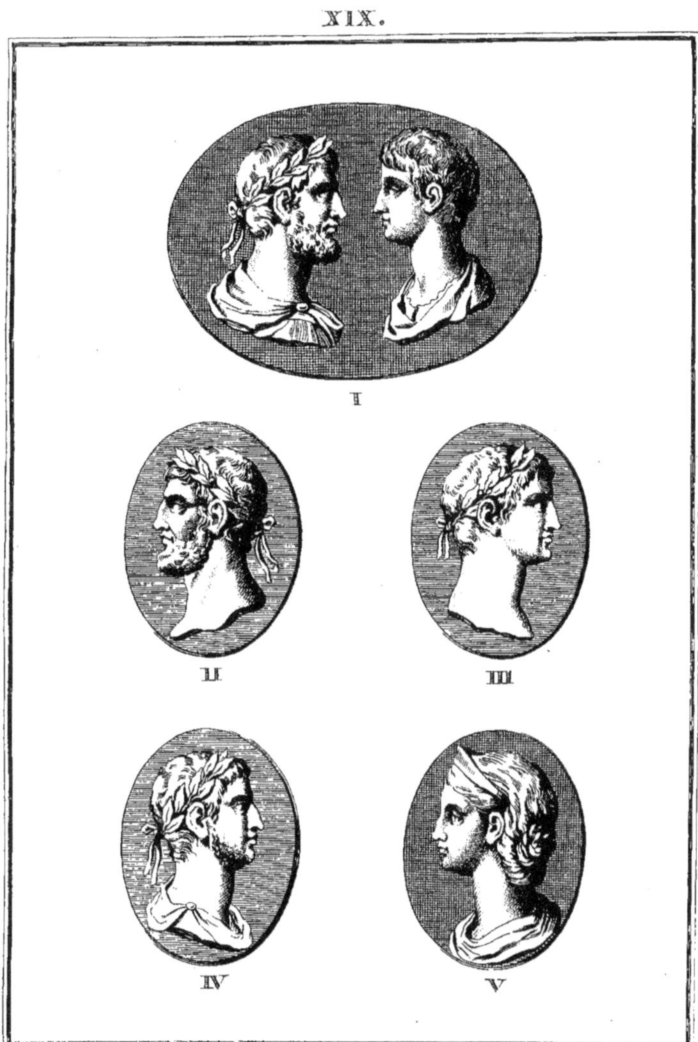

XX.

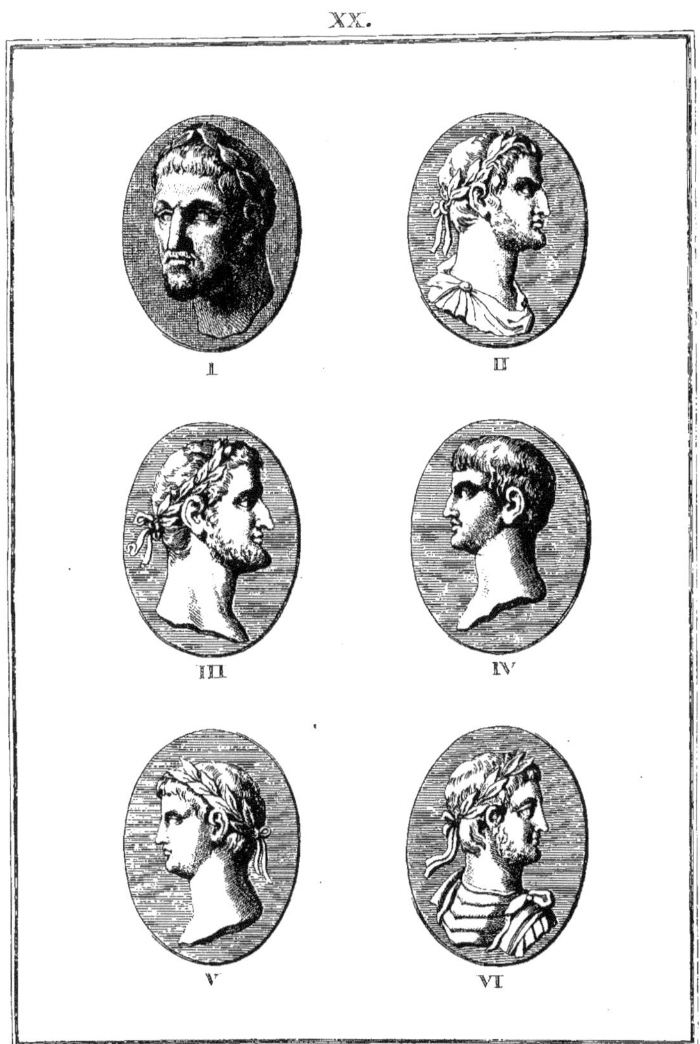

Tom. I.

XXI.

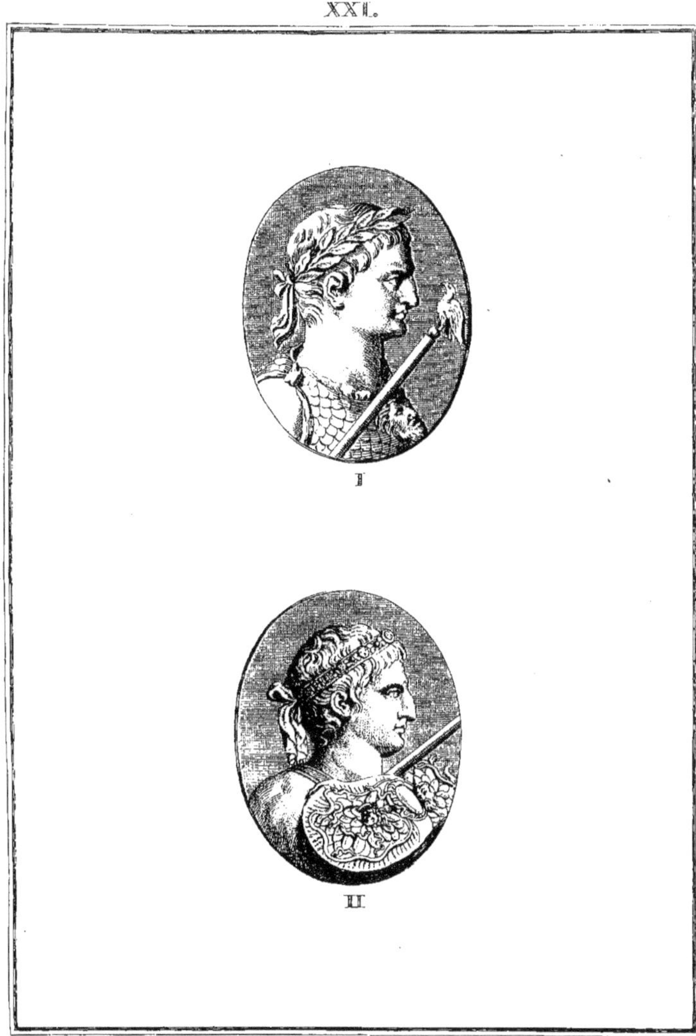

I

II

Tom. I.

XXII.

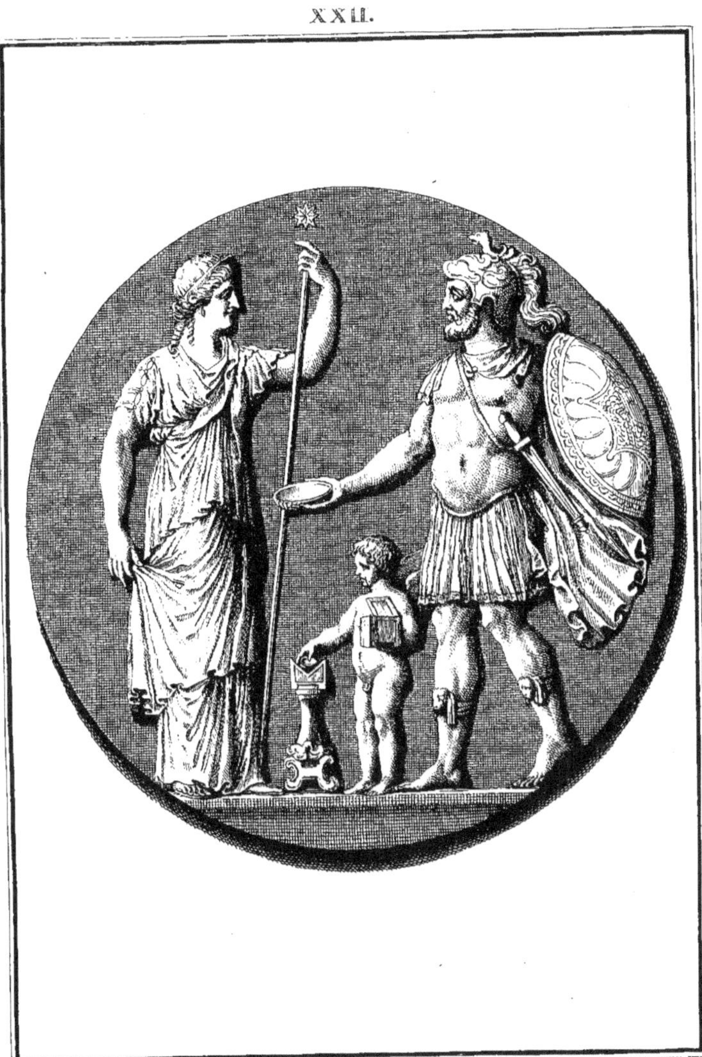

Tom. I.

XXIII.

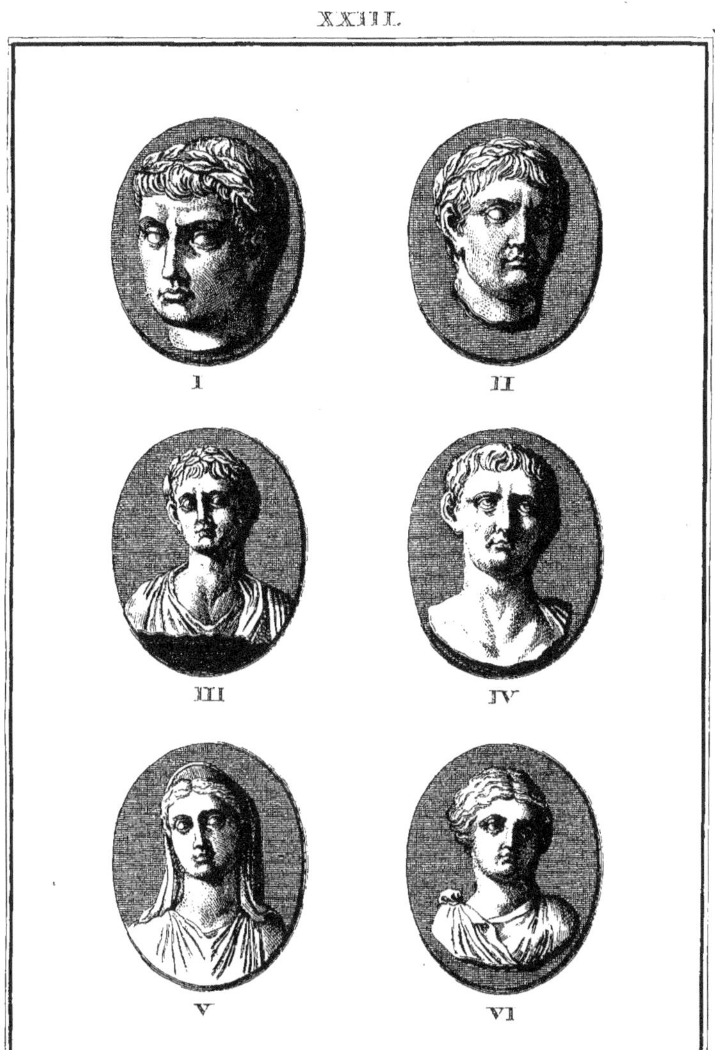

XXIV.

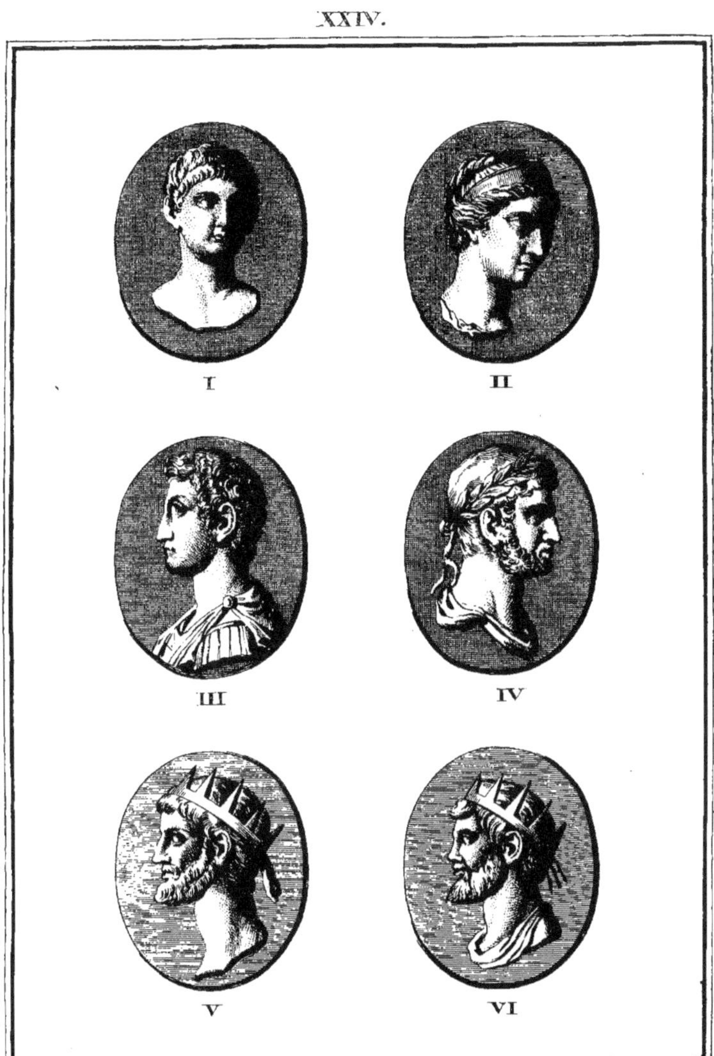

Tom. I.

XXV.

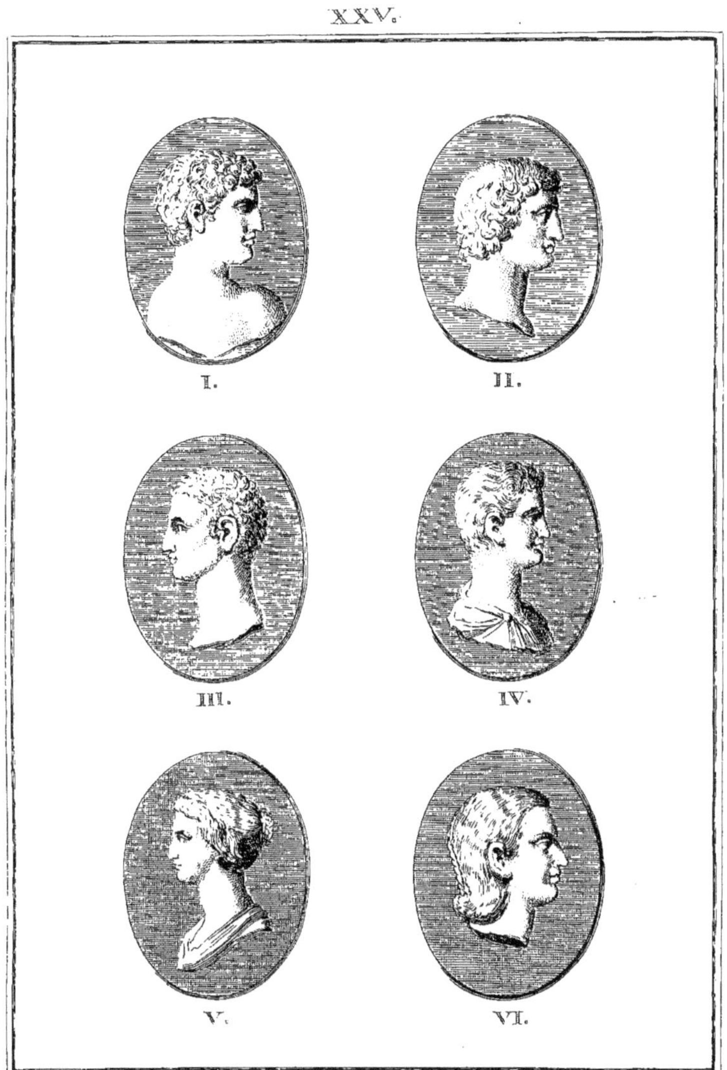

I. II. III. IV. V. VI.

Tom. I.

XXVI.

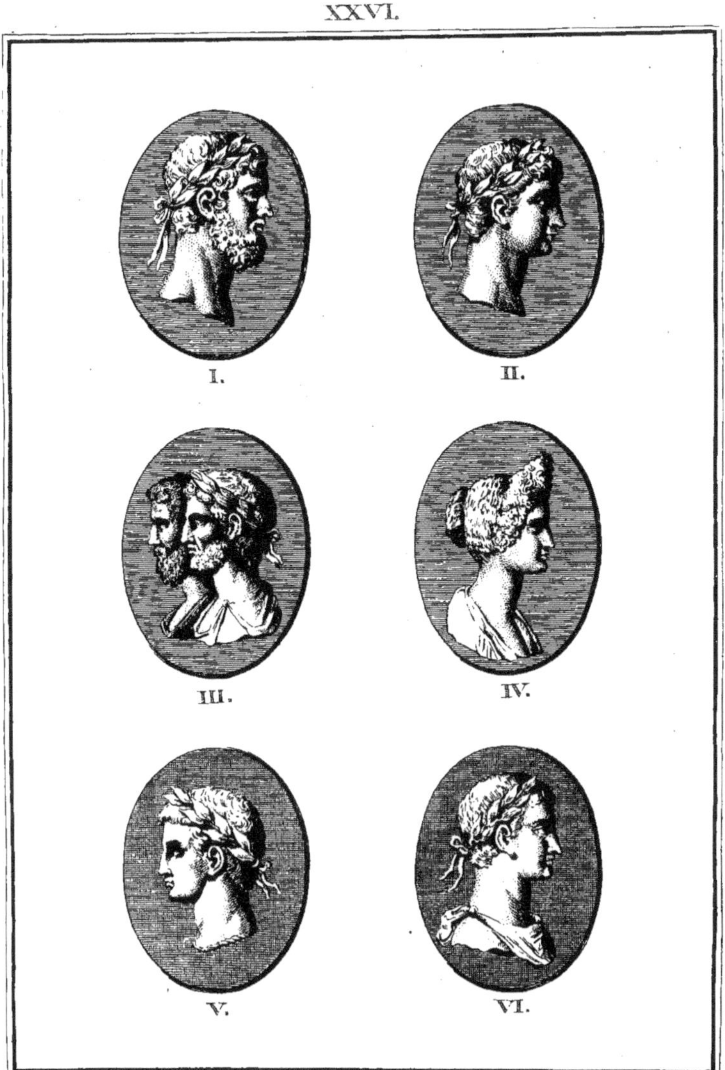

Tom.I.

XXVII.

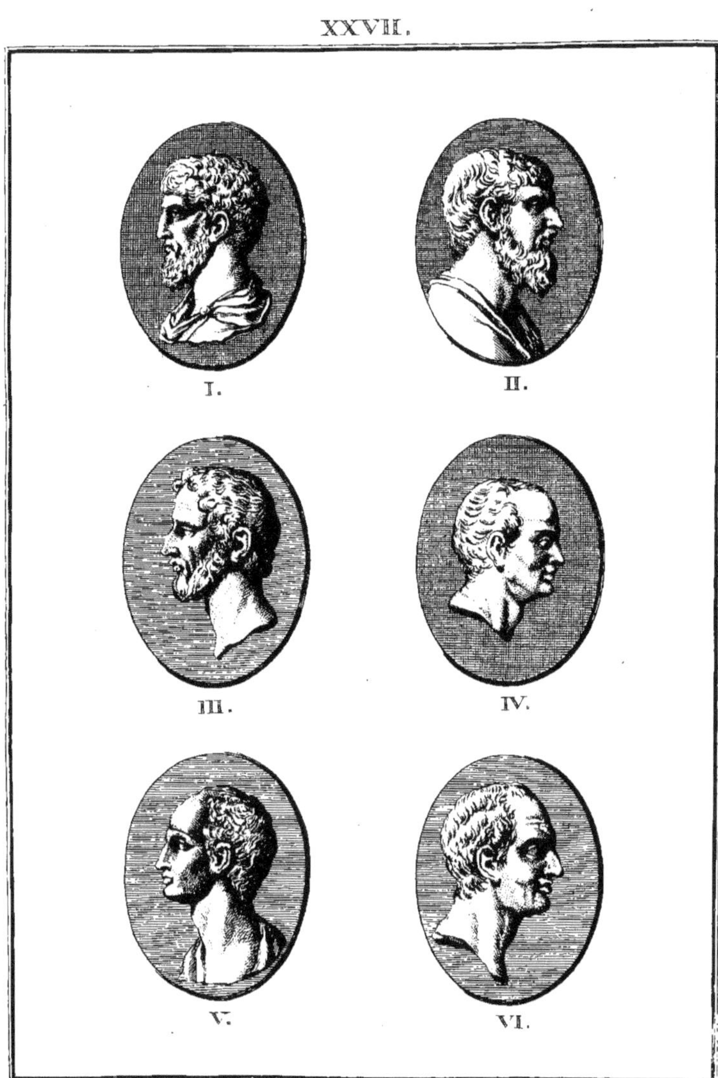

Tom. I.

XXVIII.

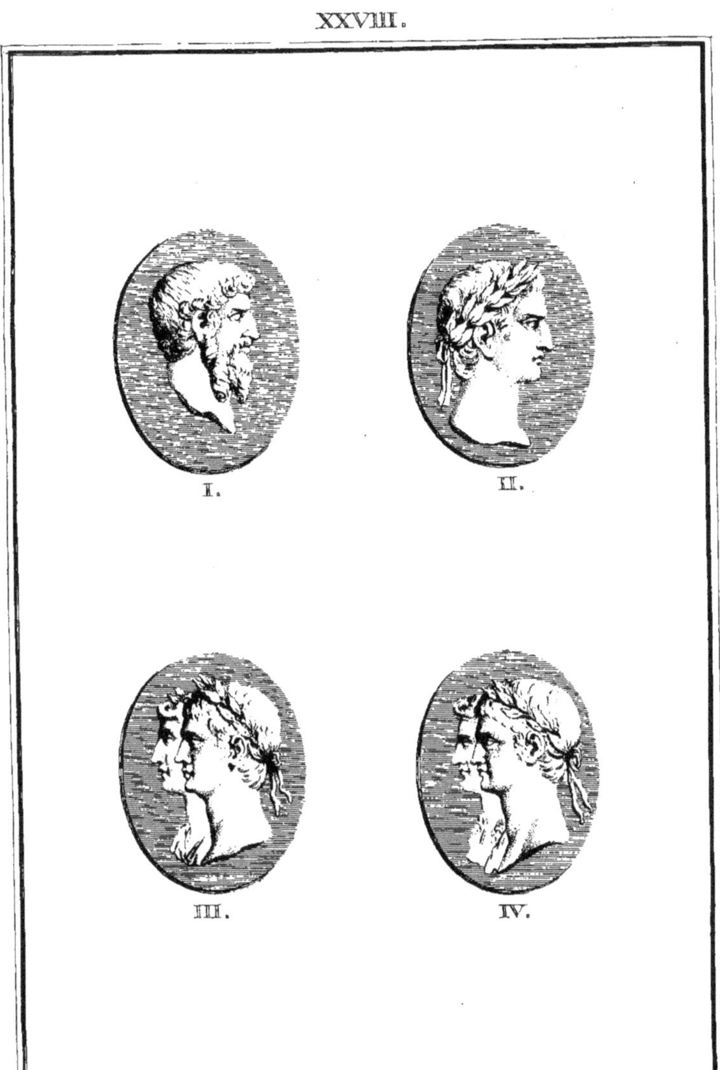

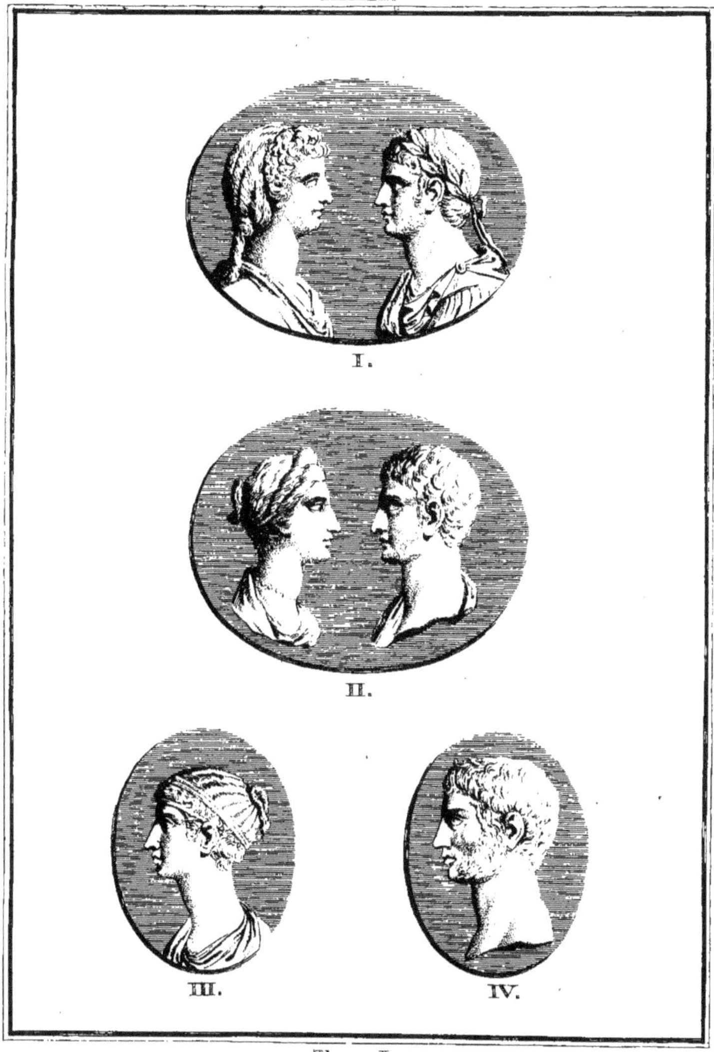

XXIX.

I.

II.

III.

IV.

Tom. I.

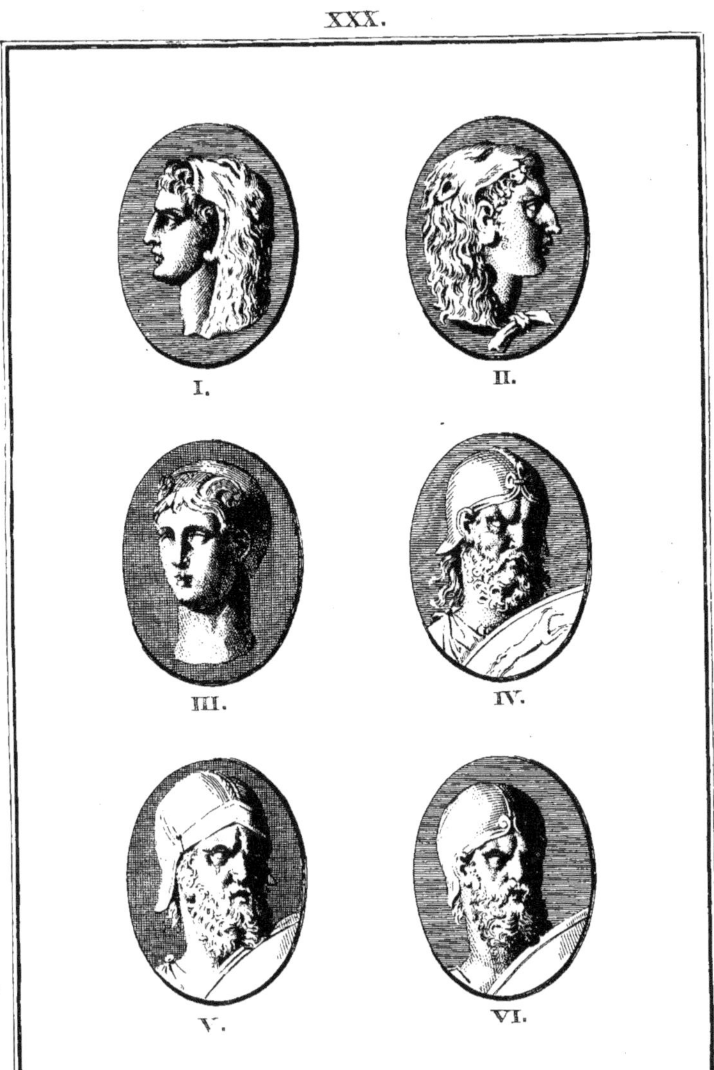

Tom. I.

XXXI.

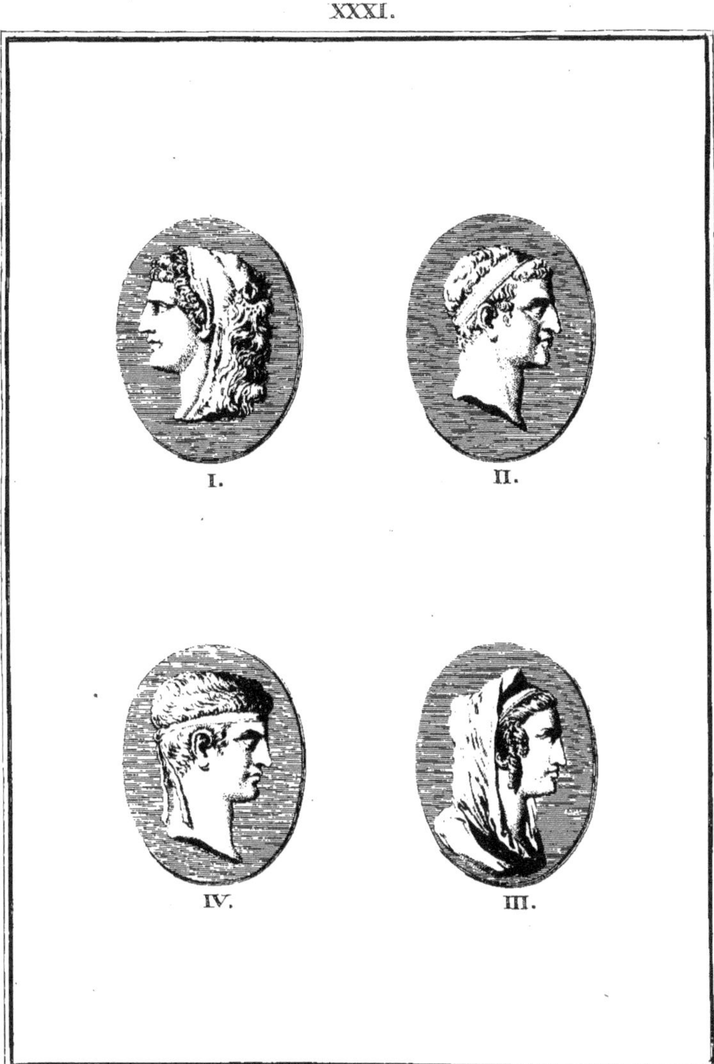

Tom. I.

XXXII.

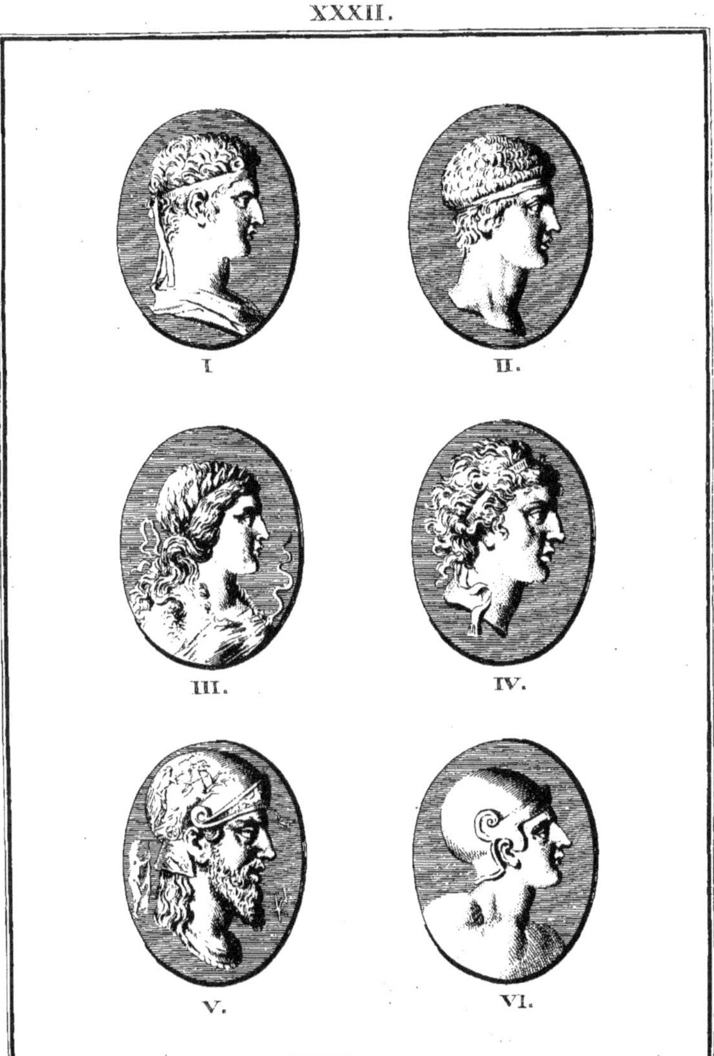

Tom. I.

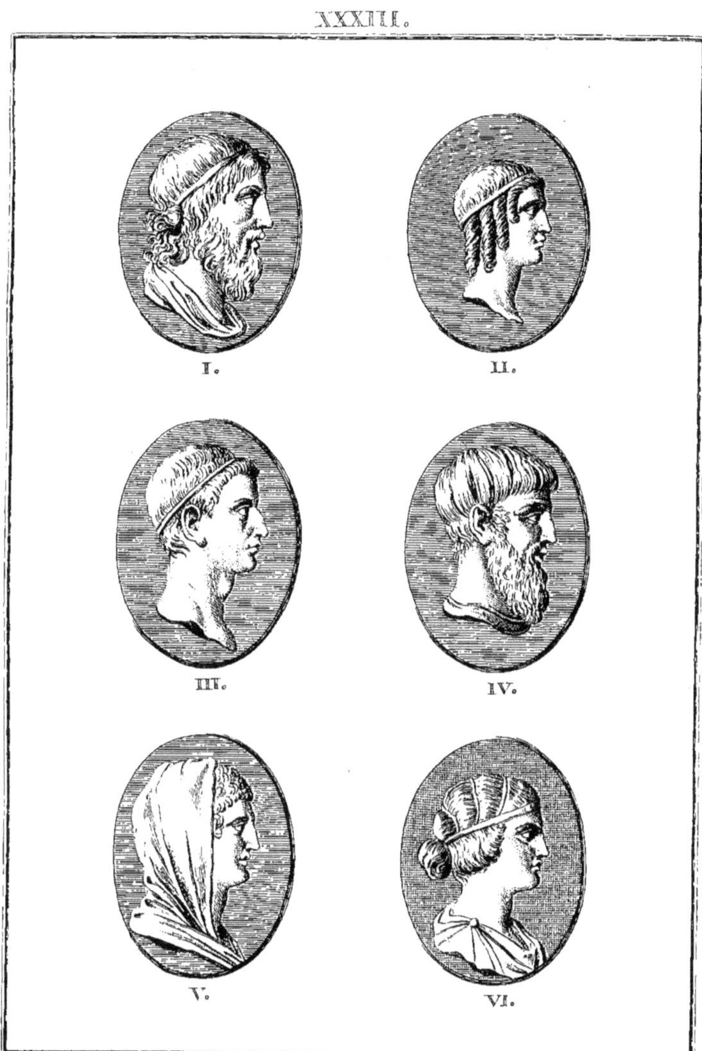
XXXIII.
I.
II.
III.
IV.
V.
VI.

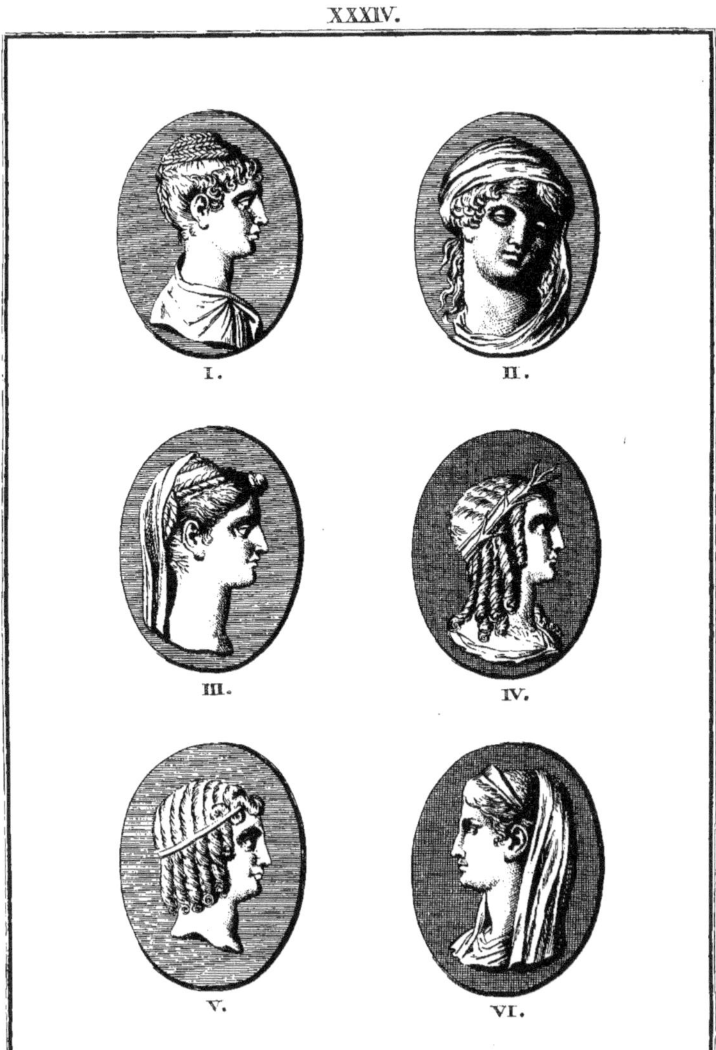

Tom. I.

XXXV.

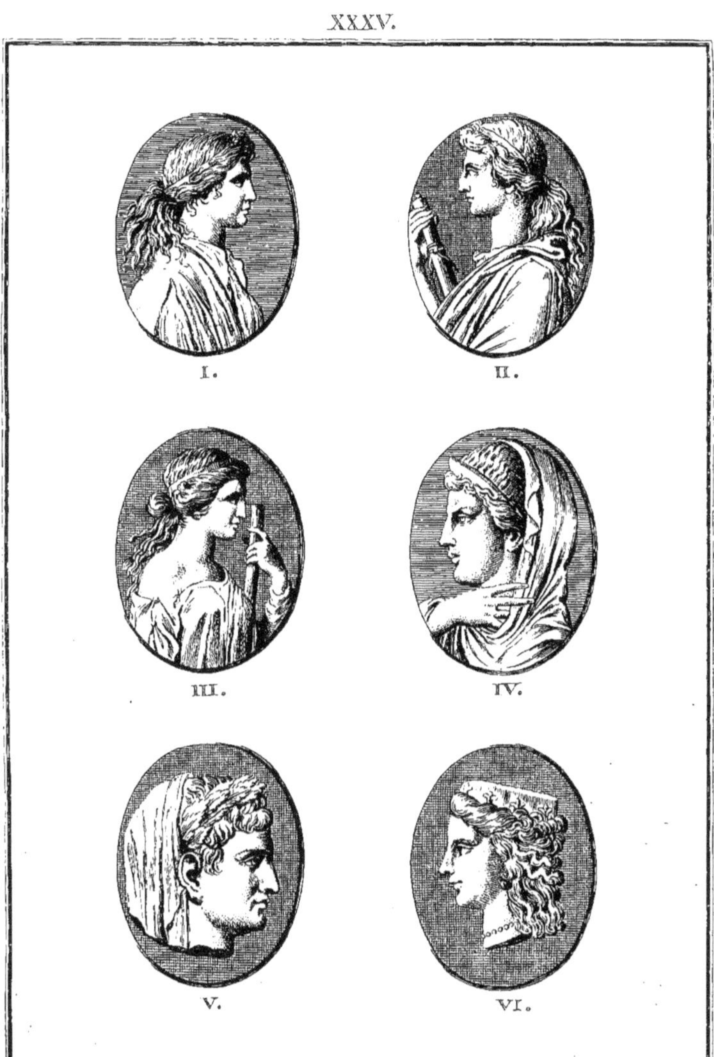

XXXVI.

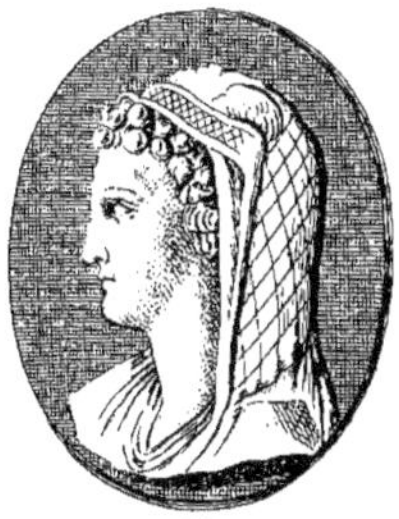

I.

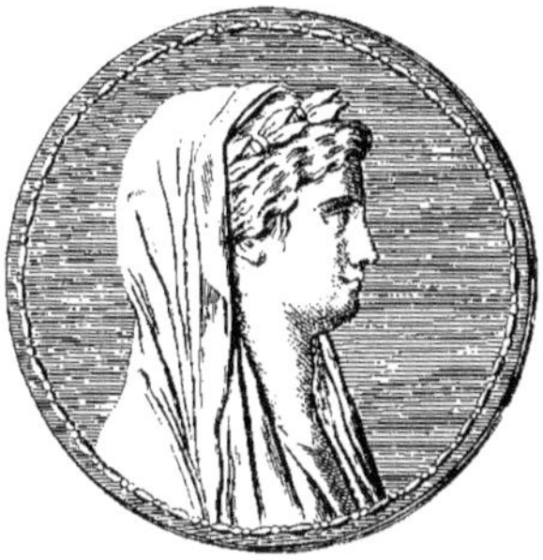

II.

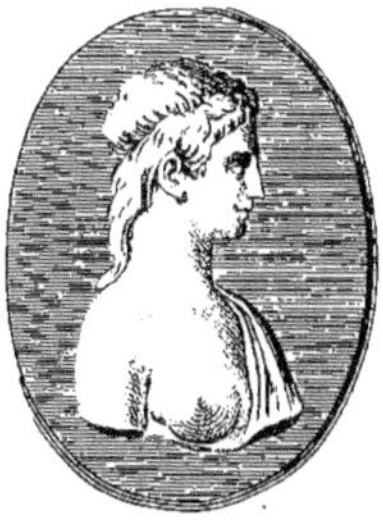

III.

Tom. I.

XXXVII.

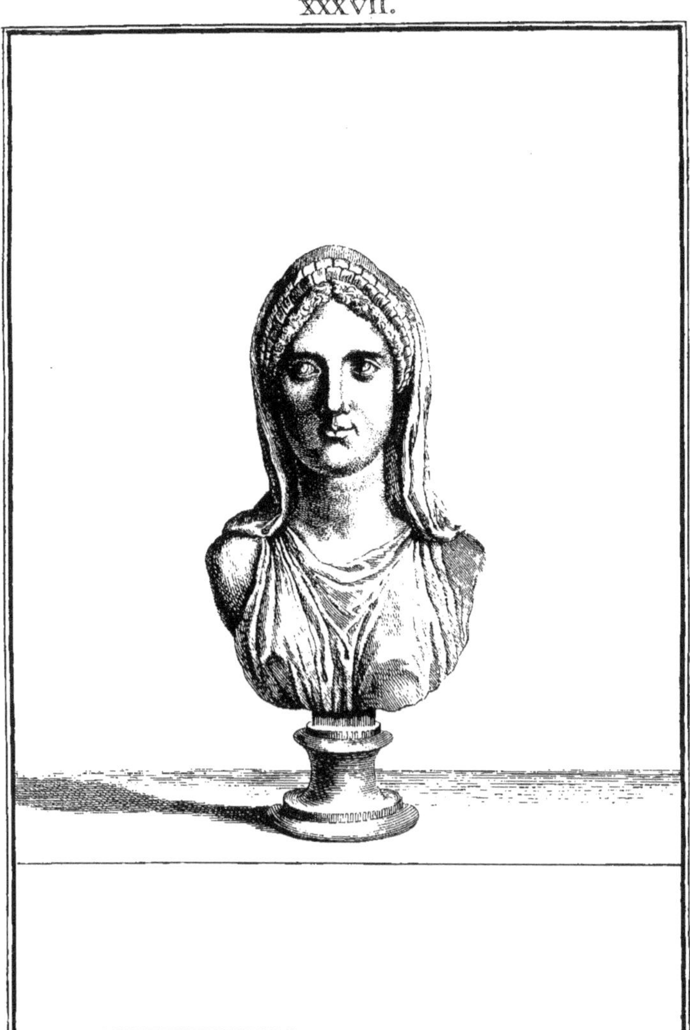

XXXVIII.

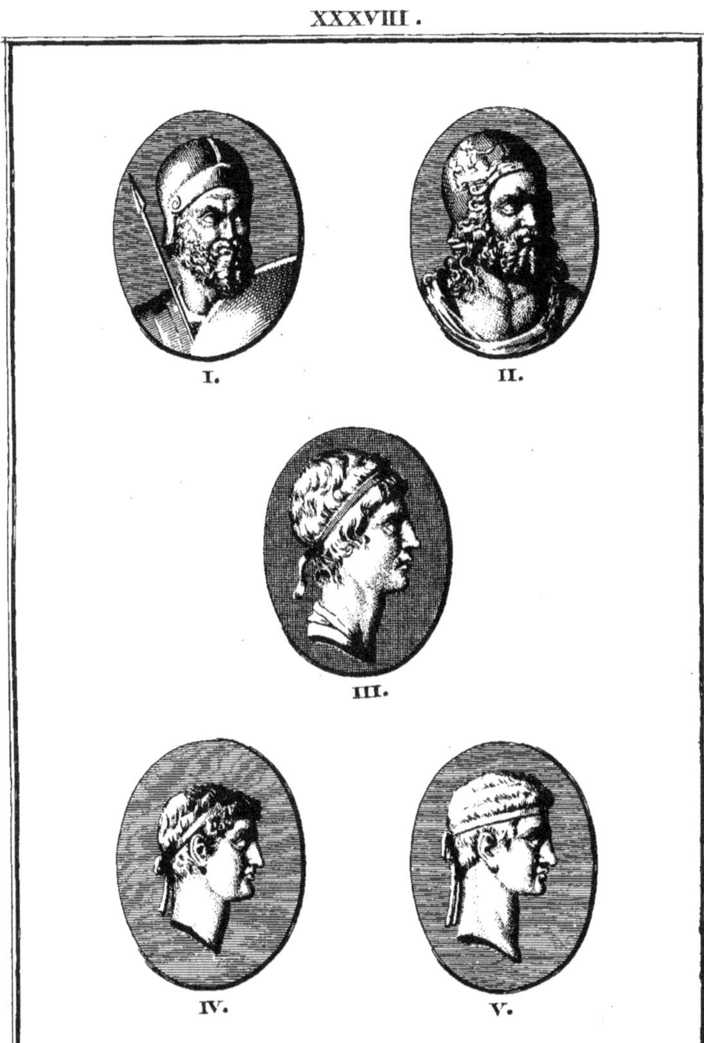

Tom. I.

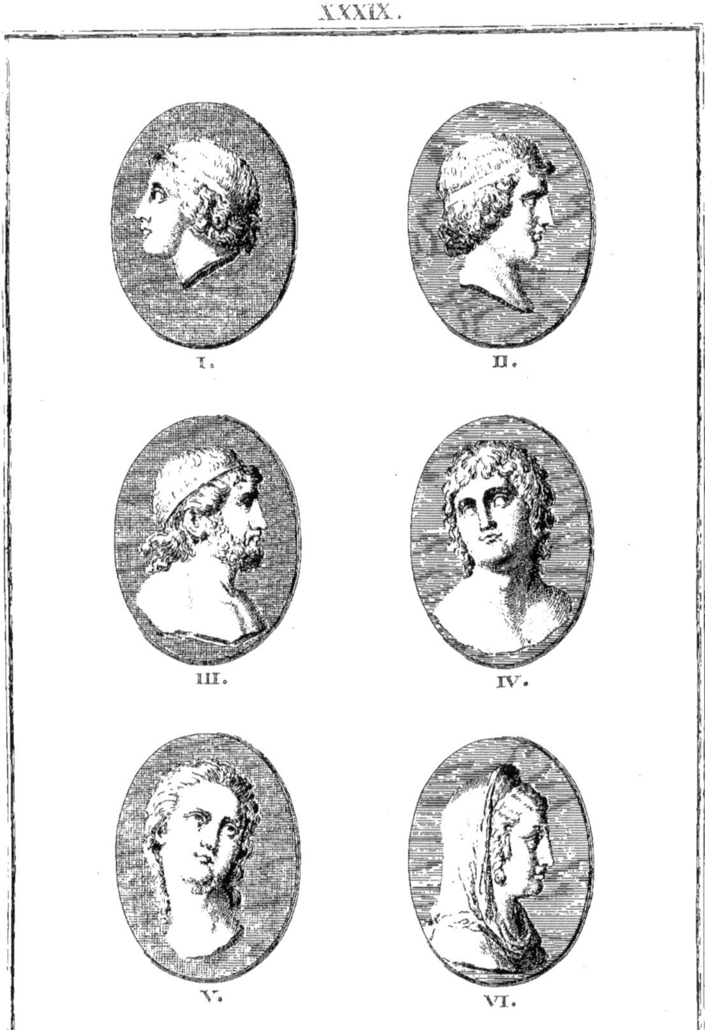
XXXIX.
I.
II.
III.
IV.
V.
VI.

XL.

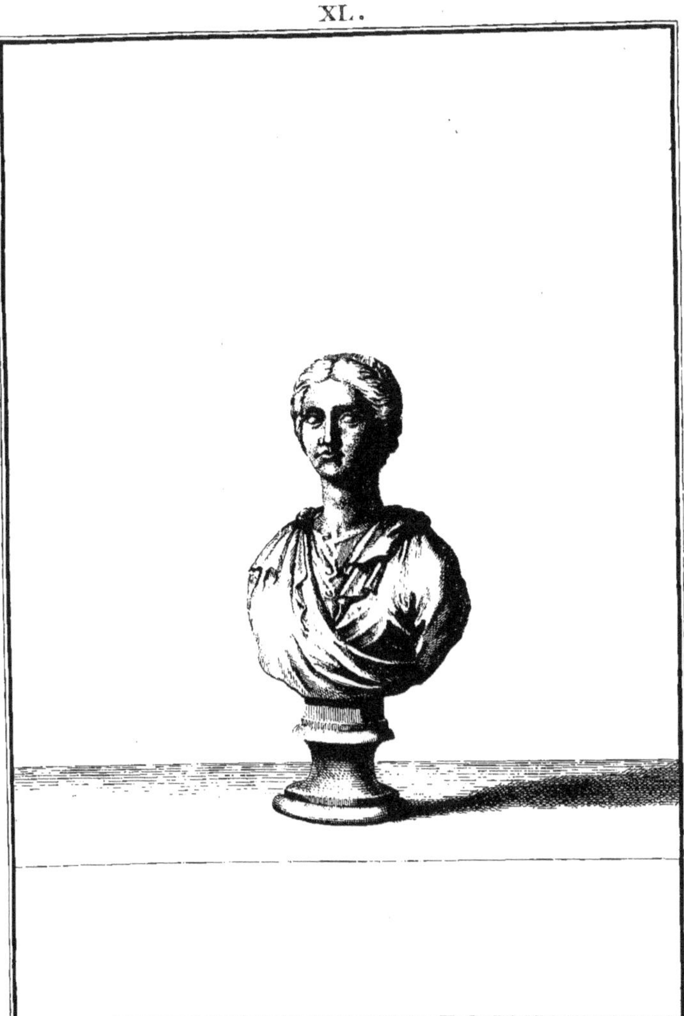

Tom. I.

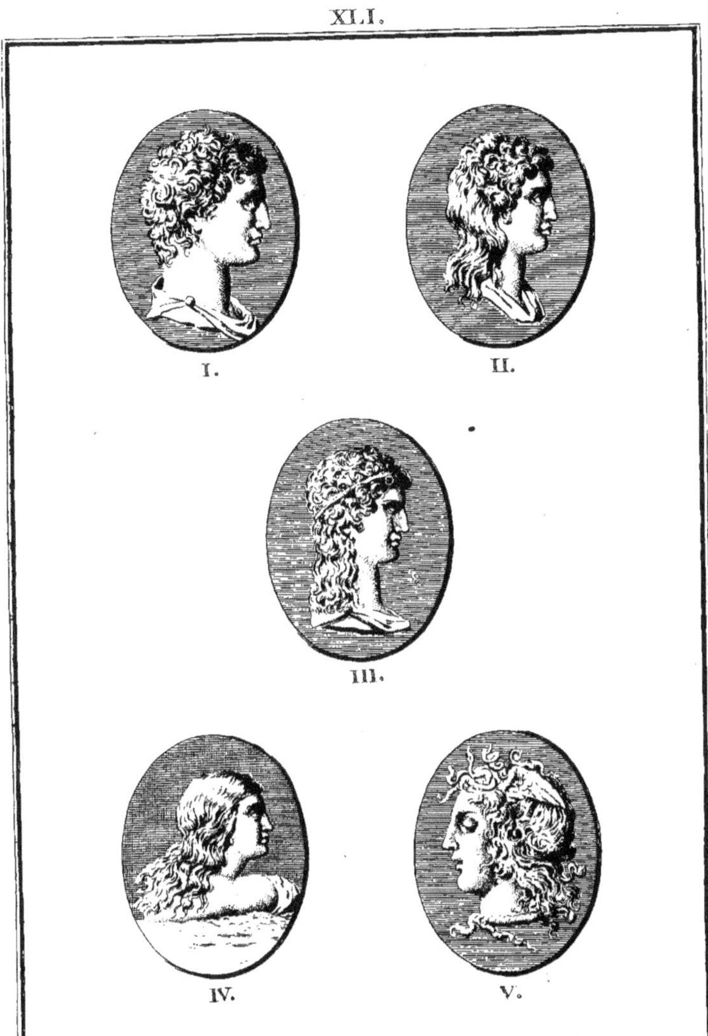

Tom.I.

XLII.

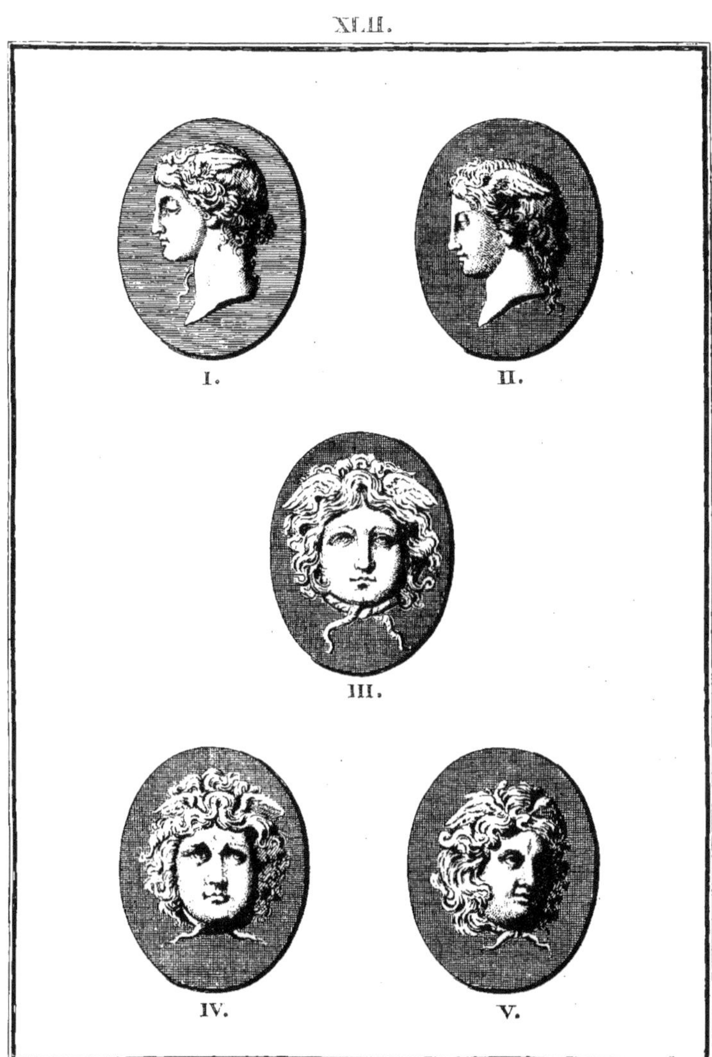

Tom.I.

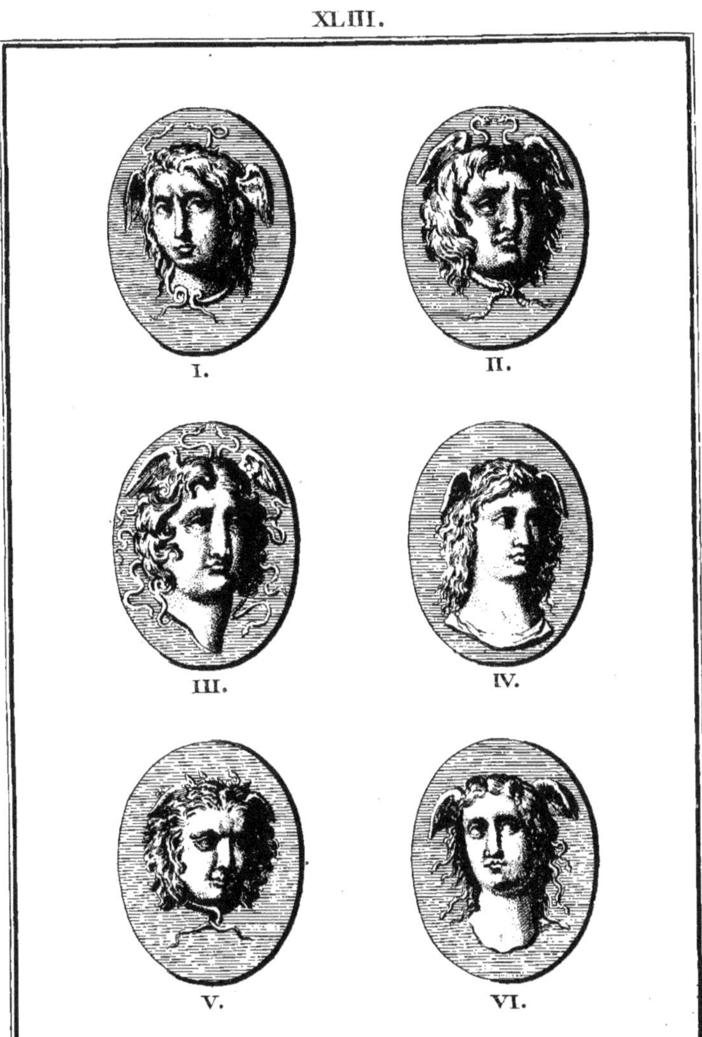
XLIII.
I.
II.
III.
IV.
V.
VI.

XLIV.

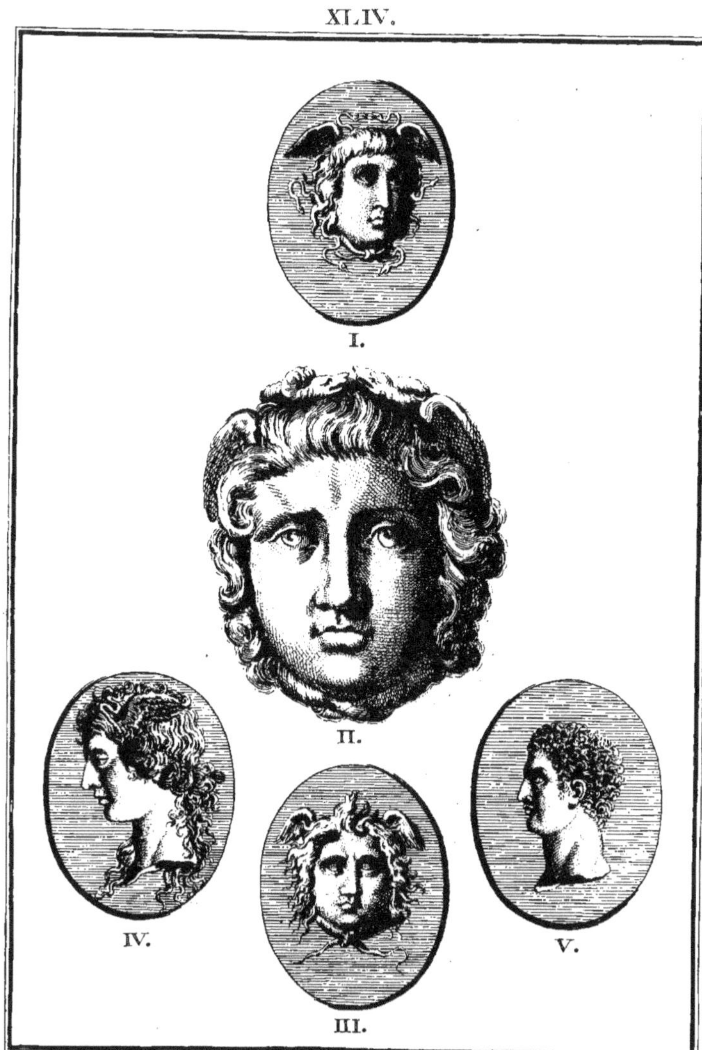

Tom.I.

XLV.

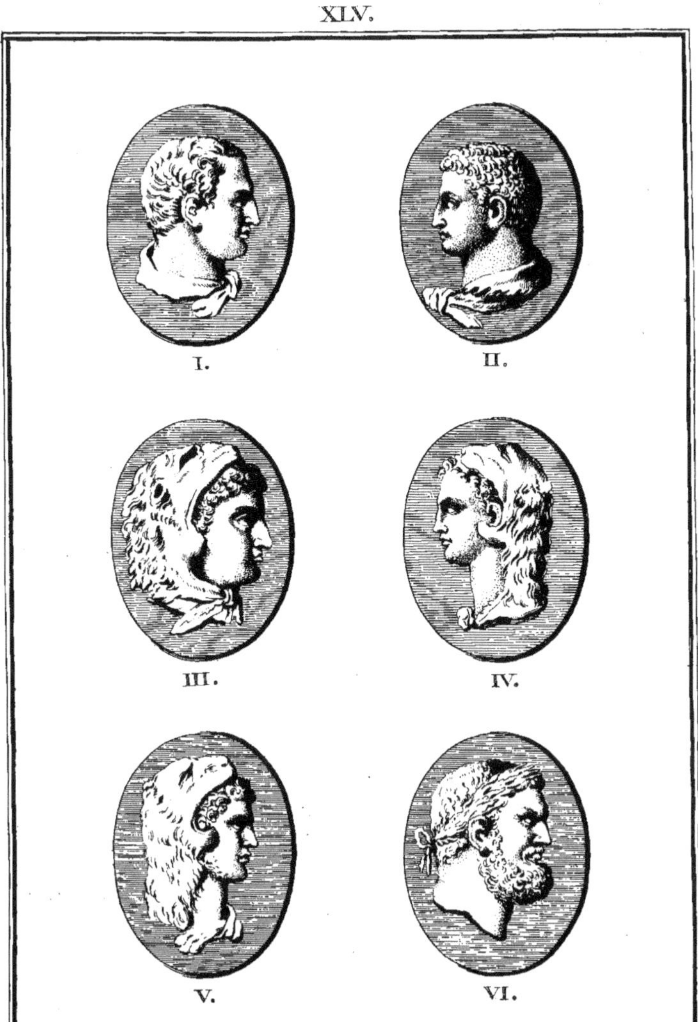

Tom.I.

XLVI.

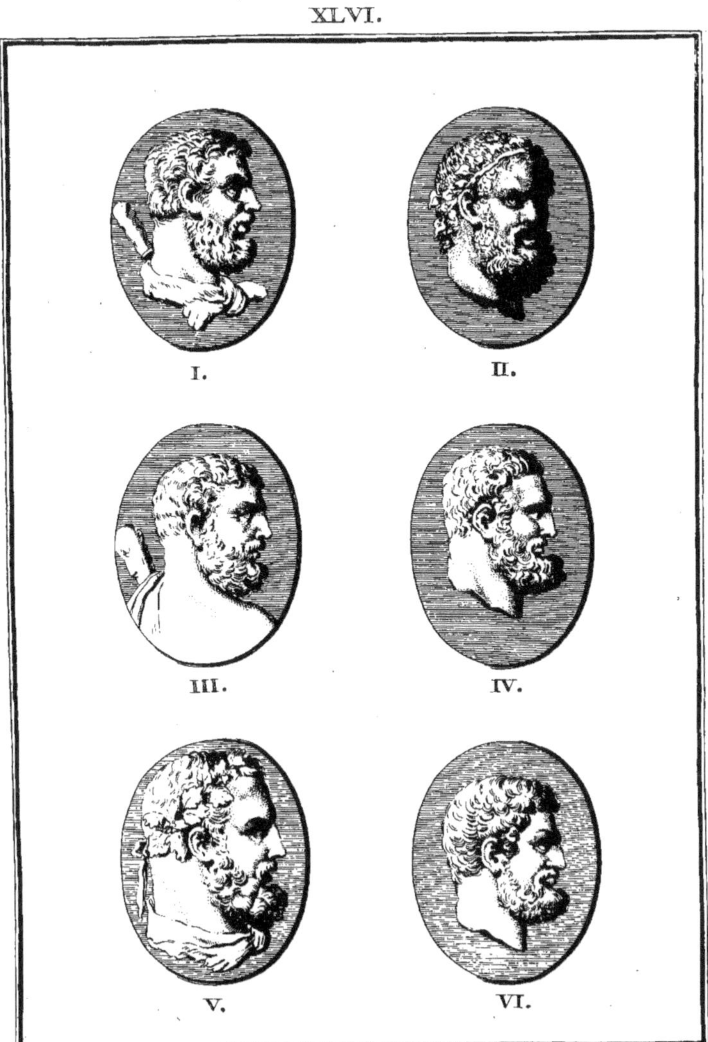

XLVII.

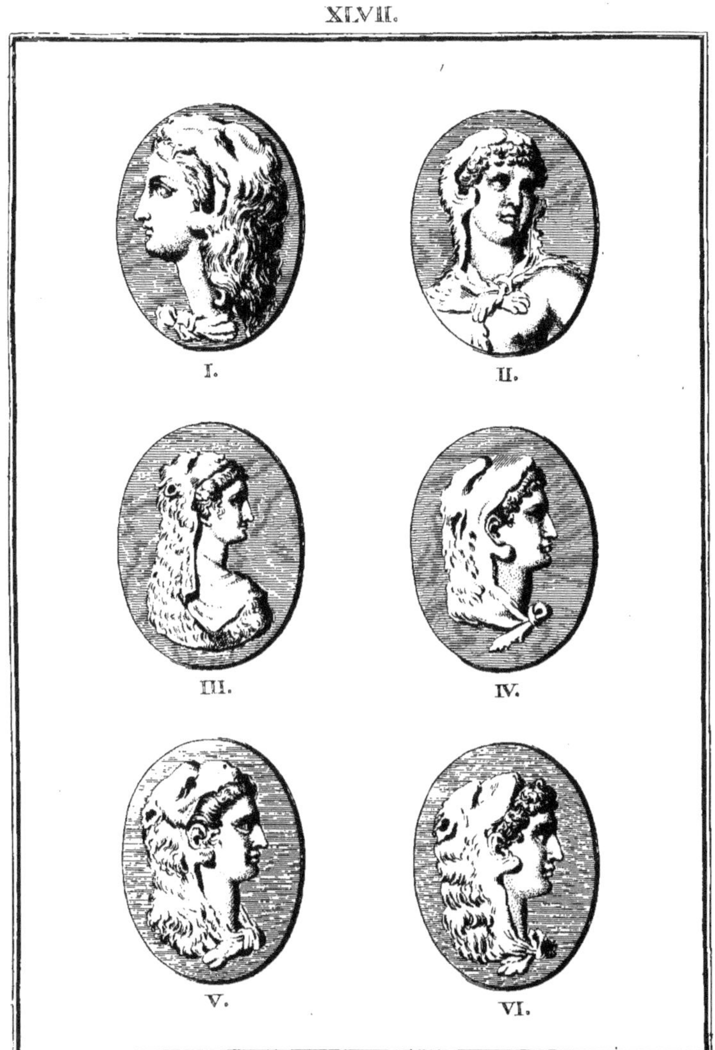

XLVIII.

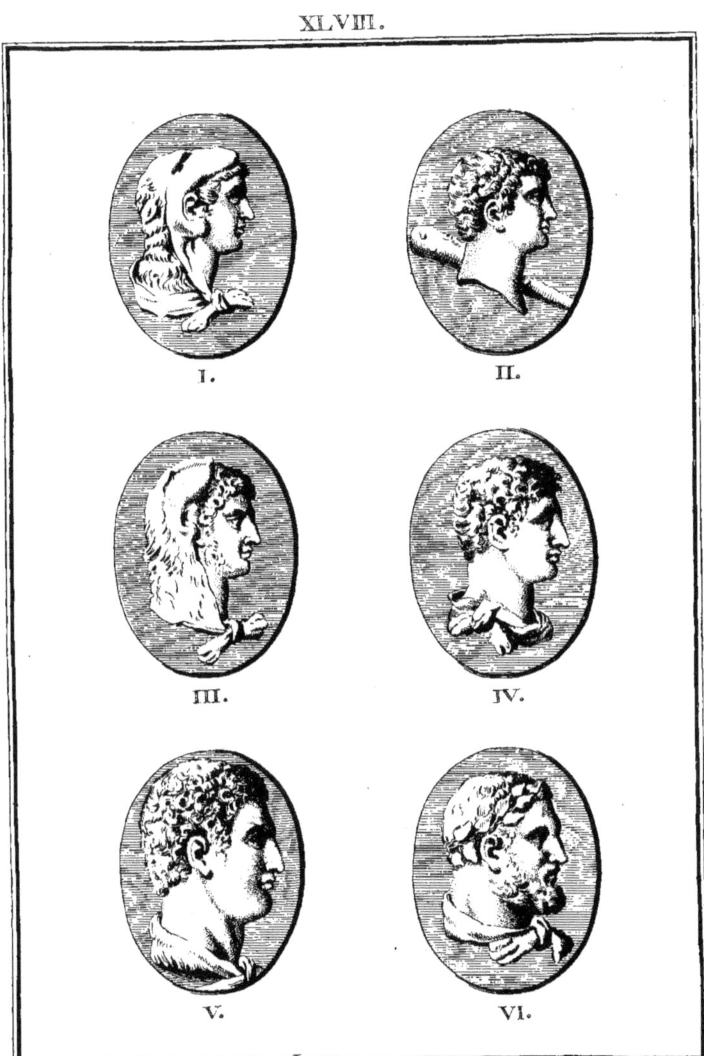

Tom. I.

XLIX.

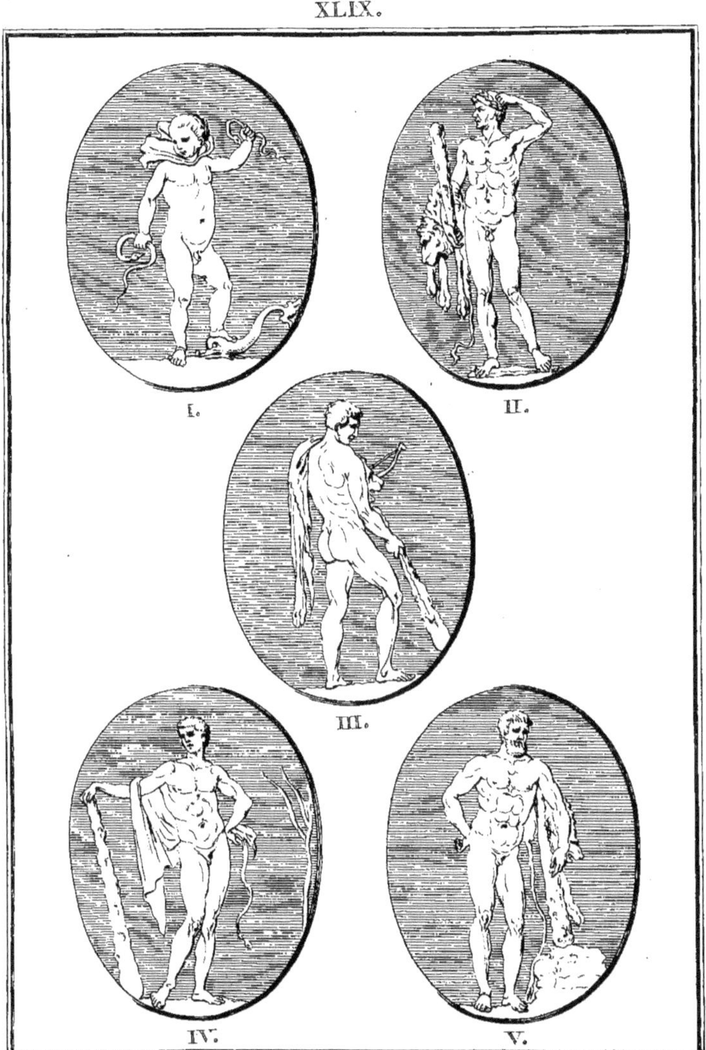

Tom.I.

L.

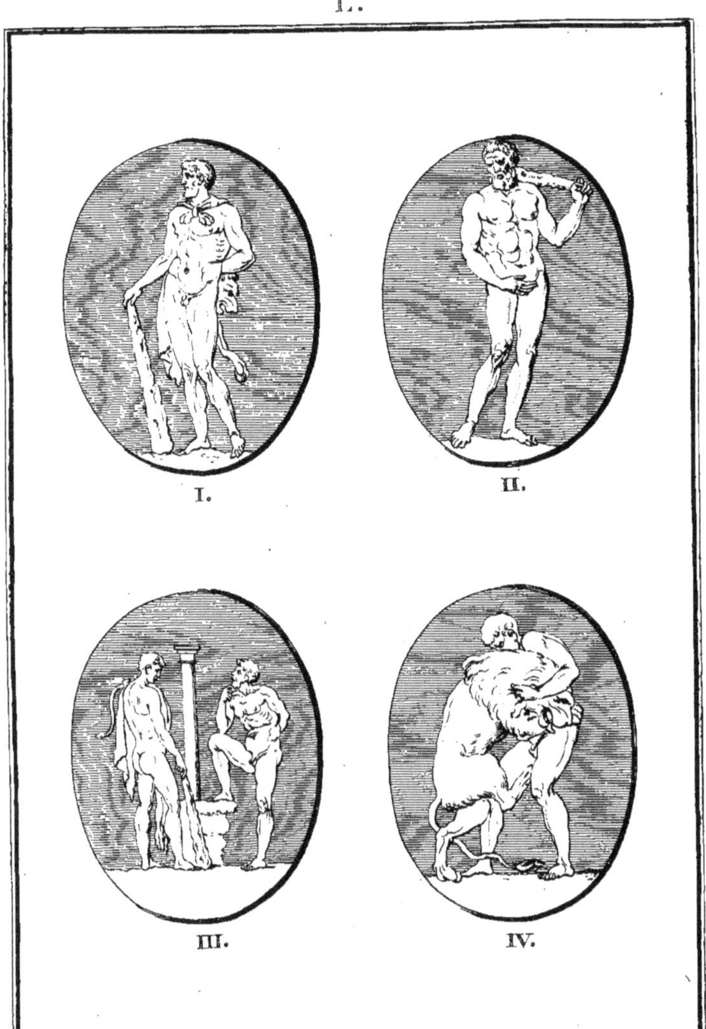

Tom.I.

LI.

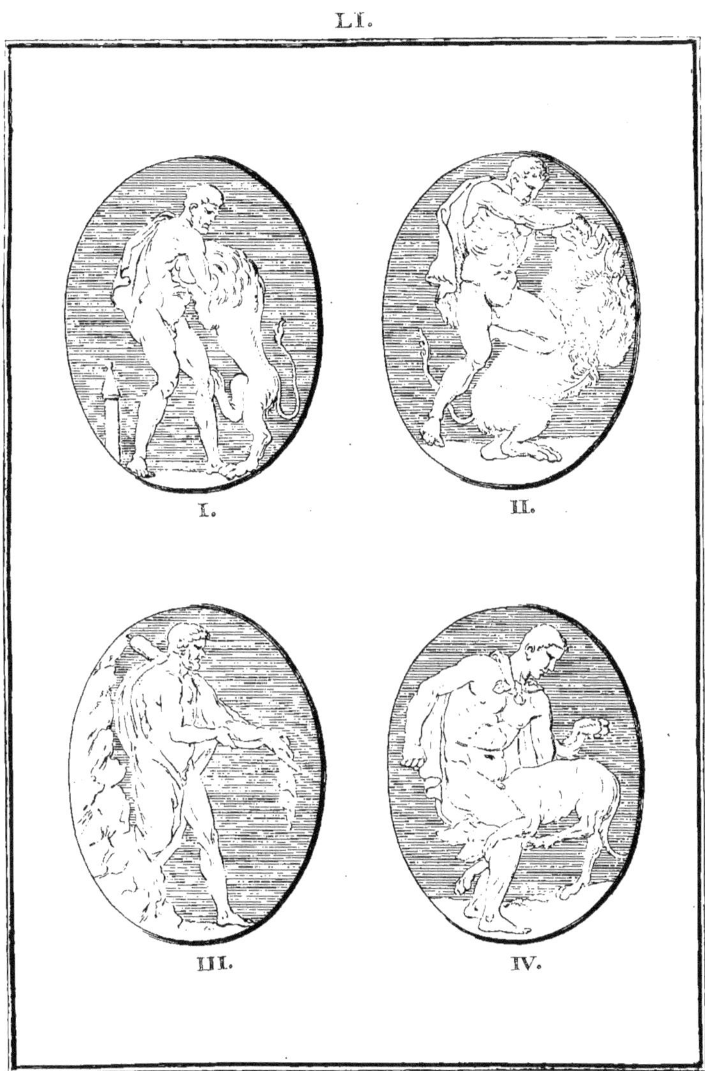

LII.

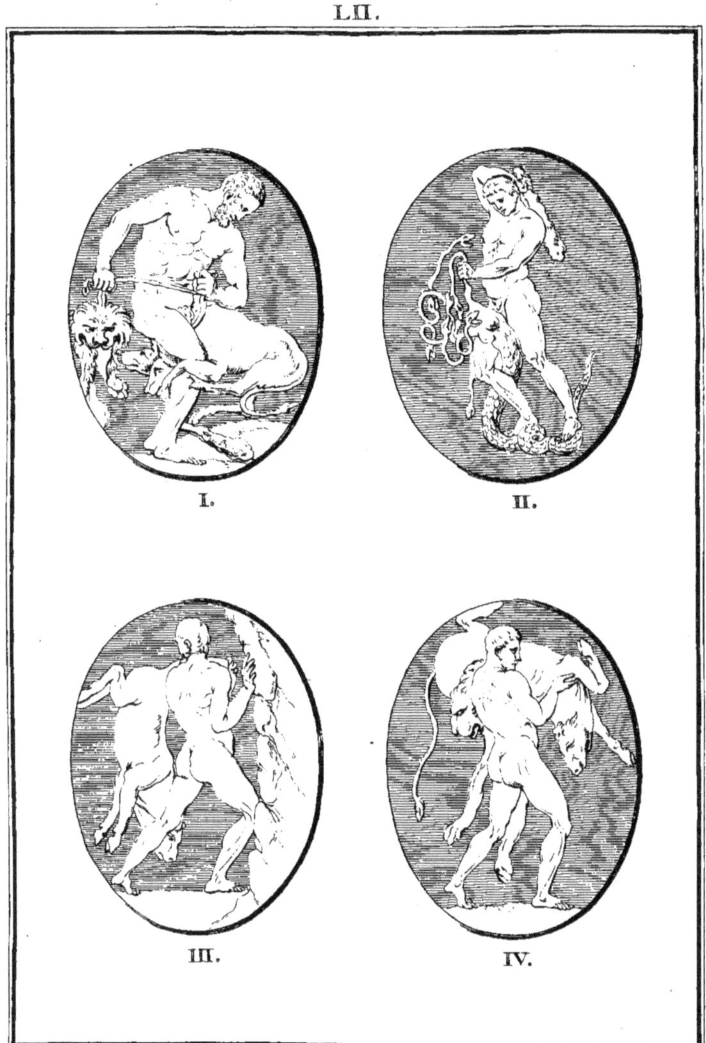

I. II. III. IV.

Tom. I.

LIII.

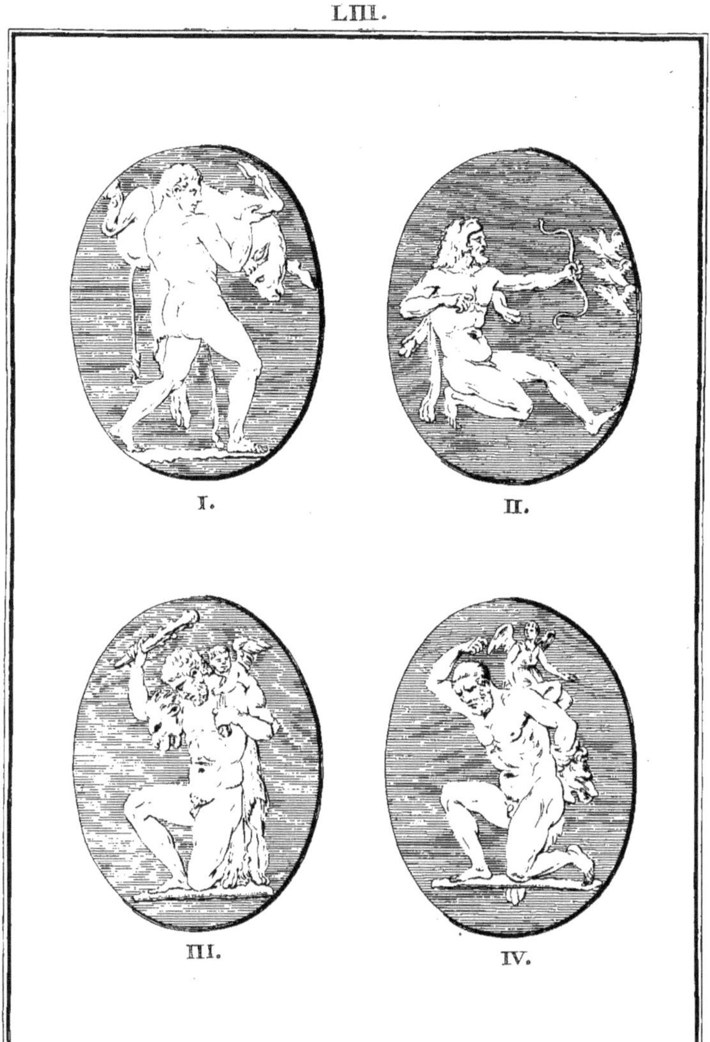

LIV.

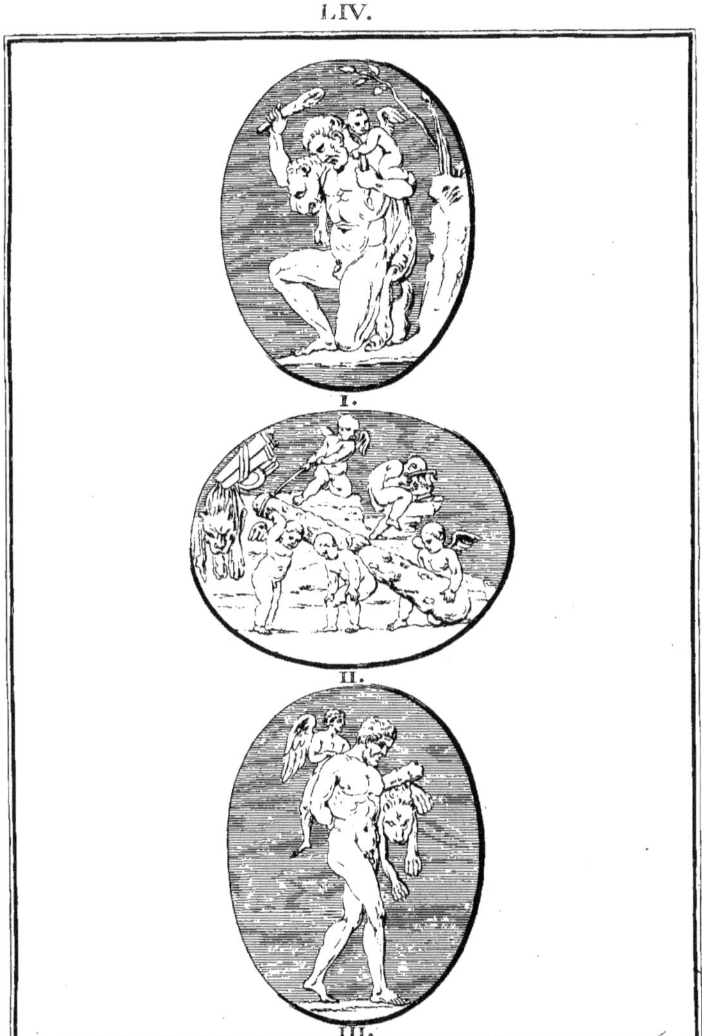

I.

II.

III.

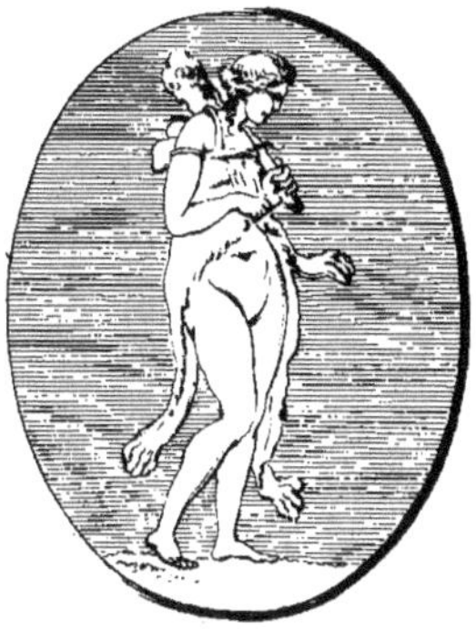

LV.

I.

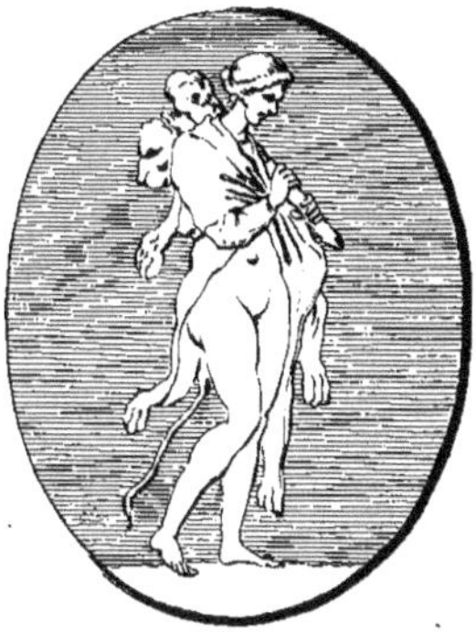

II.

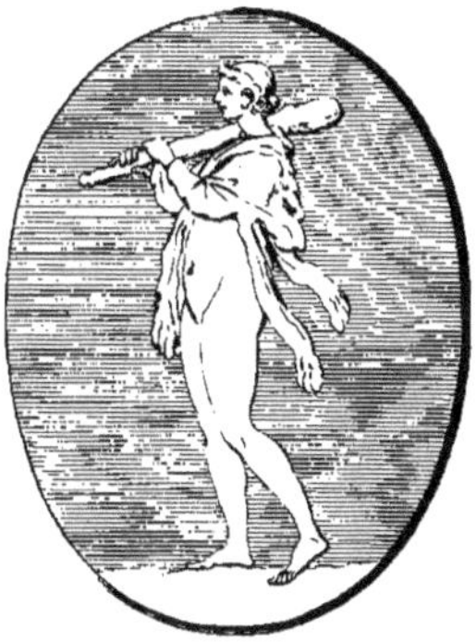

III.

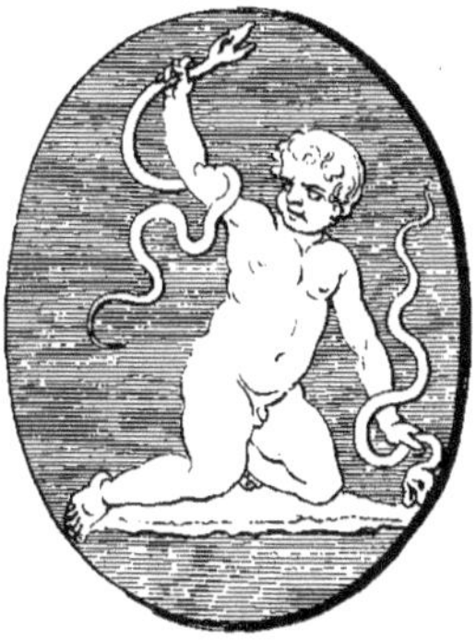

IV.

Tom.I.

LVI.

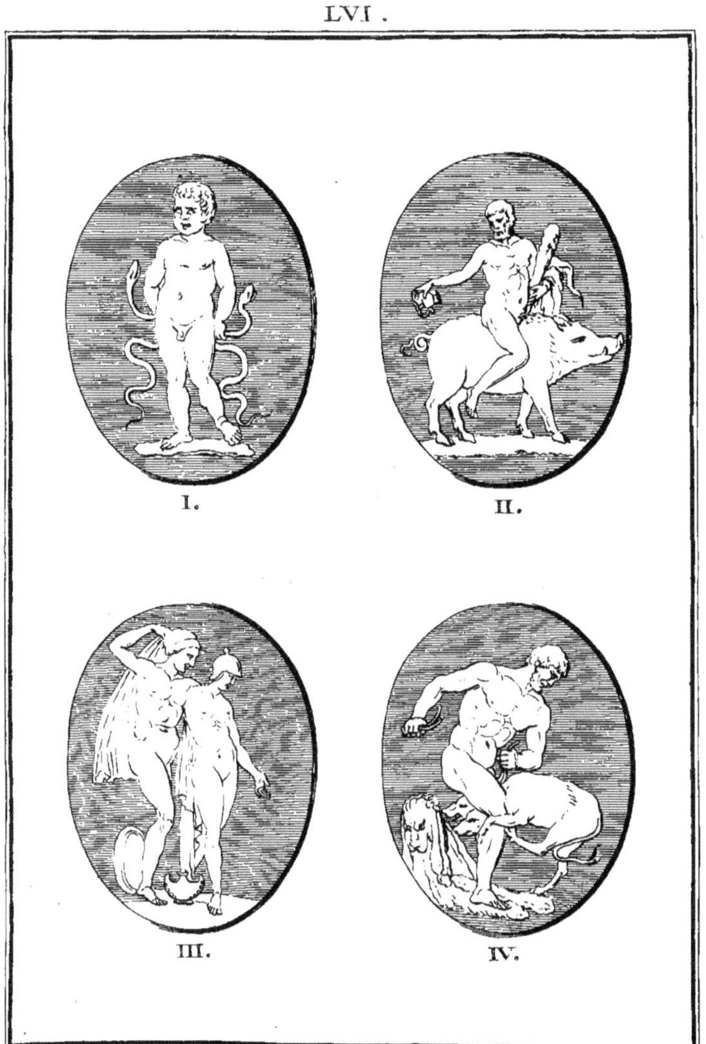

I. II. III. IV.

Tom, I.

LVII.

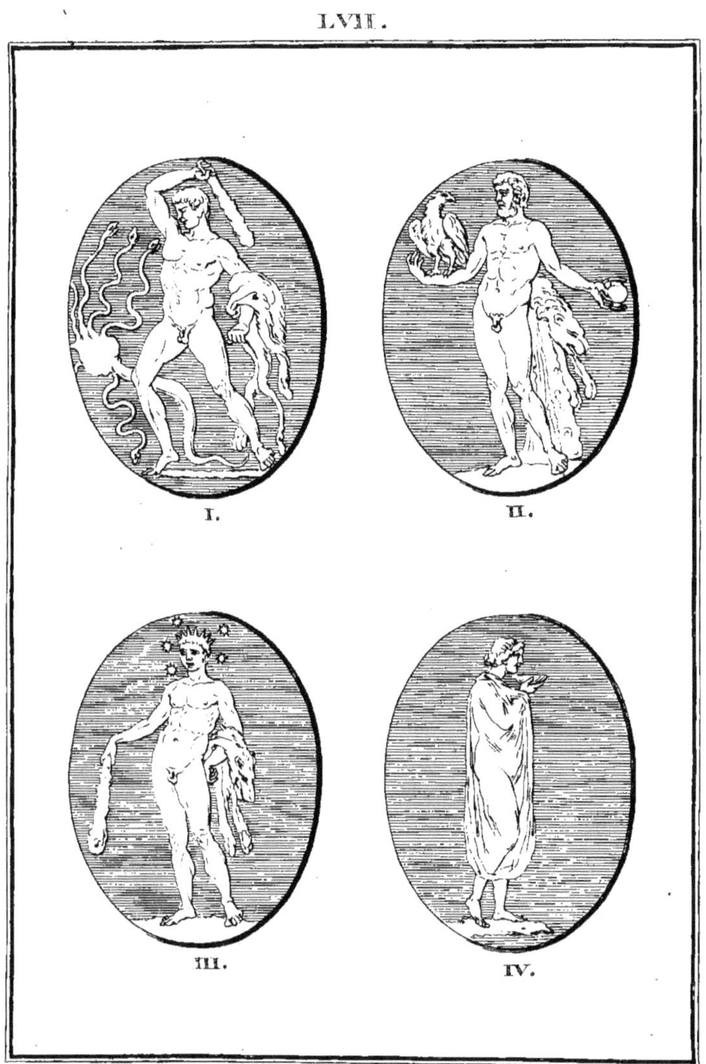

Tom. I.

LVIII.

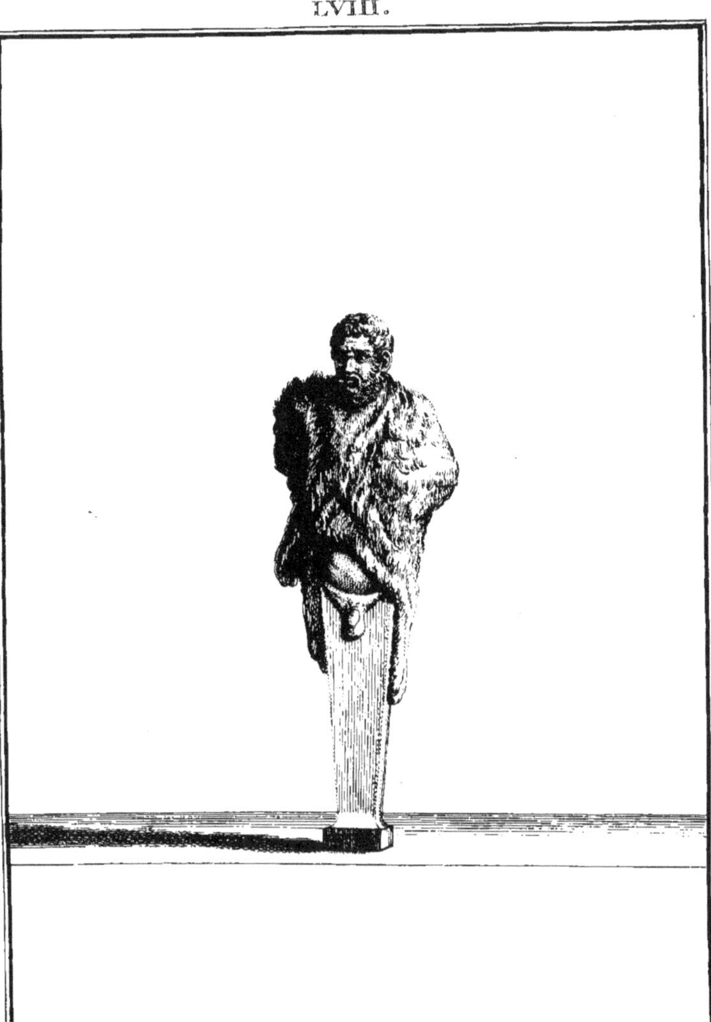

Tom. I.

LIX.

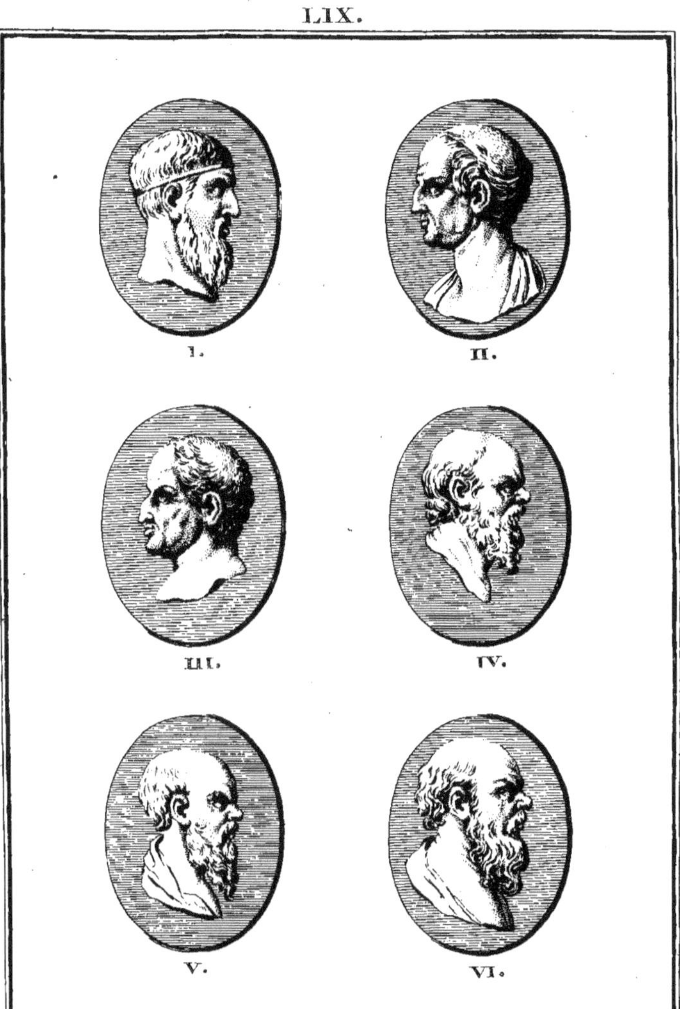

Tom. I.

LX.

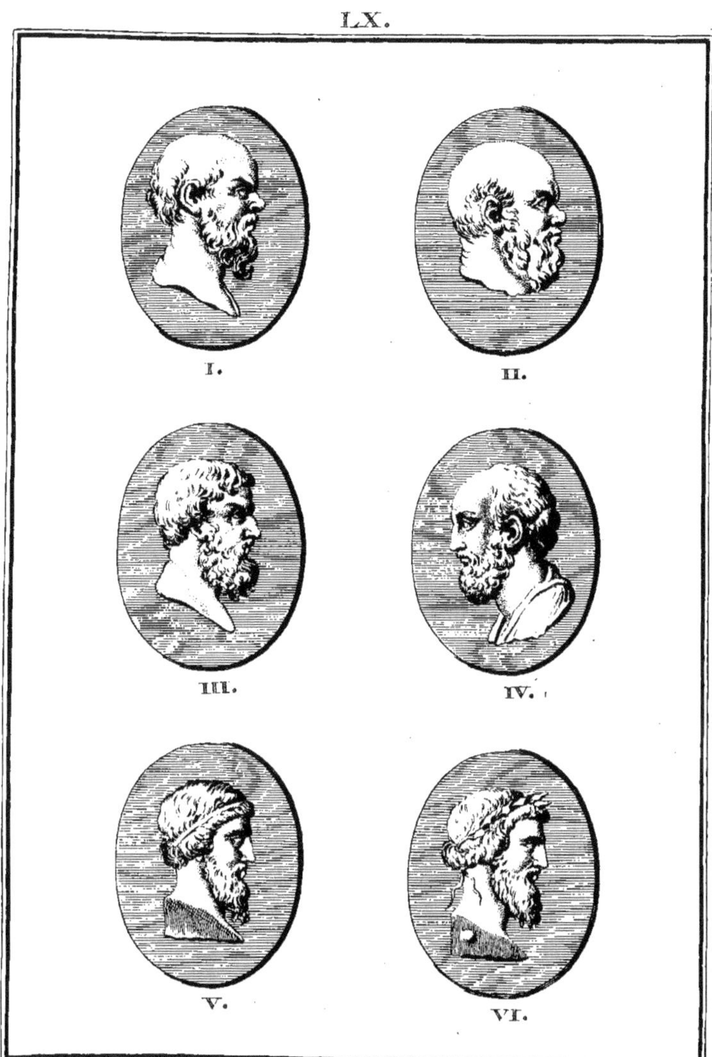

I. II. III. IV. V. VI.

LXI.

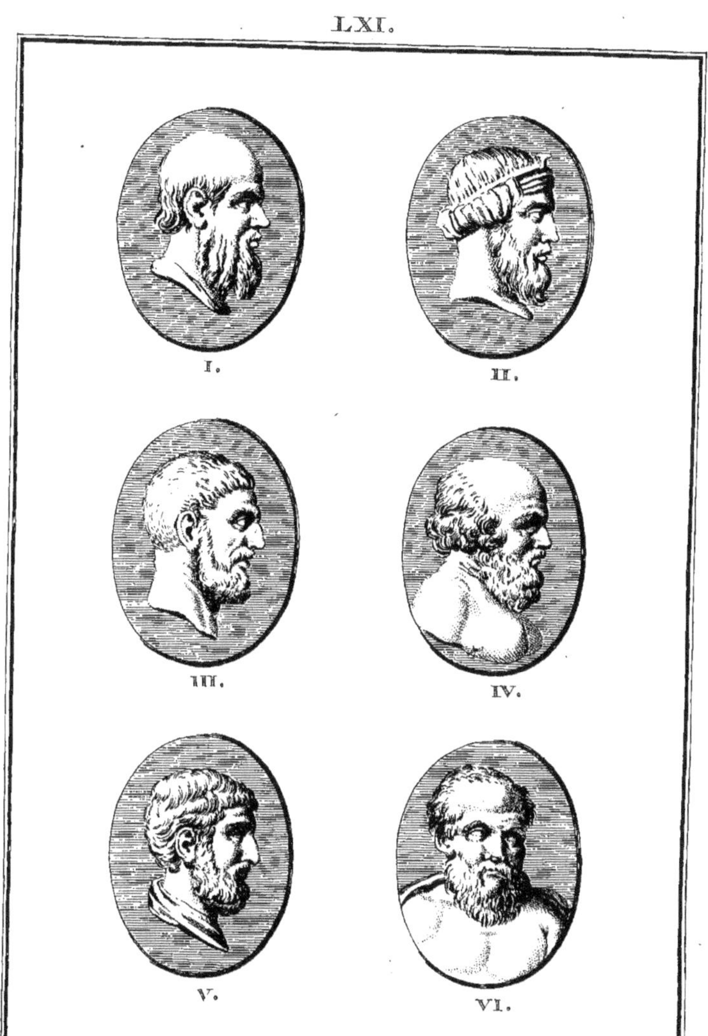

LXII.

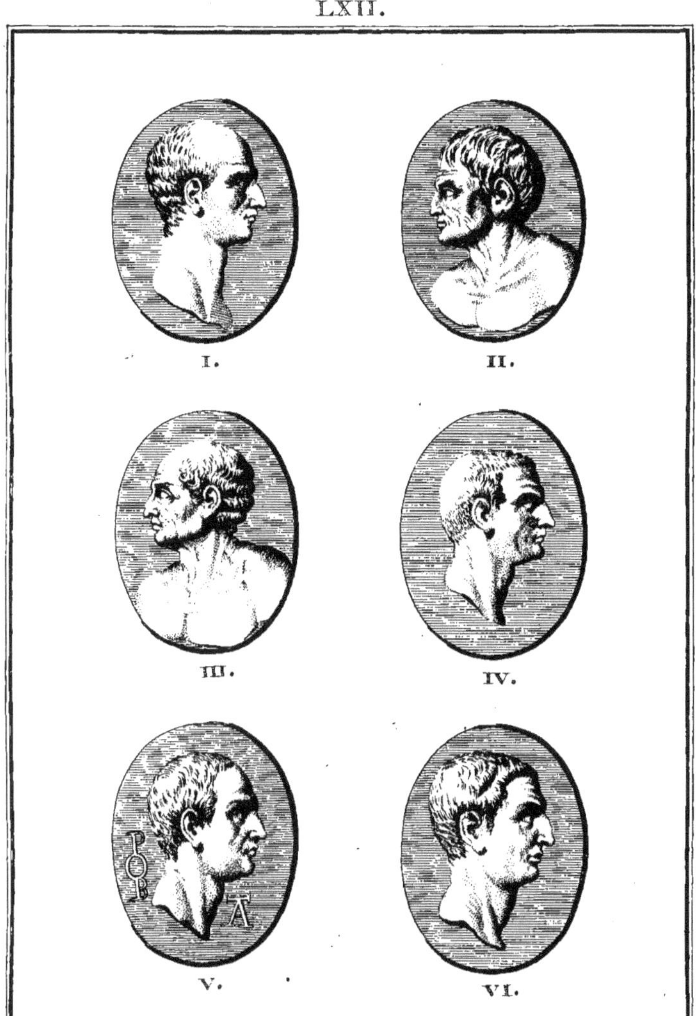

Tom.I.

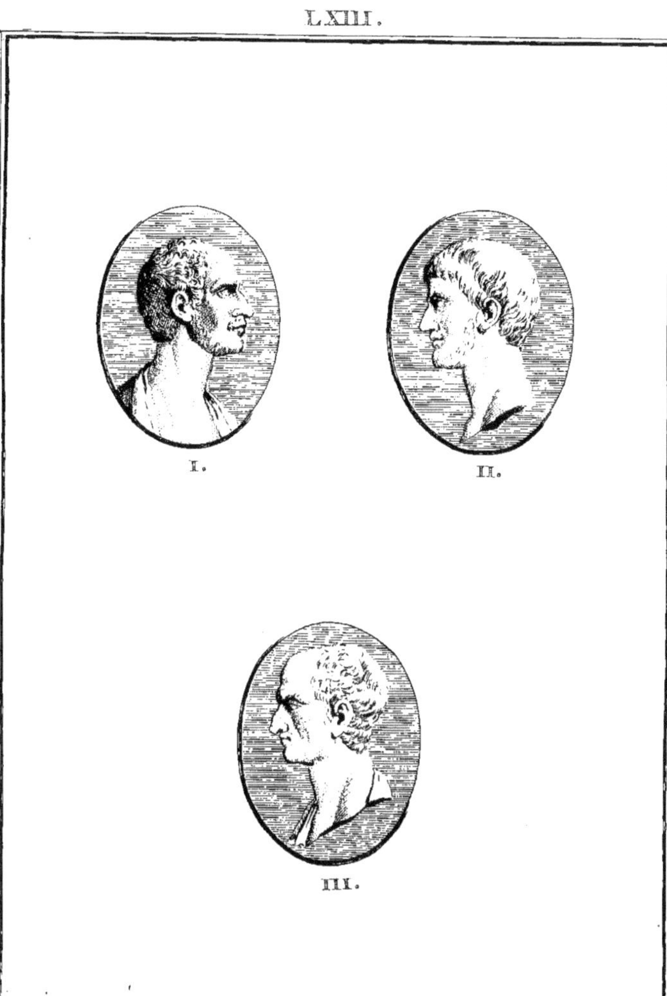

Tom. I.

LXIV.

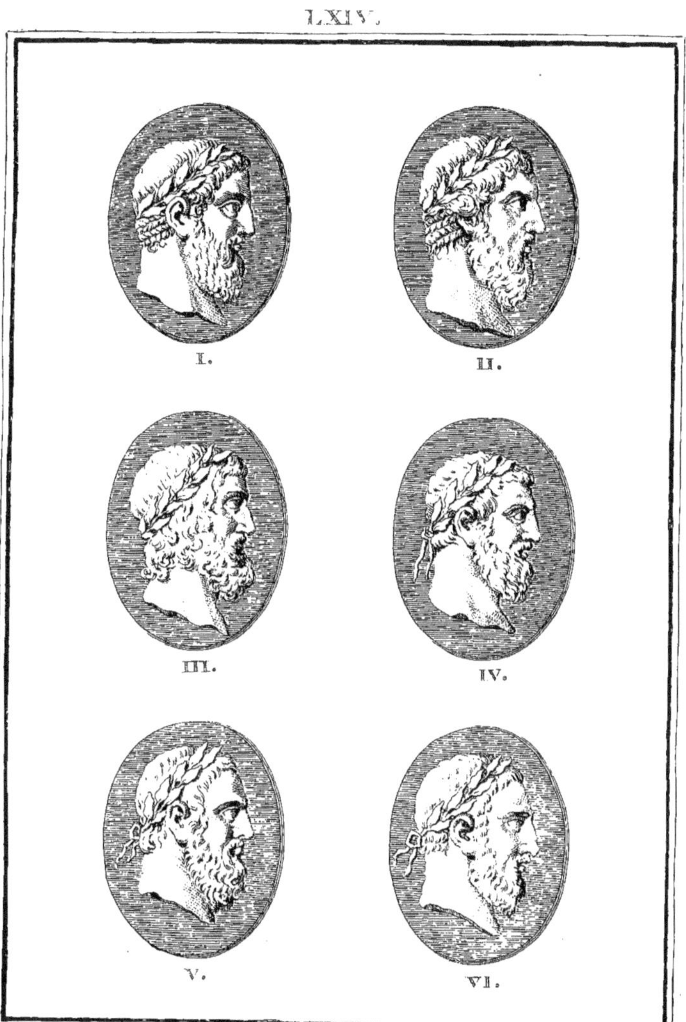

Tom. I.

LXV.

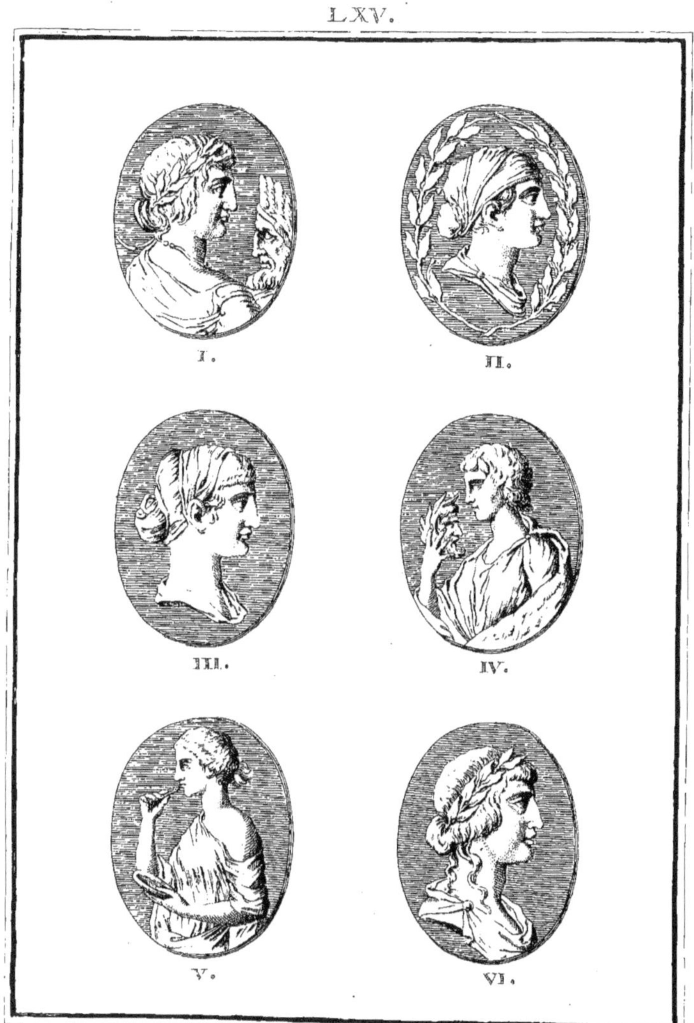

LXVI.

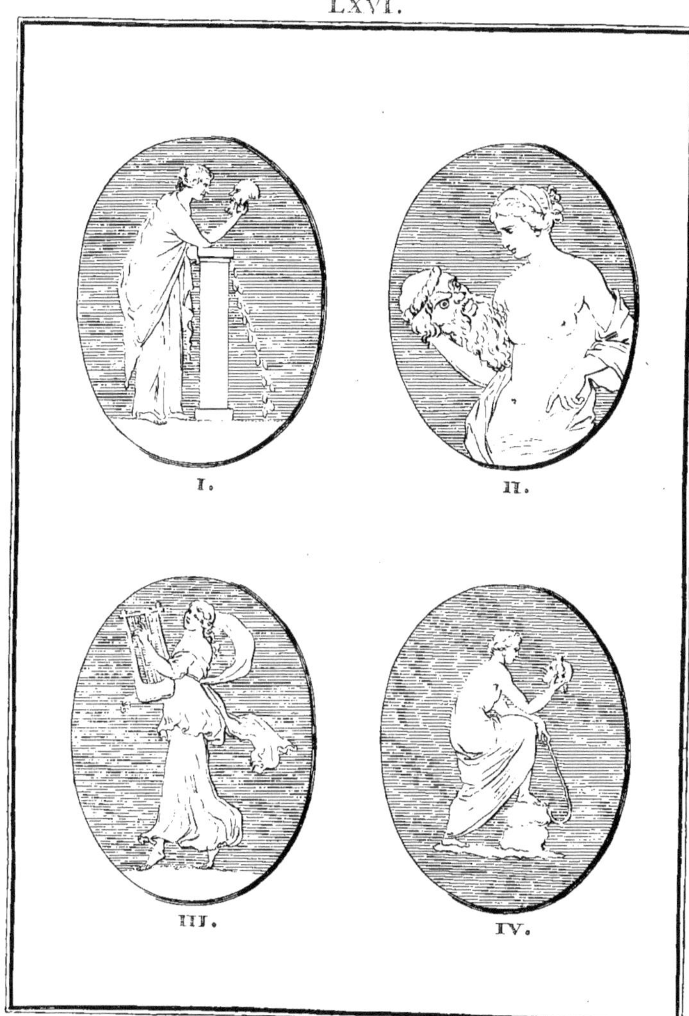

I. II. III. IV.

Tom. I.

LXVII.

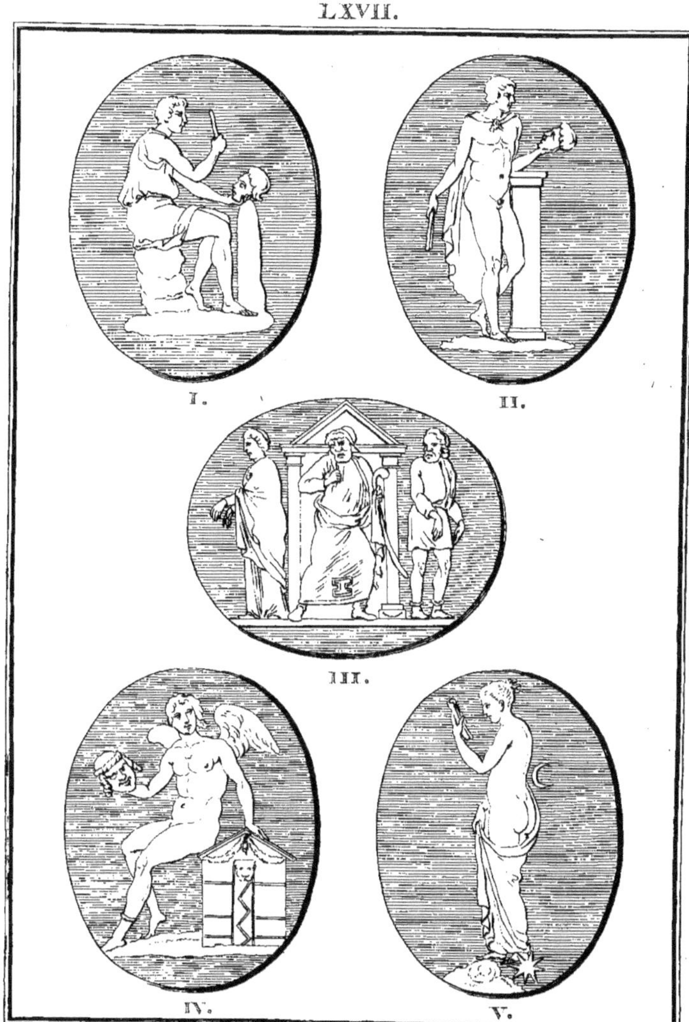

LXVIII.

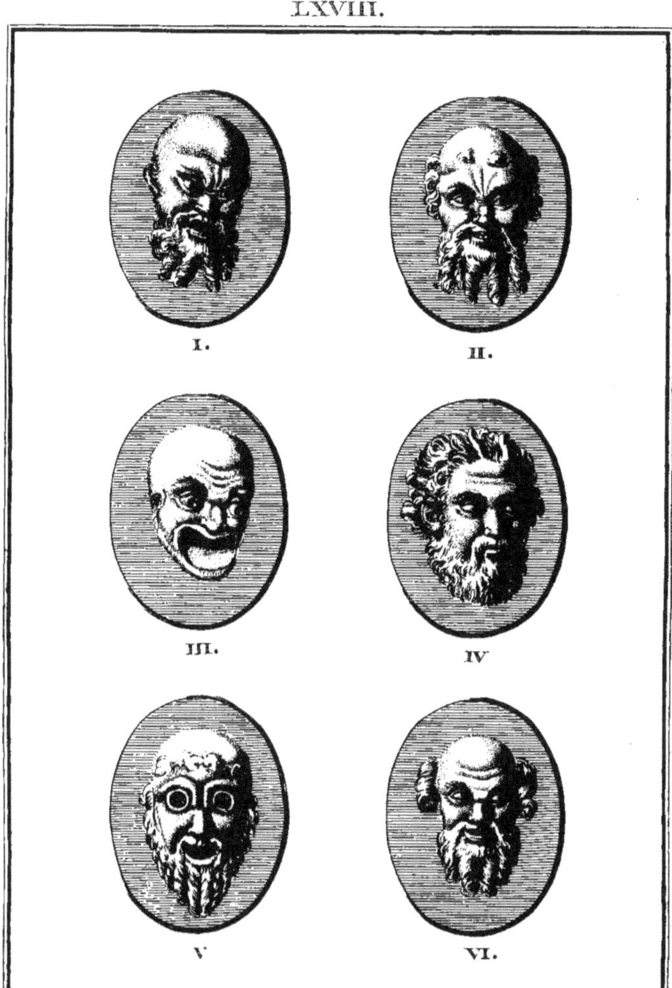

LXIX.

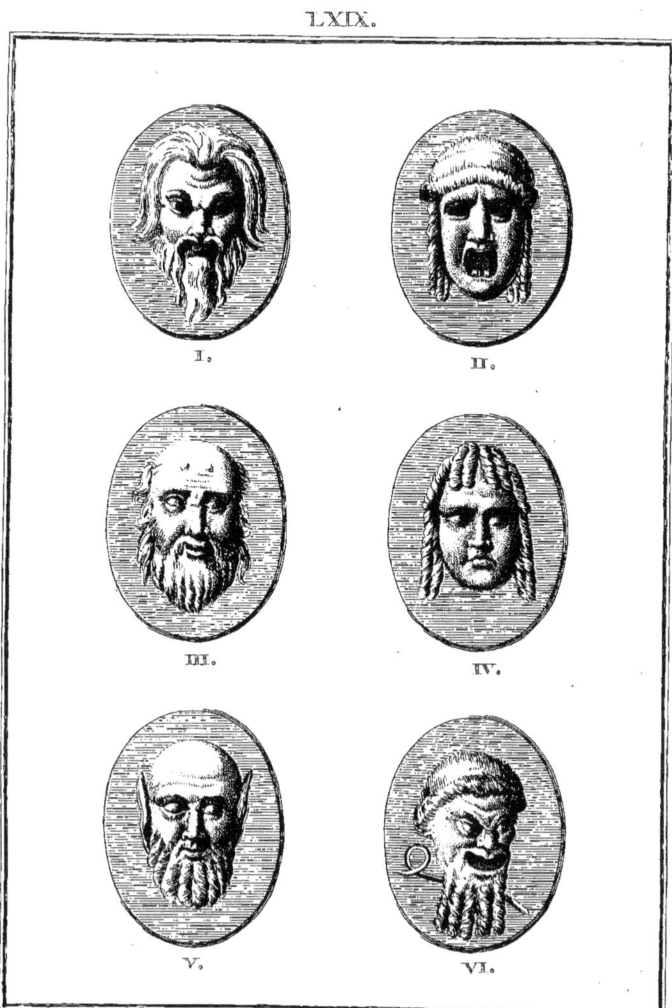

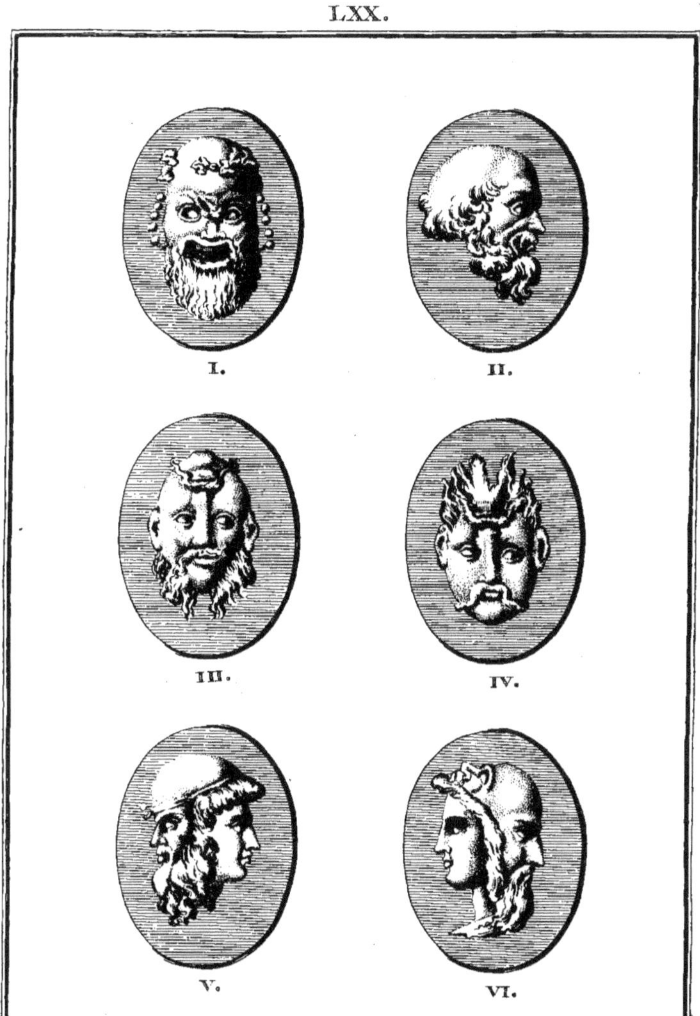
I.
II.
III.
IV.
V.
VI.

LXXI.

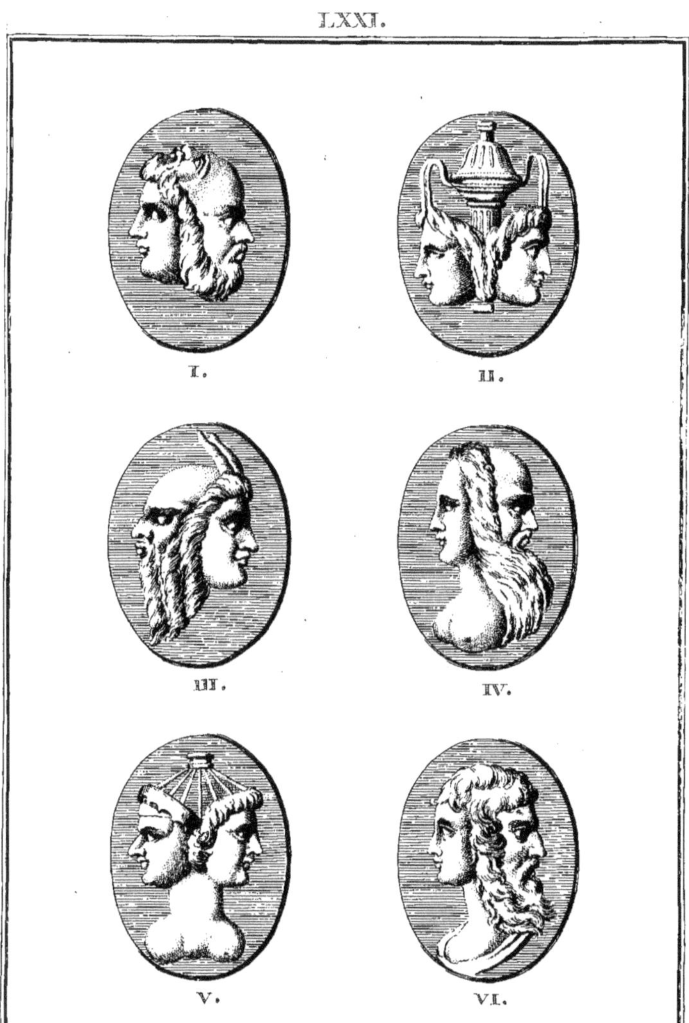

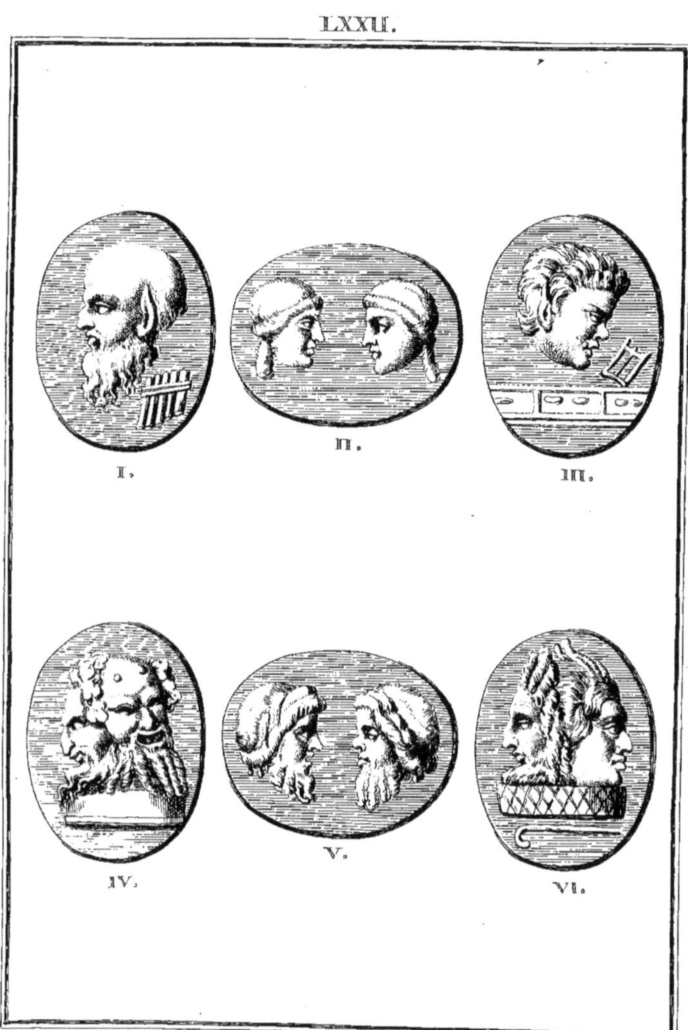
LXXII.
I.
II.
III.
IV.
V.
VI.

LXXIII.

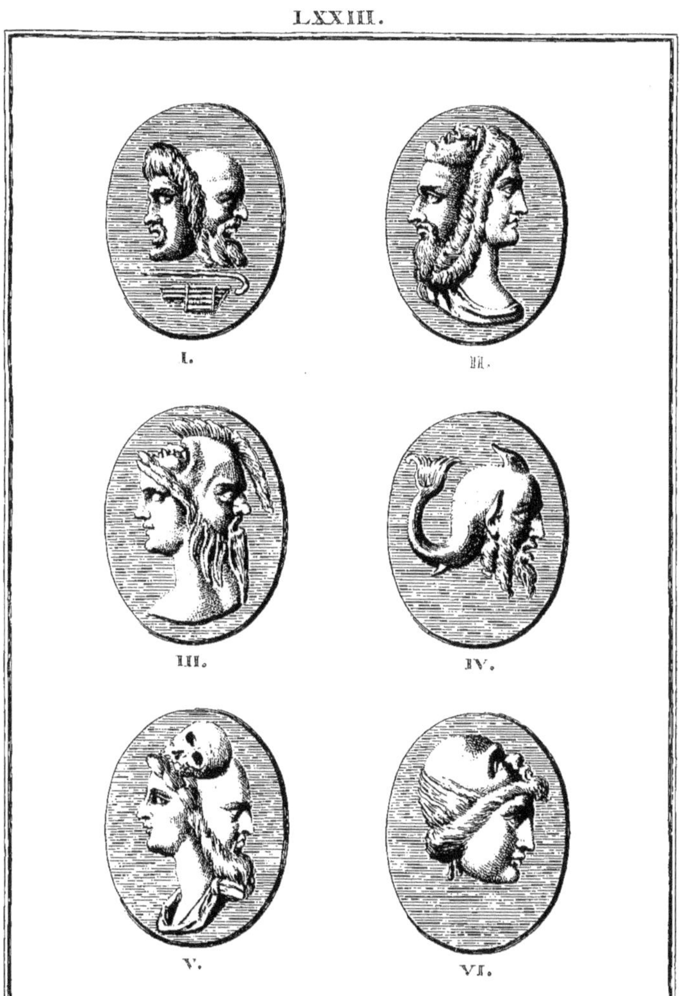

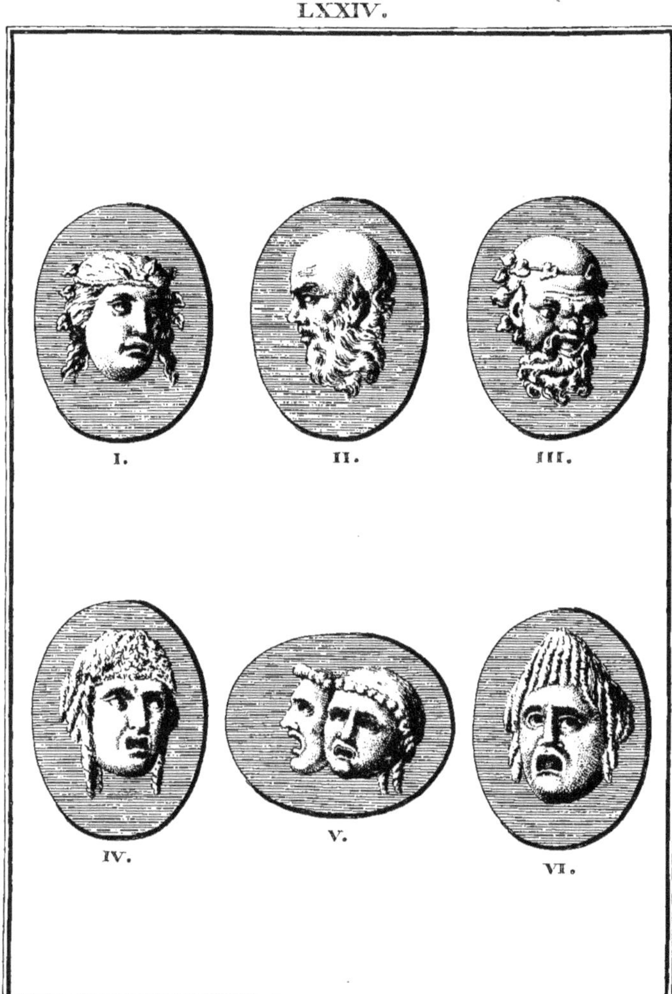
I.
II.
III.
IV.
V.
VI.

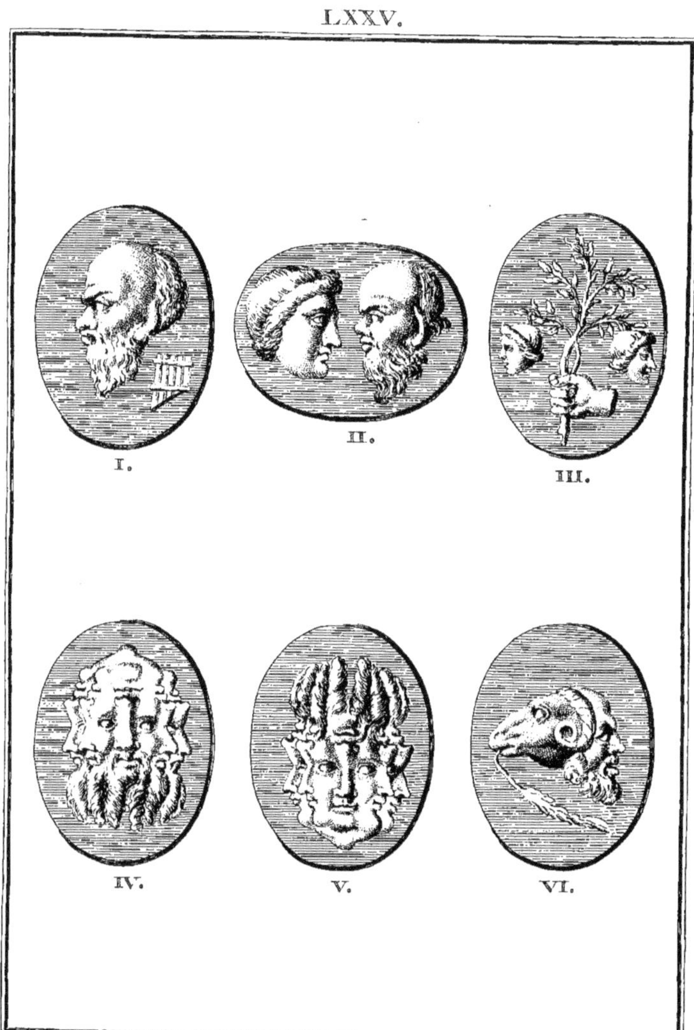
LXXV.
I.
II.
III.
IV.
V.
VI.

LXXVI.

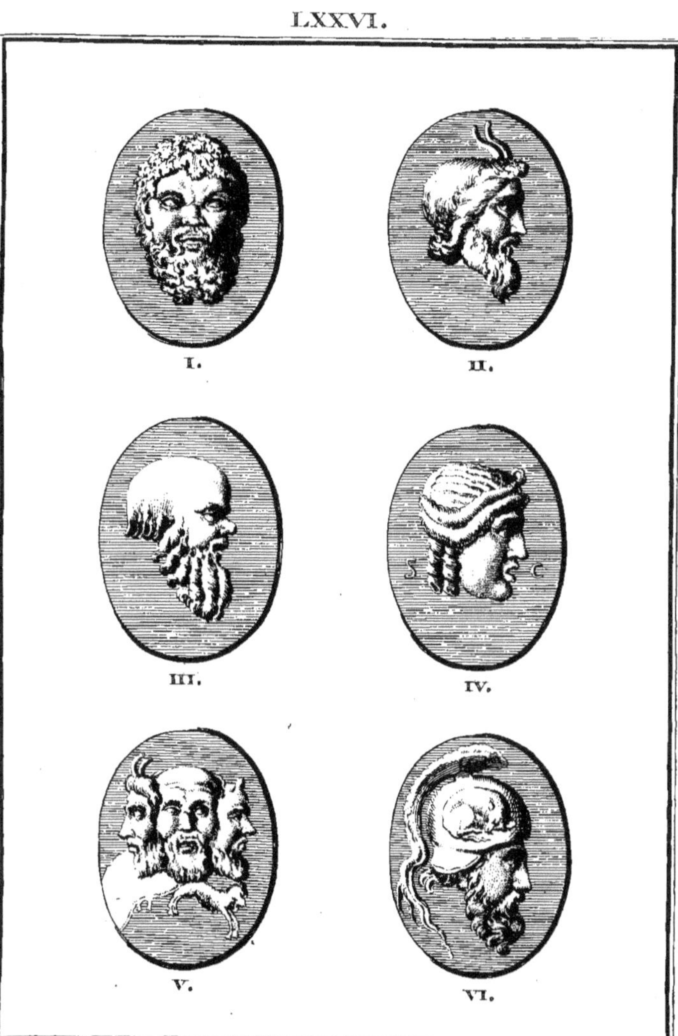

Tom.I.

LXXVII.

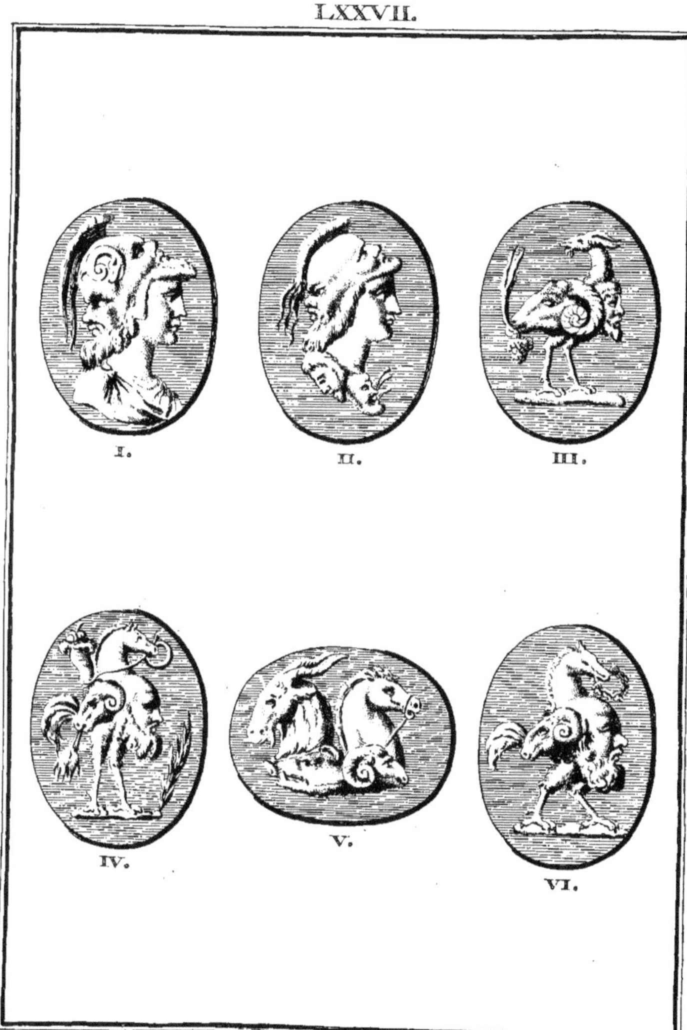

Tom.I.

LXXVIII.

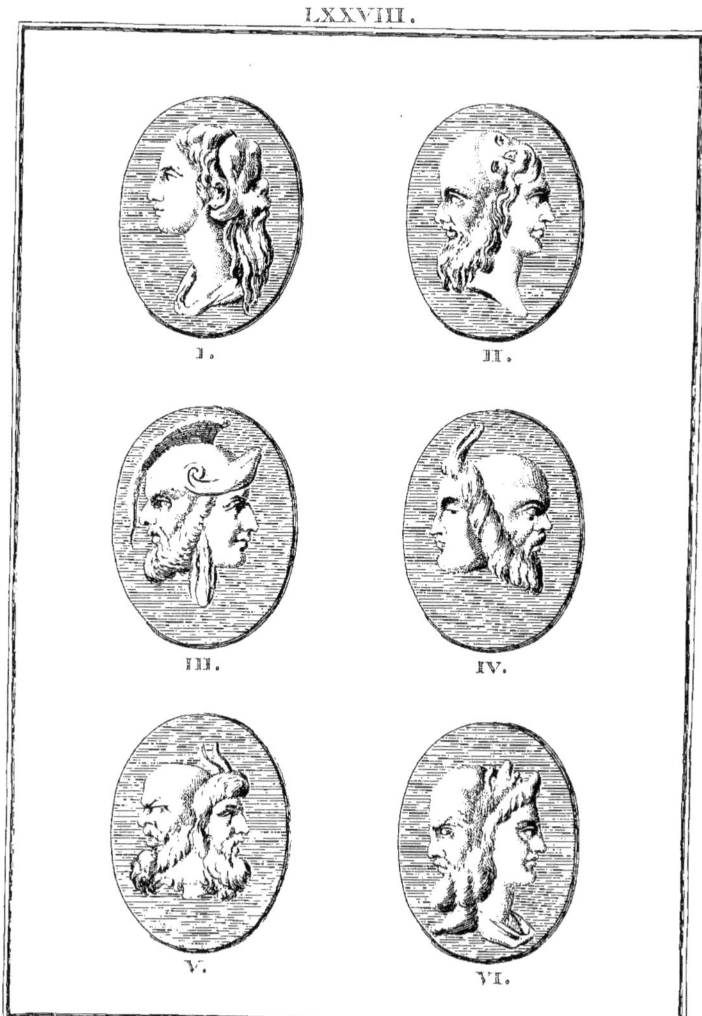

LXXIX.

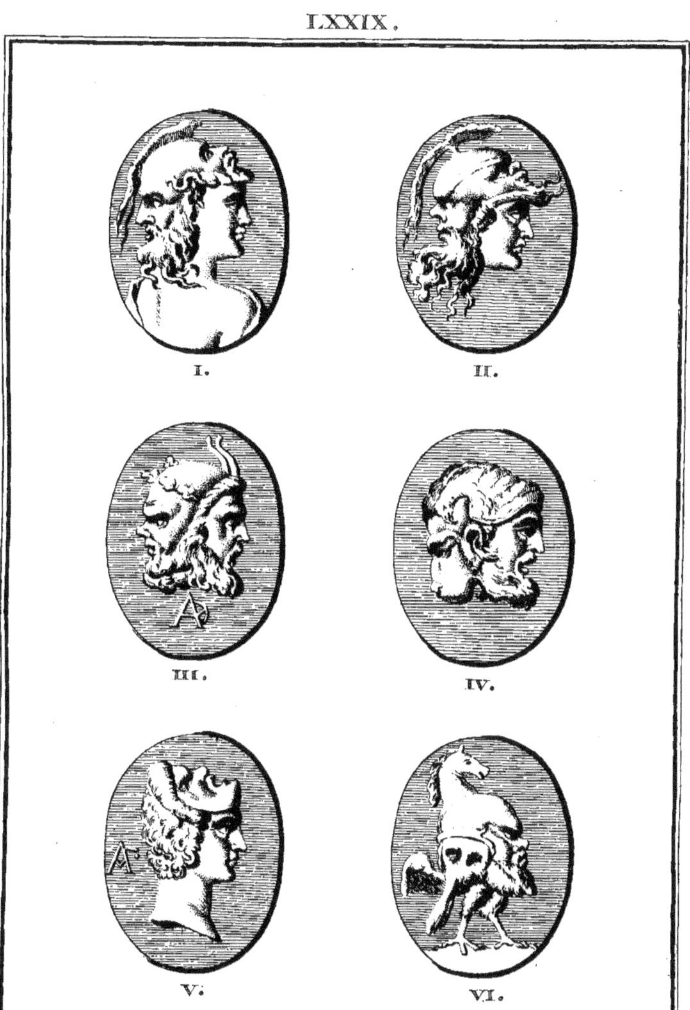

LXXX.

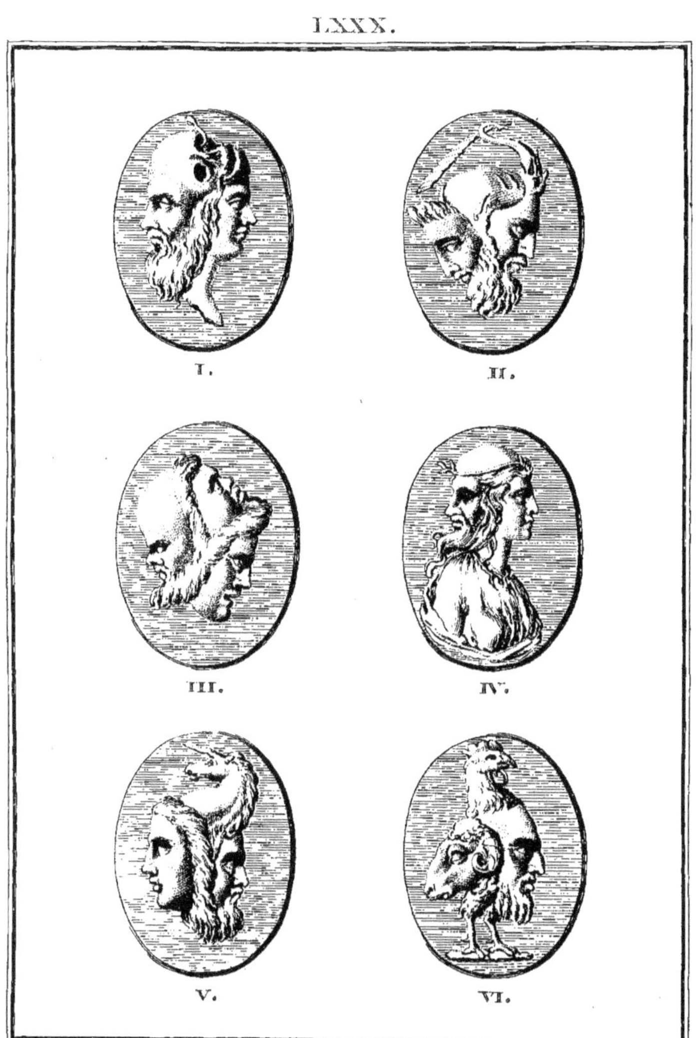

Tom.I.

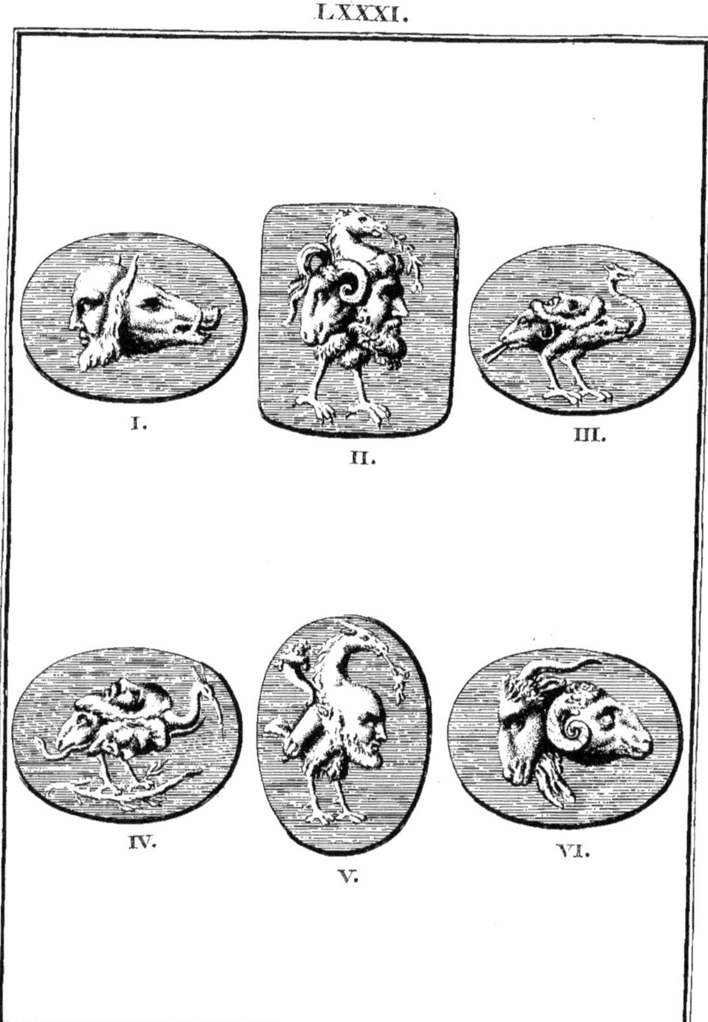
LXXXI.
I.
II.
III.
IV.
V.
VI.

LXXXII.

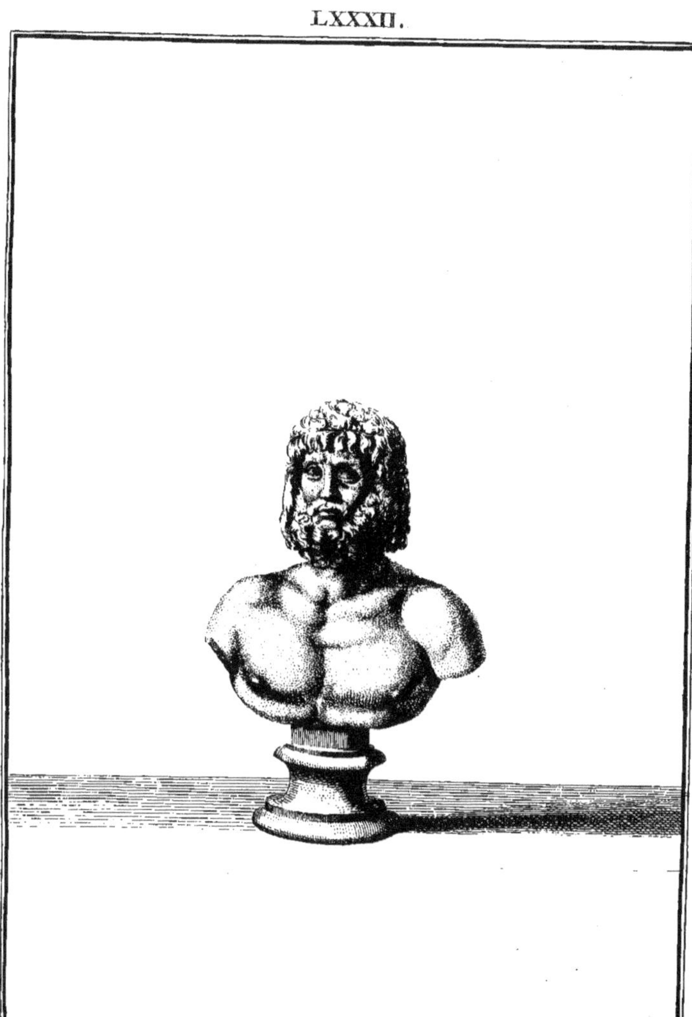

Tom. I.

LXXXIII.

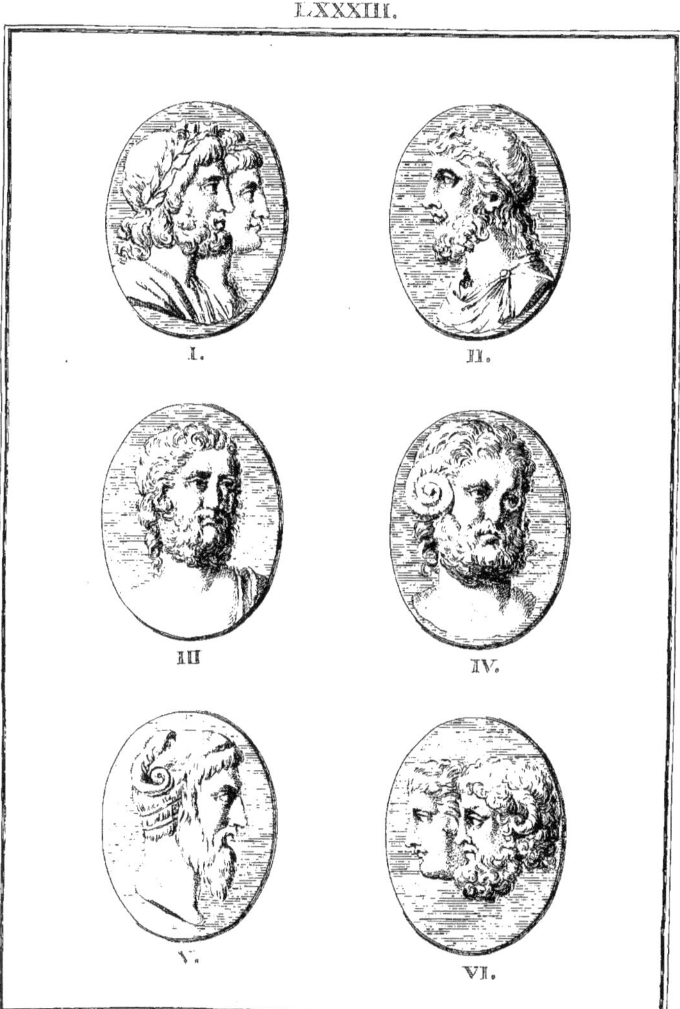

Tom. I.

LXXXIV.

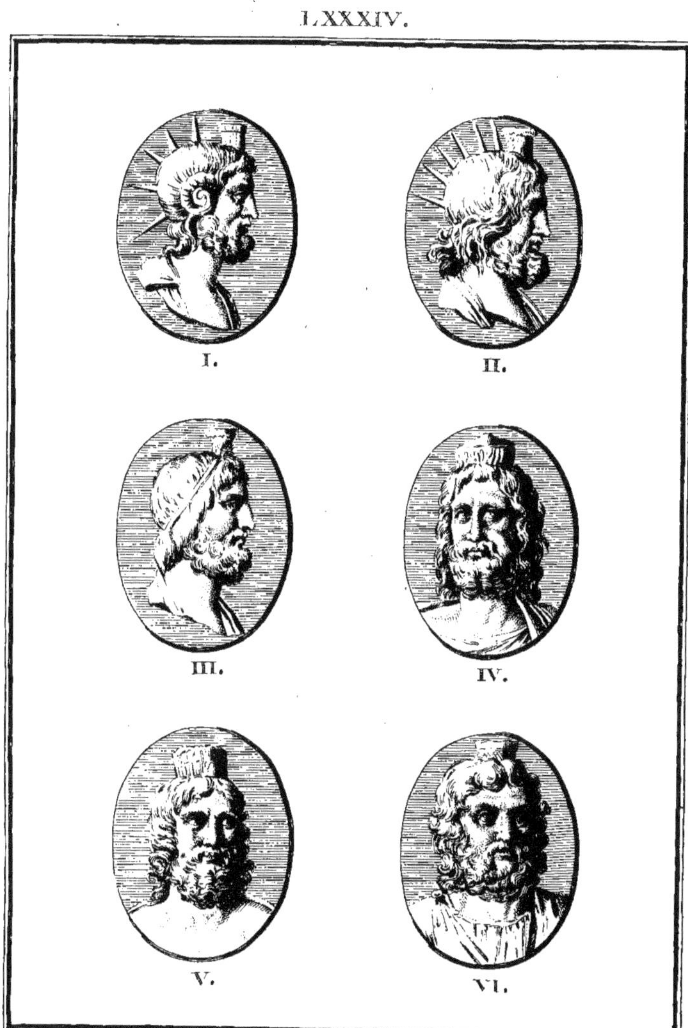

LXXXV.

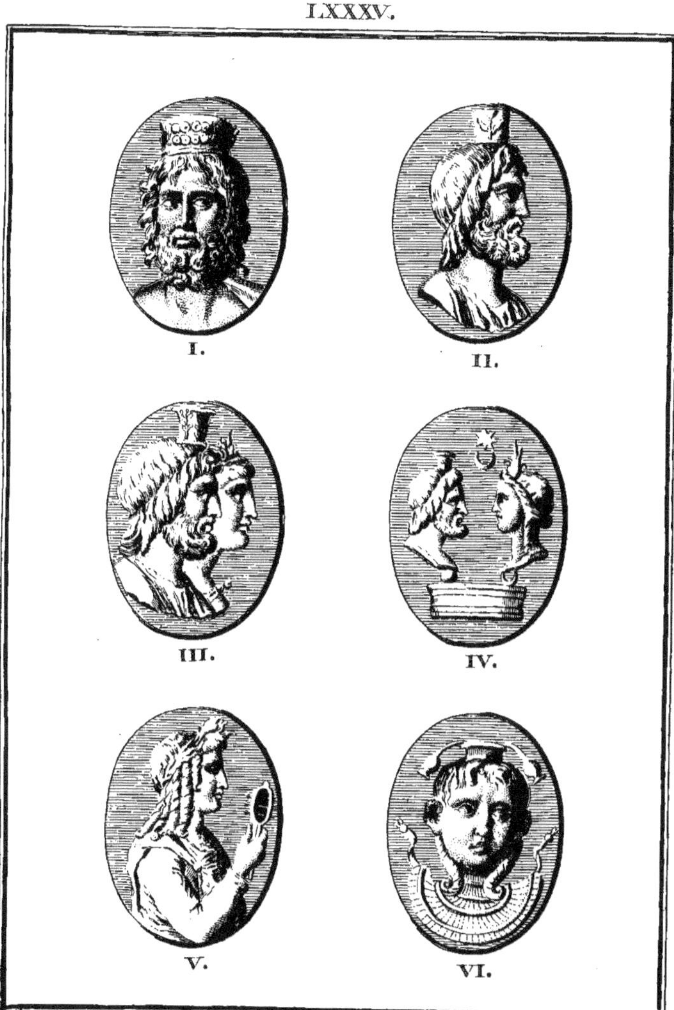

Tom. I.

LXXXVI.

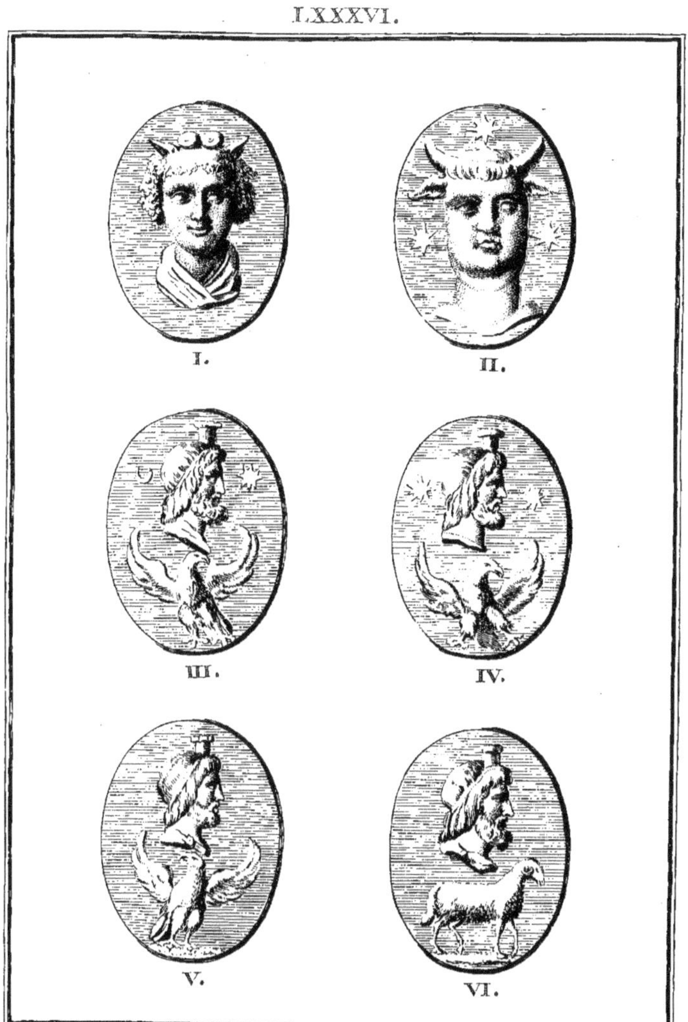

LXXXVII.

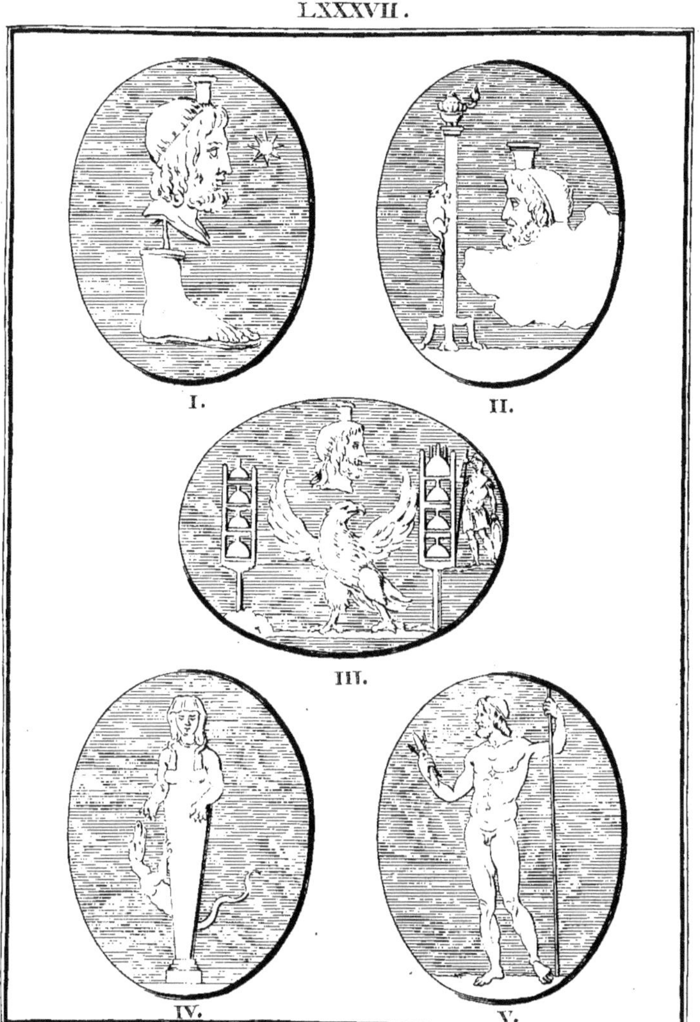

Tom. I.

LXXXVIII.

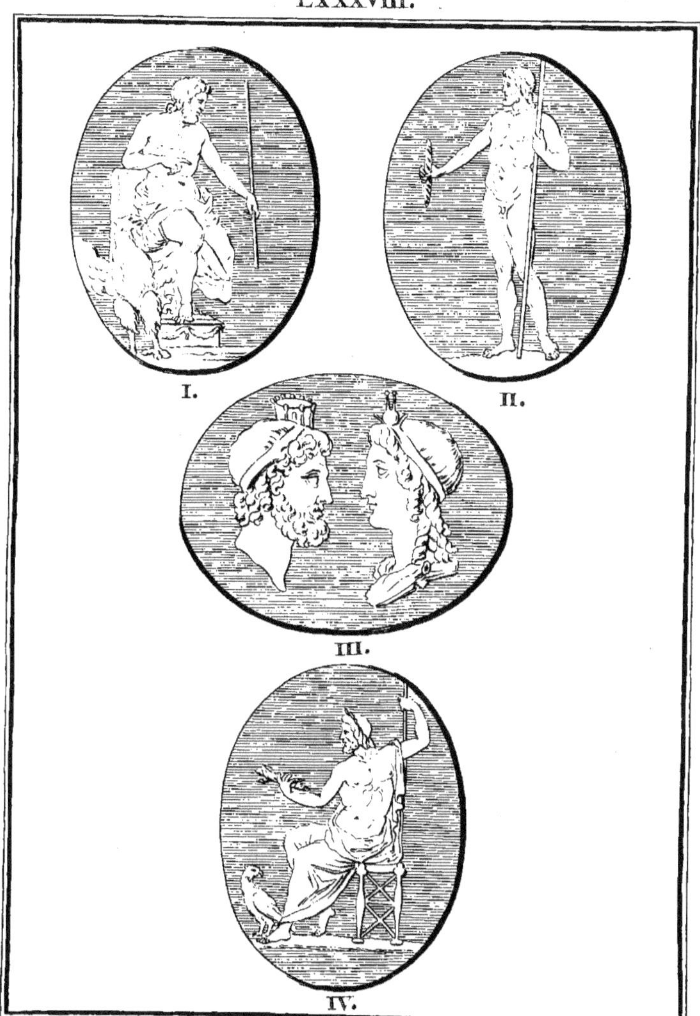

Tom. I.

LXXXIX.

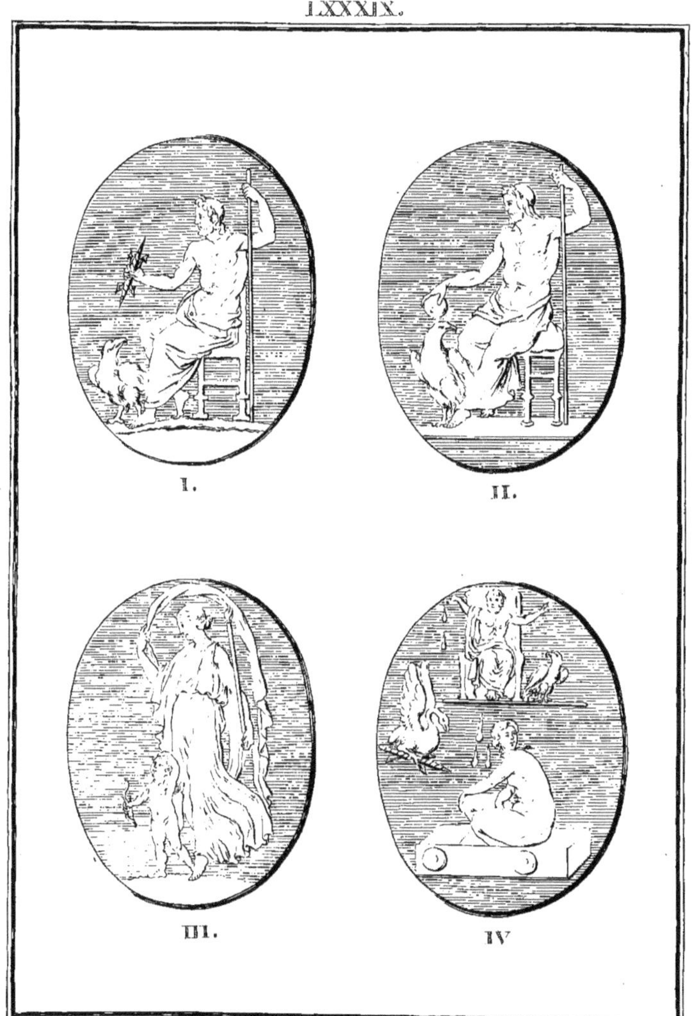

Tom. I.

XC.

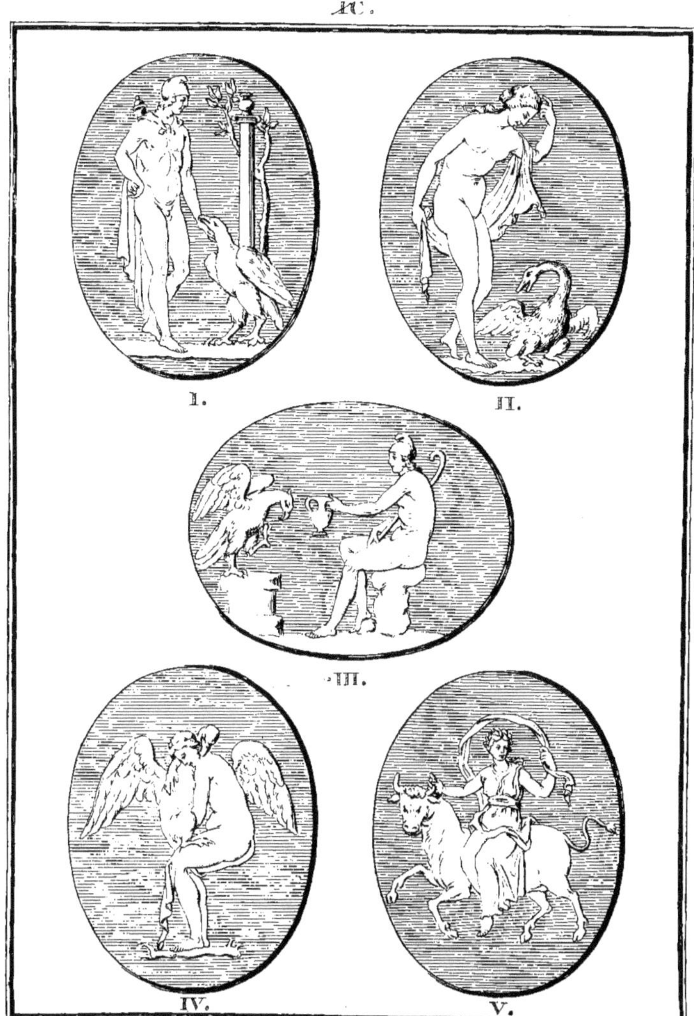

Tom. I.

XCI.

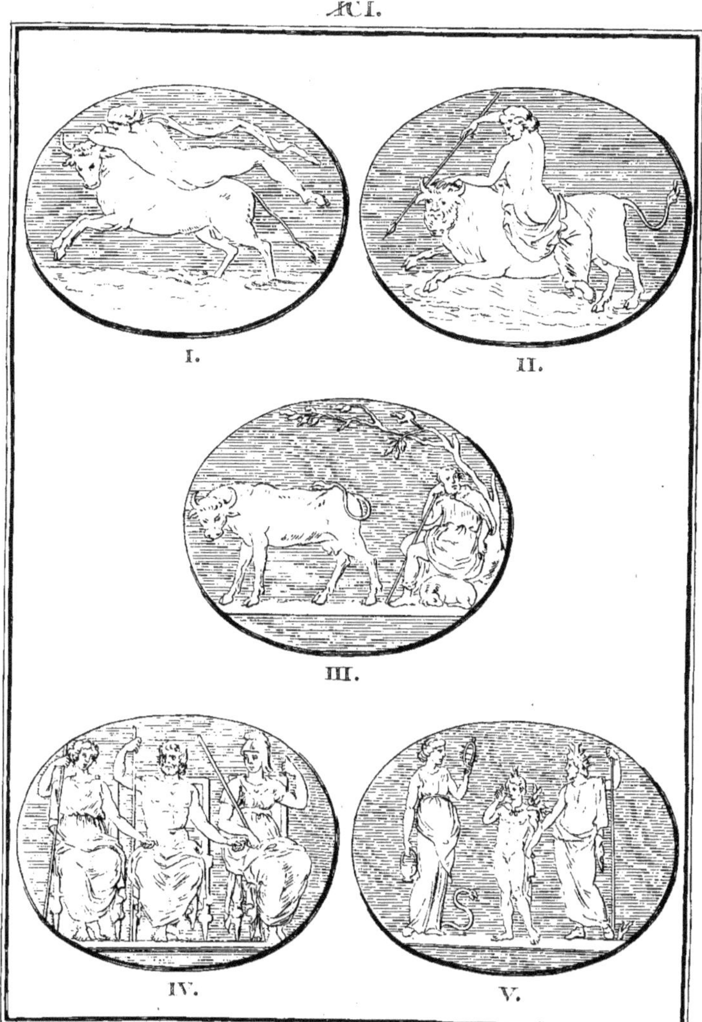

.ICII.

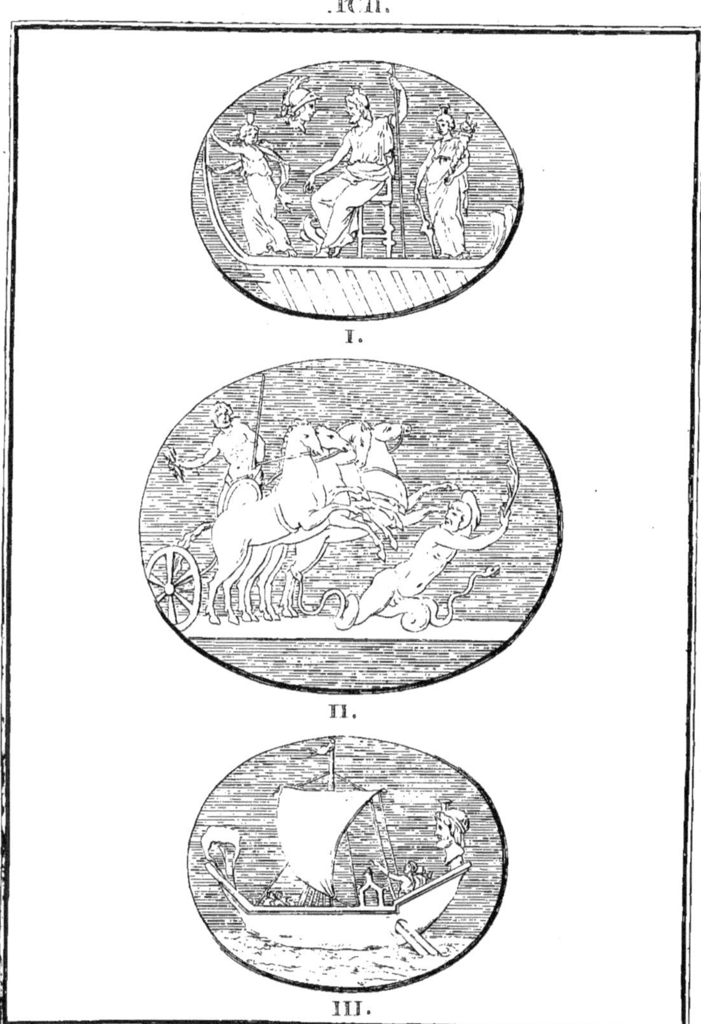

XCIII.

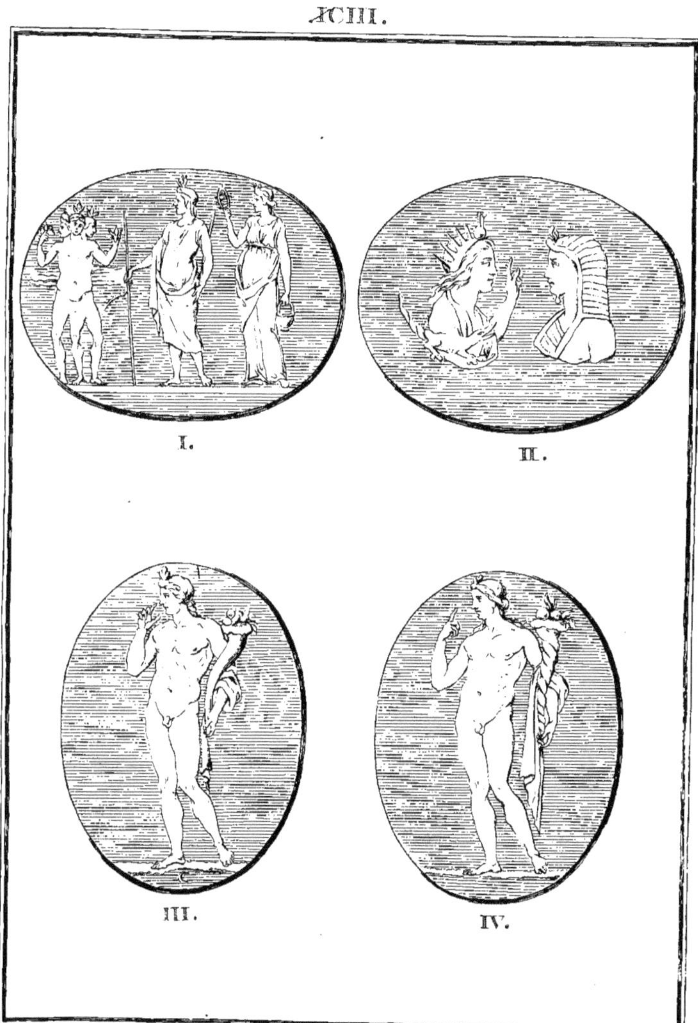

Tom. I.

XCIV.

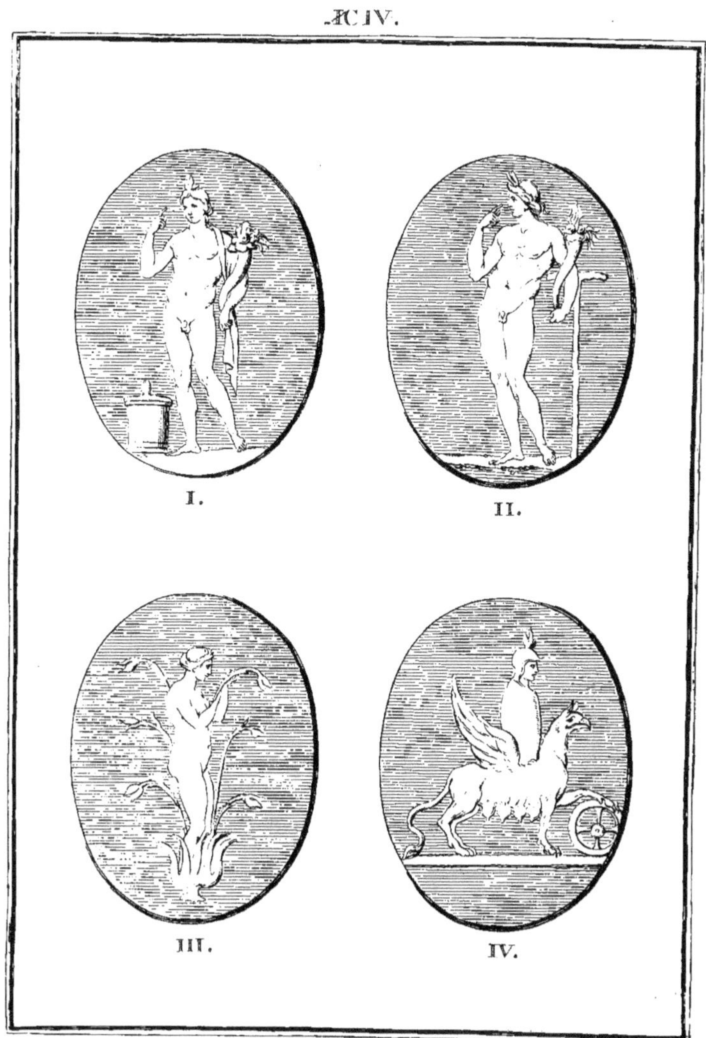

Tom. I.

XCV.

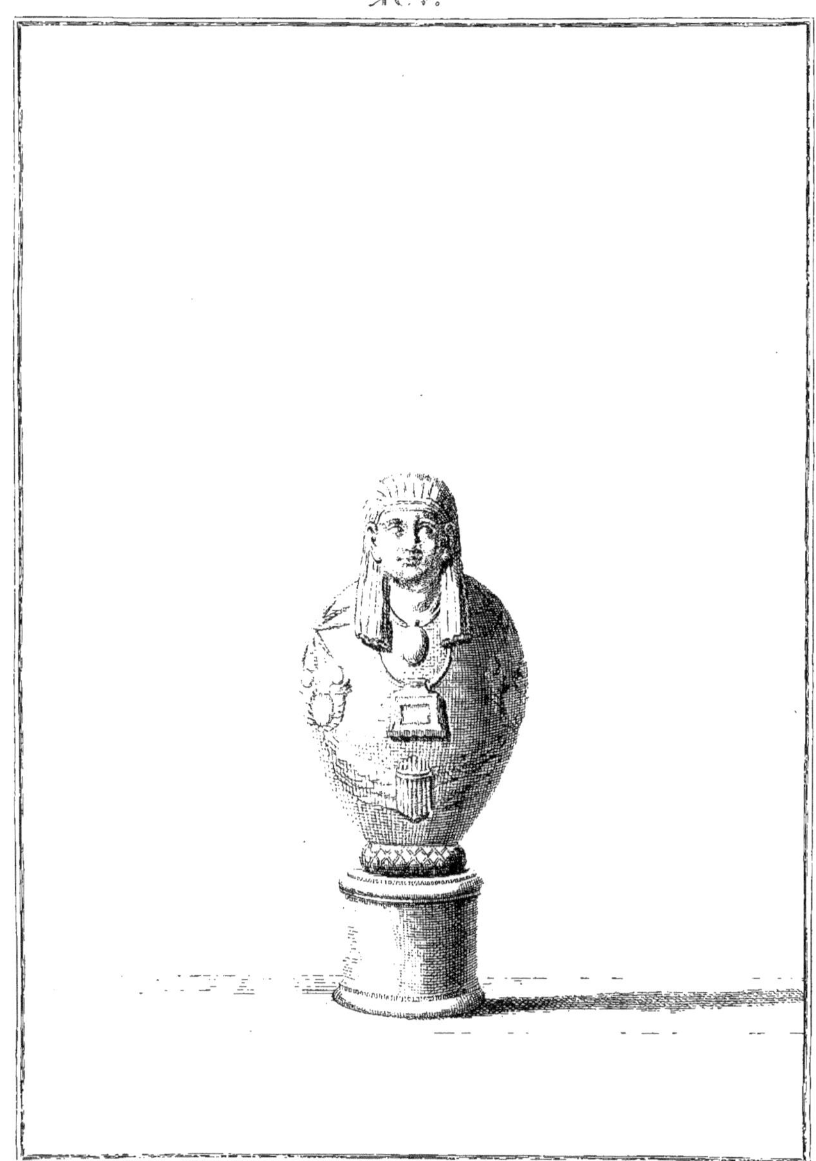

Tom. I.

LE MUSEUM DE FLORENCE,

Ou Collection des Pierres gravées, Médailles, Statues & Peintures du Cabinet du Grand Duc de Toscane, avec leurs explications françoises,

DÉDIÉ ET PRÉSENTÉ A MONSIEUR, FRERE DU ROI.

Gravée par F. A. DAVID, Graveur de la Chambre & du Cabinet de MONSIEUR, Membre de l'Académie Royale des Beaux-Arts de Berlin, &c. &c.

TOM. premier

N° 2.

Composé de huit Planches, imprimées sur papier vélin & Explications, Prix . . . . 6 livres.
Et *au bistre sanguin Anglois,* Prix . . . 9 livres.

A PARIS,

Chez L'AUTEUR, M. DAVID, rue des Cordeliers, au coin de celle de l'Observance.

LE MUSEUM DE FLORENCE,

Ou Collection des Pierres gravées, Médailles, Statues & Peintures du Cabinet du Grand Duc de Toscane, avec leurs explications françoises,

DÉDIÉ ET PRÉSENTÉ A MONSIEUR, FRERE DU ROI.

Gravée par F. A. DAVID, Graveur de la Chambre & du Cabinet de MONSIEUR, Membre de l'Académie Royale des Beaux-Arts de Berlin, &c. &c.

3e. *LIVRAISON.*

Pierres Gravées

Composé de huit Planches, imprimées sur papier vélin & Explications, Prix . . . . 6 livres.

Et *au bistre sanguin Anglois*, Prix . . . 9 livres.

A PARIS,

Chez L'AUTEUR, M. DAVID, rue des Cordeliers, au coin de celle de l'Observance.

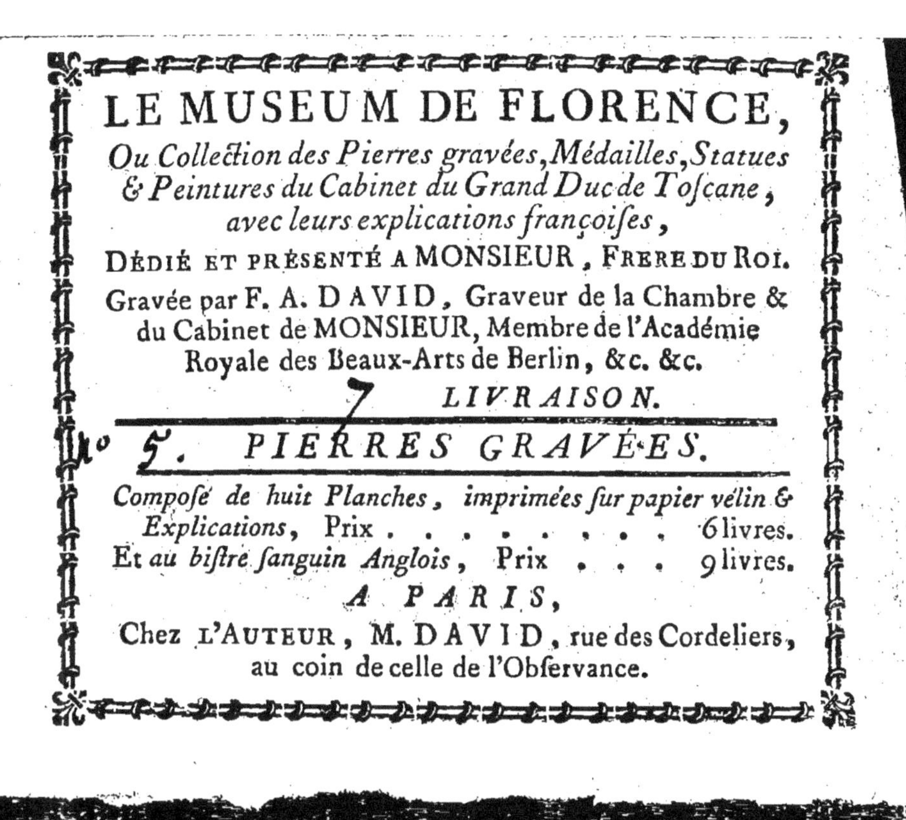

LE MUSEUM DE FLORENCE,

Ou Collection des Pierres gravées, Médailles, Statues & Peintures du Cabinet du Grand Duc de Toscane, avec leurs explications françoises,

DÉDIÉ ET PRÉSENTÉ A MONSIEUR, FRERE DU ROI.

Gravée par F. A. DAVID, Graveur de la Chambre & du Cabinet de MONSIEUR, Membre de l'Académie Royale des Beaux-Arts de Berlin, &c. &c.

7 *LIVRAISON.*

N° 5. *PIERRES GRAVÉES.*

Composé de huit Planches, imprimées sur papier vélin & Explications, Prix . . . . 6 livres.
Et *au bistre sanguin Anglois,* Prix . . . 9 livres.

A PARIS,

Chez L'AUTEUR, M. DAVID, rue des Cordeliers, au coin de celle de l'Observance.

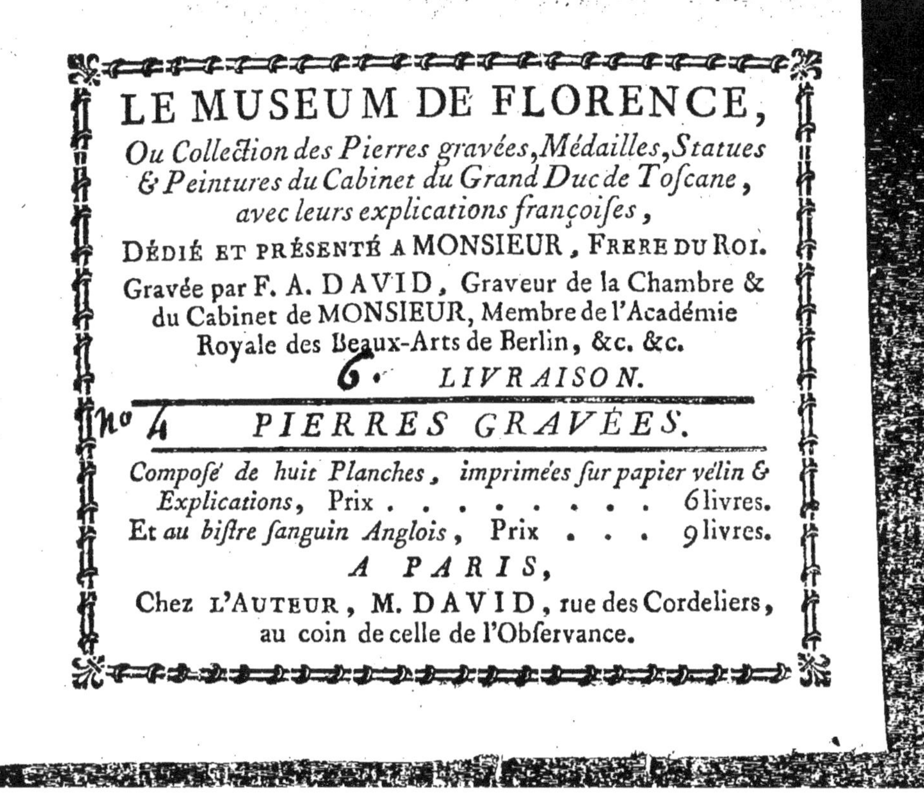

LE MUSEUM DE FLORENCE,

Ou Collection des Pierres gravées, Médailles, Statues & Peintures du Cabinet du Grand Duc de Toscane, avec leurs explications françoises,

DÉDIÉ ET PRÉSENTÉ A MONSIEUR, FRERE DU ROI.

Gravée par F. A. DAVID, Graveur de la Chambre & du Cabinet de MONSIEUR, Membre de l'Académie Royale des Beaux-Arts de Berlin, &c. &c.

6. *LIVRAISON.*

Nº 4 *PIERRES GRAVÉES.*

Composé de huit Planches, imprimées sur papier vélin & Explications, Prix . . . . 6 livres.
Et *au bistre sanguin Anglois,* Prix . . . 9 livres.

A PARIS,

Chez L'AUTEUR, M. DAVID, rue des Cordeliers, au coin de celle de l'Observance.

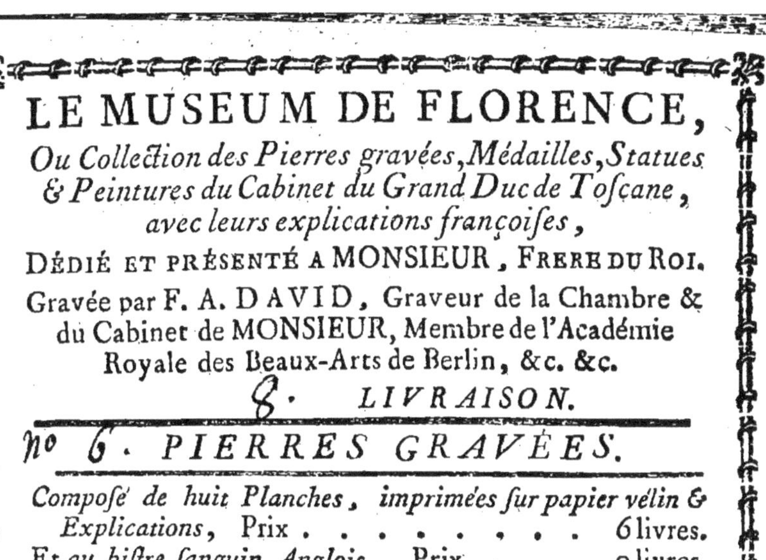

LE MUSEUM DE FLORENCE,

Ou Collection des Pierres gravées, Médailles, Statues & Peintures du Cabinet du Grand Duc de Toscane, avec leurs explications françoises,

DÉDIÉ ET PRÉSENTÉ A MONSIEUR, FRERE DU ROI.

Gravée par F. A. DAVID, Graveur de la Chambre & du Cabinet de MONSIEUR, Membre de l'Académie Royale des Beaux-Arts de Berlin, &c. &c.

8. *LIVRAISON.*

Nº 6. *PIERRES GRAVÉES.*

Composé de huit Planches, imprimées sur papier vélin & Explications, Prix . . . . 6 livres.
Et *au bistre sanguin Anglois*, Prix . . . 9 livres.

A PARIS,

Chez L'AUTEUR, M. DAVID, rue des Cordeliers, au coin de celle de l'Observance.

LE MUSEUM DE FLORENCE,

Ou Collection de Pierres gravées, Médailles, Statues & Peintures de la Gallerie & du Cabinet du Grand Duc de Toscane, avec leurs explications françoises,

DÉDIÉ A MONSIEUR, FRERE DU ROI.

Gravé par F. A. DAVID, Graveur de la Chambre & du Cabinet de MONSIEUR, Membre de l'Académie Royale de Peinture, de Berlin, &c. &c.

9 . *LIVRAISON.*

Nº. 7 . Pierres Gravées

Composé de 8 . *Planches, imprimées sur papier vélin & Explications*, Prix. . . . . 6. livres.
Et *au bistre sanguin Anglois*, Prix . . . . 9 livres.

A PARIS,

Chez L'AUTEUR, M. DAVID, rue des Cordeliers, au coin de celle de l'Observance.

LE MUSEUM DE FLORENCE,

Ou Collection de Pierres gravées, Médailles, Statues & Peintures de la Gallerie & du Cabinet du Grand Duc de Toscane, avec leurs explications françoises,

DÉDIÉ A MONSIEUR, FRERE DU ROI.

Gravé par F. A. DAVID, Graveur de la Chambre & du Cabinet de MONSIEUR, Membre de l'Académie Royale de Peinture de Berlin, &c. &c.

10. *LIVRAISON.*

Nº. 8. Pierres Gravées

Composé de 4 *Planches, imprimées sur papier vélin & Explications,* Prix . . . . 6 livres.
Et *au bistre sanguin Anglois,* Prix . . . . 9 livres.

A PARIS,

Chez L'AUTEUR, M. DAVID, rue des Cordeliers, au coin de celle de l'Observance.

LE MUSEUM DE FLORENCE,

Ou Collection des Pierres gravées, Médailles, Statues & Peintures du Cabinet du Grand Duc de Toscane, avec leurs explications françoises,

DÉDIÉ ET PRÉSENTÉ A MONSIEUR, FRERE DU ROI.

Gravée par F. A. DAVID, Graveur de la Chambre & du Cabinet de MONSIEUR, Membre de l'Académie Royale des Beaux-Arts de Berlin, &c. &c.

11. *LIVRAISON.*

Nº 9. *PIERRES GRAVÉES.*

Composé de huit Planches, imprimées sur papier vélin & Explications, Prix . . . . 6 livres.
Et *au bistre sanguin Anglois*, Prix . . . 9 livres.

A PARIS,

Chez L'AUTEUR, M. DAVID, rue des Cordeliers, au coin de celle de l'Observance.

LE MUSEUM DE FLORENCE,

Ou Collection de Pierres gravées, Médailles, Statues & Peintures de la Gallerie & du Cabinet du Grand Duc de Toscane, avec leurs explications françoises,

DÉDIÉ A MONSIEUR, FRERE DU ROI.

Gravé par F. A. DAVID, Graveur de la Chambre & du Cabinet de MONSIEUR, Membre de l'Académie Royale de Peinture de Berlin, &c. &c.

12. *LIVRAISON.*

N°. 10. Pierres.

Composé de Planches, imprimées sur papier vélin & Explications, Prix . . . . 6 livres.
Et *au bistre sanguin Anglois*, Prix . . . . 9 livres.

A PARIS,

Chez L'AUTEUR, M. DAVID, rue des Cordeliers, au coin de celle de l'Observance.

LE MUSEUM DE FLORENCE,

Ou Collection de Pierres gravées, Médailles, Statues & Peintures de la Gallerie & du Cabinet du Grand Duc de Toscane, avec leurs explications françoises,

DÉDIÉ A MONSIEUR, FRERE DU ROI.

Gravé par F. A. DAVID, Graveur de la Chambre & du Cabinet de MONSIEUR, Membre de l'Académie Royale de Peinture de Berlin, &c. &c.

13. *LIVRAISON.*

N°. 11. Pierres Gr.

Composé de Planches, imprimées sur papier vélin & Explications, Prix . . . . 6 livres.
Et *au bistre sanguin Anglois,* Prix . . . . 9 livres.

A PARIS,

Chez L'AUTEUR, M. DAVID, rue des Cordeliers, au coin de celle de l'Observance.

LE MUSEUM DE FLORENCE,

Ou Collection de Pierres gravées, Médailles, Statues & Peintures de la Gallerie & du Cabinet du Grand Duc de Toscane, avec leurs explications françoises,

DÉDIÉ A MONSIEUR, FRERE DU ROI.

Gravé par F. A. DAVID, Graveur de la Chambre & du Cabinet de MONSIEUR, Membre de l'Académie Royale de Peinture de Berlin, &c. &c.

14 *LIVRAISON.*

N°. 12 Birra-

Composé de 8 *Planches, imprimées sur papier vélin & Explications*, Prix . . . . 6 livres.
Et au bistre sanguin Anglois, Prix . . . . 9 livres.

A PARIS,

Chez L'AUTEUR, M. DAVID, rue des Cordeliers, au coin de celle de l'Observance.

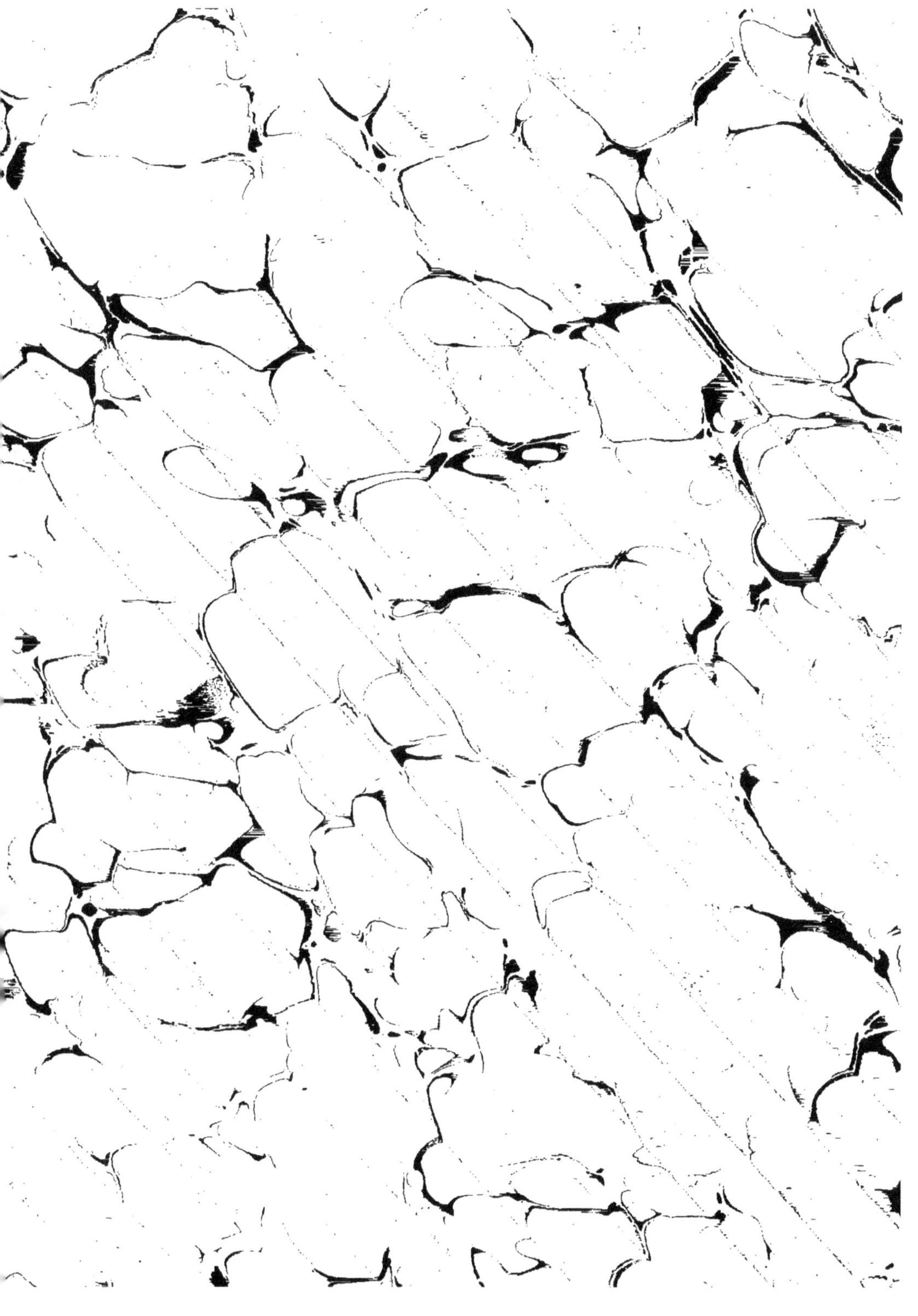

www.ingramcontent.com/pod-product-compliance
Lightning Source LLC
LaVergne TN
LVHW011258110826
845149LV00001B/175

* 9 7 8 2 0 1 2 7 2 8 8 9 9 *